Hamburger Edition

Vejas Gabriel Liulevicius

Kriegsland im Osten

Eroberung, Kolonisierung und Militärherrschaft im Ersten Weltkrieg

Aus dem Amerikanischen von Jürgen Bauer,
Edith Nerke und Fee Engemann

Hamburger Edition

Hamburger Edition HIS Verlagsges. mbH
Verlag des Hamburger Instituts für Sozialforschung
Mittelweg 36
20148 Hamburg
www.hamburger-edition.de

Umschlaggestaltung: Wilfried Gandras
Umschlagfoto: »Deutsche Truppen gehen in der Richtung auf Dünaburg vor«, 1915.
Bundesarchiv Bild 183/S-12301
Typografie: Jan Enns
Satz: Stempel Garamond von Utesch GmbH, Hamburg
Druck und Bindung: CPI books GmbH, Leck
Printed in Germany
ISBN 978-3-86854-322-3
2. Auflage Januar 2022

Inhalt

Vorbemerkung zu Methodik und Quellen

Diese Studie will vor allem deutlich machen, welche Vorstellungen die deutschen Besatzer von ihren eigenen Aktivitäten in den im Ersten Weltkrieg eroberten osteuropäischen Gebieten hatten, also welche Denkweise, welche laut geäußerten oder unausgesprochenen Gedanken der deutschen Herrschaft zugrunde lagen und ihre Ziele bestimmten, und wie dieses Gedankengut in die Praxis umgesetzt wurde. Dabei warfen die offiziellen deutschen Dokumente und die osteuropäischen Quellen, die im Zuge der Untersuchung auszuwerten waren, eine Reihe methodischer Probleme auf.

Ein Teil des Untersuchungsgegenstands waren die vom Militärregime erstellten offiziellen deutschen Dokumente. Sie geben den »Blick von oben« auf die besetzten Gebiete wieder, lassen die Absichten der Militärs im besten Licht und die Schwierigkeiten, inneren Widersprüche und Widerstände eher unbedeutend erscheinen. Bei kritischer Lektüre dieser Schriftstücke zeigt sich, mit welchen Zielen und Ideen disparate politische Maßnahmen zu einer übergreifenden Vision vom Osten und seiner zukünftigen Gestalt – nach der Umformung durch die deutsche Herrschaft – verknüpft wurden.

Den ergänzenden »Blick von unten« liefern einheimische Dokumente, das heißt Schriftstücke, die von der lokalen Bevölkerung verfaßt wurden (vor allem von Angehörigen der litauischen Volksgruppe). Sie unterscheiden sich ganz erheblich von den amtlichen Dokumenten der Verwaltung von Ober Ost mit ihrer uneingeschränkten staatlichen Autorität und Verwaltungshoheit einschließlich der Verfügungsgewalt über alle Statistiken. Diese nichtamtlichen Dokumente sind Erinnerungen und Zeugnisse einzelner Menschen mit häufig anekdotenhaftem Charakter, die erst eine gewisse Zeit nach der Besatzung schriftlich festgehalten wurden. Bedingt durch die fehlende Ordnung und die Armut, die nach Kriegsende in Osteuropa herrschten, sowie aufgrund der Tatsache, daß sich den nunmehr unabhängigen Staaten viele andere dringende Aufgaben stellten, wurden allerdings keine persönlichen Erfahrungsberichte verfaßt, die einen ähnlich maßgeblichen Eindruck von der Lage vermittelt hätten wie die offiziellen Dokumente der Besatzungsmacht. Was gesammelt wurde, sind Zeugenberichte und Schilderungen, die Bruchstücke der Alltagsgeschichte und der täglichen Erfahrungen der einheimischen Bevölkerung mit dem Besatzungsregime bewahren. Diese in oft sehr schlichter Form verfaßten persönlichen Zeugnisse tragen gleichwohl zu einem umfassenden Bild von der Erfahrung mit dem deutschen Besatzungsregime in Osteuropa bei. Auch wenn in ihnen gelegentlich melodramatische und nationalistische Elemente vorkommen, werden doch wiederkehrende Bilder und identische Erfahrungen der einfachen Menschen mit dem Besatzungsregime sichtbar (wobei dieselben Quellen oft auch wenig schmeichelhafte Darstellungen des Verhaltens der Einheimischen unter deutscher Besatzung enthalten). Diese wichtige Ergänzung zum Korpus der amtlichen deutschen Dokumente korrigiert die allgemeinen Feststellungen über den Erfolg von Programmen und Initiativen und verdeutlicht, daß der alltägliche Kontakt zwischen Besatzern und Besetzten weniger von (durchaus zu beobachtendem) gutem Willen und Großzügigkeit gekennzeichnet war, sondern in erster Linie von Unterordnung, Gewalt und Angst.

Methodisch gesehen sind diese Quellen zwei unterschiedlichen Typen zuzuordnen. Bei den einen handelt es sich um offizielle Schriftstücke mit amtlichem Charakter, bei den anderen um persönliche, private Quellen, die die Erfahrungen der einheimischen Bevölkerung während der Besatzung aufzeigen. Wer zu einem umfassenden Bild von Zeit und Ort gelangen will, muß beide Quellentypen zur Analyse des Besatzungsregimes heranziehen.

Pennsylvania, im Juli 2001

Einleitung

Die Erfahrungen, die die deutschen Soldaten im Ersten Weltkrieg an der Westfront beziehungsweise an der Ostfront machten, schienen Welten voneinander entfernt. Diese verschiedenen »Welten« führten zwangsläufig zu unterschiedlichen »Fronterlebnissen« (selbst bei Soldaten, die an beiden Fronten kämpften), die folgenschwere Konsequenzen während des Krieges und danach haben und zum Zeugnis für die Auswirkungen des Krieges auf die ganze Kultur werden sollten. Während es »im Westen nichts Neues« gab, nur die bekannte Hölle aus Schlamm, Blut und Granatfeuer in den Schützengräben, mußten die Millionen Soldaten, die zwischen 1914 und 1918 an der Ostfront kämpften, Feuerproben ganz anderer Art bestehen. Was sie dort sahen, in den zumeist unbekannten Gegenden und unter den fremden Völkern, sei es an der Front oder in den riesigen besetzten Gebieten hinter der Angriffslinie, hinterließ bleibende Eindrücke. Die entscheidenden ersten Eindrücke wiederum sollten das Bild der Deutschen von den Ländern und Menschen im Osten nachhaltig prägen – nicht nur während des Krieges, sondern auch in den darauffolgenden Jahren, bis sich schließlich die Nationalsozialisten dieses Gedankenguts bemächtigten und es im Sinne ihrer Neugestaltung Europas radikalisierten. So gesehen waren die Erlebnisse an der Ostfront ein »verborgenes Vermächtnis« des Weltkriegs von 1914 bis 1918. Die Niederlagen in diesem Krieg hatten weitreichende Folgen, denn aus den realen Begegnungen entwickelte sich im Laufe von vier Jahren ein Bild vom Osten, das irreale und auch brutale Zielsetzungen beförderte. Wichtig ist, daß beim Einmarsch deutscher Soldaten unter Führung der Nationalsozialisten in die Länder Osteuropas nicht zum ersten Mal deutsche Armeen in diese Gebiete kamen. Im Gegenteil: Die Ostfronterlebnisse von 1914 bis 1918 bildeten den unerläßlichen kulturellen und psychologischen Hintergrund für das, was sich später in diesem blutigen 20. Jahrhundert noch ereignen sollte; sie formten die dafür notwendige Einstellung.

Diese Untersuchung will das Gedankengut und die Vorstellungen aufzeigen, die sich aus den Erlebnissen der deutschen Besatzer an der Ostfront heraus entwickelten. Vor allem sollen die psychologische Dimension des Erlebnisses und das Bild vom Osten, das dadurch geprägt wurde, ausgeleuchtet werden. Das gedankliche Konzept eines aufrüttelnden Fronterlebnisses, das die Menschen von Grund auf wandelte, war nicht nur während des Ersten Weltkriegs, sondern vor allem danach von großer Bedeutung in Deutschland, wo Millionen von Menschen nach einem zwingenden, »erlösenden« Sinn suchten für die Opfer eines globalen Kampfes, der in einer Niederlage geendet hatte. Im Westen war dieses Fronterlebnis von einer Materialschlacht geprägt, von all den technischen Auswüchsen der furchtbaren Zermürbungsschlachten wie vor Verdun und an der Somme. Dieses Westfronterlebnis, symbolisiert durch den Stellungskrieg im Schützengraben, hat einem großen Mythos des Ersten Weltkriegs zufolge einen »neuen Menschen« ins Leben gehämmert, eine menschliche Kriegsmaschine, den gestählten »Frontkämpfer«. Nach dem Krieg wurde in den Büchern des ehemaligen Stoßtruppführers Ernst Jünger und in der Flut der sogenannten »Soldatenliteratur«, die Deutschland gegen Ende der zwanziger Jahre überschwemmte, mit der Figur des Elitesoldaten der »Sturmtruppen« ein neues und gewalttätiges Heldenmodell gezeichnet und mit der »Frontgemeinschaft« das militärische Modell einer Gesellschaft entworfen, die angeblich die Schwächen des liberalen Individualismus und, in einer wahrhaft egalitären Situation, auch die Klassentrennung überwunden hatte. Die technische Moderne und der Materialismus würden durch den Geist einer im Kampf geschmiedeten Elite ebenfalls überwunden: Die gestählten Helden des Schützengrabens gewönnen in diesem modernen Krieg zusehends an Bedeutung, während der gewöhnliche einzelne Mensch immer weniger gelte. Selbst Remarque, der in seinem pessimistischen Werk den Staat anklagt, in der »Blutmühle« der Westfront zahllose Unschuldige verheizt zu haben, bekennt schwermütig, daß die gesamte Generation durch dieses Erlebnis verändert wurde und, so verwundet und verkrüppelt sie auch sein mochte, in ihrer Gesamtheit doch ein revolutionäres Potential in sich barg. Natürlich waren derlei Gedanken keine realistischen Beschreibungen der Gesellschaft, sondern vielmehr Ausschmückungen eines Mythos. Doch Mythen bleiben nicht ohne Folgen. Das mythologisierte Erlebnis an der Westfront lieferte Schubkraft und Symbole nicht nur für die Militarisierung der Politik, sondern auch für die Akzeptanz politischer Gewalt im Deutschland der Zwischenkriegszeit.

Während sich das mythische Bild im Westen immer klarer herauskristallisierte, verschwamm es im Osten zusehends. Dort blickte der deutsche Soldat mit weit aufgerissenen Augen in eine fremde Welt, auf fremde Menschen und neue Horizonte, und er spürte, daß diese Begegnung ihn ebenfalls veränderte, und zwar durch das, was er hier sah und tat. Die Armeen im Osten fühlten sich verloren, weitab von den Grenzen der Heimat, in riesigen, besetzten Territorien, von denen die meisten kaum etwas wußten. Vor dem Krieg hatte kaum ein Deutscher direkte Erfahrungen mit seinen unmittelbaren östlichen Nachbarn gemacht. Norbert Elias, der später als Soziologe berühmt wurde, erinnerte sich daran, daß er – immerhin Student – bei Ausbruch des Krieges von Rußland nichts, rein gar nichts gewußt habe. »Der Zar und die Kosaken – alles Barbaren. Der barbarische Osten – das überstieg unser Vorstellungsvermögen.«[1] Im Verlauf des Krieges sollten diese hohlen Gemeinplätze dann, gestützt zum einen auf die persönlichen, unmittelbaren Erfahrungen der Soldaten und zum anderen auf die Politik und die Praktiken der Besatzungsmacht, durch konkrete Details und anekdotenhafte Verallgemeinerungen über den Osten ersetzt werden.

Das Erlebnis an der Ostfront illustriert somit, wie das moderne Deutschland den Osten und die dortigen Gestaltungsmöglichkeiten wahrnahm. Millionen von Soldaten durchlebten diese Erfahrung persönlich, aber auch zu Hause wurden unzählige Menschen von der Militärpropaganda über den Osten beeinflußt und fielen der annexionistischen Begeisterung anheim, von der bereits ein erheblicher Teil der Bevölkerung ergriffen war. Auch wenn die Erfahrungen der einzelnen Soldaten an der Ostfront nicht in jedem Detail übereinstimmten, finden sich doch zahlreiche gemeinsame Grundannahmen und Sichtweisen. Sie unterschieden sich deutlich von den Erfahrungen im Westen. Zunächst einmal stand der Aufenthalt im Osten ganz im Zeichen der Okkupation durch die Deutschen. Anders als im industrialisierten Belgien und in Nordfrankreich hatten es die deutschen Besatzer hier jedoch nicht mit modernen, entwickelten Ländern zu tun, sondern trafen auf eine Situation, die dem Bild vom primitiven Chaos des Ostens zu entsprechen schien. Der zweite entscheidende Unterschied kristallisierte sich erst gegen Kriegsende heraus – ein grundlegender, aber häufig übersehener Punkt: Nachdem die Russen im März 1918 zum Abschluß des Friedens von Brest-Litowsk gezwungen worden waren, schien der Krieg bereits zur Hälfte gewonnen. Dieser scheinbare Sieg im Osten machte es um so schwerer, die im Sommer desselben Jahres durch die Schwächung der Deutschen im Westen und etwas später durch den revolutionären Zusammenbruch in der Heimat herbeigeführte Niederlage hinzunehmen. Die aus dem Ostfronterlebnis und seinem Scheitern gezogenen Schlußfolgerungen und Lektionen sollten zur Herausbildung eines verborgenen Vermächtnisses des Ersten Weltkriegs führen.

In der wissenschaftlichen Literatur zum Ersten Weltkrieg ist der Krieg an der Ostfront nach wie vor weitgehend der »unbekannte Krieg«, wie ihn Winston Churchill im Titel seines vor fast siebzig Jahren erschienenen Werkes nennt.[2] Seitdem haben sich viele Standardwerke zum Ersten Weltkrieg

1 Norbert Elias, Reflections on a Life, Cambridge, Mass. 1994, S. 19f.
2 Winston S. Churchill, The Unknown War: The Eastern Front, New York 1931.

mit den Ereignissen im Westen befaßt – und nur gelegentlich den Blick auf die Ostfront gerichtet.[3] Erst das exzellente Werk von Norman Stone, »The Eastern Front, 1914–1917«, geht im Detail auf die militärischen Ereignisse im Osten ein.[4] Einen besonders wichtigen Beitrag zum tieferen Verständnis der Bedeutung des Ostens für die deutschen Kriegsziele sowie der internationalen Verflechtungen leistete Fritz Fischer mit seinem 1961 erschienenen Werk »Griff nach der Weltmacht«, das eine heftige Kontroverse auslöste.[5] Fischer dokumentiert die annexionistischen Ansprüche im Osten und stellt eine gewisse Kontinuität der Ziele des Kaiserreichs und derer des nationalsozialistischen Regimes fest. Es folgten detaillierte Monographien, die auf dem von Fischer eingeschlagenen Weg weitergingen und einige seiner Schlußfolgerungen teilten.[6] Doch weder in diesem Zusammenhang noch im Rahmen allgemeinerer Untersuchungen der Beziehungen Deutschlands zu Osteuropa wurde jemals umfassend analysiert, welche Bedeutung das Erleb-

---

3 In Untersuchungen neueren Datums wird dieser Themenbereich umfassender behandelt: Jay M.Winter, The Experience of World War I, Oxford und New York 1989; Bernadotte E. Schmitt und Harold Vedeler, The World in the Crucible, 1914–1918, New York 1984; Holger H. Herwig, The First World War: Germany and Austria-Hungary, 1914–1918, London 1997.

4 Norman Stone, The Eastern Front, 1914–1917, New York 1975.

5 Fritz Fischer, Griff nach der Weltmacht. Die Kriegszielpolitik des kaiserlichen Deutschland 1914/1918, Düsseldorf 1961; Wolfgang J. Mommsen, *The Debate on German War Aims*, in: Journal of Contemporary History (Juli 1966), S. 47–72.

6 Gerd Linde, Die deutsche Politik in Litauen im ersten Weltkrieg, Wiesbaden 1965; A. Strazhas, Deutsche Ostpolitik im Ersten Weltkrieg. Der Fall Ober Ost 1915–1917, Wiesbaden 1993; A. Strazhas, *The Land Oberost and its Place in Germany's Ostpolitik, 1915–1918*, in: Stanley V. Vardys und Romualdas J. Misiunas (Hg.), The Baltic States in Peace and War, 1917–1945, University Park, Penn. 1978, S. 43–62; Wiktor Sukiennicki, East Central Europe During World War I, 2 Bde., Boulder, Col. 1984; Pranas Čepėnas, Naujųjų laikų Lietuvos istorija, 2 Bde., Chicago 1976. Weitere Studien: Georg von Rauch, Geschichte der baltischen Staaten, 3. Aufl., München 1990; Werner Basler, Deutschlands Annexionspolitik in Polen und im Baltikum, Berlin 1962; Börje Colliander, Die Beziehungen zwischen Litauen und Deutschland während der Okkupation 1915–1918, Dissertation, Universität Åbo 1935; Stanley W. Page, The Formation of the Baltic States. A Study of the Effects of Great Power Politics on the Emergence of Lithuania, Latvia and Estonia, Cambridge, Mass. 1959; Alfred Erich Senn, The Emergence of Modern Lithuania, New York 1959; Marianne Bienhold, Die Entstehung des Litauischen Staates in den Jahren 1918–1919 im Spiegel deutscher Akten, Bochum 1976.

nis an der Ostfront für die Masse der einfachen Soldaten hatte, und welche kulturelle Auswirkungen es zeitigte.[7] Bis heute existiert noch kein klares Bild von der Bedeutung der Geschehnisse im Osten.

In den letzten Jahrzehnten erhielt die Forschung zum Ersten Weltkrieg neuen Schwung, als man sich mit den kulturellen Auswirkungen des Krieges zu befassen begann, der durch den Bruch mit Traditionen, die Auflösung und Neugestaltung alter Gewißheiten und den Zerfall von Weltreichen eine neue Epoche eingeleitet hatte. In diesen Untersuchungen beschränkt sich der Begriff »Kultur« nicht auf den Bereich der »hohen Künste«, sondern ist breiter und anthropologisch definiert: er umfaßt die Werte einer Gesellschaft, die vorherrschenden Gedanken und Perspektiven. Seit den siebziger Jahren konzentrieren sich die Untersuchungen zum Ersten Weltkrieg auf den Aspekt der entscheidenden Erfahrungen, die die moderne Gesellschaft mitgeprägt haben. John Keegan hat mit seinem wertvollen Beitrag den Weg geebnet zu einem neuen Verständnis der kulturellen Bedeutung des Krieges und der Kriegserfahrungen der einfachen Menschen, indem er mit Nachdruck darauf verwies, daß das Gemeinsame aller Kriege dem Menschsein entspricht.[8] Die Vorherrschaft des sozialgeschichtlichen Ansatzes verstärkte die Konzentration auf persönliche Erfahrungen als Kategorie der historischen Analyse und beförderte Untersuchungen, die über eine Chronologie der militärischen Ereignisse hinausgehen und nach Interpretationen suchen, die die Teilnehmer am Ersten Weltkrieg aus ihren Erfahrungen ableiteten. Paul Fussell skizziert die Mythen des Ersten Weltkriegs als »historische Erfahrung mit unübersehbarer künstlerischer Bedeutung«, die von britischen Schriftstellern und Dichtern erlebt und aufgearbeitet wurde.[9] Andere Analysen konzentrieren sich auf den sozialhistorischen Aspekt des Stellungskriegs an der Westfront.[10] Auf der Grundlage dieser Arbeiten bemühten sich die Kulturhistoriker, die Bedeutung des Ersten Weltkriegs für die Herausbildung der für die Moderne charakteristischen Konturen zu ermitteln. Robert Wohl

7 Walter Laqueur, Russia and Germany: A Century of Conflict, London 1965; Günter Stökl, Osteuropa und die Deutschen. Geschichte und Gegenwart einer spannungsreichen Nachbarschaft, 3. Aufl., Stuttgart 1982.

8 John Keegan, Das Antlitz des Krieges. Die Schlachten von Azincourt 1915, Waterloo 1815 und an der Somme 1916, Frankfurt am Main und New York 1991, S. 374–388.

9 Paul Fussell, The Great War and Modern Memory, Oxford 1975, S. IX.

10 John Ellis, Eye-Deep in Hell: Trench Warfare in World War I, New York 1977; Eric J. Leed, No Man's Land: Combat and Identity in World War I, Cambridge 1979.

untersucht im Rahmen seiner Analyse der Mythologisierung der Generation von 1914 die Auswirkungen des Ersten Weltkriegs auf Westeuropa, der zu einer starken Artikulation der eigenen Identität und zu tiefgreifenden politischen und kulturellen Konsequenzen für die Zeit zwischen den beiden Kriegen führte.[11] Mit einer detaillierten Untersuchung der Symbole und Kriegerdenkmale nähert sich George Mosse in seinem Werk »Gefallen für das Vaterland« der Rolle dieses Konflikts bei der Entstehung des modernen Nationalismus. Jay Winter revidiert in »Sites of Memory, Sites of Mourning«, einer Analyse der Kulturgeschichte des »Trauerns und seiner Ausdrucksweisen in der privaten und öffentlichen Sphäre«, die bis dahin vorherrschende ausschließliche Betonung des radikalen Bruchs und zeigt die zentrale Bedeutung der Traditionen auf, mit denen Individuen und Gesellschaften den persönlichen und kollektiven Verlust der mehr als neun Millionen Toten dieses Krieges zu verwinden suchten.[12] Stephen Kern und Modris Eksteins erklären den Ersten Weltkrieg zu einem Wendepunkt, zum Auslöser der Moderne, der die Art und Weise, in der Menschen die Realität wahrnehmen, für immer veränderte.[13]

Doch diese sehr aufschlußreichen Untersuchungen zur Psychologie des Fronterlebnisses und seiner Erscheinungsformen befaßten sich praktisch nur mit der einen Hälfte des Krieges, nämlich mit der Westfront. In den Diskussionen über die kulturellen Auswirkungen des Ersten Weltkriegs wird das Ostfronterlebnis entweder vollständig ignoriert oder höchstens am Rande gestreift. Im Vergleich dazu ist die Historiographie der Ostfront im Zweiten Weltkrieg erstaunlich umfassend. Der Gegensatz könnte kaum größer sein: Die Ereignisse im Osten während des Zweiten Weltkriegs, die erbitterten ideologischen Kämpfe, die unbarmherzige Besatzungspolitik der Deutschen und vor allem die Ereignisse des Holocaust wurden eingehend untersucht. Inbesondere die von Omer Bartov vorgenommenen Analysen der Fronterlebnisse im Osten liefern aufschlußreiche Erkenntnisse über die Merkmale und Mechanismen der nationalsozialistischen Kriegführung und zeichnen zugleich ein Bild des sozialen Hintergrunds der Soldaten, ihrer Kultur und

---

11 Robert Wohl, The Generation of 1914, Cambridge, Mass. 1979.

12 George L. Mosse, Gefallen für das Vaterland: nationales Heldentum und namenloses Sterben, Stuttgart 1993; Jay Winter, Sites of Memory, Sites of Mourning: The Great War in European Cultural History, Cambridge 1995, S. 5.

13 Stephen Kern, The Culture of Time and Space, 1880–1918, Cambridge, Mass. 1983; Modris Eksteins, Tanz über Gräben. Die Geburt der Moderne und der Erste Weltkrieg, Reinbek bei Hamburg 1990.

der Einstellungen, die sie mit an die Front brachten.[14] Aber auch für diese wichtigen Arbeiten wäre es von großem Nutzen, wenn ein klares Bild vorläge von der Begegnung der Deutschen mit dem Osten, die vor der verheerenden Invasion der Nationalsozialisten stattgefunden hatte, als die Wehrmacht in Gebiete vorrückte, in die deutsche Armeen schon einmal einmarschiert waren.

Somit stellt die Vernachlässigung der Ostfront in der Historiographie des Ersten Weltkriegs eine bemerkenswerte Lücke dar. Zum Teil läßt sich dies durch die zeitliche und auch räumliche Distanz der westlichen Historiker zu den Ereignissen erklären. Nach dem Zweiten Weltkrieg ging man davon aus, daß vor allem im Potsdamer Reichsarchiv fast alles Dokumentationsmaterial den Bomben zum Opfer gefallen war, während die Archive in der Sowjetunion unzugänglich oder unbekannt waren (im nachhinein stellte sich allerdings heraus, daß wichtige Materialien erhalten geblieben sind, wenn auch weit verstreut und mitunter unvollständig).[15] Hinzu kommt, daß in der darauffolgenden Zeit des Kalten Krieges die – anscheinend unter den kommunistischen Regimes erstarrte – Komplexität Osteuropas nicht von vorrangigem Interesse war. Und auch das überaus wichtige Thema der ethnischen Identitäten in dieser Region wurde nicht etwa von Historikern eingehend untersucht, sondern von dem Nobelpreisträger Czesław Miłosz als persönliche Erfahrung festgehalten.[16]

Nach wie vor fällt das Ostfronterlebnis durch seine Abwesenheit in der Geschichtsschreibung auf. Das ist schon für sich allein gesehen ein vielsagendes Merkmal dieses »unbekannten Krieges«. Es war als Erlebnis so verwirrend (und seine Schlußfolgerungen so beunruhigend), daß es in der Nachkriegszeit nicht so leicht mythologisiert werden konnte wie die Grabenkriege an der Westfront. Statt dessen wurde es zu einem überaus wichtigen verborgenen Vermächtnis, das auf einer entscheidenden Phase der Geschichte der

---

14 Omer Bartov, The Eastern Front, 1941–45: German Troops and the Barbarisation of Warfare, New York 1986; ders., Hitlers Wehrmacht: Soldaten, Fanatismus und die Brutalisierung des Krieges, Reinbek bei Hamburg 1999.

15 Wichtige Dokumentenbeweise befinden sich im Bundesarchiv/Militärarchiv Freiburg (BAMA), in den litauischen historischen Staatsarchiven (Lietuvos Centrinis Valstybinis Istorijos Archyvas – LCVIA) in Vilnius und in der Handschriftenabteilung der Bibliothek der Litauischen Akademie der Wissenschaften (Lietuvos Mokslų Akademijos Mokslinės Bibliotekos Rankraščių Skyrius, LMARS).

16 Czesław Miłosz, Native Realm: A Search for Self-Definition, Garden City, New York 1968.

Beziehungen Deutschlands zum Osten gründete und den aus dieser Begegnung gezogenen »Lehren« einen zentralen Platz einräumte. Im Nachklang des Ersten Weltkriegs bildeten sich wichtige Ansichten über den Osten und die Vorstellung von einer zivilisatorischen Mission der Deutschen heraus. Gleichwohl sind das Ostfronterlebnis und sein langfristiges Vermächtnis in Historikerkreisen nach wie vor *terra incognita.*

In der vorliegenden Studie soll die Bedeutung dieses Ostfronterlebnisses untersucht werden. Dabei wird auf eine Vielzahl von Quellen zurückgegriffen, um die Vorstellungen, Gedanken und typischen Ansichten kenntlich zu machen, die die Deutschen zu jener Zeit vom Osten hatten. Zu den verwendeten Quellen zählen offizielle Berichte, Verwaltungsanordnungen, Propagandaschriften, persönliche Briefe und Erinnerungen, Tagebücher, Bildmaterial von Künstlern und Amateuren, Armeezeitungen, Gedichte und Lieder sowie realistische Romane von Kriegsteilnehmern, die ihre Begegnung mit dem Osten aufgezeichnet haben. In einem wirklich umfassenden, objektiven Bild von der deutschen Verwaltung im Osten dürfen – als wichtiges Korrektiv und zur Ergänzung der offiziellen deutschen Quellen – auch die Erfahrungen der einheimischen Bevölkerung nicht fehlen, die unter der deutschen Herrschaft lebte. Diese Studie befaßt sich mit der größten der unter militärischer Besatzung lebenden ethnischen Gruppe im Nordosten, den Litauern. Durch die Nutzung litauischer Quellen erlaubt sie einen »Blick von unten« auf die Strukturen der Besatzung (und überschreitet damit die Grenzen einer nationalen Geschichtsschreibung). Auf diese Weise ist eine umfassendere Analyse der Besatzung möglich, die die Auswirkungen auf Besatzer wie Besetzte und den Zusammenprall ihrer Kulturen in den Kriegswirren umfaßt. Angesichts der verworrenen Lage in Osteuropa in der Zeit nach dem Ersten Weltkrieg wird nicht ausschließlich auf offizielle Quellen zurückgegriffen (zumal statistisches Material oftmals schlicht nicht vorhanden ist), sondern auch auf private und persönliche Aufzeichnungen der Ereignisse unter der deutschen Besatzung (mit gelegentlich tendenziösen Formulierungen, die kritisch zu überprüfen sind, aber auch mit wiederkehrenden Motiven und Anschuldigungen, die aufzeigen, wie die Einheimischen die Besatzung erlebten und verarbeiteten). Darüber hinaus erlaubt der Rückgriff auf litauisches Quellenmaterial einen Blick auf die Auswirkungen des totalen Krieges auf die Bevölkerung eines Landes am Rande des im Westen bekannten Europa. Diese – wenig bekannte – Episode ist unerläßlich für ein umfassendes Verständnis der Auswirkungen des Ersten Weltkriegs auf ganz Europa. Sie ist außerdem ein wichtiges Kapitel in der jahrhundertelangen Geschichte des Verhältnisses Deutschlands zu seinen östlichen Nachbarn, das mindestens ebensosehr von kulturellem Austausch geprägt ist wie von militärischer Dominanz. Anzumerken ist hier allerdings, daß die Sprachenvielfalt den Historiker, der sich mit diesem Bereich befaßt, vor ein großes Problem stellt. In den umkämpften Gebieten Nordosteuropas wurde jede Stadt, jede Ortschaft von einer Vielzahl von Nationen beansprucht und hat somit auch eine Vielzahl von Namen in unterschiedlichen Sprachen (Litauisch, Lettisch, Estnisch, Jiddisch, Polnisch, Russisch). Da sich diese Untersuchung vorwiegend damit befaßt, wie die Deutschen den von ihnen besetzten – und von den Militärbehörden als »neues Land« deklarierten – Osten wahrnahmen, werden im folgenden die von den deutschen Besatzern benutzten Namen verwendet, nicht zuletzt, um ihre Ziele darzustellen und zurückzuverfolgen (und selbstredend ohne Billigung der Ziele), gegebenenfalls jedoch unter Anfügung aktueller Namen.

Für die deutschen Soldaten begann das Ostfronterlebnis mit wichtigen ersten Eindrücken und Begegnungen, die ihr Bild vom Osten entscheidend prägten. Durch die unerwarteten militärischen Erfolge der Jahre 1914 und 1915 gelangten die deutschen Armeen in den Besitz riesiger Territorien an der baltischen Küste. Das Bild der meisten Deutschen von einem einheitlichen russischen Reich sollte angesichts der vielfältigen und chaotischen Szenerie, des Flickenteppichs völlig unterschiedlicher Länder und Völker rasch in sich zusammenfallen. Die Besatzer fanden sich in einer fremdartigen Landschaft wieder, konfrontiert mit fremden Menschen und unbekannten Traditionen, kulturellen Identitäten und geschichtlichen Hintergründen. Und das alles inmitten der Verwüstungen des Krieges, der diese Gebiete in einem Chaos hatte versinken lassen, das durch die verzweifelte »Politik der verbrannten Erde« der zurückweichenden russischen Armeen zusätzlich verstärkt wurde. Der Wirrwarr aus menschlichem Leid, Schmutz und Krankheit berührte die Soldaten, die den Osten zum ersten Mal im Krieg sahen, in ihrem tiefsten Inneren. Die schrecklichen Bilder schienen ihnen nicht nur Beispiele für das universelle menschliche Leid unter der Geißel des Krieges zu sein, sondern normale, dauerhafte, allgegenwärtige Attribute des Ostens. Der Militärführung eröffnete dieses Ausmaß an Zerstörung und Unordnung verlockende Möglichkeiten. Die Armee konnte in diesen Gebieten für Ordnung sorgen und ihnen, beflügelt von der Mission, »Kultur« in den Osten zu bringen, eine neue, deutsche Identität geben.

Das Ergebnis war der Versuch, jenseits der deutschen Grenzen einen monolithischen Militärstaat mit dem Namen »Ober Ost« (in Anlehnung an den Titel des Kommandanten über alle deutschen Truppen an der Ostfront, den Oberbefehlshaber Ost) zu errichten. Das südlich davon gelegene Polen kam unter eine separate Zivilverwaltung, die andere Praktiken und politische Zielsetzungen verfolgte, und liegt somit weitgehend außerhalb des Zielbereichs dieser Untersuchung. Zwar gab es in Ober Ost, dem größten zusammenhängenden Gebiet unter deutscher Besatzung, deutliche Parallelen zu der in anderen okkupierten Territorien wie Belgien, Nordfrankreich und Polen verfolgten Politik: rigide wirtschaftliche Maßnahmen und Requisitionen, Versuche der politischen Manipulation, Übergriffe gegen Zivilisten und den Einsatz von Zwangsarbeit. In einigen wichtigen Aspekten unterschied sich Ober Ost jedoch von den anderen Gebieten: Es unterstand ausschließlicher Militärherrschaft (ohne jegliche Einbeziehung Einheimischer in die Verwaltung), Land und Leute waren – im Gegensatz zu Belgien oder Polen – den Deutschen relativ unbekannt, und die ideologische Grundlage, auf der der Militärstaat gebildet wurde, war eine andere. In Belgien und Polen, so ist heute nachgewiesen, hatten von vornherein Vorurteile und Ressentiments die Besatzung bestimmt (Angst vor »Franktireurs« beziehungsweise traditionelle antipolnische Vorbehalte), während die Begegnung mit dem Osten im Gebiet Ober Ost erst die Voraussetzungen für den Umgang mit der Region schuf.[17] Die Episode Ober Ost erhält ihre Bedeutung durch die spezifischen ideologischen Voraussetzungen, die Besatzungspraktiken und die mit ihnen verfolgten Ziele.

In Ober Ost installierten der Architekt des Militärstaats, General Erich Ludendorff, und seine Offiziere einen riesigen Verwaltungsapparat und sorgten argwöhnisch für die Aufrechterhaltung des militärischen Herrschaftsmonopols. Hier sollte sich die Armee als kreative Institution beweisen. Die militärische Utopie ging weit über die Ziele des traditionellen Konservativismus oder Monarchismus hinaus; man wollte ein neuartiges, modernes Herrschaftssystem schaffen: bürokratisch, technokratisch, durchrationalisiert und ideologisch. Unter dem Motto »deutsche Arbeit«, das für die Deutschen eine einzigartige Fähigkeit zu disziplinierter und gleichzeitig kreativer Arbeit, zur Vorbild- und Führungsfunktion reklamierte, sollten Land und Leute umgeformt und der Weg für eine dauerhafte Inbesitznahme geebnet werden. Diese Ambitionen ließen zwei spezifische Programme zur Kontrolle und Gestaltung der besetzten Gebiete entstehen. In beiden Fällen handelte es sich allerdings weniger um einheitliche, schrittweise vorgehende Pläne als um Annah-

17 Siehe Werner Conze, Polnische Nation und deutsche Politik im ersten Weltkrieg, Köln 1958; Alan Kramer, *»Greueltaten«: Zum Problem der deutschen Kriegsverbrechen in Belgien und Frankreich 1914*, in: Gerhard Hirschfeld u. a. (Hg.), »Keiner fühlt sich hier als Mensch.« Erlebnis und Wirkung des Ersten Weltkriegs, Frankfurt am Main 1996, S. 104–139; E. H. Kossmann, The Low Countries, 1780–1940, Oxford 1978, S. 517–544.

men und Bestrebungen, die vielen Aspekten und politischen Maßnahmen des Besatzungsregimes zugrunde lagen. Gerade weil sie so viele Aktivitätsbereiche der Besatzungsmacht betrafen, ist eine eingehendere Untersuchung dieser Gedanken und ihrer Auswirkungen äußerst aufschlußreich.

Mit der »Verkehrspolitik«, dem ersten dieser beiden Programme zur Umgestaltung des Gebiets, sollte ein engmaschiges System der Kontrolle über das Territorium und die einheimische Bevölkerung installiert werden, das alle Aktivitäten in der Region den Zwecken des Militärstaats und dem Ziel einer rationalen Organisation des gesamten Besatzungsgebietes unterordnete. Zur Mobilisierung der materiellen und menschlichen Ressourcen wurden moderne Überwachungs-, Erfassungs- und Dokumentationstechniken eingesetzt.

Das ambitionierte intellektuelle Gegenstück zur Verkehrspolitik war ein umfassendes kulturelles Programm. Die Militärverwaltung von Ober Ost wollte die Identitäten der verschiedenen einheimischen Bevölkerungsgruppen verändern und sie in eigens dafür eingerichteten Institutionen durch deutsche Vermittlung und Erziehung kulturell umformen. Im Grunde wollte der Militärstaat Ober Ost eine neue Kultur oktroyieren und mit deutschem Organisationstalent die ungehobelten, ungebildeten und primitiven einheimischen Völker kultivieren und beherrschen. Und die deutschen Soldaten wurden durch ihre eigenen Kulturinstitutionen im Osten – Armeezeitungen, Soldatenheime und Fronttheater – in ihrer Rolle als über der einheimischen Bevölkerung stehende und von ihr getrennte Überwacher der »deutschen Arbeit« bestärkt.

Zugleich vermittelten das Ostfronterlebnis und die Praktiken der Militärverwaltung den deutschen Soldaten ein spezifisches Bild vom Osten und davon, was man hier tun konnte. Die Region wurde weniger als kompliziertes Geflecht von »Land und Leuten« wahrgenommen, sondern zusehends als »Raum und Volk« mit Bedarf an deutscher Ordnung und Herrschaft. Für viele war das Ostfronterlebnis Grundlage für eine neue deutsche Identität und die Idee einer Mission im Osten. Gestützt durch konkrete Erfolge, wurde diese Idee auch zu Hause in Deutschland positiv aufgenommen, wo Versprechungen zukünftigen Wohlstands durch neueroberte Gebiete nicht nur bei den annexionistischen Kriegszielbefürwortern auf Begeisterung stießen, sondern auch bei den gewöhnlichen Deutschen, die unter dem Krieg litten. Im Kontext des »totalen Krieges« (der die umfassende Mobilisierung und Beteiligung der gesamten Gesellschaft, der Wirtschaft und der Heimatfront der kriegführenden Nationen erforderte) und der damit einhergehenden Militarisierung der schulischen Ausbildung war so in Deutschland der Boden für Propaganda über die Möglichkeiten und Aussichten im Osten bereitet.

Das Projekt der totalen Kontrolle in Ober Ost scheiterte letztlich an unauflösbaren Widersprüchen. Überzogene Ambitionen führten zu einem ständigen Konflikt zwischen den utopischen Zielen und den brutalen Durchsetzungsmechanismen des Staates und brachten schließlich alles zum Erliegen. 1917, als der Sieg im Osten greifbar nahe schien und die Verwaltung von Ober Ost die Chance nutzen wollte, ihre Herrschaft dauerhaft zu installieren, gerieten die politischen Bemühungen des Staates in eine Sackgasse. Das Besatzungsregime hatte nicht zur erfolgreichen Veränderung der einheimischen Bevölkerung und zu ihrer Einbindung in das Programm der »deutschen Arbeit« geführt, sondern erbitterten Widerstand hervorgerufen, da die unterdrückten Völker ihre nationale Identität im Überlebenskampf immer deutlicher artikulierten. Dieser katalytische Prozeß wird hier anhand litauischer Quellen nachgezeichnet, in denen in Umrissen deutlich wird, wie die Kulturen aufeinanderprallten, als die Einheimischen sich gegen die Zukunftspläne der Militärregierung und für ihre eigenen Werte einsetzten. Auch der Versuch, den Soldaten durch die Mission, Kultur in den Osten zu bringen, eine Identität geben, verlief letztlich enttäuschend. Den Zusammenbruch im November 1918, der unmittelbar nach der Euphorie des scheinbar endgültigen Sieges im Osten erfolgte, konnten die Soldaten in Ober Ost ebensowenig verstehen wie viele Deutsche daheim. Scham, Furcht und Enttäuschung führten zu einer erbitterten Ablehnung des Ostens als einer schmutzigen, chaotischen Verkörperung des Begriffs »Raum und Volk«.

Nach dem Krieg fanden Ablehnung und Haß in den Raubzügen der Freikorps und der deutschen Söldner im Baltikum ihren Ausdruck. Dieses brutale Schlußfanal des Ostfronterlebnisses zeigt noch einmal ganz deutlich, daß der Erste Weltkrieg mitnichten am 11. November 1918 beendet war, sondern sich mit all seinen Nachwirkungen noch geraume Zeit hinzog. Die im Nachkriegsdeutschland umgearbeiteten Erlebnisse an der Ostfront und in Ober Ost wurden zum wichtigen Hintergrund für die Pläne der Nationalsozialisten, im Osten ein rassisches Utopia aufzubauen. Die für die Herrschaft in Ober Ost charakteristischen Kategorien des Handelns und der Wahrnehmung wurden in radikalisierter Form zum integralen Bestandteil der nationalsozialistischen Ideologie, die dem zur Eroberung von »Lebensraum« geführten Rassenkrieg zugrunde lag. Das Scheitern der hier behandelten militärischen Utopie hatte weitreichende Folgen, als das Naziregime sich zur Säuberung und Neuordnung der Gebiete im Osten anschickte – nachdem die Bevölkerung beseitigt war, welche die Verwaltung von Ober Ost noch hatte verändern und formen wollen.

Die Bedeutung des Ostfronterlebnisses zeigt sich in den verheerenden Ambitionen in und für Ober Ost. Auch wenn sie letztlich zum Scheitern verurteilt waren, ließen sie doch radikale neue Möglichkeiten sichtbar werden, Handlungsweisen möglich erscheinen und bestimmte Ideen und Vorstellungen von der Natur des Ostens, seinen Chancen und Risiken für Deutschland Gestalt annehmen. Damit trugen sie dazu bei, daß diejenigen, die den Osten gesehen hatten, noch weitergehende Ideen entwickeln konnten; sie schufen den wichtigen kulturellen und psychologischen Hintergrund sowie die Mentalität, die sich die Nationalsozialisten zu eigen machen und auf der sie aufbauen konnten. Das Scheitern der Kriegspläne im Osten sollte weitreichende Folgen haben, denn die daraus gezogenen Lehren tauchten – in radikalerer Ausprägung – in der nationalsozialistischen Ideologie wieder auf.

Ankunft im Kriegsland

Bei Ausbruch des Ersten Weltkriegs im Sommer 1914 wurde ein Alptraum zur Realität, der die deutschen Politiker und Militärs schon seit Jahrzehnten verfolgte: der Zweifrontenkrieg. Unbeeindruckt von den Dimensionen dieses verheerenden Abenteuers, schickte man in der Hoffnung auf rasche, dramatische und entscheidende Siege begeisterte Rekruten an die Front, die keine Vorstellung davon hatten, welche Hölle sie erwartete und wie sie selbst sich in ihr verändern würden. Nach dem Scheitern des Schlieffenplans, der auf einen raschen, entscheidenden Sieg gegen Frankreich abgezielt hatte, erstarrte die Westfront in einem langen Stellungs- und Grabenkrieg mit großen Zermürbungsschlachten um kleine, unbedeutende Anhöhen, mit Gasangriffen und tagelangen Bombardements. Diese Greuel formten ein Westfronterlebnis, das eine ganze Generation junger Deutscher beeinflußte und zu einem wirkungsvollen politischen Mythos wurde. Aus der Erfahrung der Westfront entstand der Drang nach einem neuen Heldenmodell in Gestalt der von Schriftstellern der Frontgeneration wie Ernst Jünger idealisierten Elite der Sturmtruppen.[1] Es war der Mythos von der Geburt eines neuen Menschen »in Stahlgewittern«, eines von der technisierten Kriegführung und ihren Materialschlachten geprägten Menschen. Dieser vom Kampf als inneres Erlebnis geformte, gestählte Westfrontsoldat erschien wie eine Antwort auf den modernen Krieg.[2]

Im Osten, wo die deutschen Armeen fern der Grenzen des Kaiserreichs operierten, war das Fronterlebnis der Soldaten ein ganz anderes. Was hier stattfand, war ein Bewegungskrieg, dessen sporadische Operationen sich über einen weiten Raum erstreckten und sich über eine Front hinzogen, die doppelt so lang war wie die im Westen. Im Osten waren die Soldaten nicht in enge Bunker und Laufgräben gepfercht, war ihr Horizont nicht auf den von Höhlenbewohnern eingeengt. Hier wurde er durch seine endlose Weite schier unerträglich. Dieses unbekannte Land mit seinen fremd anmutenden

---

1 Ernst Jünger, In Stahlgewittern. Aus dem Tagebuch eines Stoßtruppführers, Leipzig 1920, und ders., Der Kampf als inneres Erlebnis, Berlin 1922.

2 Bernd Hüppauf, *Langemarck, Verdun, and the Myth of the New Man in Germany after the First World War*, in: War and Society (September 1988), S. 70–103; Fussell, Great War and Modern Memory, S. 36–74.

Karte 1: Osteuropa vor 1914

Völkern war für die deutschen Soldaten eine neue Welt voller schwindelerregender Eindrücke und Überraschungen, die sie vieler Gewißheiten beraubte und mit beunruhigenden Fragen konfrontierte. Ein großes Besatzungsgebiet zu verwalten bedeutete – ungeachtet aller phantastischen Hoffnungen auf Inbesitznahme und Kolonisierung – vor allem tagtäglichen Kampf mit den Realitäten Osteuropas. Das ehrgeizige Ziel, die Zukunft der besetzten Länder zu gestalten, zwang die Eroberer, sich auf die lebendige Vergangenheit der besetzten Gebiete einzulassen. Während das Westfronterlebnis als Konfrontation mit der Moderne erschien, warfen die primitiven Verhältnisse und die Anachronismen des Ostens die Besatzer weit in die Vergangenheit zurück. Verstärkt wurde der Eindruck der Primitivität noch dadurch, daß angesichts der offenen Kriegführung im Osten die moderne Ausrüstung der Eroberer immer ungenügender erschien und die schwindende Bedeutung der technischen Mittel zu einer »Entmodernisierung« der Ostfront führte (die sich im Zweiten Weltkrieg wiederholte).[3] Die Begegnung mit dem Osten war von Anfang an durch eine Reihe verstörender erster Eindrücke und Überraschungen gekennzeichnet.

Im Verlauf der vier Kriegsjahre erlebten etwa zwei bis drei Millionen Männer die Realität der Ostfront. Die genaue Zahl ist wegen der je nach strategischer Lage erfolgten Truppenverschiebungen, der Verluste und der Fronturlauber schwer festzustellen. Militärstatistiken zufolge lag die Truppenstärke im Osten 1914/15 bei etwa 683 722 Mann. 1915/16 stieg sie auf 1 316 235 und 1916/17 weiter auf 1 877 967, um 1917/18 dann wieder auf 1 341 736 Mann zurückzugehen. Im Durchschnitt waren in diesem Zeitraum an der Ostfront 1 304 915 Männer im Einsatz, nur etwa halb so viele wie im Westen, wo 2 783 872 an der Front standen (viele Soldaten dürften allerdings im Verlauf des Krieges an beiden Fronten gekämpft haben).[4] Da diese Zahlen nur die Frontkämpfer umfassen, nicht aber die hinter den Linien eingesetzten Soldaten, ist anzunehmen, daß noch viel mehr Deutsche Bekanntschaft mit dem Osten machten, als hier angegeben. Sicher waren unter diesen Millionen von Männern, die aus allen Teilen Deutschlands und allen Gesellschaftsschichten kamen, auch einige, für die Osteuropa keine völlig unbekannte Größe war: Wer aus den ostdeutschen Grenzgebieten kam, war mit der Region etwas ver-

---

3 Adolf von Schell, Battle Leadership, Columbus 1933, S. 66. Zum Zweiten Weltkrieg: Bartov, Hitlers Wehrmacht, S. 27–50.

4 Sanitätsbericht über das Deutsche Heer (Deutsches Feld- und Besatzungsheer) im Weltkriege 1914/1918, Bd. III: Die Krankenbewegung bei dem Deutschen Feld- und Besatzungsheer, Berlin 1934, S. 34 f., 138 f.

trauter, und manche Männer hatten diese Länder bereits auf Geschäftsreisen kennengelernt. Den meisten Deutschen bot sich bei der unmittelbaren, persönlichen Begegnung mit dem Osten allerdings ein völlig ungewohntes Bild.

Der Krieg im Osten begann mit einer Überraschung, da sich die Annahmen, auf denen die deutsche Planung beruhte, als falsch erwiesen.[5] Nach dem Schlieffenplan sollten sich die deutschen Truppen nach einem entscheidenden Schlag gegen Frankreich der russischen Militärmacht zuwenden. Doch während der geplante Einkreisungs- und Vernichtungsfeldzug im Westen ins Stocken geriet, sah sich der deutsche Generalstab zu seiner Bestürzung im Osten mit einer unerwartet raschen russischen Mobilmachung konfrontiert. Die ersten militärischen Operationen nach der am 1. August 1914 erfolgten Kriegserklärung an Rußland führten für Ostpreußen zur Katastrophe. Auf Drängen der Franzosen setzten sich die russischen Armeen bereits vor Beendigung der Mobilmachung in Bewegung, um Deutschland zu zwingen, Truppen von der Westfront abzuziehen. Unter dem Oberbefehl von General Jakow Shilinski bewegten sich zwei russische Armeen auf den östlichsten Zipfel Deutschlands zu: aus Richtung Wilna die nördliche 1. Armee unter General Rennenkampf und von Warschau her General Samsonows südliche 2. Armee. Da ein Großteil der zur Verteidigung Preußens benötigten Männer im Westen eingesetzt wurden, um dort den entscheidenden Sieg zu erringen, verzeichneten die Russen zunächst Erfolge. Ihre vorrückenden Armeen waren etwa viermal so stark wie die zur Verteidigung bereitstehende 8. Armee des deutschen Generals von Prittwitz. Nach der Schlacht bei Gumbinnen am 20. August gab es in Ostpreußen praktisch keine deutschen Truppen mehr. Die Kosaken plünderten und brandschatzten, nahmen Zivilisten als Geiseln und deportierten sie nach Osten.

Angesichts dieses Fiaskos verlor General von Prittwitz die Nerven und bestand gegenüber der Obersten Heeresleitung auf dem Rückzug der 8. Armee hinter die Weichsel, woraufhin ihn der Chef des Generalstabs Helmuth von Moltke durch den betagten, aus dem Ruhestand zurückgerufenen General

---

5 Details zum strategischen Überblick aus: *Die Eroberung des Gebietes*, in: Das Land Ober Ost. Deutsche Arbeit in den Verwaltungsbezirken Kurland, Litauen und Bialystok-Grodno. Herausgegeben im Auftrage des Oberbefehlshabers Ost. Bearbeitet von der Presseabteilung Ober Ost, Stuttgart 1917, S. 3–8; Erich Ludendorff, Meine Kriegserinnerungen 1914–1918, Berlin 1919; Paul von Hindenburg, Aus meinem Leben, Leipzig 1920; Stone, Eastern Front; W. Bruce Lincoln, Passage Through Armageddon: The Russians in War and Revolution, 1914–1918, New York 1986.

Paul von Hindenburg ablösen ließ.[6] Mit der Ernennung Hindenburgs wollte der Generalstab vor allem dem taktischen Geschick des wegen seiner aufsehenerregenden Rolle bei der Eroberung der Festung Lüttich bekanntgewordenen und frisch beförderten Generalmajors Erich von Ludendorff Autorität verschaffen, der Hindenburgs Stabschef wurde.[7] Ein Sonderzug brachte die beiden Militärs an die Front, wo der Erste Generalstabsoffizier Oberstleutnant Max Hoffmann bereits alles geregelt und Befehle für die kommenden Tage erlassen hatte, die sie nur noch durchsehen und unterzeichnen mußten.

Am Ende des Monats brachten die deutschen Armeen aufgrund ihrer überlegenen Mobilität und Organisation den Russen bei Tannenberg eine vernichtende Niederlage bei. Die vom 26. bis zum 31. August dauernde Schlacht endete mit der Einschließung von Samsonows Armee. Die russische Führung unter General Shilinski erwies sich als völlig inkompetent und koordinierte die Operationen ihrer beiden Armeen äußerst schlecht; die seit langem bestehenden persönlichen Animositäten zwischen Samsonow und Rennenkampf taten ein übriges. Die russischen Funkbefehle wurden zur Überraschung der deutschen Abhörposten unverschlüsselt gesendet und konnten problemlos abgefangen werden. Vier Tage lang tobte die Schlacht über fast hundert Kilometer hinweg in dieser von Ketten kleiner Seen durchzogenen Landschaft, ehe die größere Wendigkeit der deutschen Truppen die Entscheidung brachte. 92 000 russische Soldaten gerieten in Gefangenschaft, und General Samsonow ging nach der Vernichtung seiner Armee hinaus in die Wälder und erschoß sich.

Der Benennung der Schlacht durch die deutsche Militärführung wohnt eine große Symbolik inne. Ludendorff erklärte später, warum man die Schlacht nicht nach einem der kleinen Orte mit wenig eingängigen Namen benannt hatte: »Die Schlacht wurde auf meinen Vorschlag die Schlacht von Tannenberg genannt, als Erinnerung an jenen Kampf, in dem der Deutsche Ritterorden den vereinigten litauischen und polnischen Armeen unterlag. Wird der Deutsche es jetzt wie damals zulassen, daß Litauer und namentlich der Pole aus unserer Ohnmacht Nutzen ziehen und uns vergewaltigen? Soll Jahrhunderte alte deutsche Kultur verloren gehen?«[8] Die durch den Namen

---

6 John W. Wheeler-Bennett, Wooden Titan: Hindenburg in Twenty Years of German History, 1914–1934, New York 1936.

7 Roger Parkinson, Tormented Warrior: Ludendorff and the Supreme Command, New York 1979; D. J. Goodspeed, Ludendorff: Genius of World War I, Boston 1966.

8 Ludendorff, Kriegserinnerungen, S. 44 f.

Tannenberg heraufbeschworene Symbolik war verworren, aber wirkungsvoll: der Sieg von 1914 als Wiedergutmachung für die Niederlage von 1410.

Der Sieg an diesem Ort erhielt angesichts des unklaren, enttäuschenden Kriegsverlaufs im Westen eine mythische Dimension. Über Nacht wurde Hindenburg für die Deutschen in der Heimat zum Gott. Am 1. November 1914 erfolgte seine Ernennung zum Oberbefehlshaber Ost mit unbeschränkten Befugnissen. In dem Zweigespann Hindenburg–Ludendorff war der Feldmarschall die Galionsfigur. Das kam auch in seiner äußeren Erscheinung zum Ausdruck: Auf den als Gemälde wie als Fotografien verbreiteten Heldenbildern war eine kantige Gestalt mit quadratischem Kopf, gemeißelten Gesichtszügen, streng gestutztem Schnauzbart und ergrautem Haar zu sehen, die in ihrer unmöglich aufrechten Haltung wie versteinert wirkte. Einem Mitarbeiter zufolge sah er aus »wie sein eigenes Denkmal«.[9] Hinter dem soliden Hindenburg stand Ludendorff und sorgte für Dynamik und ruhelose Energie. Hindenburg beschrieb ihr Verhältnis als »das einer glücklichen Ehe«.[10] Die beiden Initialen HL verschmolzen zu einem Symbol der Macht. Ihr wachsender Ruhm bildete in den ersten Kriegsjahren einen scharfen Kontrast zu den Fehlschlägen und Pattsituationen im Westen, die Erich von Falkenhayn, der Chef der Obersten Heeresleitung und Nachfolger Helmuth von Moltkes, hinnehmen mußte.[11] Die Rivalität zwischen dem Chef der Obersten Heeresleitung und den populären Siegern von Tannenberg brodelte in den folgenden Monaten weiter und ließ bald auch einen Riß durch das deutsche Offizierskorps und die politische Führung gehen und zwei konträre Lager entstehen, die »Ostler« und die »Westler«.[12] Die von Ludendorff, Hindenburg und Hoffmann angeführten »Ostler« beharrten gemäß Schlieffens Vernichtungsschlacht-Philosophie darauf, daß gegen Rußland ein entscheidender Sieg zu erringen war, wenn ihnen nur genügend Reserven für größere Einschließungsoperationen zur Verfügung gestellt würden. Falkenhayn und die »Westler« hatten Zweifel an der Möglichkeit eines militärischen Sieges und standen diesen Forderungen skeptisch gegenüber. Ihnen stand klarer vor Augen, welche strategische Belastung ein Krieg an mehreren Fronten darstellte, was der mit einer Seeblockade geführte Wirtschaftskrieg für Deutsch-

---

9 BA, N 1031/2, Gayl, S. 79.

10 Hindenburg, Leben, S. 78.

11 Holger Afflerbach, Falkenhayn. Politisches Denken und Handeln im Kaiserreich, München 1994.

12 Robert B. Asprey, The German High Command at War: Hindenburg and Ludendorff Conduct World War I, New York 1991, S. 112 f.

land bedeutete und daß die Entscheidung auf jeden Fall an der Westfront fallen würde und nicht in den Weiten Rußlands. Dieser Konflikt eskalierte in den nächsten beiden Jahren zum Kampf um die Oberste Heeresleitung.

Anfang bis Mitte September wandten sich die Deutschen gegen Rennenkampfs 1. Armee. Nach der auf einem weiträumigen, schwierigen Terrain ausgetragenen Schlacht an den Masurischen Seen mußten die Russen Ostpreußen räumen. Die deutschen Armeen rückten weiter vor und besetzten Teile des Gebiets um Suwalki, das sie aber im Spätherbst wieder verloren, als die Russen eine Gegenoffensive starteten. Weiter im Süden wurde der von den Österreichern gegen das russische Polen geführte Angriff zum Desaster. Die österreichisch-ungarischen Armeen wurden zurückgeschlagen und im September fast bis nach Krakau zurückgedrängt. Um dieser Entwicklung Einhalt zu gebieten, wurde durch eine Umstrukturierung der deutschen Truppen eine weitere (die 9.) Armee gebildet und in Richtung Warschau in Marsch gesetzt. Doch Ende September startete Rußland, das mittlerweile vollständig mobilgemacht hatte, eine Gegenoffensive, mit der es Schlesien bedrohte. Durch die intensive Nutzung des Transportmittels Eisenbahn gelang es Hindenburg und Ludendorff, die zahlenmäßige Überlegenheit des Gegners auszugleichen und den Angriff abzulenken. Nach dem Eintreffen von Verstärkung aus dem Westen drängten sie die russischen Armeen bis nach Warschau zurück, ehe der Wintereinbruch den Feldzug beendete.

Mit Beginn des neuen Jahres 1915 gingen die deutschen Armeen im Osten zum Angriff über. Nach der Winterschlacht in Masuren im Februar 1915 konnten sie wieder im Russischen Reich Fuß fassen. Mitte März lagen die deutschen Linien bereits vollständig auf feindlichem Territorium. Falkenhayn wandte seine Aufmerksamkeit vorübergehend nach Osten, um die österreichische Front zu entlasten, wo russische Einheiten die Karpaten bedrohten und im Begriff waren, nach Ungarn vorzudringen. Ungeachtet dieser Hinwendung des Chefs der Obersten Heeresleitung zum Osten, die für Hindenburg und Ludendorff eine zweischneidige Angelegenheit war, da sie ihre Machtvollkommenheit einschränkte, versuchten die beiden weiter, ihre Pläne für vernichtende Einkreisungsschlachten zu realisieren. Am 27. April 1915 begann als Teil einer die gesamte Ostfront umfassenden Offensive der Mittelmächte der »Große Vormarsch« der deutschen Armeen. Im Norden rückten die deutschen Truppen in die Territorien vor, die im Mittelalter zum Großherzogtum Litauen gehört hatten. Diese Operation sollte Ostpreußen vor weiteren Angriffen schützen und von den Anfang Mai weiter im Süden geführten Angriffen ablenken, wo der Südarmee bei Gorlice schließlich der Durchbruch gelang. Auch im Norden wurden ungeachtet der schlechten Straßenverhältnisse Fortschritte erzielt. Am 1. Mai 1915 besetzten deutsche

Truppen die Stadt Schaulen (Šiauliai) im litauischen Unterland, ein Industriezentrum und wichtiger Eisenbahnknotenpunkt. Viel war es nicht, was ihnen in die Hände fiel, denn die Stadt stand in Flammen. Die russischen Truppen hatten sie vor ihrem Rückzug in Richtung Riga in Brand gesetzt und 65 Prozent der Gebäude zerstört.[13] Die abziehenden Russen praktizierten durchweg eine »Politik der verbrannten Erde«, verwüsteten das Land und vertrieben seine Bewohner. Am 7. Mai eroberten deutsche Einheiten mit einem gleichzeitigen Angriff von Land und von See aus den Ostseehafen Libau (Liepāja), die erste große Festung in der Kette der russischen Grenzbefestigungen. Im Süden waren die russischen Truppen mittlerweile aus Galizien vertrieben.

Die Nordarmee bereitete sich im Mai auf die Überschreitung des Njemen vor; dies diente bereits der Unterstützung der für Mitte Juli geplanten großen Offensive an der Ostfront, die auf die gewaltige Festung Brest-Litowsk zielte. Die 8. Armee unter General von Scholtz rückte auf Lomza und Grodno vor. Am 14. Juli 1915 überschritt die unter dem Kommando von General von Below stehende Njemen-Armee den Fluß Windau, am 1. August fielen Mitau (Jelgava) und Bauske. Am 6. August 1915 begann die Belagerung der Festung Kowno (Kaunas), eines weiteren wichtigen Gliedes in der Kette der russischen Verteidigungsanlagen, und am 18. August wurde sie von Einheiten der Armee des Generaloberst von Eichhorn erobert. Die unter dem Befehl von General Litzmann stehenden Männer machten 20 000 Gefangene und erbeuteten Berge von Vorräten und mehr als 1300 Gewehre. Die Bevölkerung der Stadt wurde um über 70 Prozent verringert.[14] Nach dem Fall von Kowno beherrschten die deutschen Armeen den größten Teil Litauens und Kurlands. Jetzt war der Weg frei nach Wilna, zur größten Stadt des Gebiets und wichtigsten Verkehrsader im russischen Nordwestgebiet. Mit Grodno fiel am 3. September die letzte Festung in der Verteidigungslinie entlang des Njemen. Weiter südlich war am 5. August Warschau gefallen, und Ende des Monats befand sich der Großteil Polens in deutscher Hand. Am 9. September 1915 konnte Ludendorff auf Wilna vorrücken, wo er noch immer auf eine spektakuläre Einkreisungsoperation hoffte. Die Njemen-Armee zog sich nach Osten zurück, in Richtung Dwinsk (Daugavpils). Die 10. Armee unter Hermann von Eichhorn rückte südwärts auf Wilna vor.

Wilna bereitete sich nach dem Fall von Kowno auf die Evakuierung vor. Auf den Straßen nach Osten drängten sich schon seit geraumer Zeit die Fuhr-

---

13 Jonas Puzinas, Rinktiniai raštai, Bd. II, Chicago 1983, S. 272.

14 BA, N 1031/2, Gayl, S. 47.

Karte 2: Der deutsche Vormarsch im Osten 1915

werke mit Flüchtlingen. Jetzt ergriff auch die Verwaltung die Flucht, und ihre Mitarbeiter brachten mit ihrem Gepäck und Frachtgut den Bahnhof schier zum Bersten. Auch die Denkmäler und Statuen, Symbole der Herrschaft des Zaren, nahm man mit. Um zu verhindern, daß die Glocken abtransportiert wurden, umstellten die Mitglieder der christlichen Gemeinden ihre Kirchen. Die Stadt wurde dichtgemacht, Postzustellung und Telefon funktionierten nicht mehr. Mit dem Näherrücken deutscher Einheiten war bald von drei Seiten Kanonendonner zu hören. Über der Stadt schwebten Zeppeline, die Bomben in die verdunkelten Straßen fallen ließen. Die abziehenden Russen waren entschlossen, den Deutschen möglichst wenig zu hinterlassen. Am Abend waren die Randbezirke der Stadt von Flammen erhellt: Was nicht mit dem Zug weggeschafft werden konnte, wurde mit dem Feuer »evakuiert«. Die Verwaltung versuchte, alle Reservisten am Ort zu mobilisieren, damit sie nicht die Kampfkraft des Feindes verstärkten. Bald schlug das geplante Vorgehen in Panik um. Marodierende Trupps brandschatzten und plünderten Wohnhäuser, Bauernhöfe und Landgüter und trieben die Bevölkerung gewaltsam nach Osten. Am 9. September 1915 ordnete der russische Oberbefehlshaber an, daß sich alle Männer im Alter von 18 bis 45 Jahren mit der Armee nach Osten zurückzuziehen hatten. Nun begann eine irrsinnige Jagd auf Deserteure, die sich versteckten oder in die Wälder flohen. Wer von der Polizei gefaßt wurde, kam bis zum Abtransport nach Osten in ein Sammellager. Das intensiver und wahlloser werdende Bombardement der Zeppeline, dem auch der Bahnhof zum Opfer fiel, kündigte das nahe Ende an. Als die letzten russischen Regimenter und Kosaken aus der Stadt marschierten, schien es in ihr kein Leben mehr zu geben. In der Phase bis zum Eintreffen der deutschen Soldaten begann sich jedoch ganz langsam das Leben wieder zu regen: Die Menschen organisierten Bürgerausschüsse, Bürgerwehren und Zeitungen. Der letzte Abschiedsgruß der Truppen des Zaren war das Detonationsgeräusch beim Sprengen der Brücken.

Totenkopfhusaren waren die ersten Deutschen, die das Stadtzentrum erreichten. Auf die Einwohner wirkte das wie eine Szene aus ferner Vergangenheit, wie die Wiederauferstehung der Deutschordensritter: »Die Männer waren fast genauso wie vor fünfhundert Jahren in graue Mäntel gehüllt, nur die Kreuze fehlten.« Als die deutschen Truppen in Paradeformation in die Stadt einmarschierten, zeigten sich die Einwohner beeindruckt von der Ordnung und Sauberkeit der Männer. Der Unterschied zwischen Offizieren und einfachen Soldaten wirkte bei weitem nicht so groß wie in der russischen Armee. Die Deutschen boten ein einheitliches Erscheinungsbild, wie sie gemeinsam ihre Mahlzeiten einnahmen, miteinander redeten und scherzten und »mit der gleichen überheblichen Miene auf die Bewohner des eroberten

Landes herabblickten«.[15] Am 19. September 1915 war Wilna mit sämtlichen Befestigungsanlagen in deutscher Hand. Trotz dieses Erfolgs war die deutsche Nordarmee nicht stark genug für die Einkreisungsoperation, von der Ludendorff träumte. Die russischen Truppen schafften es, sich rechtzeitig in Richtung Minsk zurückzuziehen. Am 25. August 1915 eroberte Mackensens Armee Brest-Litowsk, während die 9. Armee unter Prinz Leopold von Bayern durch die Urwälder von Bialowies vorrückte. Die Vision einer gewaltigen Einkreisungsoperation, einer monumentalen Wiederholung von Tannenberg, wurde nicht verwirklicht, und Hindenburg und Ludendorff machten Falkenhayn, der ihre Pläne nicht gebilligt hatte, dafür verantwortlich. Damit war der Bruch der beiden mit Falkenhayn vollzogen, und die intensivste Phase der Rivalität zwischen den Befehlshabern an der Ostfront und dem Chef der Obersten Heeresleitung begann. Als Falkenhayn seine Aufmerksamkeit zunächst nach Serbien und dann 1916 wieder der Westfront zuwandte (wo er im Frühjahr in Verdun den als Desaster endenden Versuch begann, die Franzosen »ausbluten« zu lassen), schmiedeten die jetzt unentbehrlichen Befehlshaber im Osten ein Komplott zur Ablösung ihres Vorgesetzten.

Im Herbst 1915 geriet der schwungvolle Bewegungskrieg im Osten ins Stocken. Die russischen Armeen schafften es immer wieder, sich zurückzuziehen und neue Fronten zu eröffnen. Ende September stellten die Deutschen ihre Offensive ein. Im Norden stabilisierte sich die Front an der Düna, kurz vor der legendären Hansestadt Riga, die zu gut geschützt war für einen frontalen Angriff. Die Front im Bereich des Oberbefehlshabers Ost verlief jetzt von der Nordspitze Kurlands bis weit hinab nach Süden ins österreichisch-ungarische Operationsgebiet.

Entlang dieser Linie machten sich die deutschen Einheiten nun an die gigantische Arbeit der Befestigung ihrer Stellungen. Jenseits davon verwüsteten der Krieg und die von der russischen Armee praktizierte »Politik der verbrannten Erde« das Land. Beim Rückzug ihrer Truppen ließ die russische Verwaltung ganze Fabriken abbauen und nach Osten verbringen, und was nicht weggeschafft werden konnte, zerstörte man. Die Bewohner des Landes wurden in großer Zahl evakuiert beziehungsweise vertrieben, und vor allem die als unzuverlässig geltenden Bevölkerungsgruppen wurden zu Sündenböcken gemacht. Die Juden verdächtigte man wegen ihrer mit dem Deutschen verwandten jiddischen Sprache, mit den Invasoren zu sympathisieren. Der russische Oberbefehlshaber Großherzog Nikolai Nikolajewitsch ordne-

---

15 Petras Klimas, Iš mano atsiminimų, Vilnius 1990, S. 42.

te die umgehende Vertreibung Zehntausender von Juden aus dem Frontgebiet an.[16] Lutheraner galten wegen ihrer Religionszugehörigkeit als verdächtig, auch wenn sie Litauer waren oder vollständig assimilierte Einheimische mit deutschen Vorfahren, die zu Hause Litauisch sprachen. Viele lutherische Bauern wurden von den abziehenden russischen Soldaten kurzerhand als Spione erschossen oder aufgehängt, andere wurden vertrieben und Häuser und Fabriken niedergebrannt.[17] Nicht einmal »zuverlässige« Bevölkerungsgruppen blieben von der Vertreibung verschont. Kurland verlor auf diese Weise drei Fünftel seiner Einwohner. Die Ernte wurde auf den Feldern verbrannt. Die Straßen waren voller Flüchtlinge, die in die Städte strömten, wo sie unter elenden Verhältnissen dicht an dicht dahinvegetierten. Das ganze verwüstete Land war von Hunger und Epidemien bedroht.

Die Armee hatte die Aufgabe, in den Gebieten hinter der Front für geordnete Verhältnisse zu sorgen, das heißt die Kommunikation und den Nachschub zu sichern. Polen wurde einer Zivilverwaltung unterstellt, mit der Verwaltung von Rußlands Nordwestgebiet betraute man hingegen Hindenburgs 10. Armee. Das dem Oberbefehlshaber Ost unterstehende Gebiet war unter dem Namen Ober Ost (auch Ob. Ost) bekannt. Es umfaßte mit den Gebieten Kurland, Litauen und Bialystok-Grodno ein Territorium von 108 808 Quadratkilometern (fast doppelt soviel wie West- und Ostpreußen zusammengenommen) mit einer ethnisch gemischten einheimischen Bevölkerung von etwa 3 Millionen Menschen.[18] Ober Ost war im Grunde ein Feudallehen des mit außerordentlichen Handlungsvollmachten ausgestatteten Oberbefehlshabers Ost. Hindenburg leitete nicht nur persönlich – oder durch seinen energischen Stabschef Ludendorff – die militärischen Operationen an der Ostfront, sondern auch die alltägliche Verwaltung des Besatzungsgebiets. Er war der geistige Vater von Ober Ost und gab dem Militärstaat seinen Namen; er war die Personifizierung dieses Staates und sein Wille Gesetz. Im Verlauf des folgenden Jahres baute Ludendorff, während sein Seniorpartner Modell für Porträts saß oder in den Urwäldern auf Wisentjagd ging, den gigantischen Apparat der Militärverwaltung auf. Seine Antriebskraft war der unbedingte Wille, »etwas Ganzes zu schaffen«, etwas Dauerhaftes. Gleichzeitig betrieb er das Komplott gegen Falkenhayn. Das dem Oberbefehlshaber Ost unterstellte Gebiet dehnte sich immer weiter aus. Nach den bedrohlichen Erfolgen

---

16 Israel Cohen, Vilna, Philadelphia 1943, S. 359.

17 Antanas Gintneris, Lietuva caro ir kaizerio naguose. Atsiminimai iš I Pasaulinio karo laikų, 1914–1918 m., Chicago 1970, S. 246–257.

18 Oberbefehlshaber Ost (Hg.), Das Land Ober Ost, S. 431.

der russischen Brusilow-Offensive in Galizien Ende Juni 1916 erhielt Hindenburg den Oberbefehl über die gesamte Front bis hinab nach Brody, östlich von Lemberg.[19] Bis zum 29. August 1916, als Hindenburg und Ludendorff mit Hilfe ihrer Intrigen in die Oberste Heeresleitung gelangten, hatte sich Ober Ost zu einem beeindruckenden, unabhängigen Militärstaat im Osten, einem militärischen Utopia entwickelt.

Die Fronterfahrung der deutschen Soldaten hatte im Osten und im Westen eine deutlich unterschiedliche Ausprägung. Während sich die Operationen an der Westfront zu einem Stellungs- und Grabenkrieg verfestigt hatten, wurde im Osten – zumindest potentiell – weiter ein Bewegungskrieg geführt. Bei Offensiven hatte man hier nach wie vor die Möglichkeit eines entscheidenden Durchbruchs im Auge, doch das war, wie ein Offizier feststellte, eine trügerische Hoffnung: »So brennt es an allen Punkten und nirgends steht eine einheitliche gerade Schlachtfront, mit der eine allgemeine Entscheidung ausgefochten werden könnte.«[20] Auch die Art, wie man im Westen die eigenen Stellungen befestigte und sich eingrub, war etwas anderes als die Sicherung der umfangreichen Gebiete hier im Osten, wo sich die deutschen Truppen in der weiten Landschaft verloren.

Was die Verluste anging, war der Krieg an der Ostfront in den ersten beiden Jahren sogar noch kostspieliger als der im Westen. Dies gilt insbesondere für das erste Kriegsjahr, in dem die Verluste pro Einheit um ein Viertel über denen im Westen lagen. Der große Vormarsch von 1915 wurde teuer erkauft. Eine Division berichtete, sie habe pro Tag mehr als 200 Mann verloren. Später überwogen die Verluste im Westen, doch die Erinnerung an die gigantische Zahl von Opfern zu Beginn des Krieges war ein weiterer prägender Eindruck vom Osten. Über den ganzen Krieg hinweg gesehen lag die Zahl der Toten, Verwundeten und Kranken an der Ostfront allerdings um ein Viertel niedriger als im Westen. Gemessen an der Zahl der eingesetzten Soldaten gab es hier zwei Fünftel weniger Tote, nur halb so viele Vermißte und ein Drittel weniger Verwundete als an der Westfront. Die Verluste durch Krankheiten spielten dagegen eine größere Rolle. Über den ganzen Krieg hinweg gerechnet kamen im Westen auf einen Verwundeten 2,8 erkrankte Soldaten, im Osten waren es 3,7. Die Armeeärzte führten einen verzweifelten Kampf gegen die ungeheure Seuchengefahr. Es drohten Typhus, Malaria, Cholera und als unheimlichster Feind das Fleckfieber, eine in Deutschland unbekannte Krankheit, die von

---

19 Wheeler-Bennett, Wooden Titan, S. 68.

20 Bernhard von der Marwitz, Stirb und Werde. Aus Briefen und Kriegstagebüchern des Leutnants Bernhard von der Marwitz, Breslau 1931, S. 32.

Läusen übertragen wurde. Die primitiven Verhältnisse und die apathischen Einheimischen, die aufgrund der unter ihnen üblichen »hochgradigen Verlausung«[21] nicht so heftig unter diesen Krankheiten litten wie die Deutschen, behinderten die Ärzte bei ihrer dringlichen Arbeit. Über der Ostfront schwebte ein Gespenst mit zwei grausigen Gesichtern, dem des gewaltsamen Todes im Kampf und des Dahinsiechens an einer Krankheit – für die Soldaten zwei typische Kennzeichen Osteuropas.

Bei der Ankunft im Osten fühlten sich die deutschen Soldaten oft völlig verloren, auch wenn die deutsche Grenze noch in Reichweite schien. Daß diese fremdartigen Verhältnisse so nah waren, verstärkte nur die Wirkung der neuen Eindrücke. Ludendorff sagte von sich und seinen Männern: »Wir kannten auch infolge Mangels jeder einschlägigen deutschen Literatur im übrigen die Verhältnisse von Land und Leuten nur wenig und sahen uns einer neuen Welt gegenüber.«[22] Viele lernten erst vor Ort alles, was sie über diese Länder wissen mußten.[23] Die ersten Eindrücke waren entscheidend dafür, wie die Soldaten und Offiziere das Land und die Menschen unter ihrer Herrschaft sahen und behandelten. Eine Planung der Armee für die Verwaltung der besetzten Gebiete hatte es nicht gegeben. Außerdem warf die Realität, mit der sich die deutschen Soldaten konfrontiert sahen, alle vorhandenen vagen Vorstellungen vom Osten über den Haufen. Aus der Ferne hatten sie den Eindruck eines einheitlichen, erstarrten Russischen Reichs gehabt, der jetzt dem eines chaotischen Flickenteppichs von Nationen und Kulturen wich.

In den Jahrzehnten vor dem Ersten Weltkrieg hatte das Kaiserreich beim Blick nach Osten stets eine absolutistische Monarchie gesehen, die den Eindruck eines geeinten Staates machte. Die meisten Deutschen dachten bei Rußland vor allem an Unterdrückung, Rückständigkeit und Despotismus. Die russische Gefahr, die vor 1914 immer bedrohlicher geworden war, rief das Bild kampfeslustiger Kosaken und riesiger, nach Westen wogender Bauernarmeen hervor, einer kraftvollen »russischen Dampfwalze«, die sich an-

21 Sanitätsbericht über das Deutsche Heer, Bd. II, Der Sanitätsdienst im Gefechts- und Schlachtenverlauf im Weltkriege 1914–1918 und Stichwortverzeichnis für I., II. und III. Band, Berlin 1938, Tabelle 5, und Bd. III, Die Krankenbewegung, S. 34 f.; Hermann Koetzle, Das Sanitätswesen im Weltkrieg 1914–18, Stuttgart 1924, S. 80–90; M. Schwarte (Hg.), Der große Krieg, Bd. IX (Teil 2), Leipzig 1923, S. 529–538.

22 Ludendorff, Kriegserinnerungen, S. 146.

23 Erich Zechlin, *Litauen und seine Probleme*, in: Internationale Monatsschrift für Wissenschaft, Kunst und Technik (1. Dezember 1915), S. 257–286.

schickte, über Mitteleuropa hinwegzurollen. Deutschlands Linke haßte den Zarismus wegen seiner für die Heilige Allianz wahrgenommenen Rolle als »Gendarm Europas«. Die meisten Deutschen hatten vor dem Krieg beim Blick nach Osten hauptsächlich auf das russische Herrscherhaus geschaut. Für sie waren die Menschen im Osten in erster Linie Untertanen eines anderen kaiserlichen Herrschers und – unabhängig von ihrer spezifischen Volkszugehörigkeit – »irgendwie alle Russen«.

Den traditionellen Hintergrund für die Wahrnehmung des Russischen Reichs bildete der Wirrwarr von Sympathien und Beziehungen zwischen den Herrscherhäusern, der von der Heiligen Allianz von 1815 bis zu Bismarcks Rückversicherungsvertrag von 1887 die Außenpolitik beeinflußt hatte. Bismarck hatte darauf beharrt, daß zwischen dem zaristischen Rußland und dem kaiserlichen Deutschland keine grundlegenden Interessenkonflikte bestanden. Doch nach seiner Entlassung im Jahr 1890 kam in Deutschland und Rußland panische Angst vor dem jeweils anderen auf. Die Furcht vor einem russischen Überraschungsangriff wuchs, und in der deutschen Bevölkerung machte sich die alptraumhafte Vorstellung eines Vormarsches slawischer bäuerlicher Riesen breit. Die deutsche Außenpolitik, die sich durch diplomatische Schnitzer immer mehr in die Isolation gebracht hatte, befaßte sich jetzt in erster Linie mit dem Erhalt des von panslawistischen Ideen und vor allem von seiner eigenen verknöcherten Inkompetenz bedrohten Österreich-Ungarn. Bereits 1910 hatte sich bei den führenden Politikern die Überzeugung durchgesetzt, daß ein Krieg von kontinentalen Ausmaßen unvermeidlich sei. Der neue Kanzler Theobald von Bethmann Hollweg ließ seine fatalistische Haltung deutlich werden, als er beklagte, wie sinnlos es sei, auf seinem Landgut an der Oder junge Bäume zu pflanzen, wo das Gebiet doch bald den Russen in die Hände fallen werde. Zusätzlich verstärkt wurde die Kriegsbereitschaft durch eine schon im letzten Jahrzehnt des 19. Jahrhunderts entwickelte Politik, der zufolge Deutschland die ihm nach eigener Ansicht zustehende internationale Stellung erreichen sollte, indem es seine wirtschaftlichen Muskeln spielen ließ. Der Ruf nach einer »Weltpolitik« wurde in weiten Teilen der Gesellschaft des Kaiserreichs als Ventil für die politischen Energien der in enge Grenzen eingeschlossenen Bevölkerung zustimmend aufgenommen. Interessengruppen in Industrie und Landwirtschaft unterstützten diese Forderung, von der sie sich neue wirtschaftliche Möglichkeiten erhofften. Ultranationalistische Propagandisten wandten den Blick nach Osten: Ernst Hasse, der Theoretiker der Alldeutschen, forderte in seiner Schrift »Deutsche Politik« (1908) die Abwendung vom kolonialen Gerangel und die Rückkehr zu einer europäischen Politik. Die Ansichten der militanten Rechten zu Rußland sind bei Constantin Frantz, dem Autor von »Weltpolitik« (1882/83) und einem der schärfsten Kritiker Bismarcks, zu finden, der auf einen Krieg im Osten drängte, und auch bei Paul de Lagarde, der in seinen »Deutschen Schriften« (1905) eine expansive Politik forderte, um Territorium für die Rasse zu gewinnen, sowie bei Friedrich Lange, der in »Reines Deutschtum« (1904) den Rassenkrieg predigte.[24] Diese extremistischen Ideen wurden zunehmend von nationalistischen und expansionistischen Kreisen unterstützt, vor allem vom Alldeutschen Verband.[25] Eine andere Gruppe, der Ostmarkenverein, agitierte für eine deutsche Besiedlung der Provinzen im Osten zur Schwächung der polnischen Minderheit. Seine einflußreichen Mitglieder, zu denen Industrielle, Großgrundbesitzer und viele Akademiker zählten und die – nach den Initialen dreier Gründer des Vereins – auch als Hakatisten bezeichnet wurden, waren eine politische Größe, mit der man rechnen mußte.

Eine besondere Rolle bei der Ausbildung der öffentlichen Meinung zu Rußland und zum Osten spielten die repatriierten Deutschbalten. Mit dem Aufkommen des Panslawismus in den sechziger Jahren des 19. Jahrhunderts und der Russifizierungspolitik in den baltischen Provinzen war ihre Sonderstellung in der Gesellschaft des Zarenreichs immer stärker unter Druck geraten. Redegewandte deutschbaltische Rückkehrer legten der deutschen Öffentlichkeit ihre Klagen und ihr oft voreingenommenes Verständnis der russischen Wirklichkeit dar.[26] Diese Gruppe, deren Einfluß nach 1905 zunahm, war zwar nicht die Ursache antirussischer Vorbehalte unter den Deutschen, doch sie verstärkte mit der anekdotenhaften Darstellung ihrer Erfahrungen als ethnische Minderheit die bereits vorhandenen Ängste. Während des Krieges waren sie in den vordersten Reihen der glühenden Annexionisten zu finden.

Die revolutionären Strömungen in Deutschland waren schon immer gegen das autokratische russische System eingestellt gewesen. Bereits zu Beginn des 19. Jahrhunderts hatten radikale deutsche Studenten die Ermordung von Zar Alexander I. geplant, und die polnischen Aufstände hatten in der Mittelschicht liberale Sympathien geweckt. Auch war die Rolle Rußlands bei der

---

24 Walter L. Laqueur gibt in »Deutschland und Rußland« den besten Überblick über diese Tendenzen.

25 Hans-Ulrich Wehler, Das Deutsche Kaiserreich 1871–1918, Göttingen 1973, S. 92–94; Roger Chickering, We Men Who Feel Most German: A Cultural Study of the Pan-German League, 1886–1914, London 1984.

26 Hans Rothfels, *The Baltic Provinces: Some Historic Aspects and Perspectives*, in: Journal of Central European Affairs (Juli 1944), S. 117–146.

Niederschlagung der Revolution von 1848 nicht vergessen. Und so traf man bei der Linken auf die entschiedenste Abneigung gegen das zaristische Rußland (und die konservative Haltung der russischen Bauern). Engels erklärte den Haß gegen Rußland zum ersten revolutionären Gefühl der Deutschen. Als die Russen 1848 in Ungarn intervenierten, riefen Marx und Engels zum revolutionären Krieg gegen den Gendarmen Europas auf. Dieser Aufruf wurde gegen Ende des 19. Jahrhunderts von Bebel und Liebknecht wiederholt. Erhebliche Auswirkungen sollte der revolutionäre Rußlandmythos dann 1914 haben, als die SPD die Kriegskredite billigte und die Kriegsziele der deutschen Linken die Sonderstellung Rußlands in ihrer Gedankenwelt deutlich werden ließen. Die Rußlandfrage wurde zu einem wichtigen Grund für die begeisterte Zustimmung zu den Kriegsanstrengungen seitens der deutschen Sozialdemokraten.

Von einem anderen revolutionären »Rußlandmythos« träumten mehrere Generationen deutscher Künstler und Denker. Der Begründer des modernen Nationalismus, Johann Gottfried Herder, pries die Ursprünglichkeit der Völker des Ostens und Nordens und verurteilte zugleich den deutschen Imperialismus. Seine Philosophie hatte einen revolutionären Einfluß auf das Bewußtsein der slawischen und baltischen Intellektuellen. Die Vertreter des Sturm und Drang Friedrich Maximilian Klinger und Michael Reinhold Lenz sahen in Rußland und im russischen Volk eine geistige Aufgeschlossenheit, die in ihrem zivilisierten Europa nicht zu erkennen war. Die gleiche Ansicht vertraten später Wagner und Nietzsche, Spengler und Thomas Mann. Rilke betrachtete Rußland sogar als seine geistige Heimat. Für viele war der Osten nicht nur ein exotischer Rahmen für ihre Vorstellungen, sondern eine Art *tabula rasa*, wo der Mensch noch jung war, ein edler Wilder, wenn auch in Ketten. Das Rußlandbild der deutschen Öffentlichkeit zu Beginn des 20. Jahrhunderts beruhte in erster Linie auf der Lektüre russischer Autoren sowie der Kritiken ihrer Werke, in denen die russische Kultur für die deutschen Leser interpretiert und dabei auf vereinfachte Bilder und allgemeine Aussagen zur Botschaft der verschiedenen Schriftsteller reduziert wurde.[27]

Wie wir sehen, verfügte die deutsche akademische Welt durchaus über Kenntnisse vom Osten und vom Russischen Reich. Außerdem wurde bereits seit 1842 in Breslau Slawistik gelehrt, und als 1902 in Berlin ein Seminar für Osteuropäische Geschichte und Geographie gegründet und der deutschbal-

27 Robert C. Williams, *Russians in Germany, 1900–1914*, in: Journal of Contemporary History (Oktober 1966), S. 121–149.

tische Historiker und Publizist Theodor Schiemann mit seiner Leitung betraut wurde, erhielt diese Wissenschaft neuen Auftrieb.[28]

Doch trotz aller wissenschaftlichen Tätigkeit hatten selbst gebildete Deutsche – denken wir an Norbert Elias – kaum detaillierte Kenntnisse von den Ländern Osteuropas. Das Bild des Ostens in der deutschen Bevölkerung und auch in vielen wissenschaftlichen Arbeiten basierte auf einer Reihe allgemeiner, von vielen Deutschen geteilten Annahmen zu den Verhältnissen in Osteuropa und wurde seit dem 18. Jahrhundert auch durch die deutsche Herrschaft über Teile Polens beeinflußt. Die Stereotype über die preußisch-polnischen Gebiete und die Polen waren »auf die Slawen im allgemeinen« übertragbar und dienten in der Praxis zur Rechtfertigung der Herrschaft über die Bevölkerungsminderheiten in Preußen.[29] Die wichtigste verächtliche Annahme postulierte ein »Kulturgefälle« zwischen Deutschland und dem slawischen Osteuropa, einen Absturz in die Barbarei, je weiter man nach Osten vordrang. Schmutz, Unterentwicklung und Anarchie wurden als typisch für die Verhältnisse in diesen Ländern betrachtet und verächtlich als »Polnische Wirtschaft!« bezeichnet. Zugleich erklärten einige populäre Schriftsteller und Historiker, die Deutschen hätten Kultur und Entwicklung nach Osteuropa gebracht. Dies sei über die letzten Jahrhunderte hinweg in einem zeitlosen und elementaren »Drang nach Osten« erfolgt, ein Begriff, der bereits in den sechziger Jahren des 19. Jahrhunderts gängig war.[30] Diese pauschalen und vagen Annahmen, die aber weite Verbreitung fanden, wirkten sich darauf aus, wie die Deutschen 1914 den Osten sahen, und kamen auch in einem Spottvers zum Ausdruck, der in den begeisterungstrunkenen ersten Kriegstagen mit Kreide auf einen zur Beförderung von Soldaten an die Front bestimmten Eisenbahnwaggon gekritzelt wurde: »Zar, es ist ’ne Affenschande, / Daß wir dich und deine Bande / Müssen erst desinfizieren / Und dann gründlich kultivieren!«[31]

Gemeinsam war den Vorstellungen des Kaiserreichs vom Osten, sei es im Hinblick auf die militärische Bedrohung, den Despotismus, die Rückständigkeit des Landes oder die romantischen Szenarios, der Eindruck russischer

---

28 Michael Burleigh, Germany Turns Eastwards: A Study of »Ostforschung« in the Third Reich, Cambridge 1988, S. 13–15; Friedrich Kuebart, *Zur Entwicklung der Osteuropaforschung in Deutschland bis 1945*, in: Osteuropa 30 (1980), S. 657–672.

29 Burleigh, Germany, S. 3–6.

30 Ebenda; Wolfgang Wippermann, Der »Deutsche Drang nach Osten«. Ideologie und Wirklichkeit eines politischen Schlagworts, Darmstadt 1981.

31 Ernst Johann (Hg.), Innenansicht eines Krieges. Bilder, Briefe, Dokumente 1914–1918, Frankfurt am Main 1968, S. 21.

Einheitlichkeit. Als jedoch die deutschen Armeen im Sommer 1915 im Osten ankamen, wurden diese Vorstellungen gründlich zurechtgerückt. Jetzt bekamen die Soldaten die Realität vor Ort zu Gesicht, die ganz anders war als erwartet. Das Russische Reich, das in Friedenszeiten wie ein einheitliches Imperium gewirkt hatte, brach jetzt vor ihren Augen auseinander. Nach dem Abzug der russischen Verwaltung boten die Länder ein unterschiedliches und vielfältiges sowie, im Hinblick auf ihre Gegenwart und ihre Vergangenheit, ein weitaus komplexeres Bild, als die Deutschen vermutet hatten. Die nichtrussischen Völker hatten eigene Sprachen, eigene Traditionen und historische Erinnerungen, und jedes von ihnen hatte eine eigene kulturelle und – zumindest im Ansatz – auch eine eigene nationale Identität. Waren die besetzten Gebiete für die Deutschen bislang Teil eines nicht weiter ausdifferenzierten Russischen Reiches gewesen, so wurden sie jetzt zu einem Konglomerat, das sich unter dem Begriff »Land und Leute« einordnen ließ.[32] Von nun an mußten sich die deutschen Neuankömmlinge mit dem Ansturm der Eindrücke auseinandersetzen, mit denen die von ihnen zu verwaltenden Gebiete auf sie eindrangen, mußten sich bemühen, die fremden Länder, die Völker und ihre lebendige Geschichte zu verstehen.

Was die deutschen Soldaten bereits unmittelbar bei der Ankunft erschütterte, war die Landschaft und die Endlosigkeit des Raums. Ober Ost war durch ein flaches, von vielen Flüssen durchzogenes Tiefland mit sumpfigen Wäldern von Ostpreußen getrennt. Die sanft gewellten Konturen der Ostseeküste wichen im Landesinneren einem allmählich ansteigenden Hügelland mit zahlreichen Sümpfen und kleinen Seen, in das sich eine ganze Reihe von Flußtälern eingegraben hatte. Weiter nach Osten öffnete sich die Landschaft zu den weiten russischen Ebenen hin, die bereits die Grenzenlosigkeit der dahinterliegenden Steppe ahnen ließen.[33] Dadurch wirkte Ober Ost wie ein Ort des Übergangs zwischen zwei Welten, dem deutschen Kaiserreich und dem russischen Imperium.

Die geographische Lage hatte entscheidend dazu beigetragen, daß das Land so aussah, wie es sich jetzt den Besatzern zeigte, mit einem bunten Völkergemisch und einem dichten Gewebe aus Mythen und Geschichte. Jahrhundertelang hatte es sich in der schicksalhaften Position eines europäischen Durchgangslandes befunden, eines »Kriegslandes« in der großen europäi-

---

32 *Land und Leute*, in: Oberbefehlshaber Ost (Hg.), Das Land Ober Ost, S. 9–22; BAMA, N 196/1, Heppe, Bd. V, S. 128.

33 R. Schlichting, Bilder aus Litauen. Im Auftrage des Chefs und unter Mitarbeit zahlreicher Herrren der Deutschen Verwaltung Litauen, Kowno 1916, S. 9–11.

schen Tiefebene, die sich von Rußlands eisigem Norden über das Baltikum bis nach Norddeutschland erstreckt.[34] Zwischen der Ostseeküste und den Pripjetsümpfen bildete es einen natürlichen Korridor für die Wanderungen der Völker. Und so war es seit undenklichen Zeiten ein Ort, an dem Ost und West aufeinandertrafen und ihre Konflikte austrugen. Unterschiedliche Völker drängten von allen Seiten heran: von der einen germanische, von der anderen slawische. Große Armeen zogen auf ihren Feldzügen durch diesen Korridor, so zum Beispiel die Truppen Napoleons bei dem verheerenden Einfall ins Herz Rußlands im Jahr 1812. Die Topographie dieses Landes war wie ein Buch des Schicksals.

Die Geographie, die die historische und ethnische Textur der Region geprägt hatte, stellte sich nun den Deutschen entgegen und brachte sie ins Wanken. Immer wieder hatten die Besatzer das Gefühl, sich in diesem offenen, menschenleeren Raum zu verlieren. Der weite Himmel und die flache Erde wirkten bedrückend. Je weiter die deutschen Armeen 1915 und bei den späteren großen Vormärschen im Jahr 1918 nach Osten kamen, desto offener wurde die Landschaft und desto endloser waren die Ebenen. Die Besatzer schrumpften zu winzigen Gestalten, die um eine Erklärung für ihr Hiersein rangen. Ein Soldat schilderte, wie ihn die Steppe in ihren Bann zog, als er in die weite Leere hinausging: »In der Ferne, am Horizont, grenzte jetzt ein hellerer Strich das Schwarz ab. Dort lag Osten, die russische Endlosigkeit. Er starrte hinein in dieses Land, das in seiner fernen Dehnung die Augen weit macht und doch den Blick nach innen kehrt, das die Menschen in die Unendlichkeit leitet und doch auf sich selbst zurückführt.«[35] Ein anderer erinnerte sich, wie er »immerfort über die weiten Strecken siedlungslosen Landes«[36] staunte. Diese Anblicke lösten bei den Neuankömmlingen eine heftige innere Reaktion aus. Ihr Blick wurde nach Osten gezogen, hinaus in die gewaltige, rätselhafte Weite. Die war, wie ein Offizier aus Kowno berichtete, selbst in den Städten präsent, wo man den freien Horizont fühlen konnte. »Auch die Hauptstraßen [sind] so breit angelegt, daß man den sprichwörtlichen russischen Himmel fortwährend um sich ausgespannt sieht; er wirkt in der Tat so mystisch weit, als ob er sich immer weiter wölbe

---

34 Norman J. G. Pounds, Eastern Europe, Chicago 1969, S. 11–13.

35 BAMA, PHD 8/23, Alfred Schirokauer, *Der deutsche Soldat in der russischen Steppe*, in: KB 6 (15. November 1916). Korrespondenz B (KB) war ein Artikeldienst von Ober Ost für die deutsche Presse.

36 Victor Klemperer, Curriculum Vitae. Erinnerungen 1881–1918, Bd. II, Berlin 1996, S. 462.

und erst hinter dem Horizont auf die Erde stoße.«[37] Und je weiter man nach Osten kam, desto intensiver schienen die Endlosigkeit und die Leere des Landes.[38]

Eine weitere beunruhigende Erfahrung waren für die Besatzer die riesigen Urwälder, die so anders wirkten als die bewirtschafteten Wälder, die sie aus Deutschland kannten. Allein die Vorstellung, wie riesig, ja endlos sie waren und was sich in ihrer wilden Düsterkeit verbergen mochte, rief Schwindel hervor. In den Wäldern lebten Wölfe, Bären, Elche und Rotwild, im Urwald von Bialowies sogar Wisente, die es im übrigen Europa längst nicht mehr gab.[39] Einen Offizier mutete es »wie ein Bild aus grauer Vorzeit« an, als er zum ersten Mal einem Wisent begegnete.[40] Die Einheimischen erzählten den Soldaten wirre Geschichten von übernatürlichen Wesen, die hier lebten. Noch mehr erstaunte die Deutschen, daß man die Wälder überhaupt nicht bewirtschaftete, sondern völlig sich selbst überließ. Weder wurden die Bäume ausgelichtet noch das Unterholz geschlagen, überall nur wildes, undurchdringliches Wachstum. Ein Soldat erinnerte sich in seinem Tagebuch an »mächtiges Wurzelwerk und groteske Baumfiguren« sowie an urwüchsige Wälder: »Viele Stämme sind umgeworfen von Schnee- und Windbrüchen und liegen wie ein mächtiger Trümmerhaufen, wie ein wüster Marmorgarten behauener Säulen durcheinander.«[41] Ein anderer Offizier wunderte sich über weiche Hügel am Waldboden, in die man einsank. Die Bäume waren unglaublich alt; an einigen gefällten Kiefern zählte man bis zu 250 Jahresringe.[42] Diese riesigen Wälder lebten und starben, ohne von den Menschen Notiz zu nehmen, in ewigem Frieden, eine »tausendfältig zusammengewachsene Familie«.[43] Das chaotische Gewirr massiger Riesen wirkte, als habe seit Urzeiten noch nie ein menschliches Wesen den Fuß hierhergesetzt. Die Deutschen erkannten hier die legendären Urwälder wieder, von denen Europa in prähistorischer Zeit bedeckt gewesen war und die sich bis auf diese letzte Bastion zurückgezogen hatten. In die Ehrfurcht, die die Soldaten bei diesem Anblick empfanden, mischte sich düstere Besorgnis: Der Eindruck, den die Urwälder auf sie machten, deckte

---

37 Richard Dehmel, Zwischen Volk und Menschheit. Kriegstagebuch, Berlin 1919, S. 449.

38 BAMA, N 196/1, Heppe, Bd. V, S. 48.

39 BAMA, PHD 8/23, *Urwald von Bialowies*, in: KB 1 (11. Oktober 1916).

40 BAMA, N 196/1, Heppe, Bd. V, S. 64.

41 Marwitz, Stirb, S. 99, 97 f., 103 f.; BA, N 1031/2, Gayl, S. 263.

42 BAMA, N 196/1, Heppe, Bd. V, S. 61.

43 Marwitz, Stirb, S. 134.

sich nicht mit ihrem deutschen Selbstverständnis als ein Wald und Natur liebendes Volk, als romantische Erben einer unter deutschen Eichen geborenen Tradition unabhängiger Stämme, wie Tacitus sie beschreibt.[44] Die Natur in diesem Land, in dem sie einfach nicht heimisch waren, wirkte anders als erwartet auf sie und stellte ihr überhebliches Selbstverständnis in Frage. In Arnold Zweigs großem Kriegsroman der Ostfront, »Der Streit um den Sergeanten Grischa«, sind die Wälder gefährliche Orte, die mit ihrer Ursprünglichkeit die Menschen in die Zeit zurückversetzen und sie auf primitivere Zustandsformen zurückwerfen.[45]

Die äußere Erscheinung des Landes wurde vom typisch baltischen Wetter geprägt. Das Frühjahr, den Sommer und den Herbst hindurch regnete es ständig. Die Niederschläge sammelten sich in großen Flüssen und Seen, Marschen und Sümpfen. Ein Soldat klagt in seinem Tagebuch: »Ein sachter Frühlingsregen geht den ganzen Tag herunter, und man glaubt, daß die Erde einfach fortgeschwemmt werden soll.«[46] Wenn sich die Regenwolken verzogen, war das Land in ein merkwürdiges, durchscheinendes Licht getaucht – ein beeindruckend blauer Himmel wölbte sich weit über die Ebenen hinweg. Dann kam durch die Wälder und die Flußtäler Nebel herangekrochen, ein Wallen unklarer Formen und lebendiger Gestalten. Und schließlich setzte wieder Regen ein. Die Winter waren streng, sibirische Winde trugen Unmengen Schnee heran, der das Land bedeckte. Ein von Ehrfurcht erfaßter Verwaltungsbeamter verspürte »tiefe Eindrücke von der unermeßlichen Weite, Einsamkeit und winterlichen Pracht der russischen Wälder«.[47] Ein Hauptmann erinnert sich an einen Marsch durch hüfthohen Schnee, bei dem die Männer an der Spitze halbstündlich ausgewechselt werden mußten.[48] Straßen und Dörfer versanken unter Schneewehen, und nachts streiften Wölfe umher, die der Hunger mutig gemacht hatte.[49] Es kam vor, daß Soldaten, die Wache standen, auf ihrem Posten erfroren. Selbst wenn Tauwetter einsetzte, lockerte der Winter seinen Griff nur ganz langsam. Bei Frühlingsanbruch weichte das schneebedeckte Land dann völlig auf, und der Boden unter den Füßen wurde zum Morast. Die vorrückenden Truppen hatten Mühe, die unsicheren Pfade zu

---

44 Simon Schama, Landscape and Memory, New York 1995, S. 23–134; Elias Canetti, Masse und Macht, Frankfurt am Main 2001, S. 97f.

45 Arnold Zweig, Der Streit um den Sergeanten Grischa, Potsdam 1927, S. 42f.

46 Marwitz, Stirb, S. 76.

47 BAMA, N 196/1, Heppe, Bd. V, S. 57.

48 Schell, Leadership, S. 42.

49 BAMA, N 196/1, Heppe, Bd. V, S. 116.

finden, auf denen die Überquerung der Sümpfe möglich war und die nur die Einheimischen kannten. Das ganze Jahr über war der Boden wie ein Schwamm mit Wasser vollgesogen, man wußte nicht, wohin man den Fuß setzen sollte. Die Straßen waren in einem miserablen Zustand, bei trockenem Wetter wirbelte Staub aus den tiefen Furchen, die meiste Zeit aber lagen sie unter Schmutz und Schlamm, in dem Karren, Pferde und Lastwagen versanken. Da die Fahrzeuge möglichst am Rand fuhren, um den Morast in der Mitte zu meiden, verbreiterten sich manche Straßen nach und nach bis auf 50 Meter.[50] Der Zustand der Straßen beeindruckte die Neuankömmlinge vielleicht am nachhaltigsten.

Das alles lenkte die Aufmerksamkeit der Soldaten auf die Erde unter ihren Füßen. Ihr Charakter, die Natur des Bodens war der Grund für die besonderen Eigenschaften des Landes. Die Besatzer spürten das am eigenen Leib und äußerten sich dazu.[51] Der Boden war stets durch und durch naß, wurde weder entwässert noch kultiviert. Neuankömmlinge sahen nichts als Ödland. Um die Intensität der Verwahrlosung zu verdeutlichen, sprach ein Verwaltungsbeamter von »Unland«.[52] Doch da war auch noch etwas anderes, ein Geist des Ortes, der auf sie wirkte. Eine »großartige Stille« lag über dem Land.[53] Andere Soldaten sprachen nachdenklich von der »Melancholie des russischen Landes« und »einer Spur von Trauer, die von diesem Lande niemals ganz verschwindet«.[54] Es hatte einen einzigartigen Charakter, und sie spürten, daß sie ihn erfassen mußten, um ihre eigene Position zu festigen.

Viele Dokumente aus der Besatzungszeit belegen die Stärke dieser ersten Eindrücke und die Versuche, ihrer Herr zu werden. Irgendwie mußte es den Soldaten gelingen, die Eigenart dieses Ortes zu erfassen. In Armeezeitungen und amtlichen Veröffentlichungen, in Briefen, Tagebucheinträgen und Romanen schilderten sie ihre Erlebnisse, in Zeichenmappen und Fotoalben hielten sie die Bilder fest, die ihre Aufmerksamkeit erregt hatten. Publikationen der Armee wie »Das Litauen-Buch« enthielten Landschaftsbilder und volkskundliche Zeichnungen, mit denen alles Fremde katalogisiert und in eine feste Ordnung gebracht werden sollte.[55]

---

50 Ebenda, S. 69.

51 Marwitz, Stirb, S. 17, 79.

52 BAMA, N 196/1, Heppe, Bd. V, S. 48.

53 Schlichting, Bilder, S. 28.

54 BAMA, N 196/1, Heppe, Bd. V, S. 54; Marwitz, Stirb, S. 95.

55 Das Litauen-Buch. Eine Auslese aus der Zeitung der 10. Armee, Wilna 1918; Schlichting, Bilder.

Bei dem Versuch, die Fremdartigkeit des Landes zu erklären, hielten sich viele Soldaten an die Vorstellung von der »deutschen Kultur«. Die wichtigste unter den verzückten »Ideen von 1914«, die zur Mobilisierung der deutschen Gesellschaft dienten, war die Vorstellung, dieser Krieg sei ein Konflikt zwischen gegensätzlichen nationalen Lebensphilosophien. An der Westfront treffe die organische deutsche »Kultur« auf die bloße »Zivilisation« der westlichen Demokratien.[56] Deutsche Intellektuelle erklärten alle französischen und britischen Errungenschaften zu mehr oder weniger hohlen, rein technischen Leistungen, zum Ausdruck eines schäbigen Materialismus. Die deutsche »Kultur« hingegen sei echt und tief verwurzelt, organisch und von Geist beseelt und sie werde von der Philosophie des Idealismus beflügelt.

Die Ostfront aber war anders. Hier standen nicht Kultur und technische Zivilisation einander gegenüber. Und doch wurde die »Kultur« an der Ostfront zu einem wichtigen Thema, allerdings in einem anderen, ursprünglicheren Sinn. Denn mit Kultur war nicht hohe Kunst gemeint, sondern das Wort bezog sich auf überhaupt alle Errungenschaften der Zivilisation, ja der Begriff Kultur fand sogar Eingang in die Landwirtschaft: Auch der Boden wurde kultiviert, das heißt urbar gemacht. Für die Deutschen war der Krieg im Osten ein Zusammenstoß der »Kultur« mit ihrer Negation, der »Unkultur«.[57] So betrachtet hatten es die Deutschen, die sich um die Kultivierung und Umwandlung des Landes bemühten, nur mit einer wüsten Einöde zu tun. Was die Neuankömmlinge sahen, wirkte im Vergleich zu Deutschland kaum bearbeitet – oder »kultiviert«. Bei jedem Schritt hinaus in die Wildnis stellten sie sich vor, wie man in der Heimat ein solches Stück Natur gebändigt, ein ums andere Mal unterteilt, kultiviert und gestaltet, wie man es unter seine Kontrolle gebracht hätte.[58] Ein Verwaltungsbeamter vermerkte bei der Ankunft im Osten:

---

56 George L. Mosse, The Crisis of German Ideology: Intellecutal Origins of the Third Reich, New York 1981, S. 6; Fritz Stern, The Politics of Cultural Despair: A Study in the Rise of the Germanic Ideology, Berkeley 1961, S. 196 f., 207; Peter Gay, Weimar Culture: The Outsider as Insider, New York 1968, S. 72–74 und 91; Roland Stromberg, Redemption by War: The Intellectuals and 1914, Lawrence 1982, S. 147–149; Günther Mai, Das Ende des Kaiserreichs. Politik und Kriegführung im Ersten Weltkrieg, München 1987. Norbert Elias erinnerte daran, daß bei den Vorurteilen über die osteuropäischen Länder »stets kulturelle Bewertungen die Hauptrolle spielten« (Reflections, S. 20).

57 BAMA, N 196/1, Heppe, Bd. V, S. 133.

58 Oberbefehlshaber Ost (Hg.), Das Land Ober Ost, S. 11.

»Niemals hatte ich eine Grenze gesehen, die so, wie hier, nicht nur 2 Staaten, sondern 2 völlig verschiedene Welten trennte. Wohin auch das Auge sah, nichts, als ein Bild der Armut und Unkultur, trostlose Wegeverhältnisse, armselige Dörfer mit verwahrlosten Hütten und einer schmutzigen, verlumpten Bevölkerung und mit rückständiger Feldbestellung, ein himmelweiter Gegensatz zum blühenden deutschen Lande im benachbarten Oberschlesien.«[59]

Die Deutschen würden, so dachten sie, diese Fremdartigkeit vielleicht kultivieren und überwinden können. Beim Blick über die Landschaft sahen sie nicht nur, was da war, sondern auch, was daraus werden könnte.

Doch das wilde, »unkultivierte Land« war sogar bewohnt, auch wenn es auf den ersten Blick wie entvölkert wirkte. Viele Menschen waren vor dem näher rückenden Krieg geflüchtet oder von den abziehenden Kosaken verschleppt worden. Wer sich in den Wäldern versteckt hatte, um abzuwarten, bis die Front durchgezogen war, wagte sich erst ganz allmählich wieder heraus. Schon vor dem Krieg war das Land nur dünn besiedelt gewesen, jetzt aber war die Bevölkerungsdichte noch viel geringer, weit unter den am dünnsten besiedelten Regionen Deutschlands. Mit 27 Einwohnern pro Quadratkilometer war sie nur etwa halb so hoch wie in Ostpreußen und erreichte nur ein Viertel des Wertes für Gesamtdeutschland.[60] In ganz Ober Ost waren Schätzungen zufolge 1,3 Millionen Menschen (von insgesamt 4,2 Millionen) aus ihren Wohnorten geflüchtet. Kurland hatte dadurch 54,4 Prozent seiner Vorkriegsbevölkerung verloren, Litauen 26,6 Prozent. Im Verwaltungsbezirk Wilna-Suwalki waren es 46 Prozent, in Bialystok-Grodno 37,5 Prozent. Alles in allem war etwa ein Drittel der Vorkriegsbevölkerung geflüchtet oder dem Krieg zum Opfer gefallen.[61]

Die deutschen Armeen trafen auf eine erbarmenswert hilflose Bevölkerung, die zum Großteil aus Frauen, Kindern und alten Menschen bestand. Wilna und die anderen Städte wurden von Flüchtlingen überflutet, deren Zahl die einheimischen Hilfsorganisationen vor unlösbare Probleme stellte, und bald grassierten in den Städten Hunger und Krankheiten. Bei den Besatzern, die das alles noch nie gesehen hatten, waren diese ersten Eindrücke entscheidend für ihre Reaktion auf das Land und seine Bevölkerung.[62] Daß sie

59 BAMA, N 196/1, Heppe, Bd. V, S. 16.

60 Schlichting, Bilder, S. 11; Oberbefehlshaber Ost (Hg.), Das Land Ober Ost, S. 431.

61 BA, N 1031/2, Gayl, S. 124; Oberbefehlshaber Ost (Hg.), Das Land Ober Ost, S. 89.

62 BAMA, N 98/1, von Goßler, S. 65.

das Land bei ihrer Ankunft im Griff von Feuer und Schwert erlebten, ließ sie die anormalen Verhältnisse und die Auswirkungen des Krieges für typisch und einen wesentlichen Bestandteil des Charakters dieses Landes halten.

Aus der Begegnung mit den verschiedenen, für die deutschen Soldaten durchweg neuen und unbekannten einheimischen Bevölkerungsgruppen erwuchs für die Männer die Notwendigkeit, die Kategorien und Ordnungskriterien in diesem verwirrenden Völkergemisch zu erkennen. Seine Komplexität mußte irgendwie auf das Wesentliche reduziert werden, doch es war nicht einfach, das Wesen dieser Völker zu definieren. Die verschiedenen ethnischen Identitäten waren noch nicht endgültig ausgebildet, der Übergang zwischen ihnen oft fließend. Für die Deutschen war Ober Ost eine verwirrende Ansammlung unbekannter Völker mit jeweils einer eigenen unbekannten Geschichte, mit fremdartigen Sitten und einer völlig ungewohnten Sicht der Welt.

In den Dörfern und einzelnen Höfen entlang der Straßen trafen die vorrükkenden deutschen Truppen auf die größte Bevölkerungsgruppe des Besatzungsgebiets, das Bauernvolk der Litauer. Diese Menschen sprachen die älteste lebende indoeuropäische Sprache, ein wissenschaftlich hochinteressantes linguistisches Fossil. Zusammen mit anderen baltischen Stämmen siedelten sie seit 3000 v. Chr. in diesem Gebiet. Im Großherzogtum Litauen waren sie als Animisten, die Bäume, Schlangen und Bienen verehrten, Europas letzte Heiden gewesen. Dem Deutschen Ritterorden war es in einem zweihundertjährigen Kreuzzug nicht gelungen, sie gewaltsam zu bekehren. Er hatte es lediglich geschafft, die ihnen nahestehenden Prußen auszulöschen und sich ihren Namen anzueignen. Bei der Begegnung mit den Litauern sprach ein deutscher Verwaltungsbeamter von »dem tragischen Kampfe dieses Naturvolkes gegen die westliche Kultur«.[63] Erst vom 18. Jahrhundert an bekannte sich die Landbevölkerung – aus rein praktischen Gründen – zum römisch-katholischen Glauben, doch auch das nur in Form einer komplexen Synthese der alten Glaubensformen mit der neuen Religion.[64] Diese zögerliche Assimilierung spiegelte die angeblich störrische, konservative Natur der bäuerlichen Bevölkerung wider.[65] In den letzten Jahrzehnten des 19. Jahrhunderts, als wohlhabende selbständige Bauern darauf drängten, daß ihre Kinder eine Ausbildung erhielten, war dann so etwas wie eine Intelligenz des Landes entstanden, die

63 BAMA, N 196/1, Heppe, Bd. V, S. 123.

64 Ebenda, S. 123 f.

65 Manfred Hellmann, Grundzüge der Geschichte Litauens und des litauischen Volkes, 4. Aufl., Darmstadt 1990, S. 107.

sich mit der Entwicklung eines Nationalbewußtseins befaßte und dabei mit den andersgearteten politischen Vorstellungen der örtlichen Polen und Russen in Konflikt geriet.

Der dritte baltische Stamm neben den Litauern und den ausgestorbenen Prußen waren die im weiter nördlich gelegenen Kurland beheimateten Letten, ein bis ins 19. Jahrhundert hinein ebenfalls weitgehend bäuerliches Volk. Die voranschreitende Industrialisierung hatte allerdings vor allem in Riga und den anderen größeren Städten für eine starke Zuwanderung gesorgt und zur Bildung einer Arbeiterklasse und einer Mittelschicht geführt.[66] Aufgrund der historischen Umstände hatten sich die Letten anders entwickelt als ihre Vettern im Süden. Sie waren im 13. Jahrhundert unter deutsche Herrschaft geraten und von den Kolonialherren in Knechtschaft gehalten worden. Von den deutschen Herren hatten sie auch den lutherischen Glauben übernommen, während die Bevölkerung der zum Polnisch-Litauischen Staatenbund gehörenden südlichen Gebiete katholisch geblieben war. Mit dem Luthertum erhielten die Letten auch ihre eigene Hochsprache und damit eine Grundlage für die Herausbildung ihres Nationalbewußtseins. Aus ihm entwickelte sich – durch gesellschaftliche Konflikte und Klassengegensätze verstärkt – ein erschreckend unversöhnlicher, gewalttätiger wechelseitiger Haß zwischen den Letten und den deutschbaltischen Baronen, der in die Greuel der Revolution von 1905 mündete.[67] Im Ersten Weltkrieg wurde ein Drittel der lettischen Bevölkerung zum Opfer von Vertreibung.[68]

Ein anderes Volk rückte erst ganz allmählich ins Blickfeld: die Weißrussen oder Weißruthenen.[69] Nicht einmal ihr Name war klar. Sie waren ein vor allem im Süden und Osten des Besatzungsgebiets konzentrierter slawischer Stamm. Ein deutscher Verwaltungsbeamter bezeichnete sie nach der ersten Begegnung mit ihnen als »sehr gutmütig und unterwürfig, [...] aber kulturell auf einem außerordentlich niedrigen Niveau«.[70] Ihre eigene Identität hatte sich infolge der Abtrennung von den Ostslawen aufgrund der Zugehörigkeit zum Großherzogtum Litauen herausgebildet. Die Deutschen waren schockiert von der Passivität und Sprachlosigkeit dieses Volkes, das (zumindest in den

---

66 Alfred Bilmanis, A History of Latvia, Princeton 1951; Andrejs Plakans, The Latvians: A Short History, Stanford 1995.

67 Rauch, Geschichte, S. 26 f.

68 Ebenda, S. 36.

69 Nicholas P. Vakar, Belorussia: The Making of a Nation, Cambridge, Mass. 1956, S. 1–4; Jan Zaprudnik, Belarus: At a Crossroads in History, Boulder, Col. 1993.

70 BAMA, N 196/1, Heppe, Bd. V, S. 54.

besetzten Gebieten) nicht einmal ansatzweise über eine gebildete Schicht verfügte.[71] Standen sie hier vor den Resten eines zum Aussterben verurteilten Volkes, oder wurden sie zum Zeugen seiner Geburt? Die Weißrussen waren außerdem in zwei Konfessionen aufgespalten, ein Teil war römisch-katholisch, der andere orthodox. Da der katholische Klerus sich aus Polen zusammensetzte, existierte, ähnlich wie bei den Litauern, ein Assimilationsdruck, der die ethnische Identität verwirrte.

Von der einheimischen Bevölkerung konnten nur die Ostjuden mit den Deutschen kommunizieren – mit Hilfe ihres dem Deutschen verwandten Jiddisch oder ihrer außergewöhnlich guten Fremdsprachenkenntnisse. Ein Verwaltungsbeamter bezeichnete sie als »fast unentbehrlich«, als »die geborenen Dolmetscher«.[72] In der Vielfalt dieser Länder spielten die Ostjuden eine besondere, in der Geschichte begründete Rolle, die ihren Ursprung in den glücklicheren Zeiten des durch religiöse Toleranz gekennzeichneten Großherzogtums Litauen hatte, wo im 14. Jahrhundert Juden auf der Flucht vor religiöser Verfolgung im Westen freundlich aufgenommen worden waren. Die litauischen Juden entwickelten einen spezifischen historischen Charakter, dem sie auch die Bezeichnung »Litvak« verdanken.[73] Wilna wurde als »Litauisches Jerusalem« bezeichnet, die Stadt, in der der »Vilna Gaon« Elijah Ben Salomon lehrte und die ein Zentrum des Lernens und der jüdischen Aufklärung war. Die Juden wohnten vorwiegend in den Städten, wo sie einen erheblichen Anteil der Bevölkerung stellten und als kleine Gewerbetreibende in schwierigen Verhältnissen über die Runden kamen. Vor dem Krieg waren viele von ihnen als Händler und Hausierer über Land gezogen, wo sie von den Bauern wegen der Neuigkeiten, die sie mitbrachten, geschätzt wurden.[74] Zur einheimischen bäuerlichen Bevölkerung schienen sie gute Beziehungen zu haben.[75] Vor dem

---

71 Oberbefehlshaber Ost (Hg.), Das Land Ober Ost, S. 17 f.; BAMA, PHD 8/23, *Die Weißrussen*, in: KB 6 (15. November 1916); *Die Weißruthenen*, in: KB 35 (6. Juni 1917).

72 BAMA, N 196/1, Heppe, Bd. V, S. 17; Steven E. Aschheim, Brothers and Strangers: The East European Jew in German and German Jewish Consciousness, 1800–1923, Madison 1982, S. 139–214; ders., *Eastern Jews, German Jews and Germany's Ostpolitik in the First World War*, in: Leo Baeck Institute Year Book 28 (1983), S. 351–365.

73 Solomonas Atamukas, Žydai Lietuvoje. XIV–XX amžiai, Vilnius 1990.

74 LCVIA F. 641, ap. 1, b. 53, »Verwaltungsberichte Rossienie«, Verwaltungsbericht für die Zeit vom 1. Oktober 1917 bis 31. März 1918, Georgenburg, S. 25.

75 Egmont Zechlin, Die deutsche Politik und die Juden im Ersten Weltkrieg, Göttingen 1969, S. 224 f.

Krieg hatten Juden und Litauer bei der Aufstellung von Kandidaten für die Wahlen zur Duma zusammengearbeitet.[76]

Die politisch herrschende landbesitzende Klasse und der Adel waren – vor allem in den südlichen Gebieten, in Wilna und Suwalki und auch in den kleineren Städten – vorwiegend polnisch beziehungsweise polonisiert. Sie hielten in der Erinnerung an dem Polnisch-Litauischen Staatenbund fest, pflegten die polnische Sprache und Kultur und vertraten einen romantischen, messianischen polnischen Nationalismus. Gleichwohl bestanden manche von ihnen auf einer eigenen litauischen politischen Identität gemäß der Formel »gente Lituanus, natione Polonus« – Stammeszugehörigkeit litauisch, Nationalität polnisch. Daraus erwuchs ein sich immer mehr zuspitzender Konflikt mit den litauischen Intellektuellen, die von ihnen nicht mit der rein regionalen Bezeichnung als »Litwiny« sprachen, sondern als »Litwomany« (Litomanen). Wegen der Identifizierung des Katholizismus mit Polen und der polnischen Sprache wurde die Kirchenpolitik zum Austragungsort ethnischer Konflikte.

Der Großteil der im Zuge der zaristischen Russifizierungspolitik in dieser Region angesiedelten Russen war bereits fortgegangen. Verwaltungsbeamte, Polizisten, Lehrer und orthodoxe Priester hatten 1915 zusammen mit den Truppen des Zaren das Gebiet verlassen. Nur einige russische Bauern waren geblieben. Sie stellten keine Gefahr dar – im Gegensatz zu anderen Russen, die auf dem Territorium von Ober Ost untergetaucht waren: wie zum Beispiel Deserteure, abziehende Soldaten, die die Front überholt hatte, eine wachsende Zahl von entflohenen Kriegsgefangenen, von der russischen Armee zurückgelassene kleine Sabotagegruppen und Spione. Sie waren bewaffnet und gefährlich, trieben sich in den Wäldern und Sümpfen herum, schlossen sich zu Banden zusammen und terrorisierten das Land.

Die größten deutschen Bevölkerungsgruppen gab es in den alten deutschbaltischen Provinzen Kurland, Livland und Estland, von denen die beiden letzten erst im Februar 1918 erobert wurden. Hier trafen die Besatzer auf die legendären »baltischen Barone«. Die Deutschbalten stellten ihre besonderen Eigenarten – das aufbrausende Wesen, das aristokratische Auftreten und den merkwürdigen Akzent – demonstrativ zur Schau. Trotz ihres Festhaltens am Deutschtum waren sie auch eng mit der lokalen Geschichte verwachsen. Sie verstanden sich vor allem als Aristokraten, da sie stets loyale Gefolgsleute der Romanows gewesen waren und (ungeachtet ihrer geringen Zahl) in den Provinzen und in Rußland führende Positionen eingenommen hatten. Nach der

76 Hellmann, Grundzüge, S. 130; Senn, Emergence, S. 10.

Abschaffung der Leibeigenschaft war im Zuge der gesellschaftlichen und wirtschaftlichen Entwicklung das Verhältnis zu den Letten und Esten zunehmend von sozialen und nationalen Gegensätzen geprägt, die schließlich in den Gewaltakten der Revolution von 1905 und den nachfolgenden harten Vergeltungsmaßnahmen zum Ausbruch kamen.[77] Danach versuchten die Deutschbalten mit geheimgehaltenen Ansiedlungsprogrammen Deutsche nach Kurland zu holen.[78] Den schwärmerischen Beschreibungen der Verwaltungsbeamten zufolge wirkten ihre Städte so heimatlich, als seien sie direkt aus Deutschland hierher verpflanzt worden.[79] Der Verwaltungschef von Kurland sah überall ein »Bild der Ordnung mit dem unverkennbaren Gepräge deutscher Kultur« und stellte fest: »Nirgends wohl tritt die kulturelle Überlegenheit der deutschen Rasse so offensichtlich hervor, wie gerade bei diesem Beispiel.«[80] Unter der Oberfläche drängten allerdings vielschichtige Probleme zum Ausbruch, mit denen niemand gerechnet hatte.

Die Esten gerieten erst 1918, als letztes der drei baltischen Völker, unter deutsche Herrschaft. Die Geschichte dieses finnisch-ugrischen Volks, dessen Sprache nicht zu den baltischen Sprachen gehört, ähnelt der der Letten.[81]

Andere hier lebende Völker machten deutlich, was für eine merkwürdige Synthese die Region darstellte. Die in der Nordecke Kurlands lebenden 2000 Liven, ebenfalls ein finnisch-ugrisches Volk, hatten sich über alle ethnischen Grenzen hinweg an die lettische Kultur angepaßt.[82] Man traf auf Spuren weiterer Völker, Nachkommen von Siedlern, Mennoniten und Calvinisten, die hier religiöse Toleranz gesucht hatten, oder von einzelnen Franzosen, die 1812 beim Rückzug der Truppen Napoleons aus Rußland hier verlorengegangen waren und sich an die örtliche Bevölkerung angepaßt hatten. Auch kleine tatarische und moslemische Bevölkerungsgruppen gab es. Die Tataren waren im 15. Jahrhundert als Gefangene hierhergekommen und dienten später als Leibwächter der Großherzöge. Durch die Tatsache, daß ein Teil der Tataren der Sekte der Karaiten angehörte und sich zu einem nichttalmudi-

---

77 Rauch, Geschichte, S. 26–28.

78 Werner Conze, *Nationalstaat oder Mitteleuropa? Die Deutschen des Reichs und die Nationalitätenfrage Ostmitteleuropas im ersten Weltkrieg*, in: ders. (Hg.), Deutschland und Europa. Historische Studien zur Völker- und Staatenordnung des Abendlandes, Düsseldorf 1951, S. 207.

79 GSTA PK, I. HA, Rep. 84a, Nr. 6211b, VII. Verwaltungsbericht der Militärverwaltung Kurland, Oktober 1917, S. 47.

80 BAMA, N 98/3, von Goßler, S. 25 f.

81 Toivo U. Raun, Estonia and the Estonians, 2. Aufl., Stanford 1991.

82 Oberbefehlshaber Ost (Hg.), Das Land Ober Ost, S. 20 f.

schen Judentum bekannte, wurde das Identitätsproblem noch weiter verschärft.[83] Die Gezeiten der Geschichte hatten die unterschiedlichsten Volksgruppen hier an Land gespült.

Das alles beunruhigte die Deutschen sehr. Die Volkszugehörigkeit war in diesem Land ein verwirrendes und explosives Problem. Ein Verwaltungsbeamter beschreibt die Situation mit den Worten: »Von oben gesehen bildete das Gebiet zunächst einen Kessel, in dem allerhand Volk und Strömungen wild durcheinander zu brodeln schienen.«[84] Grundlegende Regeln, die die Deutschen von zu Hause kannten, hatten hier offenbar keine Bedeutung. Die Volkszugehörigkeit schien große Bedeutung zu haben, zugleich aber höchst instabil und im Fluß zu sein. Überall gab es Menschen, deren Familiennamen ein wildes Völkergemisch verrieten (beziehungsweise Zeugnis von der Verschmelzung von Geschichte und Identität ablegten, je nach Sichtweise). Auf jeden Fall ließ sich aus dem Nachnamen nicht darauf schließen, zu welchem Volk sich die Person, die ihn trug, bekannte. Die ethnische Identität schien vielmehr von der eigenen Entscheidung abzuhängen. Es herrschte das Prinzip der »selbstbestimmten Volkszugehörigkeit«. Die Familien teilten sich entlang vieler Bruchlinien in unterschiedliche Zweige auf, mit jeweils anderen Namen und Loyalitäten.[85] Die Deutschen, die eine Ordnung in dem für sie neuen Land zu erkennen suchten, empfanden das als beunruhigend. Wenn man einen Einheimischen fragte: »Was bist du?«, so lautete die Antwort meist: »Ich bin Hiesiger«,[86] denn viele verstanden sich einfach als »Tutejszy«, als Hiesige. Manche Bauern antworteten auch »Katholik« oder »Christ«. Mitarbeiter der Militärverwaltung beklagten, daß »bei dem niedrigen Bildungsstand der Bevölkerung die nationalen Verhältnisse exakt gar nicht zu erfassen sind«. In einer Untersuchung aus dem Jahr 1915 hieß es:

»Die objektive Feststellung der Nationalitätenverhältnisse stößt auf die größten Schwierigkeiten; es kommt vor, daß die eine Partei eine Gemeinde als ›rein polnisch‹, die andere Partei dieselbe Gemeinde als ›rein litauisch‹ bezeichnet; dabei wird man

---

83 Cohen, Vilna, S. 451–468; BAMA, PHD 8/23, *Tataren*, in: KB 41 (18. Juli 1917).

84 BA, N 1031/2, Gayl, S. 134.

85 Zechlin, Litauen, S. 282. Der bekannteste Fall ist der zweier Brüder mit den Namen Narutavičius (litauisch) und Narutowicz (polnisch), bei denen die Entscheidung für die Volkszugehörigkeit unterschiedliche Lebenswege zur Folge hatte. Der erste wurde Mitglied der litauischen nationalistischen Bewegung und einer der Unterzeichner der litauischen Unabhängigkeitserklärung, der zweite hingegen Polens erster Präsident, vgl. Senn, Emergence, S. 8.

86 BA, N 1031/2, Gayl, S. 135.

dort, wo die Angaben sich schroff widersprechen, nicht immer ihre Verfälschung durch eine oder beide Seiten vermuten dürfen: es ist in der Tat oft schwer, zu entscheiden, ob jemand ›Litauer‹ oder ›Pole‹ oder ›Weißrusse‹ oder ›Großrusse‹ ist; es gibt ›Litauer‹, die kein Wort Litauisch können, und umgekehrt überzeugte ›Polen‹ aus kirchlicher oder sonstiger Tradition, die nur litauisch sprechen; oft rechnen sich die Glieder einer Familie zu verschiedenen Nationalitäten. Der niedrige Bildungsstand der Bevölkerung verschlimmert das Chaos noch und öffnet der nationalen Agitation jeder Art Tür und Tor.«[87]

Andere überraschende Erscheinungen unterstrichen die Komplexität der ethnischen Struktur, wie zum Beispiel der erstaunliche Fall der »drei Schmidts« in der litauischen Stadt Mariampol. Neben einer Familie mit dem deutschen Namen Schmidt gab es in dem mehrsprachigen Ort auch Familien mit den Namen Kowalski und Kusnjetzow, die gleichfalls von der Berufsbezeichnung »Schmied« abgeleitet waren. Deutsche Beobachter äußerten in diesem Zusammenhang folgendes:

»[...] wir stellen mit Betrübnis fest, daß sie sich alle drei recht weit von ihrem Volkstum entfernt haben. Denn der bewußte Herr Schmidt, der obendrein den Taufnamen Heinrich führt, bekennt sich als eingefleischter Nationalpole, Herr Kowalski als Stockrusse und der anscheinend moskowitische Herr Kusnjetzow als echter Deutscher. Und nicht besser steht es um das Glaubensbekenntnis der drei: der Pole Schmidt ist römisch-katholisch, der Russe mit dem polnischen Namen Kowalski orthodox, während Herr Kusnjetzow trotz seines russischen Namens zur evangelischen Gemeinde gehört.«[88]

Auch wenn sich die einfachen Menschen mit diesen Widersprüchen arrangierten, hatte diese mühelos erscheinende Synthese doch auch ihre Schattenseiten, nämlich einen von sozialen und wirtschaftlichen Spannungen verstärkten ethnischen Konflikt, der die Kirchen- und die Schulpolitik ebenso beeinflußte wie die Auseinandersetzungen zwischen den gesellschaftlichen Klassen.[89] Die Aussicht auf eine Revision der Grenzen durch den Krieg ließ den Konflikt voll zum Ausbruch kommen, so daß sich die Deutschen auf allen Seiten mit konkurrierenden ethnischen Ansprüchen konfrontiert sahen.

Dieses Durcheinander beunruhigte die Soldaten vor allem auch deshalb, weil ihre eigene nationale Identität noch recht jung war und oft in Frage gestellt wurde. Das Deutsche Reich war gerade einmal vierzig Jahre alt und

---

87 Zechlin, Litauen, S. 258, 282 f.

88 BAMA, PHD 8/23, *Die drei Schmidts von Mariampol*, in: KB 68 (19. November 1917).

89 Hellmann, Grundzüge, S. 127 f.

ungeachtet aller lautstarken Beteuerungen deutscher Chauvinisten von der Einheit noch weit entfernt. Nach wie vor herrschten Regionalismus und »Stammesdenken« vor. In Ostdeutschland lebten unassimilierte polnische und slawische Minderheiten. Elsaß-Lothringen mit seinen deutschsprachigen französischen Patrioten stand für die Schwierigkeiten im Westen. Bayern und andere Teilstaaten widersetzten sich der preußischen Vorherrschaft und beharrten auf ihrem autonomen regionalen Charakter. Eine Zeitlang versprach dieser Weltkrieg, der bisweilen auch als »Krieg der Völker« bezeichnet wurde, die deutsche Identität des aus dem Krieg mit Frankreich im Jahr 1871 geborenen Reichs zu festigen. Kaiser Wilhelm II. erklärte mit dem Satz »Ich kenne keine Parteien mehr, ich kenne nur noch Deutsche« alle Trennungen für überwunden. Doch wie die Ereignisse im Osten zeigen sollten, sah die Realität anders aus. Beim Einmarsch in Wilna vermittelten die Truppen ein Bild geschlossenen Deutschtums. Die polnischen Wilnaer Mädchen, die sie mit Blumen begrüßten, suchten sich aber die preußischen Polen heraus, um ihnen Küßchen auf die Wange zu drücken und sie als Befreier der Stadt, der »Perle der polnischen Krone«, zu feiern.[90] Vom Moment der Ankunft an bildeten sich Risse in der Mauer der einheitlichen deutschen Identität. Soldaten mit slawischen Namen waren in einer schwierigen Lage. So sinniert der Landsturmmann Kazmierzak in Zweigs Roman: »[D]ie Erfahrung von Kriegsbeginn her hat die preußischen Soldaten mit polnischen Namen mißtrauisch gemacht – nun, gegen das Unbestimmte. Sie werden noch ein bißchen schärfer behorcht als die anderen, Elsässer ausgenommen.«[91] Der ethnische Aufruhr in Ober Ost stellte die Besatzer vor schwierige Fragen. Schon allein die Vielzahl der hier lebenden Völker mochte den Neuankömmlingen, die andere Gewißheiten kannten, erstaunlich und anstößig erscheinen. Es beunruhigte sie zu sehen, wie stark die Volkszugehörigkeit von den historischen Umständen und – was ihnen am fragwürdigsten erschien – von persönlichen Vorlieben und Entscheidungen abhing.

Was immer sie beim Anblick dieser Vielfalt empfinden mochten, eines war klar: Sie konnten in diesen Ländern nicht mehr wie bisher einfach den Westen Rußlands oder Provinzen eines monolithischen Reichs sehen, deren Bevölkerungen rein dynastisch Untertanen des autokratischen Zaren waren. Das Bild vom »Reich und seinen Untertanen« löste sich auf, als die Neuankömmlinge die Vielfalt und Buntscheckigkeit des Besatzungsgebiets zu erkennen begannen. Jetzt verstanden sie es als eine Art »Land-und-Leute«-Konglo-

90 Klimas, Atsiminimų, S. 42.

91 Zweig, Grischa, S. 23.

merat, das sich aus verschiedenen territorialen und ethnischen Einheiten mit eigenem Charakter zusammensetzte. Eine komplizierte, kriegerische Geschichte hatte dieses Gebiet geprägt, der Region ihren einzigartigen Charakter als Land der Synthesen, anachronistischen Relikte und örtlichen Anpassungsprozesse gegeben.

Die deutschen Soldaten spürten in den Völkern und ihrer Lebensweise eine lebendige Geschichte, zu der sie keinen Zugang hatten. Alles, was hier geschehen war, schien nie mehr zu verschwinden, wurde aufgenommen und bewahrt, war in sichtbaren Spuren und widerhallenden Erinnerungen gegenwärtig. Die baltischen Völker, die schon Tacitus beschrieben hatte, lebten seit Beginn der christlichen Ära hier. Ihr Siedlungsgebiet, das sich einst über den Norden Rußlands bis nach Moskau erstreckt hatte, war unter dem Druck anderer Völker zusammengeschrumpft bis auf diese von allen Seiten eingeschlossene letzte Bastion. Doch in einer der gar nicht so seltenen paradoxen historischen Entwicklungen erreichten die Kreuzzüge ins Baltikum im 13. Jahrhundert das Gegenteil dessen, was sie anstrebten: unter ihrem Druck schlossen sich die anarchischen litauischen Stämme zu einem Staat zusammen. Die Kreuzritter erbauten auf dem neueroberten Territorium Zwingburgen als Stützpunkte zur Unterdrückung der einheimischen Bevölkerung. Deutsche Siedler wurden ins Land geholt, und die Deutschordensritter intensivierten ihre zweijährlichen Überfälle auf Litauen, den letzten heidnischen Vorposten Europas. Kreuzritter aus dem Westen unterstützten sie beim Kampf ums Baltikum, unter ihnen auch der Ritter aus Chaucers »Canterbury Tales«. Die »Litauischen Wegeberichte« des Deutschen Ritterordens, eine Art Baedeker des Raubens und Plünderns, ermöglichten den Kreuzfahrern präzise geplante Einfälle von Süden und von Norden. Dieser Druck von zwei Seiten führte 1236 jedoch zur Vereinigung der unabhängigen litauischen Stämme unter Großfürst Mindaugas und zum Wiederaufleben des Heidentums in einem kriegerischen Staat, der im Westen den Deutschen Ritterorden abwehrte und im Osten ein ums andere Mal in die angrenzenden russischen Gebiete einfiel. Anfang des 15. Jahrhunderts erstreckte sich Litauen unter Großfürst Vytautas als größter Staat Europas von der Ostsee bis zum Schwarzen Meer. 1410 brachten die verbündeten polnischen und litauischen Armeen bei Tannenberg dem Deutschen Orden eine Niederlage bei, von der er sich nicht mehr erholte. Der Widerstand des Großherzogtums hatte für die gesamte Region große Bedeutung, da er die Landwege abschnitt, über die deutsche Ansiedler in großer Zahl hätten herangeführt werden können.

Angesichts der zunehmenden Macht des Großfürstentums Moskau auf der einen und des Königreichs Schweden auf der anderen Seite verlor das Großherzogtum jedoch schließlich an Bedeutung. Aus reiner Notwendigkeit und aus dynastischen Gründen näherte sich Litauen jetzt dem Königreich Polen an, bis hin zur Verschmelzung und zur Gründung eines Staatenbundes. Es folgten der Niedergang des Landes und seine Aufteilung durch die umliegenden Mächte. Das uns hier interessierende Gebiet fiel an Rußland, das den Namen Litauen durch die Verwaltungsbezeichnung »Nordwestgebiet« ersetzte. Gleichzeitig waren andere Kräfte am Werk, da die von Johann Gottfried Herder verbreitete Lehre von Sprache und Volk als Katalysator für die nationale Wiedergeburt der Völker im Baltikum wirkte.[92] Von Herders Wertschätzung der baltischen Sprachen inspiriert, bemühten sich die örtlichen Intellektuellen um die Entwicklung von Literatursprachen. Begleitet wurde dies von einigen durch eine verfehlte russische Politik ausgelösten Kettenreaktionen: Der Versuch der russischen Autokraten, die verschiedenen ethnischen Gruppen gegeneinander auszuspielen, führte bei allen Bevölkerungsgruppen nur zu Verärgerung und zur Verstärkung des nationalen Bewußtseins.[93] Am deutlichsten wurde dies, als Rußland nach der Niederschlagung des Bauernaufstands von 1863 verbot, litauische Schriften in lateinischen Lettern zu drucken, um die Menschen dem polnischen Einfluß zu entziehen und durch die Verwendung der kyrillischen Schrift näher an die Orthodoxie heranzuführen. Doch diese Maßnahme beschleunigte lediglich die Radikalisierung der Bevölkerung, die sich bislang kaum für so etwas interessiert hatte. Der Widerstand gegen diese Politik formierte sich in einer breiten Untergrundbewegung, personifiziert in sogenannten »Buchträgern«, einfachen Leuten, die Säcke voller im preußischen Tilsit gedruckter Bücher über die Grenze brachten. So wurden gewöhnliche Schmuggler zu Volkshelden, und überall im Land entstanden geheime Schulen, was den Beginn der Tradition eines Untergrundbildungssystems markierte.[94]

Ohne es zu beabsichtigen, hatte die russische Politik die Bevölkerung aufgerüttelt und radikalisiert. Künftig stellte in Litauen die schulische Ausbildung einen untrennbaren Aspekt der nationalen Identität dar.[95] Der Auf-

---

92 Günther Stöckl, Osteuropa und die Deutschen. Geschichte und Gegenwart einer spannungsreichen Nachbarschaft, 3. Aufl., Stuttgart 1982, S. 24–28; Ulf Lehmann, *Herder und die Slawen. Probleme des Geschichtsbildes und Geschichtsverständnisses aus historischer Perspektive*, in: Jahrbuch für Geschichte der sozialistischen Länder Europas (1978), S. 39–50.

93 Theodore R. Weeks, Nation and State in Late Imperial Russia: Nationalism and Russification on the Western Frontier, 1863–1914, De Kalb 1996.

94 Algirdas Greimas und Saulius Žukas, Lietuva Pabaltijy. Istorijos ir Kulturos bruozai, Vilnius 1993, S. 134 f.

95 Zechlin, Litauen, S. 283.

stieg des freien Bauerntums nach der Abschaffung der Leibeigenschaft bildete die gesellschaftliche Grundlage für die Herausbildung einer örtlichen Intelligenz. In der Revolution von 1905, die erneut den rebellischen Charakter der litauischen Bevölkerung dokumentierte, wurde die Forderung nach politischer und kultureller Autonomie erhoben.[96] Sie traf in der riesigen Diaspora auf der anderen Seite des Atlantik auf nachhaltige Unterstützung.[97] Zu den Überraschungen, die die Deutschen im Osten erlebten, gehörte nicht zuletzt die Erkenntnis, daß die vor allem als Untertanen des Zaren wahrgenommenen Völker oft erbitterte Gegner des russischen Regimes waren.

Die historischen Zusammenhänge, die sich vor den Neuankömmlingen ausbreiteten, umfaßten auch eine Kette von fehlgeschlagenen Versuchen, das Land von außen zu beherrschen und umzugestalten. Weder die Landschaft noch die Menschen boten den deutschen Soldaten einen Bezug zur eigenen Vergangenheit. Zugleich war Vergangenheit hier überall präsent, war sichtbar und fühlbar als Schicht von Legenden, Traditionen und Erinnerungen. Geschichte schien hier kein chronologisches, sondern ein gegenwärtiges Phänomen zu sein, und das Land schien in der Zeit zu treiben und ein so gutes Gedächtnis zu besitzen, daß, was immer geschah, nicht mehr verdrängt, sondern in endlosem Widerhall ertragen werden mußte. Die Spuren der Vergangenheit traten hier in archaischen Relikten zutage, unkultiviert, primitiv, ohne jeden Zusammenhang.

Das Gefühl der Neuankömmlinge, daß die Geschichte auf sie eindrang, kam auch aus dem Boden unter ihren Füßen. Zu seinen zahlreichen beunruhigenden Eigenschaften gehörte ein immenser Gehalt an historischen Reichtümern.[98] Die Militäringenieure stießen beim Bau von Befestigungsanlagen immer wieder auf Grabstätten und Waffen der indoeuropäischen baltischen Stämme. Bei Sprengarbeiten in der Nähe von Mitau im Jahr 1916 hagelte es menschliche Knochen und Artefakte aus Eisen und Bronze.[99] Die Armeezeitungen berichteten von prähistorischen Funden in den Schützen-

---

96 Egidijus Aleksandravičius, *Political Goals of Lithuanians, 1863–1918*, in: Journal of Baltic Studies (Herbst 1992), S. 227–238.

97 Vor dem Krieg lebte etwa ein Drittel aller Litauer im Ausland, vor allem in den USA und in Kanada: Romuald Misiunas und Rein Taagepera, The Baltic States: Years of Dependence, 1940–1990, überarb. Ausg., Berkeley 1993, S. 7.

98 Franz Frech, *Vorgeschichtliches aus Kurland*, und K. Bohneberg, *Die Vorzeit im Schützengraben*, in: Oberbefehlshaber Ost (Hg.), Das Land Ober Ost, S. 400–409.

99 Frech, *Vorgeschichtliches*, in: ebenda, S. 401.

gräben.[100] Am verblüffendsten daran war die Tatsache, daß die prähistorischen Schichten hier so nahe an der Oberfläche lagen. Unmittelbar unter der dünnen Decke der jüngsten Ereignisse stieß man auf dichtgepackte Vergangenheit. Ein Militärwissenschaftler stellte verwundert fest: »In für unsere Begriffe unwahrscheinlich geringer Tiefe (½–2 Meter) liegen hier die Reste vergangener Jahrtausende.« Wenige Zentimeter unter der Oberfläche wurden intakte Relikte aus ferner Vergangenheit gefunden, »so daß sich schon dicht unter der Humusschicht die alte Welt erschließt«.[101] Die deutschen Wissenschaftler, die diese Erscheinung mit dem Konzept der »Kultur« zu erklären versuchten, sprachen von »Kulturschichten und Kulturboden«. Die besondere Struktur des Bodens war für sie ein Beweis für die Bedeutungslosigkeit der modernen Geschichte des Gebiets. Doch die Vorgeschichte war nicht nur unter der Erde auf beeindruckende Weise präsent: Hunderte von Hügelfestungen erinnerten daran, daß man sich in einem alten Kriegsland befand. Überall gab es, in Weiterführung einer Tradition aus vorchristlicher Zeit, Wegzeichen in Form von Kreuzen und Bildstöcken, bisweilen auch in großer Zahl auf einem heiligen Berg zusammengefaßt.[102] Für die Deutschen war das ein unheimlicher Anblick.

Besonders auffällig war das anachronistische Nebeneinander. Die Wissenschaftler staunten, als ein nahe an der Front ausgegrabener historischer Schatz sich als kleines numismatisches Museum erwies, mit Münzen aus verschiedenen, weit auseinanderliegenden Jahrhunderten. Auf dem Land sahen die Neuankömmlinge, wie die Bauern mit prähistorischen Gerätschaften ihre Felder bestellten.[103] Auch die Städte waren ein kultureller Wirrwarr, ein Nebeneinander unterschiedlichster architektonischer Stilrichtungen, die einander gegenseitig übertrafen, sie waren Adaptionen westlicher Formen, die hier ganz anders eingesetzt wurden. Unglaublich alte, nahezu verfallene Ge-

---

100 BAMA, PHD 8/23, *Prähistorischer Fund an der Ostfront*, in: KB 15 (17. Januar 1917); *Im Schützengraben-Museum*, in: KB 19 (14. Februar 1917); K. Bohneberg, *Prähistorisches aus dem Schützengraben*, in: KB 22 (7. März 1917); Special Collections, Van Pelt Library, University of Pennsylvania, Philadelphia: Berns, *Vorgeschichtliche Gräberfunde im Osten*, in: Der Beobachter. Beilage zur Zeitung der 10. Armee 140 (18. Juli 1918). Alle nachfolgenden Zitate aus dem »Beobachter« stammen aus den Sondersammlungen in der Van Pelt Library der University of Pennsylvania.

101 Bohneberg, *Vorzeit*, in: Oberbefehlshaber Ost (Hg.), Das Land Ober Ost, S. 404.

102 Greimas und Žukas, Lietuva, S. 23.

103 Schlichting, Bilder, S. 18.

bäude wurden nicht abgerissen, sondern weiter genutzt. Irgend etwas schien dieses Durcheinander zusammenzuhalten. Ein ähnliches Bild bot das ganze Land mit seinen vielen Völkern, die nach dem Eindruck der Deutschen auf unterschiedlichen Entwicklungsstufen standen und trotzdem neben- und miteinander lebten.

Angesichts dieses ungewohnten historischen Mischmaschs suchten die in Ober Ost stationierten Soldaten nach ihren eigenen historischen Modellen. Sie mußten in dieser eklektischen, irgendwie aber doch eine Einheit bildenden Welt einen Platz für sich finden, ihrem Hiersein einen Sinn geben. Dieses Bedürfnis mag aus heutiger Sicht seltsam erscheinen. Doch in einer Zeit, in der das historische Gedächtnis ausgeprägter war als in unseren Tagen, war das ein unerläßlicher Grundstein der eigenen Identität. In dieser Ära weit vor der Postmoderne wurde die historische Suche nicht immer präzise, aber häufig und intensiv betrieben. Die Historiker betrachten das Bewußtsein einer geschichtlichen Epoche allzuoft als *tabula rasa*, obwohl doch auf jedes menschliche Bewußtsein die Spuren der Vergangenheit einwirken, wenn auch vielleicht nur in grob karikierender Form. Selbst Ludendorff spürte, als er unmittelbar nach seiner Ankunft von einem Höhenzug aus auf die Altstadt von Kowno hinabblickte, wie die Vergangenheit in Schwaden vor ihm aufstieg und auf ihn eindrang. Als ein Mensch, der stets an seine Reputation, die öffentliche Meinung und die Nachwelt dachte, hatte er an diesem Ort den Eindruck, daß die Geschichte von ihm eine Rechtfertigung für sein Hiersein verlangte.

In Armeezeitungen, amtlichen und persönlichen Schriftstücken protokollierten die Deutschen ihre rückwärtsgewandte, in die eigene vorgestellte Vergangenheit gerichtete Suche nach Hinweisen darauf, daß sie in dieses Land paßten. Das älteste historische Vorbild fanden sie im frühen Mittelalter, in der Völkerwanderung, die den Lesern des Nibelungenlieds als tribalistisches Modell vor Augen stand. Die Neuankömmlinge blickten mit zusammengekniffenen Augen auf die vor ihnen aufragenden Hügelfestungen. Wiesen diese prähistorischen Formen »deutsche Züge« auf?[104] Die Vergangenheit, vor der die Soldaten hier standen, war indes zu verschwommen, um den modernen Deutschen auf ihrem Marsch nach Osten zu einer Identität zu verhelfen. Die Armeezeitungen verfolgten deshalb einen anderen Ansatz, indem sie den Bezug aufs Mittelalter übernahmen und durch damals vorhandene kulturelle

---

104 Rudolf Häpke, *Die geschichtliche und landeskundliche Forschung in Litauen und Baltenland 1915–1918*, in: Hansische Geschichtsblätter 45 (1919), S. 19 f.; BAMA, PHD 8/23, *Ein germanischer Ringwall in Litauen*, in: KB 98 (8. März 1918).

Gemeinsamkeiten eine Verbindung zwischen der Region und Deutschland herzustellen versuchten.[105] Die Invasoren verglichen sich mit den Deutschordensrittern, die in Ostpreußen einen eigenen Staat errichtet hatten, fühlten sich ihnen verbunden als Träger des »Drangs nach Osten« und empfanden eine historische Kontinuität, der sie auch in der Benennung der Schlacht bei Tannenberg Ausdruck zu verleihen suchten.[106] Tannenberg war der Geburtsort der Preußen, desjenigen unter den deutschen Stämmen, der – aus einer Gruppe von Abenteurern zusammengewürfelt – zugleich am deutschesten und am wenigsten deutsch war. Ihre Identität war in einem Randgebiet entstanden, wo das Wort »deutsch« erstmals eine ethnische Bedeutung annahm. Zu Hause, in Mitteleuropa, hatte es schlicht »zum Volk gehörig« bedeutet. In den Ostmarken jedoch waren die Kreuzritter als »teutsche Herren« bekannt, und die einheimischen Heiden wurden in beunruhigender Analogie als die »Undeutschen« bezeichnet. Der Vergleich mit diesem Zeitalter war allerdings problematisch, da die Kreuzzüge ins Baltikum letztlich fehlschlugen und die Ordensburgen nur noch als wuchtige, verwitterte Ruinen in den Himmel ragten.

Nach dem Ausscheiden aller anderen in Betracht gezogenen geschichtlichen Vorbilder bedienten sich die Besatzer schließlich des machtvollsten Modells aus ihrer eigenen historischen Vorstellung. Da es nicht im Baltikum angesiedelt war, wurde von ihm auch keine hundertprozentige Entsprechung erwartet. Aber angesichts der Verwüstungen des totalen Krieges stieg in den Soldaten oft das Bild des Dreißigjährigen Krieges auf, der in den Jahren 1618 bis 1648 immer wieder über die deutschen Lande hinweggerollt war. Sie erkannten sich vorzugsweise in der populären Figur des Landsknechts wieder und sahen sich in der Rolle des Kriegsvolks in Schillers Drama »Wallensteins Lager«. Dieses Modell entsprach ihrer Entwurzelung und zunehmenden Brutalisierung und gab ihr so etwas wie einen Sinn.[107]

---

105 Special Collections, Van Pelt Library, University of Pennsylvania, Philadelphia: *Hans Sachsens Pfingstbesuch in Wilna*, in: Zeitung der 10. Armee 87 (10. Juni 1916); *Lustige Hans-Sachs-Spiele im Soldatenheim Allenstein*, in: Zeitung der 10. Armee 89 (14. Juni 1916). Alle nachfolgenden Zitate aus der »Zeitung der 10. Armee« stammen aus den Sondersammlungen in der Van Pelt Library der University of Pennsylvania.

106 Sven Ekdahl, *Tannenberg/Grunwald – Ein politisches Symbol in Deutschland und Polen*, in: Journal of Baltic Studies (Winter 1991), S. 271–324.

107 Marwitz, Stirb, S. 46; BAMA, N 196/1, Heppe, Bd. V, S. 21, 67. Seine glühendsten Nachahmer fand das Modell Dreißigjähriger Krieg nach dem Zusammenbruch von Ober Ost in den Freikorps sowie an der Ostfront im Zweiten Weltkrieg. Vgl. Bartov, Eastern Front, S. 93, 155 f.

Der Grund für diese Assoziation war die herausragende Stellung des Dreißigjährigen Krieges im volkstümlichen geschichtlichen Bewußtsein der Deutschen, sein Status eines nationalen Mythos. Wenn ein Mythos tatsächlich, wie Michel Tournier meint, Geschichte ist, die jeder kennt, dann steht der Dreißigjährige Krieg im Geschichtsbewußtsein der Deutschen an der Schwelle zum Mythos. Deutschland war von 1618 bis 1648 zum Schauplatz eines apokalyptischen europäischen Kriegs geworden. Das jahrzehntelange hilflose Leiden hinterließ ein anhaltendes kulturelles Erbe; es war eine gemeinsame Erfahrung aller Deutschen, zum Schlachtfeld Europas geworden zu sein. Die Erinnerung an die Qualen des ersten totalen Kriegs, der später auch als »der große Krieg« bezeichnet wurde, erhielt im modernen deutschen Denken, in Kunst, Literatur und Drama eine besondere Funktion. Dieser keineswegs rein religiöse Krieg mobilisierte alle zur Verfügung stehenden Mittel und führte Soldaten aus ganz Europa zusammen: Franzosen, Spanier, Schweden, Engländer, Schotten, Iren, Griechen, Kosaken, Polen und Finnen betraten in dichter Folge die Bühne. Die ausländischen Truppen strömten ins Land, um die »deutschen Freiheiten« zu »schützen«, die Deutschen wurden somit im Namen ihrer eigenen Freiheit in die Knie gezwungen und das Land wurde fast vollständig verwüstet. Schätzungen zufolge verlor Deutschland damals etwa ein Viertel seiner Bevölkerung und in Gebieten, die von der Pest heimgesucht wurden, sogar über die Hälfte. Viele Regionen lagen verlassen und menschenleer da. Die Menschen nahmen ihr Schicksal hin, ertrugen es geduldig oder gingen in einer endlosen Folge von Leiden und Verlust zugrunde. Und der Krieg nahm kein Ende.

Ungeachtet aller Ähnlichkeiten mit einem modernen totalen Krieg ließ der Dreißigjährige Krieg die Deutschen weniger an einen Weltkrieg denken als an eine Welt des Krieges.[108] In den historischen Vorstellungen der Deutschen war er keine zeitliche, sondern eher eine örtliche Größe. Ein historisches Ereignis, das dreißig Jahre dauerte, war kaum vorstellbar. Zudem schien dem Dreißigjährigen Krieg in gewissem Sinne die historische Dimension zu fehlen, da keine Ergebnisse von geschichtlicher Bedeutung zu erkennen waren. Er endete, nachdem er eine Generation lang gewütet hatte, nicht mit dem Sieg einer Seite, sondern wurde angesichts der völligen Erschöpfung aller Beteiligten ohne klares Ergebnis abgebrochen. In der historischen Erinnerung der Deutschen blieb vom Dreißigjährigen Krieg vor allem das Panorama verwüsteter Landschaften.

---

108 Michael Howard, Der Krieg in der europäischen Geschichte. Vom Ritterheer zur Atomstreitmacht, München 1981, S. 54 f.

Aus diesem Panorama ragt eine deutsche Gestalt empor, als einsame Verkörperung der Freiheit des Willens und des Handelns, weniger ein Mensch als eine alles überragende, rigorose moralische Haltung im schwarzen Panzer mit dem Namen Wallenstein. Dieser »neue Mensch«, Opportunist und Renegat, zieht als Ungetüm in schwarzer Rüstung durchs Land, ein großer Kriegsherr in einer Welt des Krieges. Das populäre Wallenstein-Bild hat durchaus Ähnlichkeit mit dem historischen Albrecht von Wallenstein, einem überlebensgroßen böhmischen Adeligen, der sich mit seiner privaten Armee in die Dienste des Kaisers stellte. Der ernannte ihn zunächst zum Herzog von Friedland und nach einer Reihe von Siegen zum »Generalissimus und Admiral des ozeanischen und baltischen Meeres« und dann zum Oberbefehlshaber *in absolutissima forma*, mit unbeschränkten Machtbefugnissen also. Als Wallenstein sich in Böhmen als unabhängiger Potentat etablieren wollte, wurde er von seinen eigenen Offizieren ermordet. Es liegt auf der Hand, daß der mit solchen Titeln und Sondervollmachten und -befugnissen versehene Wallenstein zur mythischen Gestalt werden mußte, zur alleinigen Verkörperung sittlicher Werte vor dem Hintergrund allgemeiner Hilflosigkeit.

Zu Füßen der alles überragenden Gestalt des Wallenstein lag ein Land, in dem es von Armeen wimmelte. Deren charakteristischste Gestalt war der Landsknecht, eine Kombination aus strenger Disziplin und ungezügelter Gier. Die Landsknechte waren das »auserwählte Volk« des Krieges, ein multiethnisches Kriegsvolk, das nur eine Heimat hatte, den Krieg: »La guerre est ma patrie«, lautete ein geflügeltes Wort. Und wenn der Krieg weiterzog, zog die Heimat der Landsknechte mit: das Lager, die Märsche und das Gemetzel der offenen Schlacht. Mit der Zeit hielt nicht mehr die Religion die Armeen zusammen, sondern nur noch die gemeinsame Loyalität zum Krieg. Die Soldaten schufen sich eine eigene Sprache, ein Gemisch aus internationalem Militärjargon und Jiddisch, Polnisch, Zigeunersprache und romanischen Idiomen. Die Armeen waren eine umherziehende Kriegsnation und der Dreißigjährige Krieg das mit allen möglichen Gestalten und sittlichen Vorstellungen angefüllte Land, in dem sie lebten.[109]

Der in der historischen Erinnerung der Deutschen bewahrte Mythos vom Dreißigjährigen Krieg wurde im Ersten Weltkrieg wiederentdeckt, scheinbar wiederbelebt und schließlich von ihm übertroffen. Dieser neue große Krieg löste den früheren großen Krieg ab und übernahm dabei viele der mit ihm verbundenen Vorstellungen. Die Beschwörung des historischen Vorbilds erfolgte nicht unbewußt, sondern wurde von Künstlern und Propagandisten

---

109 Herbert Langer, Kulturgeschichte des Dreißigjährigen Krieges, Stuttgart 1978.

kultiviert. Der Kriegsschriftsteller Walter Flex veröffentlichte unter dem Titel »Wallensteins Antlitz« einen Sammelband mit Kurzgeschichten, die im Dreißigjährigen Krieg spielten. Alfred Döblin schrieb während des Kriegs seinen Roman »Wallenstein«. Rilke beschwor in seinen in den ersten begeisterungstrunkenen Kriegstagen entstandenen »Fünf Gesängen« einen alles verzehrenden Kriegsgott herauf, der an den furchterregenden, die ganze Welt bezwingenden »teutschen Helden« in Grimmelshausens »Simplicissimus« erinnerte. Politische Bedeutung erhielten diese literarischen Topoi mit dem Personenkult um Feldmarschall Paul von Hindenburg, der schließlich in Wallensteins Position des übermächtigen Helden erhoben wurde. In Berlin erfolgte dies ganz konkret in Gestalt einer drei Stockwerke hohen Statue. Auch in anderen deutschen Städten wurden auf öffentlichen Plätzen riesige hölzerne Hindenburg-Statuen aufgestellt.[110] In diese hölzernen Titanen schlugen die Menschen Nägel aus Gold, Silber oder Eisen, die sie am Fuß der Statue gegen eine entsprechende Spende zur Unterstützung der deutschen Kriegführung erhielten. So wurde die riesige Holzfigur zum »eisernen Hindenburg«, zur sichtbaren Verkörperung des kollektiven Willens.

Zwar forschten manche Soldaten in Ober Ost nach einem Sinn für ihre Anwesenheit im Land, nach einem Hinweis auf eine Mission oder historische Kontinuität, und auch die Armeezeitungen veröffentlichten Artikel und Zeichnungen, in denen der Wunsch zum Ausdruck kam, Parallelen in der Geschichte zu finden. Die aufwendige Suche nach Spuren in der Geschichte der Region lieferte jedoch letztlich keine befriedigenden Ergebnisse. In der pittoresken Gegenwart des Landes kam die Vergangenheit zu deutlich und zugleich verstörend zum Ausdruck. Für die Soldaten war das Land eine Ansammlung fremdartiger Szenen und historischer Relikte, in denen die Neuankömmlinge keinen Bezug zu sich selbst erkannten.

Für die deutschen Juden in der Militärverwaltung gab es ein weiteres Problem: Die Begegnung mit den Ostjuden führte ihnen das eigene Anderssein als »Deutsche mosaischen Glaubens« deutlich vor Augen. Sie trafen hier auf ihre eigene unassimilierte Vergangenheit, und diese Begegnung rief bei vielen von ihnen heftige Reaktionen hervor, löste bisweilen persönliche Krisen aus und veränderte das Leben vieler Männer. Bei Arnold Zweig, der als Schriftsteller in der Kulturverwaltung tätig war, bewirkte sie ein Engagement für den Zionismus.[111] Eine Figur in seinem Roman, der Militärrichter Posnanski, der sich zur chassidischen Frömmigkeit hingezogen fühlt, identifiziert sich den-

110 Wheeler-Bennett, Wooden Titan, S. 77 f.; Winter, Sites, S. 82 f.

111 Jost Hermand, Arnold Zweig, Reinbek bei Hamburg 1990.

noch weiter mit der deutschen Kultur und dem Westen. Die Woche verbringt er im deutschen Militärgericht, den Sabbat in chassidischen Gebetshäusern im Judenviertel.[112] Andere reagierten nicht so gespalten: Ein jüdischer deutscher Soldat erinnert sich, die Begegnung mit den Ostjuden habe ihn zwar zunächst verunsichert, doch die »Kluft« zwischen ihm und ihnen habe ihm sein Deutschsein bestätigt: »Ich konnte nichts anderes sein als ein Deutscher.«[113]

Die Begegnung mit dem Osten warf also eine Reihe verstörender Fragen auf. Auch das Bemühen der Deutschen, historische Vorbilder für ihre Anwesenheit zu finden, reichte nicht aus, um die Fremdartigkeit zu überwinden. Sie mußten auf andere Weise in diesem Land Spuren hinterlassen. Da deutsche Identität sich ganz unerwartet in diesem Kriegsschmelztiegel im Osten wiederfand, riefen die starken ersten Eindrücken insgesamt gesehen den Eindruck hervor, daß die Eroberer zwar das Land beherrschten, aber in mancherlei Hinsicht völlig orientierungslos waren. Diese Tatsache sollte die Besatzungspolitik und die daraus entstehenden Ambitionen in Ober Ost massiv beeinflussen und einhergehen mit der ständigen Suche der deutschen Soldaten nach einem Platz in diesem Land und ihrem Kampf darum, dabei nicht selbst verlorenzugehen.

Für die Deutschen bestand das spezifische Merkmal dieses Landes vor allem darin, daß sie hier im Schmutz und in den Trümmern des Kriegs im Osten versanken. Die erst in den letzten Monaten angerichtete Verwüstung spiegelte in ihren Augen den Grundcharakter der Region wider, ihre eigentliche Natur. Der Osten erschien ihnen von Krankheiten und Läusen befallen, ein gespenstisch leeres, entvölkertes Land.[114] Eine Gruppe von Soldaten wurde auf dem Vormarsch in Kurland mit der erschreckenden Nachricht konfrontiert, daß in den Dörfern, die sie beziehen sollten, die Pest herrschte. Einer von ihnen erinnerte sich:

> »Ein grauenerregender Anblick, diese ausgestorbenen und halb niedergebrannten und von hungrigen Raben heimgesuchten Dörfer, in denen nur manchmal aus einem öden, bretterverrammelten Haus mit blinden, zugedeckten Fenstern durch einen ekelnden Türspalt sich eine jämmerliche, bis auf die Knochen abgezehrte Gestalt herauslehnt, die mit entsetzlichem Gruß auf die Türschwelle spie und dann sofort wieder ins Dunkel dieser ungesunden, nie zu betretenden Häuser zurückkroch.«[115]

---

112 Zweig, Grischa, S. 122.

113 Klemperer, Curriculum, S. 484.

114 BAMA, PHD 8/23, *Gesundheitspflege in Bialystok. Schmutziges aus einer Großstadt*, in: KB 34 (30. Mai 1917).

115 Marwitz, Stirb, S. 126 f.

Noch so gründliche Desinfektionsmaßnahmen konnten die Angst nicht besiegen: »Dennoch bleibt ein unheimliches Gefühl, solch einem unsichtbaren hintertückischen Feind ausgeliefert zu sein, gegen den es keine wirksame Waffe, selbst bei größter Vorsicht, gibt.«[116] Auch was die Soldaten an Zurückgebliebenen zu sehen bekamen, war beunruhigend: Menschen, bei denen sich die ethnischen Grenzen ebenso auflösten wie die sprachlichen Unterschiede und die räumliche Trennung. Hier herrschte eine bestürzende Vielfalt, und nirgends gab es klare Grenzlinien.

Am beeindruckendsten war die Äußerung von Schwäche und Unterwürfigkeit gegenüber Angehörigen der deutschen Armee. Die Einheimischen erweckten den Eindruck, nicht einfach Menschen zu sein, denen etwas Schreckliches zugestoßen war, sondern der Typ von Mensch, der ständig alle möglichen Katastrophen auf sich zieht. Einer litauischen Quelle zufolge wurde das zu Beginn der Okkupation immer wieder dadurch bestätigt, daß verängstigte Dorfbewohner (jetzt natürlich zum Großteil Frauen und alte Leute) versuchten, den überraschten deutschen Offizieren die Hände zu küssen und sie so um Milde zu bitten. Dieser Anblick verdeutlichte den Eroberern eindrücklich ihre eigene Macht und die Hilflosigkeit der einheimischen Bevölkerung. Nach der ersten Überraschung streckten die Offiziere den Menschen wie selbstverständlich die Hände entgegen.[117]

Die Städte boten den Soldaten Bilder, in denen sich die Fremdartigkeit der Region konzentrierte.[118] Wilna, die größte von ihnen, schien in einem verträumten Brüten gefangen, das auch die Neuankömmlinge erfaßte. Der Legende zufolge war Großfürst Gediminas durch einen prophetischen Traum von einem heulenden eisernen Wolf gedrängt worden, die Stadt zu gründen. Sie diente als Kultstätte zur Verbrennung der Leichname der heidnischen Großfürsten. Die alte litauische Hauptstadt Vilnius, die die Deutschen als »Wilna« bezeichneten, war zugleich Verwaltungszentrum der Region und Kulminationspunkt ihrer Fremdartigkeit, ein Eindruck, der vor allem auf den eklektischen Charakter der Stadt zurückzuführen war, in der eine große Zahl unterschiedlicher Kulturen aus allen Himmelsrichtungen aufeinandertrafen.

---

116 Ebenda, S. 127.

117 J. Šilietis, Vokiečių Lietuvoje, 1915–1919 m. paveikslėliuose ir trumpuose jų aprašymuose, Kaunas 1922, S. 116.

118 BAMA, PHD 8/23, Herbert Eulenburg, *Wilnaer Straßenbild*, in: KB 26 (4. April 1917); Paul Monty, Wanderstunden in Wilna, Wilna 1916; Oskar Wöhrle, *Wilna – Ein Kultur- und Städtebild*, in: Oberbefehlshaber Ost (Hg.), Das Land Ober Ost, S. 42–59.

Wilna war mehr als eine geographische Größe. Dieser Ort hatte schon immer eine Vielzahl von Städten in sich geborgen, die deutlich zu unterscheiden waren: das litauische Vilnius, heidnisches Herz des Großherzogtums und Zentrum der nationalistischen Regungen der litauischen Intelligenz, das polnische Wilno der Kirchen und Paläste, das offizielle russische Vilna, das Wilna der deutschen Händler und das »Litauische Jerusalem« der Litvaken. Manche Deutsche empfanden diese Mischung als exotisch, andere als geschmacklos: »Aus der Nähe betrachtet war das Stadtbild allerdings in vielen Beziehungen fremdartig und unharmonisch. Über ein halbes Jahrtausend lang hatten die verschiedensten Einflüsse aus Orient und Occident ein eigenartiges Kulturgemisch hervorgebracht, das dem, auch jetzt noch bestehenden Wirrwarr der Nationalitäten entsprach.«[119] Da gab es kaum etwas, wo das deutsche Wesen hätte Halt finden können.

Die von der Militärverwaltung herausgegebenen amtlichen Soldatenführer zeigten die fremdartigen Ansichten Wilnas, boten den Männern, die in ihrer Freizeit die Stadt durchstreiften, eine Interpretationshilfe, hielten sie von gefährlichen Orten fern und erklärten ihnen, wie sie sich zu verhalten hatten. Die Büchlein waren weniger Stadtführer als Ratgeber für korrekte Umgangsformen und Etikette. Da wurde vor Spionen gewarnt, vor allem in Gestalt zudringlicher Frauen. Die Soldaten wurden darauf hingewiesen, daß sie nie unbeobachtet waren: »Deutsche Zucht und Ordnung sind unsere Marschgefährten. Die Bevölkerung des besetzten Gebietes beurteilt nach *deinem* Benehmen das ganze deutsche Volk. Auf Anzug, Ehrenbezeugungen und würdiges Verhalten zu achten, ist die Pflicht eines deutschen Kriegers.« Die Broschüren wollten den Rahmen für die Begegnung der Soldaten mit der Stadt festlegen. Am Anfang des Rundgangs, der in einem 1916 publizierten Soldatenführer beschrieben wird, steht ein Besuch der Entlausungsstation. Anschließend wird der Neuankömmling zu den Orten geleitet, die ihm vertraut vorkommen dürften: zu alten oder neuen deutschen Gebäuden. An der Einmündung der Wilejka in die Wilija erhob sich der Schloßberg, wo ganz oben am Turm die schlichten, vertrauten Farben der schwarz-weiß-roten preußischen Fahne wehten. Die deutsche evangelische Kirche war ein »Stückchen Heimat«. Und vermutlich fühlten sich die Soldaten auch zur »Deutschen Straße« hingezogen, dem ehemaligen Kaufmannsviertel mit seinen soliden deutschen Häusern. Doch kaum war man diese Straße ein Stück weitergegangen, betrat man in der »Judengasse« eine andere Welt. Die Soldaten wurden auf die Bilder und Geräusche eines fremdartigen, orientali-

119 BAMA, N 196/1, Heppe, Bd. V, S. 130; Klemperer, Curriculum, S. 683.

schen Lebens vorbereitet: »Die deinem Auge fremden Bilder der Straße muten dich seltsam an.«[120]

Mit solchen Broschüren konnte man dem Eindruck der Fremdartigkeit nur Ausdruck verleihen oder ihn dämpfen, zum Verschwinden bringen konnte man ihn nicht. Die Städte verstärkten den Eindruck der Soldaten, keinen festen Boden unter den Füßen zu haben. In diesen Straßen mit den wackeligen, aus schmalen glatten Holzbrettern zusammengeschusterten Gehsteigen mußte man sorgfältig darauf achten, wohin man den Fuß setzte. Das Stadtzentrum war ein großes Durcheinander: »Von einer planvollen Anlage war in dem Gewirr der Straßen nichts zu spüren, diese selbst hatten schauderhaftes Pflaster und offene Gossen, in denen der Unrat abfloß.«[121] Permanenten Grund zur Beschwerde bot der chaotische Fußgängerverkehr, weil die Soldaten in den dunklen Gassen und Durchgängen immer wieder mit zerlumpten Einheimischen zusammenstießen. Und aus dem Untergrund meldete sich erneut eine vielschichtige Vergangenheit zu Wort. Beim Reinigen einer besonders verdreckten Hauptstraße kam zum Erstaunen der angewiderten Verwaltungsbeamten ein jahrzehntelang unter Schmutz und Abfällen begrabenes tadelloses Straßenpflaster zum Vorschein.[122] Die Einheimischen waren genauso überrascht wie die Soldaten. In einem anderen Fall wurde bei Reinigungsarbeiten ein Skelett zutage gefördert – wann und wie es dorthin gekommen war, wo man es fand, war unklar.[123] Für die Deutschen, auf die die Legenden von einer vollständigen zweiten Stadt unter dem sichtbaren Wilna großen Eindruck machten, war die Entdeckung unterirdischer Gänge eine aufregende Angelegenheit.[124] In der sichtbaren Stadt, über der Erde, hatten die Straßen kein ordentliches Pflaster, sondern waren mit nachgiebigem Boden bedeckt. Man stand auf unsicherem, schlammigem Grund, auf festgestampfter Erde oder auf wackeligen Gehsteigen. Diese äußere Rea-

---

120 Ich weiß Bescheid. Kleiner Soldatenführer durch Wilna, Wilna 1916, S. 9, 18.

121 BAMA, PHD 8/23, Paul Monty, *Wilnaer Bürgersteig*, in: KB 8 (29. November 1916); BAMA, N 196/1, Heppe, Bd. V, S. 133.

122 BAMA, PHD 8/23, *Das wiedergefundene Straßenpflaster*, in: KB 7 (22. November 1916) und 95 (26. Februar 1918).

123 BAMA, PHD 23/65, *Der Knochenmann in der Murawieffstraße*, in: Grodnoer Zeitung 269 (15. November 1917).

124 Special Collections, Van Pelt Library, University of Pennsylvania, Philadelphia: *Unterirdischer Gang in Wilna*, in: Scheinwerfer 24 (27. Juli 1916); Weber, *Nochmals der ›Unterirdische Gang in Wilna‹*, in: Beobachter 158 (15. September 1918). Alle nachfolgenden Zitate aus dem »Scheinwerfer« stammen aus den Sondersammlungen in der Van Pelt Library der University of Pennsylvania.

lität verband sich mit den spirituellen Eindrücken zu Metaphern über die Fremdartigkeit des Ortes.

Die Besatzer waren besorgt um ihr Ansehen bei der unterworfenen einheimischen Bevölkerung. Als Ausgleich für die zahlenmäßige Unterlegenheit waren ein beeindruckendes, bestimmtes Auftreten, eine imponierende »Haltung« besonders wichtig. Aus dem gleichen Grund kam es darauf an, zur einheimischen Bevölkerung Distanz zu wahren. In den Armeezeitungen wurden die Soldaten über korrektes Verhalten aufgeklärt: wie man sich zu Hause fühlen könne, ohne die Distanz aufzugeben und selbst zum Einheimischen zu werden.[125] Dieser Hinweis auf eine respekteinflößende Haltung ließ allerdings all die Schwierigkeiten mit der Definition, wer oder was als deutsch gelten konnte – eine Folge der bereits angesprochenen mangelnden Einheit des Kaiserreichs –, auch hier zutage treten. Aber diese Probleme ließen zugleich Hoffnung keimen; die Situation in Ober Ost erschien als dringlicher Sonderfall im Rahmen eines umfassenderen Projekts, denn die Intellektuellen zu Hause verstanden den Krieg als Transformationserlebnis, das endlich die Chance bot, die als mangelhaft empfundene Zersplitterung der Gesellschaft des Kaiserreichs zu überwinden und ein neues triumphales Ideal zu verwirklichen.[126]

Möglich erschien dies mit dem Konzept der »deutschen Arbeit«. Eine typisch »deutsche« Art der Arbeit würde dem Land einen deutschen Stempel aufdrücken, ihm eine deutsche Ausprägung geben, es so umgestalten, daß sich die Besatzer schließlich selbst in ihm wiedererkannten. »Deutsche Arbeit« war ordnend und gestaltend: sie zog Grenzen, beaufsichtigte, rationalisierte, definierte und kanalisierte Energien. Die Armee würde auf diese Weise das Land verändern und fremden Inhalten eine deutsche Form geben. Das Schlagwort war dem Titel von Wilhelm Heinrich Riehls Werk »Die deutsche Arbeit« von 1861 entnommen, in dem der Autor die Vorstellung entwickelt, daß es eine typisch deutsche systematische Arbeitsweise gebe.[127] Damit leistete Riehl einen wichtigen Beitrag zu der im 19. Jahrhundert geführten nationalen Debatte über die Arbeit, einem Versuch, mit den schmerzhaften Ver-

---

125 Friedrich Bertkau, Das amtliche Zeitungswesen im Verwaltungsgebiet Ober-Ost. Beitrag zur Geschichte der Presse im Weltkrieg, Dissertation, Leipzig 1928, S. 18 f. Bertkau behandelt in seiner Dissertation seine Tätigkeit als Leiter der Presseabteilung von Ober Ost.

126 Roger Chickering, Das Deutsche Reich und der Erste Weltkrieg, München 2002, S. 19 ff.

127 Wilhelm Heinrich Riehl, Die deutsche Arbeit, Stuttgart 1861.

werfungen fertig zu werden, die die industrielle Revolution verursacht hatte und die angesichts der verspäteten, beschleunigten Entwicklung Deutschlands besonders beunruhigend waren.[128] Riehl war eine wichtige Figur in der deutschen Kultur, doch sein Name geriet rasch wieder in Vergessenheit. Sein Fall ist aber insofern von Bedeutung, als er ein typisches Beispiel für die Krise des deutschen Liberalismus nach 1848 und für die als Reaktion darauf folgende Erarbeitung alternativer Gesellschaftsmodelle darstellt.[129] Wenn auch Riehl selbst bald als populistischer, unsystematischer Denker abgeschrieben wurde, fanden seine Ideen doch bis in die Gegenwart weite Verbreitung – unabhängig von ihrem Schöpfer, der im übrigen auch als Vater der Volkskunde gilt. In »Die deutsche Arbeit« präsentiert Riehl das deutsche Handwerk als Modell einer nichtentfremdeten, sinnvollen Tätigkeit. Er argumentiert, jedes Volk arbeite »nach seiner Art«. Die Arbeitsmethoden seien Schlüssel zur nationalen Identität, denn: »Die Seele des Volkes springt aus seiner Idee der Arbeit hervor, wie aus seiner Praxis der Arbeit.« Arbeit in ihrer höchsten Form war »eine aus sittlichen Motiven entspringende, nach sittlichem Ziele ringende That, die mit dem Nutzen für uns selbst zugleich den Nutzen für andere Leute verbindet«. Arbeit im höchsten moralischen Sinn hatte nichts mit der Raffgier des liberalen Kapitalismus gemein. Das deutsche Volk in seinen Zünften und Fabriken leistete echte Arbeit, »weil der deutsche Geist in der That die Arbeit in ihrer lautersten sittlichen Größe und in ihrer reichsten und bestgegliederten Stufenfülle erfaßt und verwirklicht«.[130] Die Wirkung von Riehls Beitrag lag nicht in seiner schwülstigen Argumentation, sondern in der eingängigen Formulierung. Es war der Titel, der die größten Folgen hatte, weil er im Bewußtsein der Nation Wurzeln schlug. Schon mindestens ein Jahrzehnt vor Kriegsbeginn hatte der Begriff »deutsche Arbeit« im Zusammenhang mit den Aktivitäten in den deutschen Kolonien Eingang ins politische Schrifttum gefunden. Während des Krieges gewann er dann seine volle Bedeutung als Ausdruck der Hoffnung, daß dieser Konflikt mehr sein werde als ein Akt der Zerstörung, daß er den Deutschen die Chance bieten werde, eine neue Welt zu erbauen.

Im Osten griffen die Sprecher der Militärverwaltung den Begriff auf, verbanden ihn im Wort »Kulturarbeit« mit dem schlagkräftigen Konzept der

128 Joan Campbell, Joy in Work, German Work: The National Debate, 1800–1945, Princeton 1989.

129 Woodruff D. Smith, Politics and the Sciences of Culture in Germany, 1840–1920, Oxford 1991, S. 40–44.

130 Riehl, Die deutsche Arbeit, S. 3, 5, 12.

Kultur und verstärkten so seine Wirkung. In Ober Ost verschmolzen die Begriffe »deutsche Arbeit« und »Kulturarbeit« miteinander, weil sie hier offensichtlich ein und dasselbe waren. Die Deutschen definierten sich im Kaiserreich als ein Volk, das einen Staat errichtete – angesichts des unvollkommenen Ergebnisses ein etwas pathetischer Anspruch. Die Deutschen waren diejenigen, die verwalteten und Befehle erteilten. »Deutsche Arbeit« sollte den Deutschen im Osten zu einer Identität verhelfen und ihre Anwesenheit rechtfertigen. Und das alles mit Hilfe der Armee, dem Inbegriff der deutschen Institution. Ein Verwaltungsbeamter wird mit den Worten zitiert: »Denn hier sind wir fraglos Kulturbringer!«[131] Die Besatzer benutzten den Begriff Kultur immer wieder, um ihre Besetzung zu begründen. Er zog sich durch amtliche Dokumente und Propagandamaterialien und prägte die Selbstdarstellung des Militärstaates. Die erste Ausgabe des Artikeldienstes der Militärverwaltung für die deutsche Presse, *Korrespondenz B*, enthielt ein Manifest, das mit der feierlichen Erklärung schloß: »Ob. Ost ist ein junges Land für die Kunst der deutschen Verwaltung. Der Erfolg muß ihre Taten rechtfertigen.«[132] Das bedeutete in letzter Konsequenz, daß das Mittel der »deutschen Arbeit« angesichts der *tabula rasa* des Ostens jedes Ergebnis rechtfertigte.

Der Begriff »deutsche Arbeit« war weder ein blutleeres ideologisches Konstrukt noch ein reiner Motivationsslogan; er beinhaltete eine neue Sichtweise des Besatzungsgebiets, die neue Ansprüche prägte. Die Mitarbeiter der Verwaltung stellten fest, ungeachtet des äußeren Anscheins sei das sie umgebende neue Land Deutschland keineswegs unähnlich, nur völlig unbearbeitet. Es ähnelte Deutschland durchaus, war allerdings häufiger »von Sümpfen und Ödland [...] unterbrochen, als wir es in der Heimat zu sehen gewohnt sind«. Die Ansichten, die sich hier boten,

> »erwecken immer wieder vertraute Bilder der Heimat vor dem geistigen Auge. Nur daß hier die Maße größer gesteckt, die Linien weiter gezogen, die Grenzen zwischen Natur und Menschenwerk mehr verwischt scheinen. Aber das ist wohl eher in der geringeren Erschließung als in der Eigenart des Landes begründet und trifft auch nicht auf die Gegenden zu, in denen sich menschliche Tätigkeit bereits reger entfalten konnte.«[133]

Auch dieses Argument stammte letztlich von Riehl, der in seinem einflußreichen Buch »Land und Leute« eine Wechselbeziehung postuliert zwischen dem Charakter eines Volkes und dem Land, das es bewohnt. Ein Land erhielt

---

131 Klemperer, Curriculum, S. 467.

132 BAMA, PHD 8/23, *Ob. Ost,* in: KB 1 (11. Oktober 1916).

133 Oberbefehlshaber Ost (Hg.), Das Land Ober Ost, S. 10f.

seine Gestalt durch diejenigen, die es bearbeiteten und umgestalteten.[134] Ein fremdes Land konnte somit durch intensive Kultivierung physisch »deutsch« werden. Der Begriff »deutsche Arbeit« beinhaltete spezifische Anweisungen für die Arbeit, die es zu tun galt, und Ober Ost leitete sein Programm und seine Mission von diesem Konzept ab. Ludendorff beschloß unmittelbar nach seiner Ankunft im Osten »die Kulturarbeit, die die Deutschen während vieler Jahrhunderte in jenen Ländern getan hatten, in dem besetzten Gebiet aufzunehmen«.[135]

Unter Ludendorffs Leitung machte man sich nun mit »deutscher Arbeit« und der Kulturarbeit der Armee an die Umgestaltung der besetzten Gebiete. Im Verlauf dieses Prozesses sollte sich auch bei den Deutschen die Vorstellung von der eigenen Identität verändern. Sie wurde in Ober Ost durch die Art und Weise definiert, in der man bestimmte Dinge tat, durch Schaffensdrang und Organisationstalent. Hier wurden die Mittel zum Zweck erklärt. Nicht der Inhalt war wichtig, sondern die Methode und die Form. Diese semantische Verschiebung paßte hervorragend zu den umfassenden, ehrgeizigen Zielen der Militärverwaltung. Jetzt erhielt die Armee, die sich über Jahrhunderte hinweg als unpolitisches Werkzeug des Staates dargestellt hatte, die Chance, sich als schöpferische Kraft zu beweisen. Ober Ost sollte zum Ausdruck ihres belebenden Geistes werden – in Schillers Worten: »Es ist der Geist, der sich den Körper baut.« Und schließlich war es eine Chance für Ludendorff, der frohlockte, als er sah, wie sein Wille die Verwaltung durchdrang. Erst später sollten die katastrophalen Folgen deutlich werden, die die Tatsache, daß hier »Kultur« in ein jedes Inhalts beraubtes Mittel verwandelt und die deutsche Identität als Herrschaft über andere definiert wurde, für Besatzer wie Besetzte hatte. Die deutsche Armee wollte mit der Ideologie der »deutschen Arbeit« eine militärische Utopie verwirklichen, die das Land verändern würde. Als dauerhaftestes Ergebnis dieses Unterfangens sollten sich jedoch die Veränderungen erweisen, die in den einzelnen Soldaten vor sich gingen und die zu einer besonderen Sichtweise auf die Länder und Völker des Ostens und einem besonderen Umgang mit ihnen führten.

---

134 Wilhelm Heinrich Riehl, Land und Leute, Stuttgart 1854.

135 Ludendorff, Kriegserinnerungen, S. 138.

Die militärische Utopie

Nach unerwarteten Eroberungen und dem ersten Eindruck der Orientierungslosigkeit machte sich das deutsche Heer eilig daran, »Land und Leute« in den Gebieten, die bis zum Ende des großen Vormarsches im Herbst 1915 erobert worden waren, umzugestalten. Das Ziel dabei war, vor Ort Fakten zu schaffen, die es rechtfertigen würden, das Gebiet für immer zu behalten. General Ludendorff widmete sich eifrig der Aufgabe, über die Gebiete von Ober Ost zu herrschen, und »hatte den festen Entschluß, etwas Ganzes zu schaffen«.[1] Nachdem Polen der Kontrolle der Obersten Heeresleitung im August 1915 durch die Schaffung eines eigenen Generalgouvernements Warschau entzogen worden war, faßte Ludendorff den Beschluß, daß dies mit seinen Gebieten im Nord-Osten nicht geschehen dürfe.[2] Vielmehr erklärte er: »Nachdem man mir Polen genommen hat, muß ich mir ein anderes Königreich in Litauen und Kurland suchen.«[3] Diese Länder sollten dem Militär vorbehalten bleiben, und die Armee würde in ihnen einen Staat aufbauen, in dem sich das Militär als kreative Institution beweisen konnte, und zwar als die deutsche Institution schlechthin mit einer Mission im Osten: nämlich zivilisatorisch und modernisierend zu wirken und »Kultur« dort hinzubringen. Diese Ambitionen wurden in einer utopischen Vision verschmolzen, die die treibende Kraft hinter dem Aufbau des Staates Ober Ost war, andererseits aber auch innerhalb dieses Staates zu verhängnisvollen Widersprüchen führte.

Solange die Zukunft dieser Gebiete unentschieden war, ging es der Armee darum, noch vor dem Friedensschluß eine dauerhafte Ordnung zu schaffen, um so die Bedingungen für eine spätere Verfügung über die Gebiete festzulegen. Um »etwas Ganzes« zu schaffen, verfolgten die Besatzungsbehörden eine ausgefeilte Strategie: Sie wollten ihre eigene Form und Ordnung in den Gebieten etablieren und dann diese Gebiete bis aufs letzte für das langfristige Endziel einer fortschreitenden Umgestaltung nutzen. Zunächst jedoch be-

---

1 Ludendorff, Kriegserinnerungen, S. 145.

2 Hans Zemke, Der Oberbefehlshaber Ost und das Schulwesen im Verwaltungsbereich Litauen während des Weltkrieges, Berlin 1936, S. 6.

3 Zitiert nach Martin Kitchen, A Military History of Germany from the Eighteenth Century to the Present Day, Bloomington 1975, S. 220.

stand die augenfällige Notwendigkeit, die Gebiete hinter der Front zu sichern, was durch die Schaffung von Verbindungs- und Nachschubwegen sowie Ruhe und Ordnung unter den unterworfenen Völkern geschehen sollte. In der nächsten Phase wollten die Beamten zu einer völligen Mobilisierung und umfassenden wirtschaftlichen Ausbeutung von Land und Leuten übergehen. Der Erfolg der rationalen Verwaltung durch die Armee sollte die Deutschen zu Hause und die einheimische Bevölkerung davon überzeugen, daß Ober Ost dauerhaft unter deutscher Verwaltung zu bleiben hatte. Als letzte Phase sollte in einem utopischen Höhepunkt die fortschreitende Umgestaltung von »Land und Leuten« durch eine Intensivierung von Kontrolle und Verwaltung erfolgen. Die völlige Kontrolle, die sich im Westen als unmöglich erwies, eröffnete die Chance, etwas zu schaffen, das tatsächlich noch nie dagewesen war, etwas, das als neu und »ein Ganzes« bezeichnet werden konnte. Wie sich schnell zeigte, bestand das Problem allerdings darin, daß diese Ziele oft im Widerspruch zueinander standen.

Ludendorff selbst war der Kriegsgott, der diese Militärutopie schuf. Von seinem Büro aus, in dem er Karten des Gebietes studierte, stellte er sich den Staat als Verlängerung seiner eigenen Persönlichkeit vor und stand voller Ehrfurcht vor seiner eigenen Schöpfung: »Mein Wille durchdrang die Verwaltung und erhielt in ihr die Schaffensfreudigkeit.«[4] Der Tatendrang, den Ludendorff der Verwaltung einbleute, war so stark, daß er noch fortbestand, als Hindenburg und er Ober Ost im August 1916 verließen, um ihren in Ungnade gefallenen Vorgesetzten Falkenhayn abzulösen und die Oberste Heeresleitung zu übernehmen. Dabei nahm Ludendorff aus Ober Ost einen reichen Erfahrungsschatz mit, der Einfluß darauf hatte, wie er ab 1916 Deutschlands Anstrengungen für einen »totalen Krieg« organisierte. Erinnert sei hier daran, wie er wirtschaftliche Ressourcen im Rahmen des Hindenburg-Programms mobilisierte, wie er mit dem Hilfsdienstgesetz seine Forderung nach Zwangsarbeit und Militarisierung der Arbeitsbedingungen in den Fabriken Deutschlands durchsetzte und wie er die Propaganda benutzte, um eine müde werdende Bevölkerung durch ein Programm des vaterländischen Unterrichts mit Annexionsphantasien zu motivieren. Diese Maßnahmen drängten die zivilen Behörden immer stärker ins Abseits, und es entstand eine Art »stille Diktatur«,[5] die es ermöglichte, die im Osten ange-

4 Ludendorff, Kriegserinnerungen, S. 160 f.; BA, N 1031/2, Gayl, S. 50.

5 Gerald D. Feldman, Army, Industry and Labor in Germany, 1914–1918, Princeton 1966; Jürgen Kocka, Klassengesellschaft im Krieg. Deutsche Sozialgeschichte, 1914–1918, Göttingen 1973.

wendeten Strategien an Deutschlands umkämpfter Heimatfront erneut einzusetzen.

Im Herbst 1915 begann Ludendorff die Verwaltung so zu organisieren, daß das Gebiet unter der Kontrolle der Armee blieb. Nach der Eroberung waren die Gebiete zunächst direkt von den in ihnen befindlichen Armeen verwaltet worden. Hinter dem 30 Kilometer breiten Operationsgebiet an der Front befand sich die Etappenkommandantur der Armeen. Besondere Etappentruppen und Feldpolizei bezogen Stellung, um die Spionage zu bekämpfen und um »die Ruhe im Land aufrechtzuerhalten«.[6] Im März 1916 war das Land in folgende Etappenverwaltungen unterteilt: Litauen (Etappe 8), Suwalki-Wilna (Etappe 10), Bialystok (Etappe 9) und Grodno (Etappe 12), an deren Spitze Verwaltungschefs standen. Die Verwaltung wurde besonders in den südlichen Gebieten oft umorganisiert, was zu ständiger Verwirrung führte. Ludendorff ging zwar daran, die Kontrolle zu zentralisieren, stand aber vor dem Problem, daß er dies tat, während er gleichzeitig die ausschließlich militärische Kontrolle in dem Gebiet beibehielt. Dazu hatte er im Stab der Obersten Heeresleitung Ost eine Zentralverwaltung geschaffen, die offiziell durch die »Verfassung« von Ober Ost, die »Verwaltungsordnung« vom 7. Juni 1916, abgesegnet wurde.[7] Sie teilte die Gebiete in Verwaltungsbezirke ein, deren Verwaltungschefs sowohl gegenüber den Etappeninspektionen als auch gegenüber der Zentralverwaltung verantwortlich waren.[8] Beide unterstanden wiederum der Obersten Heeresleitung Ost, die an der Spitze stand, wo alle verworrenen Kommandoketten zusammenliefen. So konstruierte Ludendorff eine Rechtfertigung für die fortdauernde Militärherrschaft: Die Oberste Heeresleitung Ost mußte die höchste Stellung haben, zwischen den Armeen und Beamten vermitteln und ihre Tätigkeit koordinieren. Zivile Kontrolle wurde abgewehrt, wodurch Ober Ost einen »besonderen Charakter« als Militärstaat erhielt, da ja andere besetzte Gebiete wie Belgien und Polen unter zivile Verwaltung gestellt wurden.[9]

Ludendorff baute eine zentrale Bürokratie auf, an deren Größe und Wesen sofort die Ambitionen seiner militärischen Utopie und das für Ober Ost typi-

6 Ludendorff, Kriegserinnerungen, S. 146.

7 BAMA, PHD 8/20, *Ziffer 259. Verwaltungsordnung für das Etappengebiet im Befehlsbereich des Oberbefehlshabers Ost (Ob. Ost)*, in: Befehls- und Verordnungsblatt des Oberbefehlshabers Ost 34 (26. Juni 1916), S. 269–289.

8 BAMA, N 196/1, Heppe, Bd. V, S. 95.

9 Kurt G. A. Jeserich u. a. (Hg.), Deutsche Verwaltungsgeschichte, Bd. III, Das Deutsche Reich bis zum Ende der Monarchie, Stuttgart 1984, S. 899–907.

sche Verwaltungschaos deutlich wurden. Er versammelte viele Mitarbeiter um sich, was bei »der Größe der Aufgabe und der Ausdehnung des zu verwaltenden Gebiets« erforderlich war.[10] Es war Ludendorffs Ziel, seiner Verwaltung einen »besonderen Charakter« zu geben, der sie von anderen unterschied. Draußen im Osten sollten die Begriffe »Deutsch«, »Militär« und »Fachmann« Synonyme werden. Durch einen Prozeß, der unaufhaltbar zu sein schien, wurde der Verwaltungsapparat immer größer.[11] Sämtliche Mitarbeiter gehörten ausschließlich dem Militär an. Zivilpersonen, die in der Verwaltung mitarbeiteten, wurden dem Militärgesetz unterstellt.[12] Für eine kompetente Verwaltung wählte Ludendorff Fachleute aus dem Soldatenstand, aber auch Nichtmilitärs, aus denen er Militärs zu machen versuchte. Für einfache Verwaltungsangelegenheiten konnte man nach seiner Meinung auf durchsetzungsfähige Menschen ohne besondere Vorbildung zurückgreifen: »[...] hier konnten klarer Wille, allgemeines Wissen und gesunder Menschenverstand Fehlendes ersetzen«. Für die Entwicklung der Landwirtschaft, des Forstwesens, der Gerichte, Finanzen, Kirchen und Schulen waren jedoch Leute vom Fach unbedingt nötig. Zunächst war es schwer, Männer für den Osten zu gewinnen. Später jedoch, als die Verwaltung »einen gewissen Ruf bekam, wurde es leichter«.[13] Es war ein Land unbegrenzter Möglichkeiten, das Menschen anzog, die ein hohes Maß an Handlungsfreiheit haben wollten. Ein hoher Beamter schrieb, daß seine Abteilung für junge Beamte attraktiv sei, die freie Hand haben und aufsteigen wollten. Um sich die besten Männer zu sichern, beschaffte sich Ludendorff Informationen über die, die sich in Deutschland zum Dienst meldeten. In einem Fall fielen ihm die Arbeiten eines jungen Archivars namens Dr. Zechlin über Litauen auf, der dann von seiner Einheit als Experte für die Geschichte der Region nach Ober Ost versetzt wurde (Zechlin wurde später in der Zeit zwischen den Weltkriegen Botschafter in Litauen).[14]

Die Zahl der in dem wachsenden Staat Ober Ost tätigen Beamten kann nur ungefähr geschätzt werden. Ein Beamter berichtete, daß es in den besten Zeiten in der Zentralverwaltung 601 höhere Stellen gab, einschließlich militäri-

---

10 Ludendorff, Kriegserinnerungen, S. 147; Hans-Joachim von Brockhusen-Justin, Der Weltkrieg und ein schlichtes Menschenleben, Greifswald 1928.

11 BAMA, N 196/1, Heppe, Bd. V, S. 90.

12 BAMA, PHD 8/20, *Ziffer 259. Verwaltungsordnung für das Etappengebiet im Befehlsbereich des Oberbefehlshabers Ost (Ob. Ost)*, in: BUV 34 (26. Juni 1916), § 2, S. 269.

13 Ludendorff, Kriegserinnerungen, S. 148.

14 BA, N 1031/2, Gayl, S. 74, 224.

scher Sondertrupps und Wirtschaftsoffiziere. Von diesen arbeiteten 190 Beamte im Bereich Forstwesen und Landwirtschaft, 110 im Bereich Medizin und Tiermedizin und die verbleibenden 301 in der inneren Verwaltung und im Justizwesen.[15] Unterhalb der Zentralverwaltung war die Bezirksebene angesiedelt. Der Verwaltungsbezirk Litauen hatte im September 1916 2084 Beschäftigte. Davon waren 201 Offiziere und höhere Beamte, 362 mittlere Beamte, 878 untere Beamte und Polizisten. Damals gab es in Ober Ost fünf Verwaltungsbezirke, so daß davon ausgegangen werden kann, daß in der Verwaltung mindestens 10 000 Männer arbeiteten.[16] Zu bedenken ist jedoch außerdem, daß die Größe der Verwaltung variierte. Der Chef der Militärverwaltung Litauen schrieb, daß er Anfang 1918 über 9000 Untergebene hatte.[17] Da Kurland daneben als parallele Einheit bestand, dürften insgesamt ungefähr 18 000 Beamte und Arbeiter in der Verwaltung gearbeitet haben. Folglich sind während der Besatzungszeit wohl zwischen 10 000 und 18 000 Männer in der Verwaltung tätig gewesen. Abgesehen von den Männern, die in der Verwaltung selbst arbeiteten, dienten Millionen deutscher Soldaten an der Ostfront und in der Etappe, und viele kannten Ober Ost.

Die Verwaltung zog Männer aus allen Gesellschaftsschichten und Berufen an. Dabei handelte es sich im wesentlichen um Männer, die an der Front nicht länger eingesetzt werden konnten, um Fachleute mit wichtigen Fähigkeiten oder um beides. Die meisten höheren Beamten waren auch im Mutterland in der Verwaltung tätig. Unter den Beamten befanden sich Archivare, Professoren der Theologie und Philosophie, Berater des preußischen Kulturministeriums, Ärzte, liberale Abgeordnete des Reichstags, Kunsthistoriker, Rechtsanwälte (von denen einer, der Bürgermeister von Schaulen, später Leiter des 1931 gegründeten Deutschen Akademischen Austauschdienstes werden sollte), preußische Landräte, Gutsbesitzer, Kaufleute, Förster, Schriftsteller, Künstler, Lehrer und ein Senator der Stadt Lübeck, der das gefallene Riga verwaltete. In der Verwaltung waren, wie ein Beamter berichtete, alle Bevölkerungsgruppen des Deutschen Reiches vertreten, wobei sich an der Spitze hauptsächlich Preußen befanden. In einem weiteren Bericht aus dem Nachkriegsdeutschland ist von 485 Offizieren und höheren Militärbeamten in Ober Ost die Rede, eine Zahl, in der diejenigen, die im wirtschaftlichen Bereich arbeiteten, nicht enthalten sind. 74,84 Prozent dieser höheren Beamte waren Preußen, obwohl die Preußen nur etwas über 60 Prozent der deutschen Bevölkerung ausmachten.

---

15 Ebenda, S. 160.

16 Skizzenmappe der »Kownoer Zeitung«, Nr. 27 (3. September 1916).

17 BAMA, N 196/1, Heppe, Bd. V, S. 127.

Der Bericht enthält auch Angaben über ihre Religionszugehörigkeit: 83,71 Prozent waren Protestanten, 14,85 Prozent Katholiken und 1,44 Prozent Juden. Im Vergleich dazu waren von der deutschen Gesamtbevölkerung 62 Prozent Protestanten, 37 Prozent Katholiken und 1 Prozent Juden. So waren hier vor allem die Protestanten und in geringerem Umfang die Juden überrepräsentiert. Die erwähnten Beamten hatten auch einen hohen Bildungsgrad: 335 der 485 hatten an einer Universität oder Technischen Hochschule studiert. Die meisten von ihnen befanden sich in mittlerem Alter. Die für Landwirtschaft zuständigen Beamten stammten zumeist aus Pommern, Ostpreußen und Schlesien und konnten so ihre heimischen Erfahrungen unter ähnlichen klimatischen Verhältnissen nutzbar machen. In Kurland waren in der Verwaltung auch Deutschbalten tätig. Einige Männer hatten in den Kolonien gedient und brachten wohl ihre Erfahrungen in der Verwaltung in dieses neue Gebiet mit. Auf den höheren Verwaltungsebenen waren die Beamten auch durch die Mitgliedschaft in schlagenden Verbindungen, durch frühere Freundschaften oder durch Familienbande miteinander verbunden. Ein Beamter sagte, daß sich diese Elite »als eine große Familie« fühlte.[18]

Ein weiteres sichtbares Merkmal des Militärstaates war, daß er ausschließlich aus Männern bestand. Besuche von Familienangehörigen waren streng verboten, wie ein Beamter berichtete. Dies wurde auch auf den höheren Verwaltungsebenen durchgesetzt, da »Ludendorff [...] von Anfang an streng darauf gehalten [hatte], daß keine Frauen ihren Männern in das besetzte Gebiet folgten«. Diese Regelung wurde auch beibehalten.[19] Zwar arbeiteten nach 1916 deutsche Frauen als Sekretärinnen in Ober Ost, der Staat blieb jedoch weiterhin männlich geprägt.

In die Verwaltung strömten nicht nur Fachmänner, sondern die Beamten verschafften auch Freunden und Verwandten Arbeitsplätze, und wichtige Personen wirkten in dem Staat im Osten an entscheidender Stelle. Die Anwesenheit von Prinz August Wilhelm von Preußen war für die Beamten in Bialystok-Grodno kein reiner Segen, da sein protokollarischer Status und seine dynastischen Verpflichtungen ihn oft davon abhielten, sich mit irdischen Verwaltungsbelangen zu befassen.[20] In der Verwaltung entstand eine

---

18 Rudolf Häpke, Die deutsche Verwaltung in Litauen 1915 bis 1918. Der Verwaltungschef Litauen. Abwicklungsbehörde Berlin, Berlin 1921, S. 32 f. Dies ist der offizielle Abschlußbericht der Besatzungsmacht. Siehe auch: BA, N 1031/2, Gayl, S. 161.

19 Ebenda, S. 49, 254.

20 BAMA, N 196/1, Heppe, Bd. V, S. 91.

merkwürdige Mischung ehrgeiziger Kompetenz und noch stärkerer ehrgeiziger Inkompetenz. Zudem sollte sie nicht nur ausschließlich militärisch sein, sondern auch ausschließlich deutsch. Eine Beteiligung der einheimischen Bevölkerung lehnten die Behörden hartnäckig mit dem Argument ab, daß diese wegen ihrer »großen kulturellen Rückständigkeit« dazu nicht in der Lage sei.[21] Außerdem sollte eine klare Arbeitsteilung im Sinne der Ideologie der »deutschen Arbeit« geschaffen werden, da »deutsche Arbeit« natürlich nur von Deutschen getan werden konnte. Um das klar und deutlich festzuschreiben, wurde in der Verwaltungsordnung verfügt, daß sämtlichen Dienstbezeichnungen das Beiwort »deutsch« vorauszugehen habe.[22] Zwischen den ethnischen Gruppen sowie zwischen den Herrschern und den Beherrschten gab es eine klare Trennung, die mit allen Mitteln aufrechterhalten wurde. In einer weiteren Vorschrift der Verwaltungsordnung heißt es, kein Landesbewohner könne einem Reichsdeutschen Anweisungen erteilen oder über ihn gestellt werden. Einheimische konnten nur zu untergeordneten Tätigkeiten herangezogen werden. Sie waren nicht berechtigt, den Auftrag abzulehnen oder sich der Ausübung der ihnen übertragenen Pflichten zu entziehen.[23]

Dennoch war die Zusammensetzung der Deutschen, die Ober Ost regierten, problematisch. Die Wahrnehmungen, Theorien und Ansätze der Preußen in bezug auf den Osten waren von ihrem preußischen Charakter und Erfahrungshorizont geprägt.[24] Besonders unter den technischen Fachleuten, den Juristen und den Mitarbeitern der Kulturverwaltung gab es zudem zahlreiche Juden. Arnold Zweig, selbst ein deutscher Beamter jüdischen Glaubens, mutmaßt in seinem Roman, daß sie von anderen Beamten abgelehnt wurden und man ihr Deutschtum in Frage stellte.[25] Victor Klemperer, ebenfalls ein Deutscher aus einer jüdischen Familie, arbeitete im Presseamt. Zu Friedenszeiten war er Journalist und Literaturwissenschaftler. Heute ist er berühmt wegen seiner späteren Studien über die Manipulierung der Sprache in der Nazipropaganda und wegen seiner Tagebücher, in denen er das Leben im »Dritten Reich« beschrieb. Klemperer stellte fest, daß es für die Verwaltung am ein-

---

21 Oberbefehlshaber Ost (Hg.), Das Land Ober Ost, S. 93.

22 BAMA, PHD 8/20, *Ziffer 259. Verwaltungsordnung für das Etappengebiet im Befehlsbereich des Oberbefehlshabers Ost (Ob. Ost),* in: BUV 34 (26. Juni 1916), § 4.1, S. 270.

23 Ebenda, §§ 8.2 und 8.4, S. 270.

24 Häpke, Verwaltung, S. 32.

25 Zweig, Grischa, S. 333.

fachsten gewesen sei, Dolmetscher für Hebräisch und Jiddisch unter den deutschen Juden zu finden, was man häufig als Vorwand für die antisemitische Beschimpfung von der »Verjudung der Ostetappe« genommen habe.[26]

Es war auch wichtig, Soldaten zu haben, die andere Sprachen beherrschten, wodurch zwei Gruppen mit einer nicht ganz einfachen deutschen Identität involviert wurden. So kamen polnischsprechende Soldaten überwiegend aus dem zu Preußen gehörenden Teil Polens, und ihre Haltung konnte sich insofern als problematisch erweisen, als ihr Verhältnis und ihre Zusammenarbeit mit einheimischen Polen bei den anderen ethnischen Gruppen offene und heimliche Ressentiments auslösten.[27] Auf der anderen Seite waren eine Reihe von Soldaten aus dem als Klein-Litauen bekannten Teil Ostpreußens Deutschlitauer, die sich mit den einheimischen Litauern verständigen konnten.[28] Ihr deutscher Nationalismus hatte jedoch übertrieben chauvinistische Züge, mit denen sie ihre Herkunft und ihre nichtdeutschen Nachnamen kompensierten. Auch die unterschiedliche Religionszugehörigkeit spielte eine Rolle und führte zu Spannungen zwischen den protestantischen Deutschlitauern und den einheimischen Katholiken. In einem geheimen Bericht über die Beziehungen der verschiedenen Völkerschaften in Ober Ost vom Mai 1916 heißt es, daß die Einheimischen den Deutschlitauern so sehr mißtrauten, daß sie es lieber mit einem »waschechten Reichsdeutschen« zu tun haben wollten.[29] Diese Gruppen waren indes lediglich die heikelsten Fälle in einem allgemein verworrenen Szenario. In Zweigs Roman werden zum Beispiel die zahlreichen slawischen Namen und unterschiedlichen regionalen Identitäten im Soldatenstand stark betont. Es gab dort Bayern, Friesen und Rheinländer, deren Verhältnis zu den preußischen Offizieren gespannt war.

Wie es ihrer Einstellung entsprach, gingen die deutschen Militärexperten mit Energie an ihre Aufgaben; sie glaubten, ihre allgemeine Unwissenheit über die Region durch energisches und selbstbewußtes Auftreten ausgleichen zu können. Das Vertrauen auf Willenskraft und Organisation führte zu ei-

---

26 Klemperer, Curriculum, S. 466.

27 *Denkschrift zur gegenwärtigen Lage Litauens*, in: Petras Klimas (Hg.), Der Werdegang des Litauischen Staates von 1915 bis zur Bildung der provisorischen Regierung im November 1918. Dargestellt auf Grund amtlicher Dokumente, Berlin 1919, S. 38. Zu den Vorwürfen von Litauern, daß die Gendarmen ihnen befahlen, Polnisch zu sprechen, vgl. LMARS, F. 23–47, »Vokiečiai Lietuvoje«, Liste der Beschwerden, S. 2.

28 Klimas, Atsiminimų, S. 61.

29 Hoover Institution Archives: Germany. Oberste Heeresleitung, Box 2, folder 5, Denkschrift aus Ober Ost, ohne Überschrift, S. 110.

nem bezeichnenden Phänomen in Ober Ost: Unmittelbare Bedürfnisse wurden gewissermaßen zu Sprungbrettern für gigantische, monströse und unrealisierbare Ambitionen. Ludendorff erklärte das Problem und zeigte auf, wie man es lösen könne:

»Wir wirkten in uns bis dahin vollständig unbekannten Verhältnissen, dazu in einem durch den Krieg zerrütteten Lande, in dem alle staatlichen und wirtschaftlichen Bande zerrissen waren. Wir sahen uns einer fremden Bevölkerung gegenüber, die aus verschiedenen, sich gegenseitig befehdenden Stämmen zusammengesetzt war, uns sprachlich nicht verstand und größtenteils innerlich ablehnte. Der Geist treuer und selbstloser Pflichterfüllung, das Erbteil hundertjähriger preußischer Zucht und deutscher Tradition beseelte alle.«[30]

Mit der Zeit lernten die Beamten das Gebiet kennen. Doch zunächst fühlten sie sich in Ober Ost »wie in einem Koloniallande, das unerforscht vor seinem Erwerber liegt«.[31] Man konnte jedoch nicht mit dem Regieren warten, bis man das Land und die Menschen umfassend verstand. Ludendorff betonte, daß es bei dieser improvisierenden Tätigkeit vielmehr auf Experimentierfreudigkeit und einen schonungslosen administrativen Absolutismus ankomme, nämlich »in unbekannten Verhältnissen kurz und tatkräftig zu handeln«. Wichtig waren energische Entscheidungen und kühne Experimente, denn »[es] sollte nicht bureaukratisch, sondern nach dem Bedürfnis gearbeitet werden. Gott sei Dank fehlte ›der Vorgang‹, der Totengräber freier Entschlußkraft.«[32] Die Vorstellung, nach der weder Verfahren noch Vorgänge das Handeln einengten, war ein Blankoscheck. Jegliches Handeln oder Programm, das mit der rationalen Organisation »deutscher Arbeit« durchgeführt werden würde, war in diesen neuen Gebieten gerechtfertigt.

Um den ganzen Staat zu führen, richtete Ludendorff im Herbst 1915 eine große Zentralverwaltung mit Sitz in Kowno ein. An deren Spitze stand der Oberbefehlshaber Ost mit seinem Stab. Auf der nächstniedrigeren Ebene wurden unter dem Oberquartiermeister General von Eisenhart-Rothe am 4. November 1915 besondere Verwaltungsabteilungen eingerichtet.[33] Diese Abteilungen, die zum Stab des Oberbefehlshabers gehörten, waren das Kernstück der inneren Verwaltung von Ober Ost. Abteilung V (Politik) war die wichtigste Abteilung, über die die Beziehungen zwischen dem militärischen Musterstaat und den zivilen und militärischen Behörden in Deutschland lie-

---

30 Ludendorff, Kriegserinnerungen, S. 148.
31 Oberbefehlshaber Ost (Hg.), Das Land Ober Ost, S. 93.
32 Ludendorff, Kriegserinnerungen, S. 152.
33 BAMA, N 196/1, Heppe, Bd. V, S. 82; Zemke, Schulwesen, S. 7 f.

Karte 3: Das Gebiet Ober Ost – Die wichtigsten Verwaltungseinheiten

fen. Intern steuerte diese Abteilung das gesamte Verwaltungssystem. Sie koordinierte die Verordnungen, die von allen Abteilungen erlassen wurden, und war zuständig für politische Probleme, ganz besonders für Nationalitätenfragen. Zunächst von Hindenburgs Schwiegersohn von Brockhusen geleitet, wurde sie am 11. November 1916 von Hauptmann von Gayl übernommen. Er entstammte einer preußischen Offiziersfamilie, hatte vor dem Krieg eine bürokratische Laufbahn eingeschlagen und gründete 1910 den Verein für innere Kolonisation. Seine Befürwortung einer inneren Kolonisierung der Ostmarken, durch die Ludendorff auf ihn aufmerksam geworden war, ging einher mit pangermanischem Gedankengut, einer Abneigung der Polen und Antisemitismus. Nach dem Krieg war von Gayl Mitglied des preußischen Staatsrats und preußischer Generalbevollmächtigter. 1932 diente er kurz als Innenminister im Kabinett von Papen.[34] Mit der Abteilung von Gayls arbeiteten andere Sonderabteilungen zusammen: das Gendarmeriekorps, die Presseabteilung und die Abteilung für Verkehrspolitik. Abteilung VI (Finanzen) unter Oberfinanzrat Tiesler war für die Wirtschaftspolitik zuständig, sammelte Abgaben und Steuern und leitete die staatlichen Monopole. Abteilung VII a. (Landwirtschaft) unter Graf Yorck von Wartenburg war zuständig für die Ausnutzung des Landes und die direkte Versorgung der Heere und der einheimischen Bevölkerung. Die Parallelabteilung VII b. (Forstwirtschaft) kontrollierte den wichtigsten Rohstoff des Gebietes, den großen Waldreichtum. Abteilung VIII (Kirchen und Schulen) unter dem Ministerialrat des preußischen Kulturministeriums Altmann war im Grunde das Kulturministerium von Ober Ost. Ihm oblagen die Beziehungen zum Klerus, die Bildungspolitik sowie Kunst- und Wissenschaftsprojekte. Die Gerichtsbarkeit fiel in den Bereich der Abteilung IX unter Senatspräsident Kratzenberg. Die Post- und Kommunikationssysteme wurden von der Abteilung X verwaltet.

Die Verantwortung für einen Bereich oblag in einigen Fällen mehreren Abteilungen. So war beispielsweise die Abteilung XI (Handel) unter Major Eilsberger für die Wirtschaft und die Währungspolitik zuständig, und für die Landwirtschaft gab es auch noch die Abteilung XII (Landkultivierung), die zur Abteilung XI und zu anderen Wirtschaftsabteilungen in Konkurrenz stand. Diese Überschneidungen waren eine Quelle ständiger interner Machtkämpfe, die sich besonders absurd in dem permanenten Ansinnen nach einer Erweiterung der Zuständigkeit der einzelnen Abteilungen und nach mehr Mitarbeitern ausdrückte. Vor Ort gab es Konflikte zwischen den Etappenkommandanten und den Verwaltungsbeamten. Ludendorff war der unver-

---

34 BA, N 1031/2, Gayl.

zichtbare Schlichter in der chaotischen Verwaltung, der das letzte Wort hatte: »Ich mußte ausgleichend wirken [...].«[35]

Unterhalb der Zentralverwaltung befanden sich Verwaltungschefs, die für die zunächst sechs Militärverwaltungsbezirke zuständig waren: Kurland, Litauen, Suwalki, Wilna, Bialystok und Grodno. Die Verwaltungschefs waren sowohl den Etappeninspektionen der einzelnen Armeen als auch der Zentralverwaltung verantwortlich. Durch diese verwirrende Unterordnung hatten nur der Oberbefehlshaber und sein Stellvertreter einen klaren Überblick und Handlungsfreiheit. Im Rahmen der fortschreitenden Zentralisierung territorialer Einheiten wurden im Mai 1916 Wilna und Suwalki zum Verwaltungsbezirk Wilna zusammengelegt, der im März 1917 zum Bezirk Litauen kam. Bialystok und Grodno wurden im November 1916 zusammengefaßt. Auch diese größere Einheit kam im Februar 1918 zum Verwaltungsbezirk Litauen, so daß es schließlich neben Litauen nur noch den Verwaltungsbezirk Kurland gab.[36]

Während des größten Teils der Besatzung waren die Militärverwaltungen von Kurland, Litauen und Bialystok-Grodno die wichtigsten Einheiten. Kurland wurde von Mitau aus von Major Alfred von Goßler geleitet, der zuvor preußischer Landrat, konservativer Abgeordneter im preußischen Landtag und Mitglied des Reichstags gewesen war. Er bezeichnete diese Zeit später als den Höhepunkt seines Lebens.[37] Das von Letten und Litauern bewohnte Kurland umfaßte ungefähr ein Fünftel des Gebiets von Ober Ost. Es war durch den Krieg stark entvölkert worden. Ganze Landstriche waren leer, und die Bevölkerung war um die Hälfte geschrumpft; im Durchschnitt lebten nur vierzehn Menschen auf einem Quadratkilometer. Südlich von Kurland lag die von Wilna aus geleitete Verwaltung Litauen. Sie umfaßte das gesamte Gebiet, in dem Litauisch gesprochen wurde, und erstreckte sich auf die ehemaligen russischen Provinzen von Kowno, auf Suwalki und den Westen der *gubernia* Wilna. Litauen war das Zentrum von Ober Ost. Es umfaßte mehr als die Hälfte seines Gebietes und zwei Drittel seiner Gesamtbevölkerung. Das Land wurde von Litauern bewohnt, im Süden jedoch auch von Polen und Weißrussen. In seinen Städten lebten verschiedene Bevölkerungsgruppen, wobei die Juden sich oft in der Mehrheit befanden und auch die Polen stark vertreten waren. Wilna war mit 139 000 Einwohnern Ober Osts einzige große Stadt. Die Militärverwaltung Litauens wurde von dem umstrittenen Für-

---

35 Ludendorff, Kriegserinnerungen, S. 146, 155 f.

36 Ebenda, S. 149; BAMA, N 196/1, Heppe, Bd. V, S. 120.

37 BAMA, N 98/1, Goßler, S. 59.

sten Franz Joseph zu Isenburg-Birstein geleitet. Sogar Ludendorff, der gegenüber seinem Günstling ansonsten nachsichtig war, gestand Isenburgs impulsiven Charakter ein.[38] Dessen autokratische Führung löste wiederholt Krisen aus, was zu Skandalen im Reichstag führte und Anfang 1918 schließlich zu seiner plötzlichen Ablösung. Die Militärverwaltung Bialystok-Grodno, die von dem preußischen Bürokraten von Heppe von Bialystok aus geleitet wurde, lag am südlichsten. Hier lebten überwiegend Polen und im Südosten hauptsächlich Weißrussen. Ein Fünftel der Bevölkerung waren Juden. Als Bialystok-Grodno im Februar 1918 mit Litauen verschmolzen wurde, übernahm von Heppe in Wilna die Leitung der Militärverwaltung Litauen.[39]

Jedem Chef der Militärverwaltung unterstand ein Stab, der der Zentralverwaltung nachgebildet war. Das hieß, daß bei jeder Ausweitung einer Abteilung der Zentralverwaltung auch die nachgeordneten Abteilungen entsprechend anwuchsen.[40] Die Militärverwaltungen wurden kategorisch unterteilt, um eine systematische, rationale und intensive Kontrolle und Ausbeutung zu gewährleisten. Jeder Verwaltungsbezirk war nach dem preußischen Modell in Regierungsbezirke und diese wiederum in Kreise unterteilt, obwohl die Kreise hier fast dreimal so groß waren wie in Preußen. Ein Offizier wurde zum Kreishauptmann ernannt und leitete diese Einheiten auf der unteren Ebene. Die Kreishauptleute hatten über die einheimische Bevölkerung uneingeschränkte Macht. Sie ernannten Bürgermeister und Amtsvorstände. Wie dem Oberbefehlshaber war ihnen ein Wirtschaftsstab zugeordnet, dessen Wirtschaftsoffiziere die wirtschaftliche Ausbeutung leiteten. Jeder Kreis bestand geographisch aus sechs oder sieben Ämtern mit Amtsvorständen, die wiederum in kleinere Ortschaften mit Vorstehern unterteilt waren. Durch die zahllosen Unterteilungen wurde ein dichtes Kontrollnetz über das weite Land gelegt.

Während die Verwaltung danach trachtete, ein Bild der effektiven Zentralisierung abzugeben, hatten die örtlichen Beamten de facto eine große Unabhängigkeit. Weit von der Zentrale entfernt, genossen viele ihre Macht über die unterworfene Bevölkerung. Die Verwaltungsordnung gab ihnen hinreichende persönliche Autonomie und sie hatten zudem die Kontrolle über die Finanzen, nachdem sie die Forderungen der Zentralverwaltung erfüllt hatten. Allein auf dem Lande fühlten sich einige Beamte allerdings oft verloren und wurden mit ihrer Situation in der Fremde nicht fertig. Ein Beamter erinnerte sich, daß ein junger, im Westen verwundeter Soldat, der als Verwalter

38 Ludendorff, Kriegserinnerungen, S. 149.

39 BAMA, N 196/1, Heppe, Bd. V, S. 88.

40 Brockhusen, Menschenleben, S. 131.

auf einem herrenlosen Gut saß, »plötzlich – wohl unter der Last der Verantwortung – Wahnideen bekam, sich nächtelang im Walde umhertrieb und tolle Schießereien verursachte«.[41] Andere reagierten aggressiv und brüsteten sich der totalen Kontrolle über die Einheimischen. Es gab zahlreiche Mißbräuche, da die Kreishauptleute ihre eigenen Speisekammern und Lagerhäuser mit beschlagnahmten Gütern füllten.[42] Die Behörden der Zentralverwaltung konnten das Verhalten ihrer Untergebenen in weiter entfernten Gebieten nicht kontrollieren. So wie das Militär vom Land nahm, was es brauchte, und alles als sein Eigentum beanspruchte, behandelte es auch die einheimische Bevölkerung. Die Menschen wurden auf der Straße aufgefordert, deutschen Beamten Platz zu machen, sie zu grüßen und sich zu verbeugen. Gewalt war immer mehr an der Tagesordnung, und es wurde von Schlägen in der Öffentlichkeit berichtet. Es gab zahlreiche Klagen darüber, daß deutsche Soldaten einheimische Mädchen und Frauen mißhandelten und vergewaltigten und die Männer, die sie zu verteidigen versuchten, geschlagen und mit dem Tode bedroht wurden.[43] Der Brutalität gegenüber der einheimischen Bevölkerung wurde von oben nichts entgegengesetzt, weil man unbedingt den Eindruck der Geschlossenheit erwecken wollte. Dieser Widerspruch führte jedoch dazu, daß die Kluft zwischen dem Anspruch des Staates und der Wirklichkeit vor Ort, zwischen dem, was »da draußen« geschehen sollte und was wirklich geschah, immer größer und die Stimmung in der Bevölkerung zunehmend schlechter wurde.

Trotz ihres monolitischen Anstrichs herrschten in der Verwaltung von Ober Ost chaotische Zustände. Sich überschneidende Zuständigkeiten, verworrene Dienstwege, der Ehrgeiz der einzelnen Abteilungen, ihren Bereich auszuweiten, waren ein ständiger Anlaß für Konflikte.[44] Und in dem Gebiet waren noch andere Behörden tätig, deren Unabhängigkeit im Widerspruch zu den Plänen der Zentralverwaltung stand. Die wichtige Militäreisenbahnbehörde wurde zu einem Staat im Staat.[45] Auch das Zentralamt der Feldpoli-

---

41 BAMA, N 196/1, Heppe, Bd. V, S. 80.

42 Šilietis, Okupacija, S. 56.

43 *Denkschrift,* in: Klimas (Hg.),Werdegang, S. 36; Šilietis, Okupacija, S. 34–38; Gintneris, Lietuva, S. 313. Über Schikanen: Tadas Daugirdas, Kaunas vokiečių okupacijoje, Kaunas 1937, S. 42, 55.

44 BAMA N 196/1, Heppe, Bd. V, S. 95.

45 Häpke, Verwaltung, S. 83. Zu Konflikten mit den Eisenbahnbehörden: LCVIA F. 641, ap. 1, b. 53, »Verwaltungsberichte Rossienie«, Verwaltungsbericht 30. Jan. 1916; LCVIA F. 641, ap. 1, b. 53, »Verwaltungsberichte Rossienie«, Verwaltungsbericht 29. März 1916, S. 5.

zei im Osten stellte seine Forderungen. Wegen unterschiedlicher politischer Ziele kam es laut von Gayl zwischen Ober Ost und der Zivilverwaltung von Polen in Warschau zu Zusammenstößen, und es herrschte zwischen ihnen ein »Kriegszustand [...] bis zum bitteren Ende«.[46] Dazu kam noch, daß es für die Beamten völlig unerträglich war, wenn der ferne Reichstag seine Stimme erhob und für diese besetzten Gebiete in regelmäßigen Abständen eine im doppelten Wortsinne zivile Verwaltung anmahnte. Die frustrierten Beamten versuchten, die Organisationsprobleme durch noch mehr Organisation zu lösen, da sie, wie einer von ihnen später bekannte, trotz wachsender Enttäuschungen Organisation als eine »Zauberkraft« ansahen.[47] Während der gesamten Besatzungszeit versuchten sie, die Verwaltung zu zentralisieren, was aber andererseits ihrem eigenen Bestreben, die Macht ihrer Ämter auszudehnen, zuwider lief und zudem wegen der eifersüchtigen Selbstgefälligkeit niedriger Beamter zu Reibungsverlusten innerhalb ihrer Herrschaftsbereiche führte. Der Verwaltungschef von Kurland, von Goßler, berichtete, seine Meinungsverschiedenheiten mit der Zentralverwaltung hätten sogar einmal zur Folge gehabt, daß seine Telefonleitung gekappt worden seien.[48]

Parallel zu dem Bemühen, den eigenen Bereich auszudehnen, gab es die Tendenz, sich seiner Verantwortung zu entziehen. Auf der Grundlage persönlicher Beobachtungen schreibt Zweig in seinem Roman die ständigen Machtkämpfe zwischen den einzelnen Ämtern. Auf der unteren Verwaltungsebene gab es »mannigfache Gendarmeriewachtmeister, Ortskommandanten – kleine ängstliche Leute, denen eine Pflichtverletzung die schmackhafte Etappenstellung kosten konnte«. Diese retteten sich oft durch das »Allheilmittel der Unzuständigkeit. Was aus dem Bereiche, dem eng umrissenen Zirkel fiel, der das Gehege des Wachtmeisters A. oder den Pflichten- und Amtskreis der Ortskommandantur B. umgrenzte, entstürzte damit auch schon dem Planetensystem.«[49] Das Gezerre zwischen den einzelnen Verwaltungseinheiten wurde von einem Beamten wie folgt kommentiert: »Ich machte damals die vorher und nachher oft wiederholte Erfahrung, daß unter den Offizieren in der Etappe, sobald sie nicht genügend beschäftigt waren, Kleinlichkeit, Eigennutz und Unverträglichkeit oft geradezu Orgien feiern konnten [...].«[50] Oft mißachteten die Verwaltungsangehörigen die Ordnung, die sie verwalteten,

---

46 BA, N 1031/2, Gayl, S. 188.

47 Oberbefehlshaber Ost (Hg.), Das Land Ober Ost, S. 243.

48 BAMA, N 98/1, Goßler, S. 68.

49 Zweig, Grischa, S. 97.

50 BAMA, N 196/1, Heppe, Bd. V, S. 59.

und gestanden den höheren Offizieren eine besondere Behandlung und Ausnahmen zu. Klassenkonflikte innerhalb des Militärs wurden durch unterschiedliche Ansichten über den Krieg verschärft. Die Mehrheit der gewöhnlichen Soldaten hoffte auf einen raschen Frieden und eine baldige Heimkehr, wohingegen Offiziere und Beamte von einem fortdauernden Krieg mehr zu erwarten hatten, nämlich Karrieren und Ländereien in den besetzten Gebieten. Tiefe Verwerfungen und interne Konflikte höhlten Ober Ost aus, sosehr es sich auch als einen monolitischen totalen Staat darstellte. Was die miteinander im Streit liegenden Ämter und die ehrgeizigen Mitarbeiter zusammenhielt, war letztlich eine gemeinsame Sichtweise von Herrschaft.

Die Pläne sahen für Ober Ost eine intensive Ausbeutung der Länder vor, und die finanzielle Planung war ganz auf das Erreichen einer Autarkie ausgerichtet. Das besetzte Gebiet sollte aus eigenen Ressourcen leben, die Heere im Osten versorgen und keine Forderungen an das Vaterland stellen. In Deutschland selbst war Autarkie ein von nationalistischen Politikern lang gehegter Traum, der jedoch im Krieg mit höchster Dringlichkeit umgesetzt werden mußte, da die Seeblockade Großbritanniens die Wirtschaft im Würgegriff hatte. Deutschland sah sich gezwungen, ein Drittel seiner Lebensmittel und viele wichtige Rohstoffe zu importieren und war von Exporterlösen abhängig.[51] Die Militärs prahlten, daß die wirtschaftliche Selbstgenügsamkeit, die im Kaiserreich nicht erreicht werden konnte, in Ober Ost gelang. Ober Ost schicke sogar noch Güter nach Deutschland.

Im Herbst 1916 war der erste vollständige Wirtschaftsplan für Ober Ost fertiggestellt,[52] und es begann eine umfassende und rücksichtslose Jagd nach Steuern. Importzölle, Steuern, Staatsmonopole und Staatsunternehmen warfen erhebliche Summen ab. Aus Gründen der Zweckmäßigkeit mußte das Besteuerungssystem so einfach wie möglich sein, auch wenn dadurch den Armen große Lasten auferlegt wurden. Die Beamten meinten, daß ein komplizierteres und gerechteres Steuersystem nicht möglich sei, da man nicht über hinreichend ausgebildetes deutsches Personal verfüge, keinerlei Dokumentation über das Gebiet habe und die Einheimischen kaum in der Lage seien, den Sachverhalt zu verstehen.[53] Also konzentrierte sich die Verwaltung

---

51 Henry Cord Meyer, Mitteleuropa in German Thought and Action, 1815–1945, Den Haag 1955, S. 116–136; Gordon A. Craig, Germany, 1866–1945, Oxford und New York 1978, S. 357.

52 BAMA, N 196/1, Heppe, Bd. V, S. 104; Oberbefehlshaber Ost (Hg.), Das Land Ober Ost, S. 95 f.

53 Ebenda; Ludendorff, Kriegserinnerungen, S. 157.

auf Zölle, indirekte Steuern und Monopole. Das Zigarettenmonopol war ein großer Erfolg. Auf Ludendorffs Drängen übertrug die Verwaltung das gleiche Modell auf Branntwein, Süßstoff, Salz und Zündhölzer.[54] An direkten Steuern führte sie eine pauschal gestaffelte Kopfsteuer ein. Außerdem besteuerte sie alle möglichen geregelten Aktivitäten und das Eigentum. Am berüchtigtsten war die Hundesteuer, die für die Besatzer ein großer Scherz war, von der einheimischen Bevölkerung jedoch zutiefst abgelehnt wurde.[55] Zunächst warfen die Staatsbetriebe in Ober Ost wegen der hohen Anlagekosten wenig ab, aber der leitende Gesichtspunkt war kriegsbedingt auch nicht die Erzielung von Gewinnen, sondern größtmögliche Produktivität, um die Armee entsprechend ihren Bedürfnissen beliefern zu können. Unter finanziellen Gesichtspunkten galt das Endergebnis als großer Erfolg, da Ober Ost ohne finanzielle Unterstützung von Deutschland arbeitete und sich so einer Kontrolle durch das Reich entziehen konnte.[56] Als weitere Verstärkung der Autarkie wurde für Ober Ost eine eigene Währung geschaffen, das »Ostgeld«, das die einheimische Bevölkerung jedoch mit Mißtrauen aufnahm und nur zögernd akzeptierte.[57] Zwar sollten deutsche Banken in dem Gebiet investieren, aber es gelang Ludendorff, wie ein hoher Beamter bemerkte, die Kriegsgesellschaften, die die Wirtschaft in Deutschland und anderen besetzten Gebieten mobilisierten, völlig aus Ober Ost herauszuhalten.[58]

Um Autarkie zu erreichen, zielte die gesamte Wirtschaftspolitik auf eine intensive Ausbeutung sämtlicher Ressourcen des Landes ab. Ober Ost stützte seine Wirtschaftsprogramme auf die Haager Landkriegsordnung von 1907, nach der Besatzer für die Aufrechterhaltung geordneter Verhältnisse verantwortlich waren, nutzte sie aber de facto als Deckmantel für ein strenges Regime. Das ganze Land stöhnte unter dem Motto »Krieg ist Krieg«, während die Soldaten Hab und Gut der einheimischen Bevölkerung beschlagnahmten.[59]

---

54 Ebenda.

55 BAMA, PHD 8/20, *Ziffer 29. Hundesteuerverordnung für die dem Oberbefehlshaber Ost unterstellten Gebiete*, in: BUV 4 (27. Dezember 1915), S. 64 f.; Ludendorff, Kriegserinnerungen, S. 157.

56 Ludendorff, Kriegserinnerungen, S. 157 f.; Oberbefehlshaber Ost (Hg.), Das Land Ober Ost, S. 95 f.

57 LCVIA F. 641, ap. 1, b. 52, Verwaltungsbericht für das IV. Vierteljahr 1916, Birsche (29. Dezember 1916), S. 12.

58 BA, N 1031/2, Gayl, S. 145.

59 Klimas, Atsiminimų, S. 45; Gintneris, Lietuva, S. 364; Daugirdas, Kaunas, S. 64; Mitau. Bilder aus deutschen Soldatenheimen. Ausschuß für Soldaten- und Eisenbahnerheime an der Ost- und Südfront, Berlin 1917, S. 45.

Das Regime lastete schwer auf dem Land, und die »Inquisitionen«, wie die Einheimischen sie mit bitterem Humor bezeichneten, waren brutal.[60] Allgemeiner Grundsatz war, daß alles im Land der Armee gehörte. In den Städten wurden Menschen aus ihren Häusern, Unternehmen, Geschäften und Wohnungen vertrieben.[61] Die Eigentümer konfiszierten Besitztums erhielten entsprechende Bescheinigungen, sogenannte »Scheine«. Das Wort »Schein« fand rasch Eingang in den kleinen Vokabelschatz deutscher Worte, die jeder Einheimische verstand. Bald konfiszierte der Staat nicht nur im kleinen, sondern auch im großen Rahmen. Jede Ernte wurde zur Gänze beschlagnahmt und mußte an die Armee zu Preisen verkauft werden, die von ihr selbst festgelegt wurden. Der gesamte Handel fiel unter ein Staatsmonopol, und der Verkauf von Land war verboten. Die Verwaltungsordnung legte das leitende Prinzip für diese merkwürdige neue Staatsform fest: »Die Interessen des Heeres und des deutschen Reiches gehen stets denen des besetzten Landes vor.«[62]

Wichtigster Produktionszweig des besetzten Gebietes war die Landwirtschaft. Die Aufgabe der Landwirtschaftsabteilung war schwer, da verschiedene Ziele im Widerspruch zueinander standen. Unbarmherzig betriebene Requisitionen bildeten die Grundlage. In den ersten Monaten der Besatzung waren sie brutal und unsystematisch. Die Soldaten nahmen den Bauern mit vorgehaltenem Gewehr Vieh und Nahrungsmittel weg und taten nicht einmal so, als ob sie irgendwann etwas dafür bezahlen würden, da keine »Scheine« ausgestellt wurden.[63] Es gab Berichte über Verhaltensweisen, welche die Bevölkerung aufbrachten. In dem Tagebuch eines Adeligen ist verzeichnet, daß der Pastor der Pfarrei Panemunė, Staugaitis, von einem betrunkenen Soldaten in Anwesenheit eines Offiziers zu Tode geprügelt wurde, weil er sich der Beschlagnahmung von Futterklee widersetzt hatte.[64] Die einheimische Bevölkerung hoffte, daß die Requisitionen mit dem Inkrafttreten einer regulären Militärverwaltung und dem Vorrücken der Front abnehmen würden. Zu ihrem Entsetzen wurden die Forderungen in die Höhe geschraubt, und die Requisitionen wurden noch brutaler und noch systematischer durchgeführt. Wirtschaftsoffiziere setzten alles daran, das System zu rationalisieren, indem sie Statistiken über das unbekannte Land sammelten beziehungsweise den örtli-

---

60 Klimas, Atsiminimų, S. 50, 69, 156, 158.

61 Ebenda, S. 43.

62 BAMA, PHD 8/20, *Ziffer 259. Verwaltungsordnung für das Etappengebiet*, in: BUV 34 (26. Juni 1916), § 6.2, S. 270.

63 *Denkschrift*, in: Klimas, Werdegang, S. 36.

64 Daugirdas, Kaunas, S. 48.

chen Klerus anwiesen, dies zu tun. Daraus entwickelte sich in den Augen der Bevölkerung ein Statistikwahn, weil die Soldaten den Eindruck erweckten, als wollten sie sämtliche Bäume in den Wäldern und Fische in den Seen zählen.[65] Die Anweisung, statistische Daten über ihre eigenen Gemeindemitglieder zu erheben, brachte die Geistlichen in eine sehr schwere Lage, da sie argwöhnten, die Menschen müßten sich schließlich für jeden Bissen, den sie verzehrten, rechtfertigen. Die Bauern befürchteten, daß eine Zählung des Viehbestandes bald dessen Beschlagnahmung zur Folge haben werde.[66] Auf Grundlage der zusammengetragenen Informationen, die zum großen Teil sehr ungenau waren, ermittelten die Kreishauptleute und Wirtschaftsoffiziere Quoten, nach denen festgelegt wurde, wieviel Getreide, Milch, Eier und Tiere die Bauern liefern mußten. Die fertiggestellten Listen waren so gut wie unveränderlich und standen über der materiellen Realität. In einer litauischen Quelle heißt es, daß tote Hühner als Beweis vorgelegt werden mußten, bevor sie aus den Listen gestrichen wurden.[67] Für Milch wurden ganz exakte Quoten festgelegt, die auch für alte und kranke Kühe galten. Schematische Forderungen dieser Art verkannten die realen Bedingungen, unter denen die Haushalte und die Bevölkerung auf dem Lande lebten, völlig. Die Normen berücksichtigten nicht, wie viele Menschen – Familienmitglieder, Verwandte und Lohnarbeiter – von jedem Bauern abhingen. Güter, deren Eigentümer geflüchtet waren, und Pachtbesitz, dessen Produktivität als nicht ausreichend erschien, wurden beschlagnahmt und von deutschen Offizieren verwaltet. Allein in Litauen gab es 1000 verlassene Güter.[68] Die Bauern, die in der Nähe beschlagnahmter Güter lebten, wurden zusätzlich zu der Arbeit auf ihren eigenen Höfen zur Arbeit auf diesen Gütern verpflichtet. Die Fristen für das Einbringen der Ernte waren so eng, daß die Bauern oft keine Zeit hatten, ihre eigene Ernte einzubringen. In dem Befehl eines Kleinstadtkommandanten hieß es einfach: »Achtung! [...] Wer seine Feldarbeit nicht in der vorgeschriebenen Zeit verrichtet oder dies schlecht tut, dem wird sein Land genommen.«[69] Schließlich beschlagnahmten die Beamten Handmühlen und kontrollierten große Mühlen und Dreschereien, um sicherzugehen, daß das Korn

---

65 Klimas, Atsiminimų, S. 66.

66 LCVIA F. 641, ap. 1, b. 52, Verwaltungsbericht für März 1916. Kreisamt Birsche, S. 28.

67 Šilietis, Okupacija, S. 74.

68 Klimas, Atsiminimų, S. 45; Oberbefehlshaber Ost (Hg.), Das Land Ober Ost, S. 238.

69 LMARS, F. 23–47, S. 6.

nicht an ihnen vorbeigeleitet wurde.[70] Die aberwitzige Strenge, mit der die Statistiken erarbeitet wurden, und die harten Beschlagnahmungen verbargen das Chaos und die Improvisation. In den drei Jahren der Besatzung ist nie eine allgemeine Verordnung für die Zulässigkeit von Requisitionen erlassen worden.

Die Übergriffe gingen auch weiter, als die Methoden systematischer wurden und der Widerstand in der Bevölkerung wuchs. Die Soldaten gaben den Bauern Requisitionsbescheinigungen, die diese später gegen Geld eintauschen konnten, wobei nicht klar war, wann. Die Soldaten scherzten, daß die Engländer und Franzosen schon bezahlen würden. Auf den von den Einheimischen abgegebenen Bescheinigungen stand jedoch oft nur auf deutsch: »Der Inhaber dieses Scheins ist sofort zu hängen« oder »Dieser Schein ist nichts wert«.[71] Aus Furcht, das System könne zusammenbrechen, und um die Bevölkerung zu beruhigen, begann die Verwaltung, die von den Armeen ausgestellten Bescheinigungen zu akzeptieren. Eine Entschädigung für beschlagnahmte Güter wurde aber in dem von der einheimischen Bevölkerung mit Mißtrauen beäugtem Ostgeld bezahlt. Außerdem lagen die von der Verwaltung in Ober Ost bezahlten Preise für aufgekaufte Waren unter denen des Generalgouvernements Polen. Es konnte daher nicht überraschen, daß zum Ärger der Beamten von Ober Ost, deren Preisgestaltung zu dieser Situation geführt hatte, alsbald eifrig geschmuggelt wurde.

Der wirtschaftlichen Entwicklung standen sehr große Transportprobleme gegenüber. Bauern wurden gezwungen, als Fuhrmänner mit ihren eigenen prähistorischen Karren zu arbeiten, wobei sie mit ausgefahrenen Straßen und anderen miserablen Bedingungen zu kämpfen hatten. Transporte waren tagelang unterwegs, während die beschlagnahmten Lebensmittel verfaulten. Die Zwangsarbeit brachte die ethnischen Gruppen gegeneinander auf, und es kam zu Verstößen gegen religiöse Gefühle, weil Feiertage nicht geachtet wurden. Einheimische erhoben den Vorwurf, daß in den ersten Ostertagen Beamte christliche Bauern gezwungen hätten, für die Juden von Alunta (Owanta) Branntwein zu befördern.[72] Der Kreishauptmann des Kreises Birsche berichtete, er habe einen Markttag verboten, weil dessen festliche Atmosphäre die Menschen von der Arbeit abhalte.[73]

---

70 Gabriele Petkevičaite-Bite, Karo meto dienoraštis, Vilnius 1966, S. 667.

71 Šilietis, Okupacija, S. 74.

72 *Denkschrift,* in: Klimas, Werdegang, S. 35.

73 LCVIA F. 641, ap. 1, b. 52, Verwaltungsbericht für Februar 1916. Kreisamt Birsche, S. 13.

Bevor das Vieh requiriert werden konnte, mußten zunächst entsprechende Daten erhoben und das Vieh gezählt werden. Die Bauern versteckten ihre Tiere in Kellern oder trieben sie auf geheime Waldlichtungen. Es gelang den Soldaten jedoch schließlich, die notwendigen Listen für eine »regelrechte Bewirtschaftung« zu erstellen.[74] Pferde wurden auf »Zwangsmärkten« ausgehoben, auf die Bauern ihre Tiere bringen und wo sie jeden angebotenen Preis dafür akzeptieren mußten. Obendrein wurden sie noch gezwungen, Dokumente zu unterzeichnen, in denen sie bestätigten, daß der Verkauf freiwillig erfolgt sei.[75] Erreichte die Beschlagnahmung von Getreide nicht die gesetzte Quote, ließ die Verwaltung den gesamten Viehbestand konfiszieren. Sie ließ den Familien noch die letzte Kuh wegnehmen, auch wenn die Kinder Milch brauchten. In derart verzweifelten Fällen leisteten die Einheimischen oft Widerstand, dem die Soldaten mit brutaler Gewalt begegneten, indem sie die Menschen niederschossen oder schlugen.

Die Beschlagnahmung von Pferden wurde mit besonderer Dringlichkeit und Härte durchgeführt, da es der deutschen Armee überwiegend nicht gelang, den Transport zu mechanisieren, und sie daher von Pferden abhing. Die kleinen und zähen Pferde der *Žemaitukai*-Rasse waren sehr geschätzt und vor dem Krieg nach Deutschland ausgeführt worden. Die Beschlagnahmungen hatten jedoch für die Bauern, die nicht nur ein wichtiges Wirtschaftsgut, sondern auch eine Art Familienmitglied einbüßten, verheerende Folgen. Die Bauern wurden angewiesen, mit ihren Pferden zu »Pferdeschauen« zu kommen. Litauische Quellen berichten von einer solchen Pferdeschau, die für den 18. September 1917 in Kroniai im Kreis Koschedary angeordnet war. Die Bauern erschienen pünktlich. Doch als sich die Beamten um mehrere Stunden verspäteten, ließen sie ihre Pferde in der Nähe weiden. Als die Beamten eintrafen und feststellten, daß sich die Pferde nicht an dem exakt vorgesehenen Ort befanden, begannen sie, die Bauern zu bestrafen. Sie wählten 30 Pferde aus und gaben ihren Eigentümern nur ein Fünftel des normalen Preises. Der Rest wurde als Strafe für Ungehorsam einbehalten. Dieselbe Kommission konfiszierte noch weitere 14 Pferde, weil die Bauern die Anweisung, den Pferden ein bestimmtes Halfter anzulegen, nicht richtig verstanden hatten. Die beschlagnahmten Pferde wurden auf der Stelle an unbekannte Privatpersonen und nicht an die Bauern verkauft, die unter Tränen flehten, man möge ihnen gestatten, die Pferde zurückzukaufen.[76] Die Pferde waren so wertvoll,

---

74 Ludendorff, Kriegserinnerungen, S. 153.

75 Klimas, Atsiminimų, S. 53.

76 *Denkschrift, die wichtigsten Mißstände*, in: Klimas, Werdegang, S. 72 f.

daß sie unter jedem x-beliebigen Vorwand beschlagnahmt wurden. Die Bauern weigerten sich bald, Güter zu transportieren, da die Gefahr bestand, daß ihnen die Pferde unterwegs weggenommen werden würden.[77] Als Folge davon litten die Menschen in den Städten Hunger. Die Politik in Ober Ost war indes voller solcher Widersprüche. Nach der Konfiszierung der Pferde ging die Produktivität der Landwirtschaft noch weiter zurück, während die Quoten für Beschlagnahmungen stiegen.[78] Aus einem tierärztlichen Bericht geht hervor, daß die Konfiszierungen zu merkwürdigen Verzerrungen in der Wirtschaft führten; so erzielte man für abgearbeitete schlechte Pferde höhere Preise als für die guten, da die Wahrscheinlichkeit der Beschlagnahme bei den schlechten geringer war.[79]

Die Wirtschaftsoffiziere sammelten Rohstoffe, die militärisch nutzbar waren. Alles, was irgendwie gebrauchsfähig war, wurde gesammelt und Deutschlands Kriegswirtschaft zugeführt: Felle, Lumpen und Schrott. Die Juden in Ober Ost wurden angestellt, um bei der Sammlung zu helfen. Ludendorff erklärte: »Der Jude als Zwischenhändler war dabei unentbehrlich.«[80] Der Begriff Rohstoff wurde allerdings merkwürdig definiert. Soldaten gingen sogar so weit, Orgelpfeifen aus Kirchen als Schrott zu beschlagnahmen. Es gab Berichte, daß Soldaten während des Gottesdienstes in Kirchen eindrangen und Altarkerzen wegschleppten.[81] In einem Vorort von Kowno wurden Lebensmittel beschlagnahmt, die für die Osterfeierlichkeiten auf Tischen lagen. Aus jüdischen Wohnungen schleppten Soldaten Berichten zufolge Kerzenleuchter fort, die für die Feier des Sabbats und des Chanukkafestes bestimmt waren.[82]

Im Laufe der Zeit stand hinter den Requisitionen der intensive Wunsch, Besitz zu enteignen und ihn sich anzueignen. Die Wirklichkeit wurde immer stärker von verlockenden Wirtschafts- und Landwirtschaftsphantasien verdrängt. Von dem absoluten Willen beseelt, eine Utopie zu schaffen, befaßte sich die Verwaltung nicht mehr nur mit unmittelbaren Bedürfnissen, sondern schmiedete auch großspurige und unrealistische Pläne für die Zukunft. Beflügelt von der Idee einer »restlosen Ausnutzung« des Bodens, nahmen sich zum

77 Klimas, Atsiminimų, S. 53.

78 Ebenda, S. 106.

79 LCVIA F. 641, ap. 1, b. 52, Verwaltungsbericht des Militärkreisamts Birsche für das I. Vierteljahr 1917.

80 Ludendorff, Kriegserinnerungen, S. 155.

81 Klimas, Atsiminimų, S. 46, 59.

82 Cohen, Vilna, S. 364.

Beispiel die Beamten im ersten Saatjahr 1916 vor, jeden Morgen bebaubaren Landes zu bepflanzen.[83] Ober Ost drängte deutsche Landwirtschaftsverbände, ihm bei dieser Entwicklung zu helfen, denn auf den beschlagnahmten Ländereien könne die Landwirtschaft in einer hier unbekannten phantastischen Größenordnung betrieben werden. Es importierte allerlei Landmaschinen und führte riesige Motorpflüge ein, die die einheimische Bevölkerung in Erstaunen versetzten.[84] Das Ergebnis dieses Ehrgeizes war eine verheerende Mißernte und eine enorme Verschwendung von Saatgut, weil man die realen Bedingungen nicht berücksichtigt hatte. Ludendorff gab zu, man habe sich in bezug auf das zu bestellende Areal zuviel zugemutet.[85] Als Folge war die Situation in den Städten, besonders in Bialystok, »geradezu trostlos«, wie ein Beamter berichtete, und es kam zu Hungerrevolten und Streiks.[86]

Aufgrund dieser Enttäuschung kamen die Beamten zu dem Schluß, daß sie längerfristige Ziele ins Auge fassen müßten, doch bestand die Perspektive einer Utopie gleichwohl fort. Die Landwirtschaftsabteilungen führten systematische Experimente mit Saatgut durch, um herauszufinden, was auf dem Boden am besten gedieh.[87] Sie verkündeten, man könne die Ernteerträge verdoppeln. Derartige Pläne wurden in Deutschland propagiert, um eine positive Stimmung für die dauerhafte Zugehörigkeit dieser gigantischen Landwirtschaftsreserve zu Deutschland zu schaffen. Im November 1916 förderte die Verwaltung eine Ausstellung von Obsterzeugnissen aus Ober Ost in Berlin.[88] 14 000 Menschen kamen, um sich die greifbaren Ergebnisse »deutscher Arbeit« anzuschauen: frisches Obst, Marmelade aus Ober Ost, Konserven, Trockenfrüchte und Gemüse. Während der Besatzung ging es den Beamten darum, wie man das Land umgestalten könne. Konfiszierte Ländereien unter Militärverwaltung waren ein wesentlicher Bestandteil dieses Bestrebens. Die als Aufseher und Verwalter tätigen Beamten fühlten sich dort immer heimischer und behandelten die Güter und Menschen, als wären sie ihr Eigentum.[89]

---

83 Oberbefehlshaber Ost (Hg.), Das Land Ober Ost, S. 243; Marwitz, Stirb, S. 137; BA, N 1031/2, Gayl, S. 146.

84 Klimas, Atsiminimų, S. 53; LCVIA F. 641, ap. 1, b. 53, »Verwaltungsberichte Rossienie«, Verwaltungsbericht 29. April 1916, S. 10.

85 Ludendorff, Kriegserinnerungen, S. 153.

86 BAMA, N 196/1, Heppe, Bd. V, S. 97.

87 Das Land, S. 195 f.

88 BAMA, PHD 8/23, *Die Ob. Ost-Obsterzeugnisse in Berlin*, in: KB 4 (1. November 1916).

89 Klemperer, Curriculum, S. 466.

Die auf eine dauerhafte Angliederung abzielende perspektivische Utopie war wichtiger Bestandteil der Ostfronterfahrung. Hier, so erklärte der Verwaltungschef von Kurland, erblicke »das in die Zukunft schauende Auge in gar nicht ferner Zeit ein durch und durch deutsches, blühendes Land«.[90] Die Überlegungen über den gegenwärtigen Zustand des Landes waren hingegen nicht schmeichelhaft. Das Land liege hundert Jahre hinter Deutschland zurück. Man kenne hier nicht einmal eine elementare Dränierung des Bodens. Die einheimische Bevölkerung akzeptiere die Umstände als etwas Unabänderliches: »Diese Wassernöte betrachtet man, wie es scheint, als ein ebenso unabwendbares Schicksal wie die fabelhafte Verunkrautung der meisten Felder, die eine unvermeidliche Folge der Rückständigkeit der gesamten Bodenkultur ist.« Die Bestellung des Bodens durch die Einheimischen erschien zutiefst archaisch und rückständig. Besonders verblüffte die Soldaten, »wie der Bauer um große und kleine Steine auf seinem Acker herumpflügt, anstatt sich einmal die Mühe zu machen, die großen Steine zu zerschlagen und die Kiesel auszulesen«. Doch auch dahinter verbarg sich mehr, als die Besatzer erkannten. In diesem Verhalten äußerte sich nicht einfach eine angebliche wesenseigene Faulheit der einheimischen Bevölkerung, sondern deren animistischer Glaube, daß in den Steinen, die über die Jahre an die Oberfläche gelangt waren, Geister wohnten und daß sie ein Recht hatten, dort zu sein, wo sie lagen. Das gesamte Land war voller heiliger Steine und Felsen, die seit vorchristlicher Zeit verehrt wurden, welche ja hier noch gar nicht so lange zurücklag. Die Deutschen staunten über die vorsintflutlichen Hakenpflüge und die primitive Naturalwirtschaft der einheimischen Bauern. Sogar die hiesigen Hausschweinrassen schienen ihnen den Wildschweinen näher zu sein als den deutschen Rassen. Die Menschen lebten mit ihren Tieren zusammen, was ständiger Anlaß belustigter Kommentare war. Durch ihre genügsame Lebensweise fälle die einheimische Bevölkerung das Urteil über sich selbst und erweise sich als primitives »Naturvolk« im Gegensatz zu den »Kulturvölkern«, die der Umwelt ihren Willen aufdrückten. Das Urteil war eindeutig: »Der Kampf der Kultur mit der Natur steckt hier noch in den Kinderschuhen.« Die Soldaten fühlten sich bei ihrer Ankunft in Ober Ost in die Vergangenheit zurückversetzt: »Genau wie in den Tagen unserer mittelalterlichen Kolonisation läßt sich noch heute die Überlegenheit des deutschen Pfluges über den undeutschen ›Haken‹ feststellen; denn die litauische ›Zocha‹ mit ihrem hölzernen, nur mit Eisen überzogenen Haken, muß dem aus Deutschland eingeführten

---

90 BAMA, N 98/3, Goßler, S. 17 (maschinenschriftliches Manuskript).

Schwingpfluge weichen.«[91] Durch diese Reise in die Vergangenheit brachten die Deutschen also die Zukunft nach Ober Ost.

Der Unterschied zu Deutschland stand den Soldaten und Beamten von Anfang an ständig vor Augen, und sie waren sich sicher, daß das Land verändert und »deutsch« werden konnte. Jede Eisenbahnfahrt schien dies zu verdeutlichen: »Als Beweis dafür mag auch dem nicht sachverständigen Beschauer der Zustand von Feld und Wiese jenseits und diesseits der ostpreußischen Grenze dienen. Ein einziger Blick aus den Eisenbahnfenster zeigt, ob man auf russischer oder deutscher Seite ist, und doch ist hüben und drüben derselbe Boden und dasselbe Klima!«[92] Diese Erfahrung zog sich dann durch die ganze Besatzungszeit:

»Wie die Landwirtschaft hierzulande betrieben wird, ist ein unerschöpflicher Gesprächsstoff unserer Soldaten. Die Gegensätze zwischen Deutschland und dem besetzten Gebiet drängen sich auch dem blödesten Auge auf: Bei uns reichen regelmäßige Ackerfurchen bis in den letzten Winkel nutzbaren Landes, jeder Baum im Walde ist gehegt und gepflegt, Planmäßigkeit herrscht überall; in Ober Ost, soweit nicht auch der Deutsche schon Wandel geschaffen hat, sind Acker und Wiese, Baum und Strauch vielmehr sich selbst überlassen und der Mensch ist nicht ihr Herr, sondern ihr Gast, der zufrieden ist mit dem, was Feld und Garten gutwillig gewähren, anstatt mit dem Rechenstift in der Hand auf Verbesserungen zu sinnen.«[93]

Von den verheerenden Schlußfolgerungen, zu denen die Deutschen aufgrund dieser Ansichten über das Land kamen, ist diejenige besonders wichtig, in der sich zeigt, wie die Deutschen die einheimischen Völker und sich selbst sahen. Die Beamten gingen davon aus, daß die Völker des Ostens einzig und allein von früheren deutschen Leistungen und deutscher Arbeit lebten und passiv zusahen, wie diese verkamen. Unfähig, eine eigene Kultur zu erzeugen oder selbst zu arbeiten, neideten die Völker des Ostens und Rußland den Deutschen die »fruchtbare Arbeit der Deutschen in Deutschland« und versuchten, diese an sich zu reißen, und das

»in der Verkennung des Umstandes, daß diese höhere Ertragsfähigkeit der in den deutschen Händen befindlichen Ländereien kein Geschenk der Natur, sondern das Ergebnis gesteigerten Aufwandes von Kapital und Arbeit ist, zu dem er [der Russe] selbst sich bisher in keiner Weise befähigt erwies. Jede Scholle, mag sie zur Zeit auf noch so hoher Kultur stehen, die in die Hände der Moskauwiter fällt, muß mit unerbittlicher Notwendigkeit durch die Unfähigkeit dieses Volkes zu intensiver, produk-

---

91 Oberbefehlshaber Ost (Hg.), Das Land Ober Ost, S. 189, 190, 229, 247, 201.

92 Ebenda, S. 190.

93 Ebenda, S. 228.

tiver Arbeit in kurzer Zeit auf das natürliche Ertragsniveau herabsinken, nachdem die Reserven früherer höherer Kultur herausgezogen und aufgezehrt sind.«[94]

Die Völker Osteuropas waren Schmarotzer, die, anders als die »anderen, schaffensfreudigeren und betriebsameren Rassen«, zu echter Arbeit nicht fähig waren. Die osteuropäische Kultur war in Wirklichkeit »nichts als die Nacht des Stumpfsinns und die Leere des Nichts«.[95] Ausgehend von ihrer Utopievision für das Land gelangten die Besatzer mithin zu Schlußfolgerungen über die Charaktereigenschaften von Rassen, nämlich ihrer eigenen und der unterworfener Völker.

Bei ihrer völlig unrealistischen Landwirtschaftsplanung faßten die Beamten Maßnahmen ins Auge, die sich über das nächste Jahrzehnt erstreckten, um auf diese Weise die während des Krieges geleistete »Pionierarbeit der Kultur« fortsetzen zu können. Unmittelbar nach Friedensschluß sollten einschneidende Verbesserungen beginnen und Investitionen erfolgen. Durch deutsche Verwaltung würde die einheimische Bevölkerung kultiviert und verändert werden, und man würde ihr Sauberkeit und Ordnung beibringen. Man wäre Herr über »Land und Leute« zugleich: »Wenn es gelänge, das Volk zu Ordnung, Sauberkeit, Ehrlichkeit, Pünktlichkeit und Pflichttreue zu erziehen, was nicht zum wenigsten zu den lösenden Aufgaben gehören dürfte, die übernommen werden müßten und nicht leicht und einfach zu lösen sein würden, könnte dieses Gebiet eine Vieh- und Kornkammer, ein Holz- und Wolleproduktionsland von allerhöchstem Werte werden.«[96] Planungen für die Zukunft gipfelten in Plänen für dieses »Neuland«, die von der Verwaltung im Herbst 1917 erstellt und in denen die Entwicklungschancen für die kommenden Jahrzehnte detailliert beschrieben wurden.[97] Nach Ansicht des Verwaltungschefs von Kurland war dieses »die letzte Gelegenheit der Weltgeschichte [...], deutsches Land zu bekommen«. Kurland »ist ein ideales Siedlungsland«, das »wir nur zu halten, zu bevölkern brauchen, um ein neues, fertiges, wertvolles Stück Deutschland zu besitzen!«[98]

Die Verwalter von Ober Ost betonten, daß sie, anders als die phantasierenden Schreibtischannektierer in Deutschland, die es nach Mesopotamien und anderen exotischen Überseebesitztümern gelüste, eine reale Utopie hätten. Diese Utopie, so behaupteten sie einfach, sei bereits Wirklichkeit und

---

94 Ebenda, S. 210.

95 Ebenda.

96 Ebenda, S. 211, 219, 223.

97 Strazhas, Ostpolitik, S. 246–253.

98 BAMA, N 98/3, Goßler, S. 28 f.

biete solide Aussichten für eine ruhmreiche Zukunft und für kommende Kriege:

»Unser Ostland ist weder Utopie- noch Schlaraffenland; es wird den Menschen stets zu harter Arbeit erziehen, wenn es ertragreich sein soll. Aber wenn es gelingt, deutscher Arbeit das Land zu öffnen, wenn die Heimat in künftigen Kriegen mit Sicherheit auf ostländisches Vieh und Fleisch, Korn und Flachs, Butter und Eier rechnen kann, dann wird der Deutsche wissen, warum er in dieser [...] Wildnis über Jahr und Tag, über Winter und Sommer [...] die Wacht hielt. Vielleicht wird er dann auch der Kriegswirtschaft der Heeresverwaltung gedenken, die es durchsetzte, daß inmitten eines Weltenbrandes das Land der gewohnten Ackerarbeit erhalten blieb.«[99]

In dieser »realen« Utopie für Ober Ost bestand in der Vorstellung von einem mit Pflug und Schwert eroberten Osten ein unauflöslicher Zusammenhang zwischen Land und Krieg. Soldaten und Offiziere schauten aus den Zugfenstern und fragten: »Was bedeutet dieses Land für uns?« Phantasien über die Umgestaltung der Landwirtschaft waren ein ständiges Gesprächsthema, und die Vision vom Osten, vom Land und vom Krieg nahm Gestalt an.[100]

Eines der sichtbarsten Entwicklungsprojekte, das die Militärverwaltung bereits in Angriff genommen hatte, war die Industrieproduktion. Als die deutschen Armeen einmarschierten, gab es nur sehr wenig Industrie. Lediglich in einigen größeren Städten gab es Fabriken und bescheidene Produktionszentren. Die Militärverwaltung übernahm, was nicht zerstört worden war und baute in Libau, Kowno und Bialystok eigene Fabriken, in denen die beschlagnahmten Güter für das Heer verarbeitet oder nach Deutschland geschickt wurden. Es entstanden Anlagen aller Art. Die Militärs nahmen stolz für sich in Anspruch, daß sie Deutschlands Industrie entlasteten, die infolge der Seeblockade – im sogenannten Steckrübenwinter 1916/17 kam es sogar zu einer Hungersnot – immer stärker strapaziert war und alle Ressourcen mobilisieren mußte. Ober Ost deckte ein ganzes Drittel des Fleischbedarfs der Ostfront. Die Verwaltung ließ Kartoffeltrockenanstalten, Stroh- und Holzsägemühlen sowie Fabriken für die Massenproduktion von Marmelade und Konserven bauen und Pilze in großen Mengen trocknen. Im Sommer 1917 gab es 610 funktionierende militärische Molkereien.[101] Diese Betriebe legten ein deutliches Zeugnis von den organisatorischen Fähigkeiten des Heeres ab.

---

99 Oberbefehlshaber Ost (Hg.), Das Land Ober Ost, S. 251.

100 Ebenda, S. 224.

101 Werner Butz, *Die kriegswirtschaftliche Nutzung des besetzten Ostraums im Weltkrieg, 1914–1918*, in: Wissen und Wehr 23 (1942), S. 227.

Vor allem aber befaßte sich das Heer mit dem größten Schatz von Ober Ost, den riesigen Wäldern. Für die Errichtung von Befestigungsanlagen an der Front und für den Bau von Eisenbahngleisen wurden enorme Mengen von Holz benötigt.[102] Brücken mußten gebaut und Morastlöcher auf den Straßen mit Brettern abgedeckt werden. Bei den harten klimatischen Bedingungen war Feuerholz überlebenswichtig. Bereits 1915 nahm das Heer ein gewaltiges Forstwirtschaftsprogramm in Angriff. Wegen seiner Bedeutung wurde dieser Bereich von anderen Verwaltungseinheiten abgekoppelt, was zu noch mehr bürokratischen Konflikten führte. Das größte Gebiet war der Urwald von Bialowies, der dem bayrischen Forstrat Major Escherich in seiner Eigenschaft als Verwaltungsleiter unterstand. Nach dem Krieg stand Escherich an der Spitze der rechtsextremen Terrorgruppe »Org.-Esch« (Organisation Escherich).[103] Viele Gäste aus Deutschland besuchten diesen »ungeheuren Betrieb«, der als der größte in Europa galt. Zahlreiche Straßen und Feldbahnen wurden im Wald gebaut, in dem »ein kleines Kriegsgefangenenheer« und zwangsverpflichtete Einheimische arbeiteten. Nach Angaben eines Beamten waren es Anfang 1916 insgesamt 5000 Männer.[104] Die Bäume wurden für die Saft- und Harzgewinnung angezapft, wodurch wertvolle chemische Produkte gewonnen werden konnten; außerdem wurde auch Holzkohle gebrannt. Die Sägewerke produzierten sowohl für den Eigenbedarf als auch für die Westfront. Die wirtschaftliche Nutzung ging jedoch über rein militärische Bedürfnisse hinaus, da das Holz auch an private deutsche Firmen verkauft wurde. Das beste Holz war für das Reich bestimmt, wo aus Zellulose Pulver und Sprengstoff (zum Beispiel Nitroglyzerin) sowie Papier hergestellt wurde. Die gefällten Holzmengen waren so riesig, daß die Berichte des Heeres schließlich einfach nur noch den Wert der Fuhren in Mark angaben. Die vielgepriesene Wissenschaft von der Forstwirtschaft kam weniger zur Anwendung, wie ein Beamter angesichts der maßlosen Nachfrage bekannte, obwohl Ludendorff später abstritt, daß es Raubbau gegeben habe.[105] An beiden Ufern von Flüssen und beiden Seiten von Straßen wurden kilometerweit Wälder gefällt. Die Gebiete lagen brach da, eine Ansammlung von Baum-

---

102 Ludendorff, Kriegserinnerungen, S. 155.

103 Bialowies in deutscher Verwaltung. Herausgegeben von der Militärforstverwaltung Bialowies, Berlin 1919; Ludendorff, Kriegserinnerungen, S. 152, 156.

104 BA, N 1031/2, Gayl, S. 264; BAMA, N 196/1, Heppe, Bd. V, S. 59–63. Zweig beschreibt in seinem Roman ein solches Arbeitslager für Kriegsgefangene, das Lager Nawarischiky.

105 BA, N 1031/2, Gayl, S. 147; Ludendorff, Kriegserinnerungen, S. 155

stümpfen oder toten Bäumen, denen man den gesamten Saft abgezapft hatte. Die einheimische Bevölkerung betrachtete diese Mengen von Holzabfällen mit Entsetzen.[106]

Der Umfang der Wirtschaftspolitik in Ober Ost war beträchtlich. Wenn man den nach Kriegsende erstellten Statistiken Glauben schenkt, wurden während der gesamten Besatzung in Litauen 90 000 Pferde, 140 000 Rinder und 767 000 Schweine beschlagnahmt. Untersuchungen gehen davon aus, daß die Verwaltung in dieser Zeit dem Gebiet Ressourcen in einem Gesamtwert von 338 606 000 Reichsmark entzog und sich der Wert importierter Güter und Rohstoffe auf 77 308 000 Reichsmark belief.[107]

Die hinter diesen Zahlen stehenden ehrgeizigen Pläne lösten eine gewaltige Nachfrage an Arbeitskräften für die Industrie, die unter militärischer Verwaltung stehenden Ländereien und die großen Infrastrukturprojekte aus. Die Verwaltung hielt es für notwendig, die »Einziehung und Verschickung am Ort überzähliger Arbeitskräfte« zu organisieren.[108] Kriegsgefangene und sogar von der Front vertriebene Flüchtlinge wurden in Arbeitsbataillone eingeteilt, Bauern, die in der Nachbarschaft von der Militärverwaltung unterstellten Ländereien wohnten, zu unbezahlter Arbeit herangezogen, was zur Folge hatte, daß sie ihre eigenen Höfe nicht bewirtschaften konnten.[109] Sie erfüllten deshalb die Beschlagnahmungsquoten nicht und wurden bestraft. So waren sie im Teufelskreis der Kriegswirtschaft von Ober Ost gefangen.

Bald jedoch reichte die Zahl der vorhandenen Arbeiter nicht mehr aus. Mitte 1916 erließ die Verwaltung die Anweisung, daß alle erwachsenen Männer und Frauen in dem Gebiet zur Arbeit eingezogen werden konnten.[110] Laut Verwaltungsordnung waren Landeseinwohner nicht berechtigt, den Arbeitsdienst zu verweigern. Widerstand wurde mit bis zu fünf Jahren Gefängnis bestraft.[111] Die Verwaltung ließ Zwangsarbeiterkolonnen aufstellen,

---

106 Valentinas Gustainis, *Nepriklausoma Lietuva: kaimiečių ir jaunimo valstybė*, in: Proskyna (1990), S. 172.

107 Čepėnas, Naujųjų, II, S. 91 f.; M. Urbšiene, Vokiečių okupacijos ūkis Lietuvoje, Kaunas 1939.

108 BA, N 1031/2, Gayl, S. 239.

109 LCVIA F. 641, ap. 1, b. 52, Verwaltungsbericht für das III. Vierteljahr 1916. Kreisamt Birsche, S. 5; Klimas, Atsiminimų, S. 106.

110 BAMA, PHD 8/20, *Ziffer 259. Verwaltungsordnung für das Etappengebiet*, in: BUV 34 (26. Juni 1916), § 88, S. 288 f.

111 Ebenda, § 8.4, S. 270; Linde, Deutsche Politik, S. 62–65; Strazhas, Ostpolitik, S. 38–42; Čepėnas, Naujųjų, II, S. 9–99.

die Ernte- und Straßenbauarbeiten zu verrichten hatten.[112] Im September 1916 berichtete der Bürgermeister von Schaulen, Leutnant Morsbach, die »rastlose Heranziehung« der Bevölkerung zur Arbeit habe dazu geführt, daß zwischen 610 und 650 Männer und Frauen zu Arbeiten jeglicher Art befohlen und in sechs »Kolonnen« eingeteilt worden seien. Er, Morsbach, habe von seinem Recht Gebrauch gemacht, die Bewohner der Stadt unentgeltlich zur Arbeit heranzuziehen.[113] In einem Bericht aus Kurland vom Oktober 1916 heißt es, daß »die in der letzten Zeit vorgenommene Aushebung der arbeitsfähigen Männer begreiflicherweise einige Erregung verursacht hat, zumal die Aushebung bei der Schnelligkeit, mit der sie vor sich ging, nicht ohne Mißgriffe ablief«.[114] Im Winter 1916/17 wurden noch mehr Arbeitskräfte mobilisiert.[115] Ein Beamter vermerkte, daß die Regelung der Arbeiterverhält-

---

112 Gintneris, Lietuva, S. 233–41; BAMA, N 196/1, Heppe, Bd. V, S. 61. In einem Bericht wurde das Problem angesprochen, daß die Menschen sich der Heranziehung zum Straßenbau wiedersetzten, und zwar in: LCVIA, F. 641, ap. 1, b. 52, Verwaltungsbericht für Februar 1916. Kreisamt Birsche, S. 34. In einer anderen Quelle wurde berichtet, daß »Müßiggänger« in zwei Arbeiterkolonnen eingezogen worden und eine Kolonne von »Arbeitslosen« aus Kowno entsandt worden seien, die zur Arbeit kaum zu gebrauchen wären. Die unter Militärverwaltung stehenden Höfe würden von Menschen aus den benachbarten Dörfern bestellt. Vgl. dazu: LCVIA, F. 641, ap. 1, b. 52, Verwaltungsbericht für das III. Vierteljahr 1916. Kreisamt Birsche, S. 5; zu den *Arbeiterkolonnen*, einschließlich den von Kowno hierher verlegten: LCVIA, F. 641, ap. 1, b. 52, Verwaltungsbericht für das IV. Vierteljahr 1916. Birsche, 29. Dezember 1916, S. 166. Entflohene Zivilarbeiter wurden gleichfalls von der Polizei festgenommen, wenn diese sie fand. Vgl. dazu: LCVIA, F. 641, ap. 1, b. 52, Verwaltungsbericht des Militärkreisamts Birsche für das II. Vierteljahr 1917; »Verwaltungsberichte Rossienie«, Verwaltungsberichte für die Zeit vom 1ten Oktober bis 31ten Dezember 1916. Auch deutsche Quellen aus dem Zweiten Weltkrieg erwähnen die Zwangsverpflichtung zum Arbeitsdienst in den besetzten Gebieten, besonders zu Straßenarbeiten: Butz, *Die kriegswirtschaftliche Nutzung*, S. 228.

113 BA 238/8, Morsbach. Bürgermeister von Schaulen. Zu Abteilung IV. Schaulen, 27. September 1916.

114 GSTA PK, I. HA. Rep. 84a, Nr. 6210, V. Verwaltungsbericht der Deutschen Verwaltung Kurland. Oktober 1916, S. 36. Über ähnliche Auswirkungen auf die Moral GSTA PK, I. HA. Rep. 84a, Nr. 6210, Verwaltungsbericht der Deutschen Verwaltung Wilna-Suwalki, 3. Vierteljahr 1916, S. 53; GSTA PK, I. HA. Rep. 84a, Nr. 6210, Vierter Verwaltungsbericht der Deutschen Verwaltung Bialystok Juli–September 1916, S. 20.

115 *Denkschrift, die wichtigsten Mißstände*, in: Klimas, Werdegang, S. 74.

nisse »den Schwerpunkt der ganzen Verwaltung« bilde.[116] Im Verwaltungsbezirk Litauen wurden insgesamt 60 000 Zwangsverpflichtete von einem Arbeitseinsatz zum nächsten transportiert. Die Bedingungen und Anstrengungen waren furchtbar, und dennoch erhielt jeder Arbeiter nur ganze 250 Gramm Brot und einen Liter Suppe täglich. Als Folge der Unterernährung starben Berichten zufolge viele an Erschöpfung. Für einen Tag harter Arbeit erhielten die Arbeiter anfangs zwischen 30 und 60 Pfennig, später bis zu 1,50 Reichsmark. Zwar wurde den Arbeitern mit Familien mehr Geld versprochen, aber nicht ausbezahlt. Sogar Alte und Kranke mußten Zwangsarbeit leisten. Die Menschen wurden gezwungen, unter Bewachung in der Kälte und ohne entsprechende Bekleidung zu arbeiten. Wenn der Arbeitstag um vier Uhr nachmittags endete, wurden sie in ungeheizte Baracken zurückgetrieben und die Nacht über ohne Licht eingeschlossen. Im Kreis Schirwintai konnte Berichten zufolge ein Arbeitsbataillon nicht flüchten, als seine Baracken in Brand gerieten, und verbrannte. In offiziellen Verlautbarungen wurde dies abgestritten, aber in litauischen Quellen aus der Zeit nach dem Krieg wird von diesem Vorfall berichtet. In dem offiziellen Dementi, welches das Ausland der Falschnachrichten bezichtigte, hieß es, die Scheune sei nicht abgeschlossen gewesen. Niemand sei bei dem Brand umgekommen, der im übrigen durch fahrlässiges Verhalten der Arbeiter ausgelöst worden sei.[117]

Die Arbeiterbataillone wurden von allerlei Krankheiten heimgesucht: Typhus, Fleckfieber, Tuberkulose, Cholera und Lungenentzündung. Von 237 Arbeitern des Bataillons A.-K. 806 in Baisegola im Kreis Kiedany waren zu einem bestimmten Zeitpunkt (offenbar im Herbst oder Winter 1916) nur 89 Arbeiter arbeitsfähig. Der Rest war krank.[118] Kriegsgefangene wurden noch schlechter behandelt. Im Dezember 1917 kamen nach Angaben einer litauischen Quelle bei einem Brand auf dem Gut Striepelkiai in Meshkuchai ungefähr 100 ums Leben.[119] Da es immer schwieriger wurde, die Arbeiterbataillone aufzufüllen, durchkämmten Preßpatrouillen nachts die Städte und das Land. Ortschaften waren gezwungen, die vorgeschriebe Zahl von Arbeitern zur Verfügung zu stellen, von denen einige auch nach Deutschland gebracht

---

116 LCVIA F. 641, ap. 1, b. 53, »Verwaltungsberichte Rossienie«, Verwaltungsbericht für die Zeit vom 1. April bis 30. September 1917, S. 28.

117 *Der Scheunenbrand von Schirwinty – eine Tatarennachricht*, in: KB 57, 11. Oktober 1917.

118 *Denkschrift, die wichtigsten Mißstände*, in: Klimas, Werdegang, S. 75.

119 Šilietis, Okupacija, S. 125.

werden sollten.[120] Aus Berichten geht hervor, daß Soldaten während des Gottesdienstes die Kirchen umstellten und die Kirchgänger ergriffen, als sie die Kirche verließen. Für die Familien der einheimischen Bevölkerung bedeutete Zwangsarbeit oft, daß sie den einzigen Verdiener verloren und von dessen weiterem Schicksal nichts mehr wußten. Ein Beamter im Kreis Birsche beschreibt das so:

»Die Zuteilung zu einem Zwangsarbeiterbataillon wird hierzulande als ein großes Unglück von den Einwohnern angesehen. Die Leute denken dabei vor allem an die außerordentlich großen Sterblichkeitszyklen, sowie an die oft elend und krank zurückkommenden. Man kann ihnen diesen Gedankengang nachfühlen; andererseits muß berücksichtigt werden, daß der Litauer von Natur sehr wehleidig ist. Der Versuch, ihre Angehörigen von den Z.A.B. loszubekommen, wird wohl fast in jeder Familie gemacht. Nur wenige Fälle eignen sich zur befürwortenden Weitergabe; bei diesen tritt Ersatzgestellung ein.«[121]

Eine Reihe von Arbeitern wurde zur Arbeit in Deutschland verpflichtet, wo in den Fabriken und in der Landwirtschaft ebenfalls verzweifelte Knappheit an Arbeitskräften herrschte.[122] In nach dem Krieg durchgeführten Untersuchungen wird die Zahl der Zwangsarbeiter und verpflichteten Arbeiter allein in Litauen auf insgesamt 130 000 beziffert.[123] Eine Quelle aus dem Nachkriegsdeutschland spricht davon, daß durch Krankheit und Flucht die Zahl der Zwangsarbeiter in den Arbeiterbataillonen im Juni 1917 auf 5033 und die der freiwilligen Arbeiter auf 1007 gesunken sei.[124] Immer mehr Män-

---

120 LMARS, F. 23–47, »Vokiečiai Lietuvoje«, Liste der Beschwerden, S. 4.

121 LCVIA F. 641, ap. 1, b. 52, Verwaltungsbericht des Militärkreisamts Birsche für das II. Vierteljahr 1917, S. 9. Im selben Bericht wird auch erwähnt, daß Prostituierte, deren Behandlung den Kreis sehr teuer kam, zu Arbeiterinnenkolonnen eingezogen wurden.

122 Häpke, Verwaltung, S. 86 f.; Linde, Politik, S. 64; Ulrich Herbert, Geschichte der Ausländerbeschäftigung in Deutschland 1880 bis 1980: Saisonarbeiter, Zwangsarbeiter, Gastarbeiter, Berlin 1986, S. 84. Lothar Elsner, *Ausländerbeschäftigung und Zwangsarbeitspolitik in Deutschland während des Ersten Weltkrieges*, in: Kalus J. Bade (Hg.), Auswanderer – Wanderarbeiter – Gastarbeiter. Bevölkerung, Arbeitsmarkt und Wanderung in Deutschland seit der Mitte des 19. Jahrhunderts, Ostfildern 1984, S. 527–557; Freidrich Zunkel, *Die ausländischen Arbeiter in der deutschen Kriegswirtschaftspolitik des 1. Weltkrieges*, in: Gerhard Ritter (Hg.), Entstehung und Wandel der modernen Gesellschaft, Berlin 1970, S. 280–311.

123 Urbšiene, *Ūkis*, S. 125.

124 Häpke, Verwaltung, S. 81.

ner flüchteten in die Wälder, um der Zwangsarbeit zu entgehen, und schlossen sich der wachsenden Zahl von Banden an. Nach zunehmend heftiger werdenden Protesten der Bevölkerung von Ober Ost löste das Heer die Zwangsarbeiterbataillone offiziell am 20. September 1917 auf. In Wirklichkeit verhielt es sich jedoch so, daß einige bestehenblieben und die Arbeiter zwar als Freiwillige bezeichnet, jedoch weiterhin wie Sklaven behandelt wurden.

Die Wirtschaftspolitik von Ober Ost war von starken Widersprüchen geprägt. Auch wenn es der Militärverwaltung gelang, aus dem geschädigten Land bedeutende Mengen von Landwirtschaftsprodukten und Rohstoffen herauszuholen, untergrub sie doch durch die Maßlosigkeit, mit der sie ihre unmittelbaren Bedürfnisse zu stillen suchte, das langfristige Ziel der Entwicklung des Gebiets. Eine Folge dieser Politik war indes unbestreitbar. Die Situation der Menschen wurde unerträglich. Im Winter 1916/17 wütete der Hunger in den Städten, der allein in Wilna Tausende Opfer forderte.[125] Im darauffolgenden Frühling litt auch die Landbevölkerung unter Hunger. Am härtesten traf es die Armen. Sie waren früher auf unabhängige Bauern angewiesen, die ihnen Arbeit gegeben und in Notzeiten geholfen hatten. Diese Bauern waren jetzt durch die Beschlagnahmungen selbst arm geworden. Hatte sich die Bevölkerung zunächst abwartend verhalten, weil sie gehofft hatte, die Lage werde sich normalisieren und die Ordnung zurückkehren, schlug die Stimmung jetzt gegen die Deutschen um. Diese Entwicklung war insofern von Bedeutung, als die deutsche Obrigkeit von Anfang an argumentiert hatte, daß die politische Einstellung der Landesbevölkerung zuförderst von ihrem wirtschaftlichen Wohlergehen abhänge. In dem Maße, in dem die Verwaltung die Bevölkerung wirtschaftlich terrorisierte, erhielten einheimische Hilfsorganisationen Zulauf aus der Bevölkerung. Gewöhnliche Bauern, die sich nie um Politik gekümmert hatten, wurden nun zwangsläufig politisiert und sich der Zugehörigkeit zu einer ethnischen Gruppe bewußt. Der von seiner Allmacht völlig verblendete Ludendorff tat diesen Sachverhalt mit folgenden Worten ab: »Das Gebiet des Oberbefehlshabers Ost auf Kosten der Heimat aus falschen Humanitätsgefühlen zu schonen, war ein Unding.«[126] Wegen ihres Glaubens an ihre allmächtige Organisationsfähigkeit waren die Beamten nicht in der Lage, die Widersprüche ihrer eigenen Politik und ihrer unrealistischen Erwartungen zu erkennen und fanden es einfacher, »Land und Leuten« die Schuld für das Versagen zu geben.

---

125 Ebenda, S. 106 f. und 109; BAMA, N 196/1, Heppe, Bd. V, S. 79.

126 Ludendorff, Kriegserinnerungen, S. 154.

Die Ausnutzung des Landes stützte sich auf ein riesiges Gefüge von Erlässen und Anordnungen. In der Verwaltungsordnung hieß es, daß das Oberkommando Ost »in dem besetzten und seinen Befehlsbereich bildenden Teil Rußlands die gesamte gesetzgebende, richterliche und vollziehende Staatsgewalt« ausübt.[127] Ein besonderes Beispiel »deutscher Arbeit« war die Gerichtsbarkeit. Jeder Kreis erhielt ein Kreisgericht für die einheimische Bevölkerung. Während die Haager Landkriegsordnung verlangte, daß die Bewohner nach den jeweiligen Landesgesetzen zu richten seien, stutzte sich die Militärverwaltung dieses Prinzip auf erstaunliche Weise für ihre eigenen Zwecke zurecht. Zuerst wurde die Frage gestellt, ob es hier vor dem Krieg »bei den verworrenen russischen Verhältnissen« eine nennenswerte Rechtsprechung gegeben habe.[128] Die Verwaltung entschied sich für ein russisches Gesetzbuch, das 1903 veröffentlicht worden, jedoch nie in Kraft getreten war. Die russischen Gesetze mußten ins Deutsche übersetzt werden, damit die deutschen Richter danach Recht sprechen konnten. Dies war ein weiteres Beispiel für »deutsche Arbeit«, von der Ludendorff nach dem Krieg mit bitterem Stolz sagte: »Ich glaube, kein anderes Volk als das deutsche wird solche Umstände mit im Kriege genommenen Gebieten machen.« Und er fügte hinzu, der »deutsche Richter hat hier in armen, verlausten litauischen Städtchen nach fremden Gesetzen mit gleicher Objektivität und gleichem Ernst Recht gesprochen wie in Berlin nach den eigenen Gesetzen. Wer macht uns dies nach?«[129] De facto herrschte jedoch in der Justizverwaltung immer mehr Willkür, und die von Ludendorff so verachteten Beschränkungen durch »Vorgang« und »Verfahren« wurden umgangen. Mit den russischen Gesetzen wurde nach deutscher Art umgegangen und in deutscher Sprache, die die Landesbevölkerung nicht verstand. Das führte letztlich dazu, daß sehr strenge Urteile verhängt wurden und keinerlei Möglichkeit bestand, gegen diese Rechtsmittel einzulegen. Der Oberbefehlshaber Ost befreite die Richter ausdrücklich von der persönlichen Verantwortung bei ihren Entscheidungen im Osten.[130] Dies verstärkte die im Rahmen der deutschen Planungen vorgesehene Arbeitsteilung, nach der die Gesetze von Ober Ost nur auf die Landesbevölkerung anzuwenden waren, über Deutsche hingegen nach deutschem Recht geurteilt werden mußte. Das Recht wurde zu einem Werkzeug der

---

127 BAMA, PHD 8/20, *Ziffer 259. Verwaltungsordnung für das Etappengebiet*, in: BUV 34 (26. Juni 1916), § 1, S. 269.

128 Ludendorff, Kriegserinnerungen, S. 158.

129 Ebenda.

130 Häpke, Verwaltung, S. 67 f.

Politik, da das Rechtssystem nicht von der Verwaltung getrennt war.[131] Die Strafen waren äußerst hart. Schon für kleine Vergehen gab es hohe Strafen, und wurden Waffen im Besitz eines Einheimischen gefunden, stand darauf die Todesstrafe. Ein Beamter, der an Kriegsgerichtsprozessen mitwirkte, in denen auf Todesstrafe erkannt wurde, sagte: »Die Not und der Jammer der armen Kriegsopfer schnitt mir ins Herz, ohne daß ich ihnen angesichts der Unerbittlichkeit des Kriegsrechtes helfen konnte.«[132] Auch für »Spionage« und »Kriegsverrat« wurden Todesurteile verhängt, zumeist in Fällen mutmaßlicher Sabotage.[133] Es gibt keine genauen Zahlen über die Hinrichtungen; Schätzungen aus der Nachkriegszeit gehen davon aus, daß in Litauen die Zahl der Hingerichteten mindestens 1000 betrug.[134] Bei einer so schwach ausgeprägten Gewaltenteilung war die Justiz nicht wirklich unabhängig, sondern setzte lediglich die Verordnungen durch. Angesichts der politischen Imperative war die Rechtsprechung in immer stärkerem Maße von finanziellen Beweggründen geprägt, was dazu führte, daß für Bagatellvergehen noch höhere Geldstrafen verhängt wurden, da diese Gewinn brachten, während Gefängnisstrafen nur Geld kosteten.[135]

In seinem Roman »Der Streit um den Sergeanten Grischa« beschreibt Arnold Zweig eindringlich, wie das Recht im Sinne der Interessen des Militärstaats gebeugt wurde. Die Darstellung dieses Vorgangs bildet den Kern des Romans und gipfelt in einer Verurteilung des gesamten Systems militärischer Herrschaft. Der 1927 veröffentlichte Roman stützt sich auf eine reale Begebenheit, von der Zweig während seiner Arbeit im Presseamt erfuhr. Der russische Kriegsgefangene Grischa flüchtet aus einem Arbeitslager. Als er von der Feldpolizei gefangen wird, gibt er vor, jemand anders zu sein; ein Deserteur, der sich durch die russischen Linien geschlagen hat, um nach Wilna zurückzukehren. Laut Anweisung ist jedoch jeder Deserteur, der sich nicht binnen drei Tagen auf einer Polizeiwache meldet, als Spion zu betrachten und zu erschießen. Selbst nachdem sich herausstellt, daß der Gefangene kein Spion ist, sondern vielmehr ein ganz anderer Mensch, mahlt das System weiter und läßt ihn hinrichten: »Das Kriegsgericht der Division wirkt wie ein Räderwerk. Hat es den Mann erst einmal gegriffen, so zieht es ihn durch seine

131 BAMA, N 196/1, Heppe, Bd. V, S. 104.

132 Ebenda, S. 59.

133 LMARS, F. 9, BF-3117, »Ob. Ost ir jo štabo įvairūs įsakymai«, »Zentralpolizeistelle des Oberbefehlshabers Ost«, S. 34.

134 Čepėnas, Naujųjų, S. 114.

135 Häpke, Verwaltung, S. 67.

Schraubengänge und entläßt ihn als Leiche.« Das System kann es sich nicht leisten, seine Fehlbarkeit zuzugeben. Außerdem befürchten die Beamten, daß das Beispiel dieses Deserteurs die Moral der Truppe zersetzen und ihre Disziplin aufweichen könnte. Ein paar von Gewissensnöten geplagte Beamte versuchen ihn zu retten – in dem Prozeß beleuchtet Zweig die chaotische Arbeitsweise der miteinander in Widerstreit stehenden Ämter –, werden jedoch von Schieffenzahn (Ludendorff) überstimmt, der die endgültige Maxime ausgibt: »Der Staat schafft das Recht, der einzelne ist eine Laus.«[136] In Ober Ost geht es vor allem um Politik, nicht um Gerechtigkeit. In Zweigs Roman löst diese Szene bei sensibleren und gerechteren Beamten eine Identitätskrise aus, weil Schieffenzahns revolutionäre, moderne Staatsauffassung zwei älteren Traditionen, nämlich der preußischen und der jüdischen, zuwiderläuft. Für den alten General von Lychow, einem Vertreter der preußischen Junkertradition, verdient der Staat Respekt, weil er ein Recht schützt, das größer ist als er selbst, indem er es verkörpert und nicht, indem er es schafft. Für den jüdischen Militärgerichtsrat Posnanski leitet das Recht seinen Wert nur durch Bezug auf oberste Grundsätze ab. Wird das Recht zu einem bloßen Instrument des Staates, sind die Gerichte nur Feigenblatt und Fassade für ein Konstrukt, bei dem es um nichts als die Macht geht.

Die militärische Utopie gerierte eine wahre Flut von Verordnungen. In dem Ziel, alle Bereiche zu kontrollieren, erließ sie Anweisungen für alles und jedes. Es gab Verkehrsvorschriften, Vorschriften über Sperrstunden, Handelsmonopole, die Landwirtschaft, die Viehwirtschaft, die Sauberkeit, ja sogar Verordnungen über das Kuchenbacken. So erließ die Verwaltung am 3. März 1916 eine Bestimmung, nach der das Backen nur dienstags und samstags gestattet war, und im selben Jahr gab der Bürgermeister von Schaulen die Anweisung, daß Brotlaibe zu stempeln seien, um ihre Herkunft zu bestimmen.[137] Es entstand ein gewaltiger Komplex von Verordnungen, wobei aber Sprachprobleme zu großen Schwierigkeiten führten, da von der einheimischen Bevölkerung die Beachtung dieser Verordnungen erwartet wurde, obwohl sie diese nur zum Teil verstand. Einheimische wußten oft nicht, wofür sie eigentlich eine Strafe er-

---

136 Zweig, Grischa, S. 128, 357.

137 BAMA, PHD 8/20, *Ziffer 102. Verordnung betreffend Kuchenbackverbot*, BUV 14 (11. März 1916), S. 144 f.; Themensammlung zum Ersten Weltkrieg der Hoover Archives, box no. 19, folder »Germany. Proclamations. Lithuania«, »Bekanntmachung«, Kowno, vom 24. Feburar 1916; BA 238/8, Morsbach, Tätigkeitsbericht des Bürgermeisteramtes Schaulen von Mitte August bis 30. Sept. 1916.

hielten. Schließlich wurden an besonderen Anschlagbrettern, die man in der Städten aufgestellt hatte, Zusammenfassungen der Verordnungen in den in Ober Ost gesprochenen Sprachen veröffentlicht. Die Übersetzungen waren aber oft so schlecht, daß sie kaum verständlich waren. Wegen eines Rechtschreibfehlers wurde aus dem deutschen »Das deutsche Gericht verurteilte« der Satz: »Der deutsche Scheißhaufen schiß.«[138] Eine dem Presseamt nachgeordnete Übersetzungsabteilung war bemüht, der Probleme Herr zu werden, konnte jedoch mit dem großem Umfang neuer Erlasse nicht Schritt halten. Das Problem wurde schließlich auf dem Verordnungswege »gelöst«. Wenn Gesetze in deutscher Sprache erschienen, traten sie in Kraft, gleichgültig, ob sie verstanden wurden oder nicht. Ausdrücklich wurde festgelegt, daß für »alle Befehle und Verordnungen die deutsche Sprache genügt«.[139] Dies führte im Ergebnis zu einem starren Festhalten an Paragraphen und Vorschriften, die systematisch und geordnet schienen, aber in Wirklichkeit in ihrer Anwendung extrem willkürlich waren. Da sie die Gesetze und Verordnungen nicht kannte oder nicht verstand, zog sich die ländliche Bevölkerung in sich selbst zurück und wurde völlig passiv. Diese Passivität wiederum wirkte sich auf das besetzte Gebiet lähmend aus: »Die Menschen wurden angesichts dieser unendlichen Flut von Anweisungen innerlich zerfressen. Doch je mehr Sorgen sie sich machten, desto weniger gehorchten sie.«[140] Die Verarmung und der Verstoß gegen bekannte oder unbekannte Vorschriften zwang viele zum Äußersten, nämlich zur Flucht in die Wälder, um sich zu verstecken oder sich, wie bereits erwähnt, Räuberbanden anzuschließen. Während die Leitvision von Ober Ost eine Führung war, in der »deutsche Arbeit« von oben die Energien und Initiativen der Landesbevölkerung bündelte, führte seine Politik zur Lähmung und Ablehnung seitens der Landesbevölkerung.

Um die Ordnung aufrechtzuerhalten und den Willen des Staates durchzusetzen, wurden im ganzen Gebiet als Gendarmerie bezeichnete deutsche Polizeitrupps stationiert. Chef der Gendarmerie war General Rochus Schmidt, ein »alter Ostafrikaner«, der in den Kolonialheeren gedient hatte und wohl seine kolonialgeprägte Sichtweise auf Ober Ost übertrug.[141] Bei den Gendarmen handelte es sich überwiegend um ältere Soldaten, die man aus der Front abgezogen hatte, da Deutschland keine ausgebildeten Polizeileute abgeben konnte. Immer wieder mißbrauchten diese nichtausgebildeten Gendarmen

---

138 Klimas, Atsiminimų, S. 106.
139 Oberbefehlshaber Ost (Hg.), Das Land Ober Ost, S. 130.
140 Klimas, Atsiminimų, S. 66.
141 BA, N 1031/2, Gayl, S. 160.

ihre Macht gegenüber der Landesbevölkerung. Ludendorff entschuldigte ihr Verhalten mit den Worten: »Vielleicht haben einzelne Gendarmen bedauerlicherweise zu der späteren Mißstimmung beigetragen. Wie sollten sie im fremden Lande einer unfreundlich gesinnten Bevölkerung gegenüber ohne genügende Sprachkenntnisse auftreten und irgend etwas durchsetzen? Ich will durch diese eine Frage nur die ganzen Schwierigkeiten vor Augen führen, mit denen die deutschen Männer im fremden Lande zu rechnen hatten.«[142] Zu den Aufgaben der Gendarmerie gehörte unter anderem das Durchsetzen der Requisitionsquoten, das Ausheben geheimer Schulen, die Kontrolle über den Ortswechsel von Einheimischen und die Unterbindung des Schmuggels. Außerdem sollten sie eingesetzt werden, um den bewaffneten Widerstand der einheimischen Bevölkerung zu unterdrücken. In kleinen Gruppen weit über das Gebiet verteilt und in entfernten Ortschaften stationiert, war ihre Kontrolle de facto eingeschränkt. Oft sah man die Gendarmen nur durch eine Ortschaft fahren, kurz anhalten und Anweisungen geben, die unvollständig in die örtlich gesprochene Sprache übersetzt wurden, und wieder verschwinden. In den Orten, in denen sie jedoch stationiert waren, übten sie oft eine willkürliche und absolute Kontrolle aus. Die Brutalität einiger dieser nichtausgebildeten Polizisten konnte nicht effektiv kontrolliert werden, da sie weit von der Zentralverwaltung entfernt in privaten Reichen wüteten. Die offizielle Brutalität von oben vereinigte sich mit der privaten Brutalität von unten. Litauischen Quellen zufolge wurde bei Polizeiverhören in den Gefängnissen oft geschlagen und gefoltert. Landesbewohner konnten auf Verdacht verhaftet und zwei bis drei Monate ohne Anklage festgehalten werden.[143]

Das wachsende Bandentum gefährdete nicht nur die Kontrolle von Ober Ost, sondern war auch ein Spiegelbild für dessen Ambitionen und Übergriffe. Die Zahl der Banden nahm ständig zu und erreichte 1917 ein kritisches Ausmaß.[144] Anfangs lebten kleine Banden von russischen Soldaten, die während des Rückzugs von ihren Einheiten abgeschnitten worden waren, heimlich in den Wäldern und kamen nur in die Dörfer, um dort um Brot zu betteln.[145] In den beiden darauffolgenden Jahren wuchs ihre Zahl jedoch, da auch entflohene Kriegsgefangene und Einheimische zu ihnen stießen, die durch die

---

142 Ludendorff, Kriegserinnerungen, S. 151.

143 Klimas, Atsiminimų, S. 73, 91, 109.

144 LCVIA F. 641, ap. 1, b. 52, Verwaltungsbericht des Militärkreisamtes Birsche für das I. Vierteljahr 1917; Klimas, Atsiminimų, S. 107; Gintneris, *Lietuva*, S. 344–352; Strazhas, *Ostpolitik*, S. 208–211.

145 BAMA, N 196/1, Heppe, Bd. V, S. 62 f.

Requisitionen und die Jagd nach Männern für die Zwangsarbeiterbataillone zu diesem Banditenleben gezwungen worden waren.[146] Die Banditen wurden aggressiver, und die Kreishauptleute berichteten bald, daß sie nicht nur die Landesbevölkerung terrorisierten, sondern auch Soldaten töteten.[147] Als die Militärverwaltung den Bauern unter Androhung von Strafe befahl, Informationen über Bandenbewegungen zu liefern, verschärfte sich die Situation. Nun überfielen Banditen, die einerseits verzweifelter und andererseits mutiger geworden waren, ganze Dörfer. Sie beraubten die Bauern und drohten ihnen mit dem Tode, wenn sie die Obrigkeit informieren würden. Einige Banden waren bis zu 100 Mann stark und wurden zu einer merkwürdigen Mischung von Angehörigen verschiedener Nationen, unter den sich auch deutsche Deserteure befanden. Die Banden begannen, den Dörfern Steuern aufzuerlegen, hielten Gericht und führten in einer besonderen Anlehnung an die Verwaltung von Ober Ost Beschlagnahmungen durch. In einigen Wäldern bauten sie regelrechte Festungen und Lager. Die einheimische Bevölkerung stand in diesem Kampf zwischen den Fronten. Da Ober Ost den Besitz von Schußwaffen mit dem Tode bestrafte, konnte sie sich nicht selbst verteidigen und war schutzlos. Einheimische Hilfsorganisationen klagten, daß die Einwohner in diesem Kampf durch Schuld der Deutschen instrumentalisiert würden. In einem Bericht der Verwaltung versprach man sich hingegen gute Ergebnisse durch »das verschärfte Vorgehen gegen die Bevölkerung und die Russen-Banditen«.[148] Ein anderer Beamter beklagte diese Taktik, erklärte jedoch: »Der Bevölkerung gegenüber, die mich im Grunde dauerte, blieb nichts anderes übrig, als mit größter Energie und Schärfe durchzugreifen.« Deshalb ließ auch er Geiseln verhaften und legte ganzen Ortschaften harte Geldstrafen auf.[149] Das Regime richtete die meisten Maßnahmen gegen die einheimi-

---

146 LCVIA F. 641, ap. 1, b. 53, »Verwaltungsberichte Rossienie«, Verwaltungsbericht 29. August 1916; GSTA PK, I. HA. Rep. 84a, Nr. 6210, V. Verwaltungsbericht der Deutschen Verwaltung Kurland. Oktober 1916, S. 36; Klimas, Atsiminimų, S. 156; Gintneris, Lietuva, S. 349.

147 LCVIA F. 641, ap. 1, no. 52, Verwaltungsbericht für April 1916. Kreisamt Birsche, S. 21; LCVIA F. 641, ap. 1, b. 52, Verwaltungsbericht für das III. Vierteljahr 1916. Kreisamt Birsche; LCVIA F. 641, ap. 1, b. 52, Verwaltungsbericht für das IV. Vierteljahr 1916. Kreisamt Birsche; LCVIA F. 641, ap. 1, b. 53, »Verwaltungsberichte Rossienie«, Verwaltungsbericht 29. August 1916, S. 3 f.

148 *Denkschrift, die wichtigsten Mißstände*, in: Klimas, Werdegang, S. 79; LCVIA F. 641, ap. 1, b. 52, Verwaltungsbericht für das III. Vierteljahr 1916. Kreisamt Birsche, S. 7.

149 BAMA, N 196/1, Heppe, Bd. V, S. 76. Zur Verhaftung von Zivilpersonen:

sche Bevölkerung und bestrafte diejenigen, die Geflohene aufnahmen oder mit Lebensmitteln versorgten, auch wenn dies unter Drohungen geschah. Die Polizei war von jedem zufälligen Zusammentreffen oder Kontakt zu unterrichten. Selbst der Verdacht oder das Gerücht einer Unterstützung der Banditen hatten für die Dörfer kollektive Geldstrafen von mehreren hundert oder tausend Mark zur Folge. Noch höhere Strafen wurden in Gebieten verhängt, in denen auf Deutsche geschossen worden war. Wenn die Soldaten sich dem beunruhigenden Phänomen gegenübersahen, daß sie unter den gefangengenommenen Banditen auf Deserteure aus den eigenen Reihen stießen, mußten diese wieder »re-germanisiert« werden.[150] Die Feldpolizei versuchte, die Bevölkerung durch das Einschleusen von Spitzeln zu provozieren, die vorgaben, entflohene Kriegsgefangene zu sein, und jeden verrieten, der ihnen aus Barmherzigkeit etwas zu essen überließ.[151]

Schließlich gab die Polizei jedoch in vielen Teilen des Gebietes den Kampf gegen die Banden auf. Angehörige der Obrigkeit hatten Angst, in ländliche Bezirke zu reisen. Um Hinterhalte zu vermeiden, wurde an gefährlicheren Orten das Unterholz an den Wegen weggeschnitten.[152] Man überließ die Nacht den Banditen und Schmugglern. Inoffiziell befaßte sich die Polizei schließlich nur noch mit Angriffen auf und Bedrohungen gegen Deutsche und das Militär. Landesbewohner wurden nicht mehr beschützt. Die Gendarmen reagierten auf Anzeigen von Einheimischen nicht oder sagten ihnen einfach, sie sollten die Geldforderungen der Banditen erfüllen. Die Menschen sahen daher überhaupt keinen Grund mehr, den Gendarmen zu vertrauen. Der Anspruch von Ober Ost, »geordnete Zustände« herzustellen, war auch hier fragwürdig geworden, und seine polizeilichen Maßnahmen führten lediglich zu einer völligen Entfremdung der Landesbewohner.

Für die Verwaltung von Ober Ost gab es einen weiteren Bereich, und zwar das Gesundheitswesen, in dem es aufzuräumen galt, und dies tat sie in der für sie bezeichnenden obrigkeitsstaatlichen Art. Das Land wirkte auf die Deutschen wie eine Kloake und schien ihnen eine Brutstätte für Krankheiten zu sein. Die hygienischen Bedingungen waren in der Tat entsetzlich. Einwohner und Flüchtlinge waren in den Städten auf engstem Raum zusammenge-

---

LCVIA F. 641, ap. 1, b. 53, »Verwaltungsberichte Rossienie«, Bericht über die militärischen Massnahmen in den Kreisen Rossienie und Georgenburg vom 19. XI–19. XII, S. 16.

150 Klimas, Atsiminimų, S. 65.

151 Gintneris, Lietuva, S. 346.

152 Klimas, Atsiminimų, S. 90; Gintneris, Lietuva, S. 365.

pfercht, und das Bild von einem Land, »in dem mancherlei Seuchen heimisch sind«, verfestigte sich. In einem offiziellen Bericht heißt es sogar lapidar: »Menschenleben haben in Rußland keinen Wert [...].«[153] Es war klar, was zu geschehen hatte: »So mußte denn auch das Sanitäts- und Medizinalwesen im Gebiete Ober Ost neu aufgebaut werden, sollten nicht ständig schwere Gefahren im Rücken des Heeres und an den Grenzen der Heimat lauern.«[154] Die Maßnahmen konnten nur den Charakter von Zwangsmaßnahmen haben, da »das Militär den hygienischen Verhältnissen der Bevölkerung besondere Aufmerksamkeit schenkte«.[155] Hinzu kam, daß bei der Landbevölkerung »ein Verständnis für diese Fragen und die Neigung zur Mithilfe im allgemeinen fehlte«.[156]

Die »sanitätspolitischen Maßnahmen« entwickelten sich zu einem umfangreichen Programm. In der Hauptabteilung der Verwaltung entstand eine Hauptsektion »S« (Sanitätswesen), die unter anderem für die »allgemeine und spezielle Hygiene des Landes« und die »Leitung der hygienischen Untersuchungsstelle Ob. Ost« zuständig war.[157] Auf dem Land und in den Städten wurden Sanierungsanstalten zur Entlausung eingerichtet.[158] Die Arbeit konzentrierte sich jedoch vor allem auf die Städte, die spezielle Seuchentrupps nach kranken Menschen durchkämmten. Die Kranken wurden in Quarantänezentren gebracht, die Häuser mit Brettern zugenagelt, mit roten Warnsignalen versehen, und ganze Viertel wurden abgeriegelt.[159] Darüber hinaus wurde die Bevölkerung Zwangsimpfungen unterzogen und die Menschen in Scharen zum Entlausen in Badehäuser des Heeres getrieben. Eine

---

153 Oberbefehlshaber Ost (Hg.), Das Land Ober Ost, S. 119.

154 Ebenda.

155 Ludendorff, Kriegserinnerungen, S. 152. Zu den Auswirkungen für jüdische Gemeinden s. Pam Maclean, *Control and Cleanliness: German-Jewish Relations in Occupied Eastern Europe during the First World War*, in: War & Society (September 1988), S. 47–69.

156 Oberbefehlshaber Ost (Hg.), Das Land Ober Ost, S. 119 f.

157 LMARS, F. 9, BF-3117, »Ob. Ost ir jo štabo įvairūs įsakymai«, Neueinteilung der Abteilung V vom 1. April 1918, von Freiherr von Gayl unterzeichnet. Der ersten Subsektion oblag unter anderem die »Dirnenbehandlung und Fürsorge«.

158 In Rossienie wurde für diese Zwecke ein rituelles jüdisches Badehaus bestimmt: LCVIA F. 641, ap. 1, b. 53, »Verwaltungsberichte Rossienie«, Verwaltungsbericht für die Zeit vom 1. Oktober bis 31. Dezember 1916; LCVIA F. 641, ap. 1, b. 53, »Verwaltungsberichte Rossienie«, Verwaltungsbericht für die Zeit vom 1. Januar bis 31. März 1917.

159 LMARS, F. 23–15.

Sanitätspolizei durchsuchte Wohnungen, um zu kontrollieren, daß diese sauber gehalten werden. Die Behörden regelten auch die Prostitution. Die Prostituierten mußten sich ärztlich untersuchen lassen, wobei nach anfänglichen Schätzungen 70 Prozent mit Geschlechtskrankheiten infiziert waren. Außerdem unterhielt die Armee eigene Bordelle. Auf Plakaten in Kowno war zu lesen, wie man ein Kondom benutzte, daß man sich nach dem Geschlechtsverkehr desinfizieren solle, daß die behördliche Genehmigung der Prostituierten zu überprüfen sei und welche Maßnahmen im Fall einer Infektion zu ergreifen seien.[160]

Mit zahlreichen Verboten und Verordnungen wurde versucht, die Gefahren in Ober Ost einzudämmen. Der Verkauf von Essen auf den Straßen war verboten. Todesfälle mußten innerhalb einer Stunde auf den Kommandanturen gemeldet und registriert werden. Das Waschen der Leichen und Beerdigungsprozessionen waren verboten. Die Toten durften zum Friedhof nur von einem Kreuz- und zwei Kerzenträgern begleitet werden. In den Städten wurden Hunde und Katzen getötet, weil die deutsche Verwaltung fürchtete, daß sie Krankheiten übertrugen.[161] Die Einwohner mußten nach genauen Anweisungen Aborte bauen, und Inspektionen sollten sicherstellen, daß diese Verbesserungen erfolgt waren.[162] Auf dem Land gab es dieselben Probleme, wie der Kreishauptmann des Kreises Birsche, Löslein, berichtete: »Der Mangel an Reinlichkeit ist bei der Bevölkerung unglaublich groß [...].« Aufgrund des »üblen Zustands« der Aborte, der Unreinlichkeit in Teestuben und Bäckereien, habe er tägliche Inspektionen anberaumt und Geldstrafen verhängt, um Reinlichkeit zu erreichen.[163] Die Verwaltung versuchte auf allen Gebieten, das Verhalten, die Gewohnheiten und das Bewußtsein der Landesbewohner zu ändern. Dieser Erziehungsprozeß würde lange dauern: »Volle

---

160 Der Sachverhalt wird in Quellen der Verwaltung nicht erwähnt, wohl aber in anderen Quellen: Magnus Hirschfeld, Sittengeschichte des Ersten Weltkrieges, 2. überarbeitete Aufl., Hanau 1966, S. 231–254; Hoover Archives, box no. 19, folder »Germany. Proclamations. Lithuania«. Allgemein zu deutschen Soldatenheimen: Asprey, German High Command, S. 181.

161 Klimas, Atsiminimų, S. 45, 54.

162 Ebenda, S. 72; LCVIA F. 641, ap. 1, b. 52, Verwaltungsbericht für Februar 1916. Kreisamt Birsche, S. 10 f.; LCVIA F. 641, ap. 1, b. 53, »Verwaltungsberichte Rossienie«, Verwaltungsbefehl [sic] 28. Feb. 1916, S. 2 und 7; LCVIA F. 641, ap. 1, b. 53, »Verwaltungsberichte Rossienie«, Verwaltungsbericht 29. März 1916, S. 3.

163 LCVIA F. 641, ap. 1, b. 52, Verwaltungsbericht für Februar 1916. Kreisamt Birsche, S. 10 f.

Erfolge könnten aber erst in Jahrzehnten heranreifen, wenn es gelingt, die Bevölkerung selbst zum Verständnis für die Wichtigkeit gesundheitlicher Aufgaben und zur überzeugten Mitarbeit bei ihrer Lösung zu erziehen.«[164]

Die Landesbevölkerung reagierte allerdings völlig anders. Und als sie merkte, daß die Deutschen panische Angst vor Krankheiten hatten, kam es auf beiden Seiten zu einer verhängnisvollen Entwicklung.[165] Denn nachdem sie sah, welche Wirkung diese Angst auf die Soldaten hatte, nutzte sie diese als ihr einziges Mittel, um Requisitionen und Mißhandlungen zu entgehen. Eines der deutschen Wörter, das die Bevölkerung sehr schnell lernte, war »krank«. Durch den Ausruf »Krank, krank!« konnte sie sich verteidigen, wie es in einer litauischen Quelle heißt.[166] Auf der anderen Seite nutzten die Beamten die Seuchenprävention als Vorwand für die Abriegelung von Ober Ost.[167] Es entstand eine Dialektik, die die deutsche Sichtweise von einem »schmutzigen Osten« prägte. Erinnerungen an die Säuberung von Ober Ost und an die Hygieneprogramme überdauerten sogar den Krieg. Ludendorff beglückwünschte sich selbst: »Wir sahen mit Genugtuung, daß die Verhältnisse im Lande sich festigten und das Leben dort wieder in geregelte Bahnen kam. Der Ordnungssinn des Deutschen und sein Verständnis für Hygiene setzten sich durch.«[168]

Was letztlich jedoch schwerer wog als verwaltungstechnische Details oder Errungenschaften »deutscher Arbeit«, war der Geist, der in der Militärverwaltung herrschte. Er wehte durch die Amtsstuben von Ober Ost und wirkte selbst dann noch fort, als Hindenburg und Ludendorff Ober Ost im August 1916 verließen, um die Oberste Heeresleitung zu übernehmen. Das Heer war keine apolitische Institution, sondern schuf einen Staat nach eigenen Vorstellungen. Die treibende Ideologie von der »deutschen Arbeit« führte dazu, daß die Macht zum Selbstzweck wurde. Große, ja maßlose Ambitionen in Ober Osts Vorstellungen von einer Utopie rechtfertigten eine brutale, willkürliche und gewalttätige Herrschaft, die ihre eigenen Ziele verriet. Der absolute Wille, einen Staat zu schaffen, der dem Anspruch nach monolithisch und total war, führte paradoxerweise letztlich zu einem Scheitern der Rationalisierungsbestrebungen. Ober Ost wurde von innen durch eine ständige Reorganisation, durch nicht enden wollende Fluten von Verordnungen und

---

164 Oberbefehlshaber Ost (Hg.), Das Land Ober Ost, S. 126.
165 Klimas, Atsiminimų, S. 45.
166 Šilietis, Okupacija, S. 121.
167 Klimas, Atsiminimų, S. 137.
168 Ludendorff, Kriegserinnerungen, S. 160.

Anweisungen, verwirrende Dienstwege, doppelte Zuständigkeiten, rivalisierende Institutionen, durch Übergriffe und Gewalt zerstört – ein Prozeß, der gewollt und ungewollt zugleich war. Im Laufe der Zeit hatte das, was der Militärstaat zu sein vorgab, immer weniger mit seiner tatsächlichen Herrschaft zu tun. Statt dieses zu erkennen, hielt man an der utopischen Vision von zwei großen Programmen fest (Kontrolle durch Verkehrspolitik und Kultur), in denen es darum ging, das Land und die Menschen von Ober Ost zu vereinnahmen. Das deutsche Heer hoffte als eigenes ausgeben zu können, was es sich angeeignet hatte.

Die Verkehrspolitik

Die erste Herausforderung, vor der die deutsche Herrschaft im Osten stand, ergab sich aus der schieren Größe des eroberten Raumes. Nach dem Ende des großen Vormarsches im Herbst 1915 stabilisierte sich die Ostfront, und die Deutschen befanden sich im Besitz von 160 000 Quadratkilometern neuen Landes, das sich in »großer Unordnung« zu befinden schien.[1] Das Heer mußte eigene Kontrollmechanismen schaffen. Ausgehend von dieser strategischen Notwendigkeit faßte die Militärverwaltung eine wesentlich umfassendere Vision und Ambition ins Auge, die in dem Begriff der »Verkehrspolitik« zusammengefaßt wurde. Sie sollte den Weg für die dauerhafte Inbesitznahme der neuen Gebiete ebnen, das heißt die Verkehrspolitik war das moderne Instrument zur totalen Kontrolle über das Land durch die Kontrolle des gesamten Binnen- und Durchgangsverkehrs. Zu diesem Zweck wurde das in der Nähe der Ostgrenze von Deutschland gelegene Ober Ost zunächst abgeriegelt und für das Heer und seine Zwecke reserviert. Anschließend wurde es unterteilt und eine Kontrollstruktur geschaffen, in der die Militärbehörden jegliche Art von Verkehr überwachen konnten: den Truppenverkehr, den Transport von requirierten Produkten, von Rohstoffen, von sämtlichen Ressourcen einschließlich der Arbeitskräfte.

Was die Verkehrspolitik auf räumlicher Ebene erreichte, sollte durch ein paralleles Kulturprogramm auch in die Köpfe der Menschen gelangen und eine Identitätsänderung bewirken. Je mehr das Militär den gesamten unter ihrer Verwaltung stehenden Raum und den Verkehr zu kontrollieren suchte, desto stärker war sie von einer Vision totaler Kontrolle und der Kanalisierung von Energien, Leitung und Überwachung besessen. Auf diese Weise beabsichtigten die neuen Herren, sich das Land nach ihrem Bilde anzueignen und durch Kolonisierung endgültig in Besitz zu nehmen.

Schon der Begriff Verkehrspolitik als solcher ist hier sehr wichtig, da er viele atmosphärische Bedeutungen hat, einige allgemeiner, andere spezifischer Natur. Er bedeutet Straßenverkehr, Bewegung, Verbindungen, Beziehungen

1 Häpke, Verwaltung, S. 22. Die gesamten eroberten Ostgebiete waren größer als Ober Ost, weil sie auch Etappengebiete und Fronten umfaßten, die unter der Kontrolle der Armeen standen.

und im allgemeinsten Sinne jede Art von Interaktion. Im Ersten Weltkrieg erfuhr der Begriff jedoch eine leichte Bedeutungserweiterung, weil die früheren Formulierungen sich auf bestimmte Politikbereiche bezogen, wohingegen der neue Sprachgebrauch konkrete Objekte der Politik beschrieb. Es kam zu einer wahren Explosion von Begriffen, die aus Zusammensetzungen mit dem Wort Politik bestanden – eine sprachliche Tendenz, die sich noch heute in Begriffen wie Siedlungspolitik, Ostpolitik, Bevölkerungspolitik, Schulpolitik und Umweltpolitik fortsetzt. In der neuen Verwendung bedeutete »Politik« vor allem Kontrolle, Planung und Schlichtung seitens des Staates. So gesehen war es kein Zufall, daß der Begriff in Ober Ost aufkam, wo es die besten Möglichkeiten zur Kontrolle über die unterworfene Bevölkerung in besetzten Gebieten gab und von wo außerdem zu einem späteren Zeitpunkt neue Kontrollmechanismen in die Heimat reimportiert und eingesetzt werden konnten. Die Verkehrspolitik in Ober Ost bezeichnete einen immer weiter werdenden psychologischen Horizont politischer Möglichkeiten, die im Ergebnis Möglichkeiten der Kontrolle waren. Es ist auch bezeichnend, daß der Begriff zunächst vorwiegend in Form des Adjektivs »verkehrspolitisch« gebraucht wurde und so deutlich machte, wie aus einem einmal etablierten Verfahren ausformulierte Programme wurden.[2]

Anfänglich entstand die militärische Vision von Verkehrspolitik aus der konkreten Notwendigkeit, das Gebiet zu ordnen, denn Verbindungswege und Nachschub für die Front mußten gesichert werden. Als nächstes wandte sich das Heer der wirtschaftlichen Ausnutzung des Gebietes zu; Kulturen auf den Feldern waren reif und die Ernte duldete keinen Aufschub. Weil der Transport für militärische Operationen so wichtig war, fiel hier den Deutschen die Verwüstung durch die russische »Politik der verbrannten Erde« besonders auf. Ausgebrannte Bahnhöfe und Lagerschuppen, gesprengte Wassertürme und Brücken, umgestürzte Eisenbahnwagen und Lokomotiven waren »die äußerlichen Kennzeichen, die jedem Teilnehmer an den Kämpfen der Ostfront geläufig sind«. Große Anstrengungen kamen auf die Bautrupps, besonders auf die Eisenbahntrupps, zu, damit »Handel und Verkehr allmählich wieder in normale Bahnen gelenkt werden konnten«.[3] Doch schon bald erklärten offizielle Stellen, daß ein Wiederaufbau allein nicht ausreichen würde. Nach ihren Kriterien war das Transportnetz bereits noch vor seiner mutwilligen Zerstörung entsetzlich primitiv gewe-

2 In früheren Quellen wird oft von der »Verkehrspolitischen Abteilung« gesprochen, später bürgerte sich dann die Bezeichnung »Verkehrspolitik« ein.

3 Oberbefehlshaber Ost (Hg.), Das Land Ober Ost, S. 155.

sen. Im Vergleich zu den Eisenbahnkarten Deutschlands nahm sich Rußlands Eisenbahnnetz angesichts der weiten Flächen in der Tat sehr klein aus. Einen prägenden ersten Eindruck hinterließen auch die erbärmlichen Straßen, auf denen sich die Soldaten und der Nachschub vorwärts bewegten. Bei Regen verwandelten sie sich in gefährliche Schlammseen, »in einen wüsten Brei, in dem fallende Pferde ertranken«.[4] Es galt, die Straßen auf den deutschen Standard zu bringen. Das aber bedeutete im Hinblick auf das gesamte Transportsystem »nicht nur, Zerstörtes wieder aufzubauen, sondern auch Neues zu schaffen«.[5] Nach der Sicherung von Verbindungswegen und Straßen stand die Verwaltung vor anderen dringenden Problemen. Beschlagnahmte Waren und Ernten sollten nach Deutschland gebracht werden und die Truppen an der Westfront versorgen. Die Steuerung des Arbeitskräfteeinsatzes gehörte ebenfalls zu den praktischen Zielen der Verkehrspolitik, die sich allmählich zu einer umfassenden Ambition auswuchs und das Ziel einer Neuordnung des Gebietes verfolgte. Die zu errichtende Ordnung sollte sich von der Vorkriegsordnung unterscheiden und »auf ganz anderen Gesichtspunkten als der verkehrsfeindliche Grundzug in der russischen Gesetzes- und Verwaltungspraxis beruhen«.[6] Das implizite Ziel der Verkehrspolitik war letztlich eine dauerhafte Aneignung des Landes. Obschon man noch nicht wußte, was die Zukunft bringen würde, hoffte man auf eine irgendwie geartete Kolonisierung. Auch wenn die Verwaltung bei der genauen Ausgestaltung ihrer Endziele flexibel blieb, ging sie trotzdem daran, die Fundamente für eine dauerhafte Inbesitznahme zu legen.

Der Oberbefehlshaber Ost betraute eine Sonderabteilung seines Stabes, die Verkehrspolitische Abteilung, mit dem Programm. Bis Herbst 1917 arbeitete sie neben anderen Verwaltungsabteilungen. Als die Arbeit vorangeschritten war, verschmolz der neue Oberbefehlshaber Ost, Prinz Leopold von Bayern, der Hindenburg in diesem Amt bei dessen Beförderung abgelöst hatte, die Verkehrspolitische Abteilung im Oktober 1917 mit der Politischen Abteilung seines Stabes zu einer Hauptinspektion.[7] Die Beamten der Verkehrspolitischen Abteilung behielten ihre Zuständigkeiten, jedoch nahm ihr Aufgabenbereich jetzt im Stab des Oberbefehlshabers Ost eine zentrale

---

4 Ludendorff, Kriegserinnerungen, S. 142.

5 Oberbefehslhaber Ost (Hg.), Das Land Ober Ost, S. 155.

6 *Verkehrsregelung*, in: ebenda, S. 165.

7 BAMA, PHD 8/20, Ziffer 652. Bekanntmachung, in: BUV 91 (8. Oktober 1917), S. 693 f.

Stellung ein. Aufgrund einer Verordnung vom 25. August 1917 erweiterte sich außerdem ihr Zuständigkeitsbereich.[8]

Aufgabe der Abteilung war die umfassende Ordnung des Gebietes und seiner Bevölkerung. Offiziell sollte sie »den gesamten Verkehr im Etappen- und Operationsgebiet sowohl mit der wechselnden militärischen Lage und den hieraus folgenden Anforderungen hinsichtlich der Spionageabwehr, Entlastung der Bahn usw., als auch andererseits mit der notwendigen wirtschaftlichen Weiterentwicklung in Einklang [...] bringen«. Bei der Ausgestaltung der einzelnen Maßnahmen mußten zahlreiche im Widerstreit stehende Interessen wirtschaftlicher und finanzieller Natur berücksichtigt werden. Absoluten Vorrang hatten jedoch in jedem Fall die militärischen Sicherheitsinteressen und geordnete Verhältnisse:

»Die Folge hiervon war die Notwendigkeit einer schärferen Kontrolle des steigenden Verkehrs, wobei unter möglichster Schonung der wirtschaftlichen Interessen des besetzten Landes, den militärischen Gesichtspunkten Rechnung getragen werden mußte. Die Arbeitsbetätigung der Verkehrspolitischen Abteilung mußte daher abhängig gemacht und in engsten Zusammenhang gebracht werden mit den schwierigen politischen und wirtschaftlichen Fragen des ebenso großen wie vielgestalteten Gebietes.«[9]

Das riesige Projekt der völligen Neuordnung des Landes war zu umfassend, um von der Verkehrspolitischen Abteilung allein bewältigt werden zu können. Die Grundsätze des Programms berührten daher alle Verwaltungsbereiche. Verkehrspolitische Maßnahmen flossen in viele Verordnungen, Erlasse, Weisungen und öffentliche Bekanntmachungen ein, die von den Beamten sämtlicher Verwaltungsabteilungen formuliert und von den verschiedenen Polizeikörpern durchgesetzt wurden. Die Verkehrspolitische Abteilung selbst arbeitete eng mit dem Geheimdienst der Verwaltung und der Zentralpolizeistelle Ost zusammen, die sich hauptsächlich mit Gegenspionage befaßten, doch auch Aufgaben der politischen Polizei und der Verkehrskontrolle übernahmen.[10] Zur Umsetzung des Vorhabens wurde also die Hilfe der gesamten Verwaltung benötigt, und so schlugen sich die der Verkehrspolitik zugrundeliegenden Gedanken in der gesamten Verwaltungspraxis von Ober Ost nieder.

---

8 BAMA, PHD 8/20, Ziffer 636. »Verordnung über die Ausdehnung der Verkehrspolitischen Abteilung Ob. Ost«, in: BUV 88 (1. September 1917), S. 679.

9 Oberbefehlshaber Ost (Hg.), Das Land Ober Ost, S. 165.

10 In der Dienstanweisung der Zentralpolizeistelle Ost heißt es, sie solle sich an der »Verkehrskontrolle« beteiligen. LMARS, F. 9, BF-3117, »Ob. Ost ir jo štabo įvairūs įsakymai«, »Zentralpolizeistelle des Oberbefehlshabers Ost«, S. 34.

In der ersten Phase der Neuordnung des Landes ging es darum, das Gebiet durch Abgrenzung zu kontrollieren und seine Ressourcen und sein Potential zu bewerten. Das Land mußte geteilt, kartographiert und gründlich vermessen werden. Die erste Maßnahme der Verwaltung bestand deshalb darin, das Gebiet abzuriegeln. Im Osten diente die Front als Grenze, im Westen wurde das neubesetzte Gebiet von Deutschland als militärisches Operationsgebiet abgetrennt. Die Verwaltung betonte, die Abtrennung des Ostens komme dem Vaterland zugute und sei daher wichtig. Sie stellte den Osten dar als schmutzig, von Krankheiten heimgesucht, chaotisch, voller Spione, Banditen, Revolutionäre und anderer zwielichtiger Gestalten. Seine Isolierung sollte sicherstellen, daß diese Einflüsse nicht nach Deutschland dringen konnten. Aus diesem Grunde führten die Behörden an der Grenze zu Ostpreußen strenge Kontrollen durch. Um Infektionskrankheiten abzuwehren, verfügte der Feldsanitätschef am 17. Oktober 1915, daß die Bahnlinien an der gesamten Ostgrenze so zu überwachen seien, daß sie kein unentlauster Heeresangehöriger überqueren konnte. Zu diesem Zweck wurden für die Truppenzüge große Sanierungsanstalten eingerichtet, und es gab Eisenbahnwaggons, die man zu mobilen Entlausungsanstalten umgebaut hatte. Grenzsoldaten untersuchten Fracht und beschlagnahmte Güter, besonders Vieh, wenn sie Spuren von Krankheit oder Seuchen entdeckten. Alle aus dem Osten und Südosten kommenden Züge »mußten grundsätzlich desinfiziert werden, möglichst mit Mitteln, die zugleich entlausten«.[11] Reisende mußten Entlausungsbescheinigungen vorlegen, bevor man ihnen den Übergang in den Westen erlaubte. Die Abriegelung des Ostens hatte oberste Priorität. Zwar wurde der Osten ausgebeutet, doch fürchtete man sich gleichzeitig auch vor ihm.

Nach der Abriegelung des Gebietes wurde es aufgeteilt und dann wieder unterteilt, um ein engmaschiges Kontrollnetz zu schaffen. Es dauerte eine ganze Zeit, bis die von Ludendorff und seinem Stab geplanten Verwaltungseinheiten eine gewisse Einheitlichkeit erreicht hatten. Schließlich legte der Oberbefehlshaber deren Struktur in der Verwaltungsordnung vom 7. Juni 1916 fest.[12] Während des gesamten Krieges wurden dennoch die Grenzen verändert, Einheiten geteilt oder zusammengelegt. Die einzelnen Einheiten waren voneinander administrativ und physisch getrennt, um eine bessere Kontrolle jeder

---

11 Sanitätsbericht über das Deutsche Heer (Deutsches Feld- und Besatzungsheer) im Weltkriege 1914/1918 (Deutscher Kriegssanitätsbericht, 1914/18), Bd. I, Gliederung des Heeressanitätswesens, Berlin 1935, S. 285.

12 Ludendorff, Kriegserinnerungen, S. 151.

kleineren Einheit zu ermöglichen, und die Grenzen wurden von Polizei und dort stationierten Soldaten kontrolliert. Es war der Landesbevölkerung nicht gestattet, die Grenzen zu überschreiten. Wie die Kreishauptleute in ihren Berichten bemerkten, war das Ziel eine ständig größer werdende »Intensität der Verwaltungstätigkeit« und Ausbeutung, um die Vorgaben der Militärbehörden zu erfüllen.[13]

Die dem Land durch das Militär übergestülpte Kontrollstruktur schuf für die Landesbevölkerung enorme Härten. Die Grenzen wurden oft willkürlich gezogen, ohne die tatsächlichen Gegebenheiten des Landes, Siedlungsmuster, soziale Organisation und jahrhundertealte Handelsverbindungen, zu berücksichtigen. Manchmal konnten die Landeseinwohner Grenzen nicht überqueren, um Nachbarn oder Verwandte zu besuchen, ja nicht einmal, um in ihre Pfarrkirchen zu gelangen. Reisende jüdische Händler verloren gar ihren gesamten Lebensunterhalt.[14] Illegale Grenzüberschreitungen wurden von Militärgerichten und Kreishauptleuten mit hohen Geldstrafen, drakonischen Freiheitsstrafen und Konfiskationen geahndet.[15] Der Groll über das, was geschah, saß tief in der Landesbevölkerung. Wie aus privaten Quellen hervorgeht, stellten sich gewöhnliche Menschen die Verkehrspolitik als ein Spinnennetz vor, das ihre Bewegungen und ihr beschlagnahmtes Eigentum gnadenlos zu zentralen Kontroll- und Sammelstellen leitete.[16] In einer für Bauern typischen Reaktion zog sich die einheimische Bevölkerung in sich selbst und in ihre vier Wände zurück und brachte so die deutschen Hoffnungen auf verstärkte wirtschaftliche Aktivitäten zum Scheitern.

Während das Gebiet unterteilt wurde, unternahmen die Militärbehörden intensive kartographische Anstrengungen. Die Kartographie war die Grundlage für eine rationale, planmäßige Ausbeutung des Gebietes von Ober Ost und einer möglichen Kolonisierung durch Deutsche. Schon vor dem Krieg waren im Rahmen der Militärgeographie umfangreiche Karten angefertigt

---

13 LCVIA F. 641, ap. 1, b. 52, Verwaltungsbericht für Monat April 1916. Kreisamt Birsche, 1. Mai 1916, S. 4; LCVIA F. 641, ap. 1, b. 52, Verwaltungsbericht März 1916. Kreisamt Birsche, S. 6. Derselbe Begriff findet sich auch in BAMA, N 196/1, Heppe, Bd. V, S. 85, 110.

14 LCVIA F. 641, ap. 1, b. 53, »Verwaltungsberichte Rossienie«, Verwaltungsbericht 29. April 1916, S. 14.

15 In Berichten wird jedoch geklagt, wie schwierig die Bewachung der Grenzen sei: LCVIA F. 641, ap. 1, b. 52, Verwaltungsbericht für April 1916. Kreisamt Birsche; LCVIA F. 641, ap. 1, b. 52, Verwaltungsbericht für das III. Vierteljahr 1916. Kreisamt Birsche, S. 6.

16 Šilietis, Okupacija, S. 53.

worden, weil dies für den deutschen Generalstab seit jeher sehr wichtig war.[17] Nun wurden genauere Karten angefertigt und die weiten Räume kriegsbedingt einer erstaunlichen Zahl von geographischen, geologischen und landwirtschaftlichen Untersuchungen unterzogen.[18] Die Behörden riefen Professor Kaunhowen vom Bezirksinstitut für Geologie in Berlin ins Land, um dort intensive Forschungen vorzunehmen, und auch die mit den Kreisbehörden zusammenarbeitenden Wirtschaftsoffiziere legten Berichte über die Gegebenheiten vor Ort vor. Sie interessierten sich vor allem für den Zustand des Bodens. So schickte der Wirtschaftsoffizier aus dem Kreis Janischki einen Bericht nach dem anderen über die geologische Beschaffenheit und Perspektiven der Nutzung.[19] Da die Militärverwaltung beabsichtigte, »sich zum Herren über alles Vermessene zu machen«, plante sie, durchaus logisch, auch alles zu vermessen. Wirtschaftsoffiziere errichteten Kataster über die Eigentumsverhältnisse, die einerseits für die Intensivierung der wirtschaftlichen Ausbeutung und andererseits für eine spätere Beschlagnahme und Umverteilung des Bodens nützlich waren.

Auch die Landesbevölkerung wurde zum Objekt statistischen Interesses. Die Militärverwaltung Litauen führte eine »Volks- und Viehzählung« durch,

---

17 Derwent Whittlesey, German Strategy of World Conquest, New York 1941, S. 29 f.

18 Ernst Tiessen, Die Geographie des östlichen Kriegsschauplatzes, Berlin 1914; Wilhelm Leitner, In den Rokitno-Sümpfen. Kriegserfahrungen eines Geographen. Stellv. Generalkommando I. Armeekorps, Abt. K. 1917; J. Dreyer, Die Moore Kurlands nach ihrer geographischen Bedingtheit, ihrer Beschaffenheit, ihrem Umfange und ihrer Ausnutzungsmöglichkeit. Herausgegeben mit Unterstützung der Verwaltung des Oberbefehlshabers Ost, Hamburg 1919; Karl Gäbert und Hans Scupin, Bodenschätze im Ostbaltikum, Berlin 1928; Bruno Skalweit, Die Landwirtschaft in den litauischen Gouvernements, ihre Grundlagen und Leistungen, Königsberg 1918; Ernst Ferdinand Mueller, Statistisches Handbuch für Kurland und Litauen nebst Übersichten über Livland und Estland. Mit einem biographischen Anhang zur Wirtschaftskunde Rußlands, Königsberg 1918; Max Friederichsen, Landschaften und Städte Polens und Litauens. Beiträge zu einer regionalen Geographie. Auf Grund von Reisebeobachtungen im Dienste der »Landeskundlichen Kommission beim Generalgouvernement Warschau«, Berlin 1918; Albert Thielecke, Deutsche landeskundliche Arbeit im Weltkriege. An der europäischen Ost- und Südost-Front und in den anschließenden Etappengebieten, Dissertation, Jena 1936.

19 Robert Stupperich, *Siedlungspläne im Gebiet des Oberbefehlshabers Ost (Militärverwaltung Litauen und Kurland) während des Weltkrieges*, in: Jomsburg 5 (1941), S. 348–367.

eine Bezeichnung, die bereits über die Sichtweise der Besatzer Bände spricht.[20] Sie war zunächst für den 15. Januar 1916 anberaumt worden, mußte jedoch auf den 1. Juni 1916 verschoben werden. Die Gesamtergebnisse wurden am 8. Juli 1916 vorgestellt, aber es stellte sich bald heraus, daß sie ungenau waren und fragwürdige Zahlen enthielten.[21] Also mußte eine neue Zählung durchgeführt werden, was die Beamten in ihrem Widerwillen gegenüber diesem Land, in dem nicht einmal die einfachsten Dinge richtig gemacht werden konnten, nur bestätigte. Man veröffentlichte statt dessen die Ergebnisse früherer Volkszählungen in einer Art Public-Relations-Produkt von Ober Ost, der sogenannten Völkerverteilungskarte.[22] Sie zeigte ein kunterbuntes Muster von Schraffierungen, einen Raum, der weder richtig zu Polen noch zu Rußland gehörte, in dem ein Durcheinander von Völkerschaften lebte und es »ungemein verwickelte Fragen« hinsichtlich der Identität gab. Die daraus resultierende Belastung war jedem deutlich: Ein derartiges Völkergemisch, in dem kein Volk in einem zusammenhängenden Siedlungsgebiet die Mehrheit hatte, konnte sich nicht selbst regieren. Und wer konnte ein solches Gebiet besser regieren, als ein Volk von außen, so wurde argumentiert, ein selbstloses Volk mit einem hinreichend hohen Kulturniveau. Das Vorwort schloß wie folgt: »Die politischen Probleme ergeben sich aus den ethnographischen Verhältnissen von selbst. Dem Leser bleibt es überlassen, Folgerungen zu ziehen. Die Entscheidung steht auch hier auf der Spitze des Schwertes.«[23]

Im Rahmen der Vorbereitungen für eine dauerhafte Annektierung durch Besiedlung war Ludendorff auf den späteren Leiter der Politischen Abteilung, von Gayl, aufmerksam geworden, weil dieser eine Denkschrift über die Ansiedlung von Volksdeutschen im Osten verfaßt hatte. Als von Gayl dann im Osten war, wurde er angewiesen, Vorträge zu halten und nach vermuteten verlorenen Siedlungen von Volksdeutschen in den besetzten Gebieten zu suchen, um diese nach Ostpreußen umzusiedeln. Wenn auch die Suche enttäuschend verlief,[24] enthüllte ein Überblick über die neuen Länder jedoch andere Möglichkeiten. Ludendorff, der das erste halbe Jahr in Ober

---

20 BA, N 1238/8, Morsbach, Tätigkeitsbericht des Bürgermeisteramtes Schaulen von Mitte August bis 30. September 1916.

21 Ein Beamter nimmt darauf Bezug: BAMA, N 196/1, Heppe, Bd. V, S. 88. Dem gegenüber ist Sukiennicki der Ansicht, daß die Zahlen seien relativ verläßlich seien. Vgl. Sukiennicki, Europe I, S. 159–163, und Senn, Emergence, S. 21.

22 Völkerverteilungskarte. Völker-Verteilung in West-Rußland, Kowno 1916. 1917 erschien eine 2. Auflage.

23 Völkerverteilung in West-Rußland, 2. Aufl. (1917), Vorwort.

24 BA, N 1031/2, Gayl, S. 39.

Ost damit verbracht hatte, Pläne zu träumen, und erst dann aktiv wurde, wies am 27. April 1916 die Verwaltungschefs an, bis zum Herbst Informationen über die Aussichten von Ansiedlungen in ihren Gebieten vorzubereiten. Insbesondere sollten diese Berichte in gedrängter Form Bevölkerungsstatistiken, die religiöse Zugehörigkeit der Einheimischen, eine genaue Bewertung der Qualität des Bodens, Aussagen über die Eigentumsverhältnisse sowie Schätzungen darüber, wieviel Land für eine Besiedlung zur Verfügung stand, enthalten.[25]

Im Reich suchte Ludendorff um Unterstützung dieser Pläne nach, die in der Kriegszieldebatte von Annexionsbefürwortern begrüßt wurden. Letztere wollten Landwirtschaftsgebiete im Osten haben, um Gewinne von Industriegebieten in Belgien und Nordfrankreich »auszugleichen«. Einer der aktivsten und lautstärksten Annexionisten war der Regierungspräsident von Frankfurt/Oder, Friedrich von Schwerin, der Präsident der Gesellschaft zur Förderung der inneren Kolonisation war und vor dem Krieg eifrig Strategien zur Schwächung der polnischen Landbesitzer in Preußen formuliert hatte. Von Gayl, der Ähnliches getan hatte, bezeichnete ihn bewundernd als »Vater der modernen Siedlung«. Schwerin überschüttete das Büro des Reichskanzlers mit Denkschriften, in denen er, anknüpfend an imperiale Bestrebungen, die Schaffung neuen Siedlungslandes im Osten forderte und hinzufügte, daß dieses Gebiet durch Vertreibungen entvölkert werden sollte, wofür sich im übrigen auch die Alldeutschen aussprachen.[26] Im November 1916 bereiste Schwerin mit Unterstützung der Verwaltung das Gebiet von Ober Ost und sammelte Informationen über Siedlungsbedingungen.[27] Wenig später gründete er mit Zustimmung der Obersten Heeresleitung die Neuland A.G. in Berlin, deren Ziel es war, die Ansiedlung von Deutschen im Osten und in Elsaß-Lothringen zu unterstützen. Gegen Ende des Krieges gründete die Neuland A.G. eine Tochtergesellschaft, die Siedlungsgesellschaft Kurland. Der Bodenreformer Adolf Damaschke agitierte ebenfalls für eine Besiedlung des Ostens mit Deutschen.

---

25 Über die Aussichten für die Ansiedlung deutscher Bauern vgl. LCVIA F. 641, ap. 1, b. 53, »Verwaltungsberichte Rossienie«, Verwaltungsbericht 13. Juli 1916, S. 7. In einem späteren Bericht werden die Aussichten als gut bezeichnet. Gleichzeitig werde dadurch die Germanisierung des Gebiets beschleunigt: LCVIA F. 641, ap. 1, b. 53, »Verwaltungsberichte Rossienie«, Verwaltungsbericht 29. August 1916, S. 10.

26 Martin Broszat, Zweihundert Jahre deutsche Polenpolitik, Frankfurt am Main 1972, S. 183.

27 Stupperich, *Siedlungspläne*, S. 357.

Die Reichsleitung unterstützte grundsätzlich derartige Pläne. Der Standpunkt von Ober Ost wurde in einer von Ludendorffs politischem Assistenten von Gayl ausgearbeiteten Denkschrift präsentiert und von der Obersten Heeresleitung angenommen. Ihre Kernaussage war, daß entvölkerte Gebiete mit einem »menschlichen Wall« neuer deutscher Siedler wiederbevölkert werden sollten, wodurch diese Gebiete auf ewig gesichert würden.[28] Das Reichsaußenministerium begrüßte den Gedanken. Am 13. Februar 1917 kam es zu einer ersten Konferenz. Dieser folgte am 31. März 1917 ein weiteres Treffen im Außenministerium in Berlin mit Vertretern des Innenministeriums, des Kriegsministeriums und des Generalstabs. In den Gesprächen ging es jetzt bereits nur noch um die Einzelheiten der zu treffenden Vorkehrungen. Für seinen Bericht fertigte von Gayl eine Karte an. Das war insofern schicksalsträchtig, als damit die Frage nach einer Umsiedlung der auf der Karte durch Farbflecke dargestellten Nationalitäten aufgeworfen wurde. Als der Krieg 1917, bedingt durch die revolutionären Umwälzungen in Rußland, in eine neue Phase trat, als in Brest-Litowsk erste Verhandlungen für einen Frieden im Osten stattfanden und Deutschland sich für sein letztes Wagnis an der Westfront rüstete, mußten die Siedlungspläne den neuen Realitäten angepaßt werden. Eine entscheidende Schwelle war jedoch schon überschritten und das Verschieben von ethnischen Gruppen denkbar geworden. Im Herbst 1917 trugen Beamte schließlich Informationen für einen großangelegten Plan zur Nutzung dieser Gebiete als deutsches Kolonialland zusammen.[29] In dem Plan wurden die Profite hochgerechnet, die man für die kommenden Jahrzehnte erwartete. Man begann auch mit der Ausarbeitung von konkreten Siedlungsplänen, die tatsächliche Besiedlung mußte jedoch noch warten.[30] Dies war das Ergebnis eines weiteren Zielkonflikts in der Militärverwaltung, da der Anspruch einer totalen Kontrolle des Gebietes die Aufnahme deutscher Siedler kurzfristig nicht zuließ. Ein Sturm auf das Land hätte eine wachsende Kontrolle von Ober Ost seitens des Reichs zur Folge gehabt, also genau das, was die Militärverwaltung verhindern wollte. Daher verzögerte sie

---

28 Ebenda, S. 362; zur Denkschrift: BA, N 1031/2, Gayl, S. 201.

29 LCVIA F. 761, ap. 1, b. 971. Eine ausführliche Analyse findet sich bei Strazhas, Ostpolitik, S. 246–253; A. Strazhas, *Die deutsche Militär-Verwaltung ›Oberost‹ – Prototyp der geplanten Kolonialadministration »Neuland« (1915–1918)*, in: Wissenschaftliche Zeitschrift der Pädagogischen Hochschule Dr. Theodor Neubauer«, Erfurt-Mühlhausen, Gesellschafts- und sprachwissenschaftliche Reihe 8 (1971), S. 39–44.

30 Kurt von Rümker, Bevölkerungs- und Siedlungsfragen im Land Ob. Ost, Berlin 1918; Stupperich, *Siedlungspläne*, S. 348–367.

die Bearbeitung der Anfragen von Militärs in Deutschland, die um Informationen über zum Verkauf stehende Ländereien baten; es wurden aber Wartelisten aufgestellt.[31]

Der Wunsch der Planer von Ober Ost nach totaler Kontrolle lähmte sie bei dem Versuch, sich auf ihre miteinander unvereinbaren Ziele zuzubewegen. Gleichwohl war es möglich, in diesem abgeriegelten Gebiet alle möglichen Experimente mit der gesellschaftlichen Struktur und der Rationalisierung von Arbeit durchzuführen, wobei auch solche mit Zwangsarbeit nicht ausgeschlossen waren. Der Militäragronom Kurt von Rümker führte Anbauexperimente mit Saatguthybriden durch.[32] Ludendorff träumte von einem »menschlichen Wall« reiner Deutscher im Osten, der sich wie eine Klammer um andere unzuverlässigere, schwächere und kulturell niedrigstehender Völkerschaften schloß. Die Siedler konnten keine bürgerlichen Deutschen, sondern mußten Soldaten sein, die wie die Wehrbauern des Mittelalters Bauern werden und das Land mit »Schwert und Pflug« verteidigen würden. Das Gebiet sollte ein militärisches Reservat sein, Ausgangspunkt für den nächsten von Hindenburg erwarteten, entscheidenden Krieg, ein riesiger Paradeplatz, ein dem Krieg geweihtes Land.[33]

Nachdem das Gebiet Ende 1915 aufgeteilt und die Kontrollstrukturen festgelegt waren, mußten die Beamten definieren, wie Verkehr stattfinden könnte, und Wege für den geordneten Transport und die Kommunikation planen. Sie schufen dann Verkehrskorridore, Eisenbahnlinien, Straßen, Wasserwege, Post- und Telegraphenverbindungen. Die Militärverwaltung stellte dies als klassisches Beispiel für die Organisation von »deutscher Arbeit« dar und wies eilig darauf hin, daß sie diese Verbindungen in Anbetracht der primitiven Zustände, die man beim Einmarsch vorgefunden habe, fast aus dem Nichts geschaffen hätte (was eine Übertreibung war). Damit untermauerten die Sieger ihre Ansprüche auf das Land.

Der Zustand des Eisenbahnnetzes war für die Front und für den Bau befestigter Stellungen, Bunker und Unterstände ein großes Problem. Die Russen hatten auf ihrem Rückzug einen großen Teil des Eisenbahnnetzes zerstört, die Brücken über den Njemen und über andere große Flüsse gesprengt, Bahnhöfe und Wasserversorgungssysteme niedergebrannt. Das Telegraphennetz war völlig abgebaut worden. An einigen Strecken hatte man die Gleise

---

31 LCVIA F. 641, ap. 1, b. 54.

32 Kurt von Rümker und R. Leidner, 42 Sortenanbauversuche im Verwaltungsgebiete des Oberbefehlshabers Ost, Berlin 1918.

33 Wheeler-Bennett, Wooden Titan, S. 126.

zerstört und die Schwellen entfernt. Die Militäreisenbahnbehörde, die Bau- und Betriebstrupps sowie die Telegraphentrupps (denen der später berühmte Soziologe Norbert Elias angehörte) begannen mit dem Wiederaufbau.[34] Die Umstellung des Schienennetzes von der russischen Spurweite auf die deutsche war eine gigantische Anstrengung und für die neuen Herren voller Symbolkraft, da sie dadurch ihrem neuen Reich das Siegel des Besitzers aufdrückten. Aufgrund ihrer großen Bedeutung wurde die Militäreisenbahnbehörde unter dem Feldeisenbahnchef Ost, Oberst Kersten, sprichwörtlich zu einem Staat im Staat in Ober Ost.[35] Später entstanden durch ihre exponierte Stellung Probleme, da sie mit der Verwaltung um Arbeitskräfte konkurrierte. Dennoch kam man trotz zahlreicher widriger Umstände schnell voran. Die wichtigste Eisenbahnbrücke von Kowno war schon Ende September 1915, einen Monat nachdem die befestigte Stadt erobert worden war, wieder befahrbar, und nach Weihnachten konnte der regelmäßige Eisenbahnverkehr wiederaufgenommen werden.

Als nächstes gingen die Militärs daran, das existierende Verkehrssystem auszubauen. Die Militäreisenbahnbehörde baute in Libau an der Küste eine große Eisenbahnbetriebswerkstatt. Allein die Wartung des Systems war schon mühsam genug: »[...] auch hier froren die provisorischen Wasserbehälter im Winter ein, und alle möglischen und unmöglichen Hindernisse waren zu überwinden.«[36] Im Winter 1915 bestand höchste Gefahr für die wiedererrichteten Brücken, da Eisschollen die Windau und den Njemen hinuntertrieben. An der Brücke über den Njemen in Kowno war die Lage besonders angespannt, weil diese damals die einzige Eisenbahnverbindung nach Deutschland war; die neue Konstruktion hielt aber dem Wüten der Natur stand, was die Zuschauer in Uniform als gutes Zeichen interpretierten. Bei den Überlegungen hinsichtlich weiterer Innovationen hatten die Fachleute aus Deutschland für das vorherige System nichts als vernichtende Kritik übrig. Rußland, so erklärte Ludendorff, habe die Häfen von Windau und Libau überhaupt nicht genutzt. Das Land verdiene es, den Russen von jemandem weggenommen zu werden, der es wirklich nutzen könne. Weitere Brücken über den Njemen wurden gebaut und neue Eisenbahnverbindungen zwischen Tauroggen und Radwilischki und Schaulen und Mitau im Mai beziehungsweise August 1916 fertiggestellt. Ludendorff behauptete: »Die [...] beiden

34 Elias, Reflections, S. 23; Josef Wenzler, Mit Draht und Kabel im Osten. Aus dem Tagebuch eines Telegraphisten, Karlsruhe 1918.

35 Häpke, Verwaltung, S. 83.

36 Ludendorff, Kriegserinnerungen, S. 141.

Bahnen haben das Land auch in kultureller Beziehung erschlossen. Es steht dadurch in unserer Schuld.«[37] Das Schienennetz war an kleinere Feldbahnen angebunden, mit denen die Truppen an der Front versorgt wurden. Diese Verbindungen konnten ebenfalls für die zukünftigen Entwicklung des Landes genutzt werden.

Für die Truppenbewegungen waren gute Straßen sehr wichtig. Im Herbst und Frühjahr war die Situation hoffnungslos, weil Dauerregen und Schneeschmelze sämtliche Straßen unter Wasser setzten und sie in einen »unpassierbaren Morast« verwandelten: »Manches Truppenpferd, das aus dem feindlichen Feuer heil herauskam, ist diesen Tücken des örtlichen Kriegsschauplatzes zum Opfer gefallen und im Morast erstickt oder an Erschöpfung zugrunde gegangen.«[38] Im Sommer führte tiefer Sand, in den sich die Wagenräder eingruben und nur langsam vorankamen, zu Schwierigkeiten. Die Invasoren stellten fest, daß man am besten im Winter reiste, wenn man sich mit Schlitten leicht durch das Land bewegen konnte.

Die Qualität der Straßen war schon schlecht, aber über die geringe Dichte des Straßennetzes schüttelten die Deutschen erst recht den Kopf. »Kein anderes Beispiel charakterisiert das russische Wegesystem im besetzten Gebiet oder, besser gesagt, das System der Wegelosigkeit besser als diese, westlichen Kulturbegriffen einfach unverständliche Tatsache.« Dieser Eindruck war natürlich auch den völlig anderen Größenverhältnissen geschuldet, was indes ästhetische Spitzfindigkeiten nicht verhinderte:

»Was an Chausseen vorhanden, ist allerdings auch nach unseren Begriffen fast durchweg gut; nur fehlt zumeist der Baumwuchs als Einrahmung, der in Deutschland selbst die ödeste Chaussee etwas verschönt. Charakteristisch ist die schnurgerade Linienführung vieler Chausseen, die weder auf Kulturboden und Steigungen, noch auf die Nähe größerer Orte Rücksicht nimmt. Was sonst an Landwegen vorhanden, ist nicht geeignet, die Freude von Mensch und Tier zu erwecken.«[39]

Überall mußten die Straßen dringend ausgebessert werden, selbst dort, wo sie der »Politik der verbrannten Erde« entgangen waren. Die wenigen Brücken, die trotz der russischen Sprengungen noch standen, waren schlecht gebaut. »So war die erste zu leistende Arbeit der Wiederaufbau des von den Russen ausgeführten Zerstörungswerkes, die zweite die Ausbesserung der Wege überall dort, wo sich ein dauernder Truppen- und Kolonnenverkehr vollzog.« Es scheint, daß Bautruppen ganze Wälder von Rundhölzern in den

---

37 Ebenda, S. 142.

38 Oberbefehlshaber Ost (Hg.), Das Land Ober Ost, S. 158.

39 Ebenda, S. 157 f.

»grundlosen Wegen des Ostens« als Verstärkung einfügten.[40] Als die Militärbehörden ihre eigene Arbeit auflisteten, waren schon die bloßen Zahlen erstaunlich. Allein in der Militärverwaltung Bialystok-Grodno waren seit Ende der Offensive im Herbst 1915 bis Ende des Jahres einschließlich einer großen Brücke über den Bug 434 Brücken gebaut worden, einige davon mit Eisbrechern. Auch die »großzügigen Chausseen von Grodno nach Lida, von Kowno nach Dünaburg und von Tauroggen nach Mitau wurden in einen vortrefflichen Zustand gebracht«.[41] Überall arbeiteten Soldaten, Bataillone von einheimischen Zwangsarbeitern und Kriegsgefangene an Verbesserungen.[42] Dem Neubau von Chausseen waren jedoch Grenzen gesetzt, und schon allein die Instandhaltung erforderte große Anstrengungen. Bautrupps bauten Schneezäune, welche die wichtigsten Straßen schützen sollten. Aus Sicherheitsgründen legten sie in den gefährlicheren Gebieten breite Straßen an und holzten auf beiden Seiten große Waldstreifen ab, um Hinterhalte zu verhindern. Trotz aller Probleme sahen die Besatzer deutliche Erfolge, die, so glaubten sie, »von der Bevölkerung auch gern anerkannt wurden«. In Wahrheit hatte die Landesbevölkerung kaum etwas davon, da – wie wir gesehen haben – ihre Mobilität stark eingeschränkt war.[43]

Die Verwaltung wollte auch den Verkehr auf den Flüssen erhöhen, um die stark genutzten Eisenbahnverbindungen zu entlasten. Erneut waren sie erstaunt über die Zustände in diesen rückständigen Gebieten: »Auch hier bot sich das Bild völliger Vernachlässigung durch die russische Regierung: versumpfte Kanäle und unregulierte Flüsse.«[44] Es zeigte sich, daß die Wasserwege noch schwerer zu erschließen waren als das Eisenbahnsystem. Die Verwaltung konzentrierte sich auf die größten Flüsse, die Memel (Njemen) und den Bug. Außerdem wurden Pläne für Verbesserungen auf der Aa und der Windau entworfen und Schiffsverbindungen zwischen dem Ober Ost-Gebiet und Deutschland geschaffen. Das Militär hegte noch weitergehende Pläne und wollte die Memel an der gesamten neuen deutschen Ostgrenze aufstauen, was in Deutschland mit Begeisterung aufgenommen wurde. Die Handelskammer

---

40 Ebenda, S. 158 f.

41 Ludendorff, Kriegserinnerungen, S. 142.

42 LCVIA F. 641, ap. 1, b. 52, Verwaltungsbericht für Februar 1916. Kreisamt Birsche, S. 34. Juden aus Rossienie und andere Menschen ohne Arbeit wurden zu Straßenbauarbeiten gezwungen: LCVIA F. 641, ap. 1, b. 53, »Verwaltungsberichte Rossienie«, Verwaltungsbericht 29. Sept. 1916, S. 12 f.

43 Oberbefehlshaber Ost (Hg.), Das Land Ober Ost, S. 159.

44 Ebenda, S. 156.

von Lübeck machte der Verwaltung von Ober Ost ein ums andere Mal nichterbetene Vorschläge, und um sich die Verwaltung gewogen zu machen, verlieh sie sogar Preise.[45] Doch auch in bezug auf diese Planungen setzte das Militär seine Vorstellungen durch.

Die Verwaltung ließ auch die für militärische Operationen äußerst wichtigen Telegraphen- und Telefonverbindungen wiederaufbauen. Die alte Infrastruktur war völlig zerstört, die Poststellen waren niedergebrannt oder geplündert worden, und es gab keine Postbeamten mehr.[46] Die deutschen Felddienste waren jedoch so effizient, daß der Vormarsch kaum aufgehalten wurde, und nachdem sich die Verwaltung etabliert hatte, baute sie unter Feldpostmeister Domizlaff ein Telegraphen-, Telefon- und Postnetz auf.[47] Im November 1915 richtete sie in Kowno die mit dem umständlichen Namen versehene »Deutsche Post- und Telegraphenverwaltung für das Postgebiet des Oberbefehlshabers Ost« ein, die mit der Reichspost zusammenarbeitete.[48] Ab dem 15. Januar 1916 funktionierte der private Post- und Telegrammverkehr wieder, der allerdings Einschränkungen unterworfen war.

Bald erstreckten sich Fernmeldekabel über das ganze weite Gebiet, ein Bild, das für die deutsche Besatzung emblematisch schien. In Zweigs Roman war es ein immer wiederkehrendes Symbol des Militärstaates, und auch in den Armeezeitungen galten Bilder von Landschaften, durch die sich Fernmeldekabel zogen, als ein sichtbares Zeugnis gelungener Verkehrspolitik.[49]

Die Feldpost war wichtig für die Moral der Truppe und für die Aufrechterhaltung der Verbindungen nach Deutschland, wie Ludendorff betonte. 1917 gab es in dem sogenannten Postgebiet Ober Ost, das eigene Briefmarken hatte, über das ganze Land verteilt 38 Postämter. Die Nutzung des Postdienstes durch die Landesbewohner war starken Beschränkungen unterworfen. Dies rechtfertigte man mit der Notwendigkeit einer Kontrolle des Postverkehrs, da man befürchtete, daß sich sonst geheime Kommunikationssysteme entwickeln könnten. Die Postämter wurden also zu Kontrollstellen, wobei der Verkehr zwischen den einzelnen Postbezirken und dem Land von

45 Stupperich, *Siedlungspläne*, S. 361; BAMA, N 98/1, Goßler, S. 88.

46 Oberbefehlshaber Ost (Hg.), Das Land Ober Ost, S. 160–164.

47 Ludendorff, Kriegserinnerungen, S. 144.

48 Oberbefehlshaber Ost (Hg.), Das Land Ober Ost, S. 160.

49 BAMA, PHD 23/87. Die »Nowogrodeker Kriegszeitung« brachte Bilder von Schloßruinen und Telegraphenleitungen, die im Horizont verschwinden, ein suggestives Bild, in dem Vergangenheit und Zukunft vereint werden. BAMA, PHD 23/63, Ostwacht, Lukower Feldzeitung.

den Militärkreisämtern und Amtsvorstehern überwacht wurde. Sie monopolisierten das Einsammeln und die Verteilung von Briefen und funktionierten insofern als »Verkehrsvermittler«. Auch hier galt es in erster Linie, den militärischen Interessen gerecht zu werden, »die vor allem eine Überwachung des Verkehrs verlangten«. Deshalb wurden Umfang und Inhalt der Briefe durch Verordnungen eingeschränkt. Um die Zensur zu erleichtern, durften Briefe nur auf deutsch geschrieben werden, obwohl nur wenige Landesbewohner des Deutschen mächtig waren. Deutsch gelte, so die Verwaltung, als die einzige Verkehrssprache.[50] Wenn die Landesbewohner finanzielle Unterstützung von außen benötigten, gestatteten ihnen die Militärbehörden, Verwandte in Amerika, insbesondere Litauer und Juden, um Geld zu bitten.[51] Es war ihnen jedoch nur erlaubt, amtlich herausgegebene Postkarten zu schikken, auf denen man Texte durchstreichen oder mit einem Kreis versehen konnte – eine Vorsichtsmaßnahme gegen Spionage. Aus den gleichen »erklärlichen Gründen [konnte] der Bevölkerung die Benutzung des Fernsprechers [...] nicht freigegeben werden«.[52] Die gesamte Kommunikation mußte über die durch die Verkehrspolitik festgelegten Kanäle erfolgen. Jegliche Korrespondenz außerhalb der offiziellen Post war verboten und wurde hart bestraft. Die Verwaltung setzte ihr Verkehrsmonopol streng und energisch durch.

Das Ziel der diversen Regulierungen und Einschränkungen war oft unvereinbar mit anderen Zielen des Militärstaats, besonders mit den wirtschaftlichen. So gab Ludendorff beispielsweise zu, daß die »Personenverkehrsbeschränkungen, die wir in Rücksicht auf die militärische Sicherheit dem Lande auferlegen mußten, [...] eine freiere Entfaltung« des Handels verhinderten.[53] Die Verwalter wollten jedoch nicht auf ihre ehrgeizige Verkehrspolitik verzichten und setzten sich über derartige Bedenken hinweg. Sie sahen die Lösung dieses Problems eher in einer noch strengeren Verkehrspolitik.

Die Verkehrspolitische Abteilung schuf ein umfangreiches Regelwerk, deren grundlegende Prinzipien im offiziellen Handbuch zu Ober Ost aufgeführt sind:

»Zunächst mußte zur Verwirklichung des Grundsatzes der mit der Besetzung des Gebietes Ober Ost neu einsetzenden Verkehrspolitik – Anpassung an die besonderen

50 Oberbefehlshaber Ost (Hg.), Das Land Ober Ost, S. 161 f.
51 Ludendorff, Kriegserinnerungen, S. 160.
52 Oberbefehlshaber Ost (Hg.), Das Land Ober Ost, S. 163.
53 Ludendorff, Kriegserinnerungen, S. 155.

Verhältnisse und Bedürfnisse – ein für die Praxis geeigneter Weg gefunden werden. Für die Handhabung des Geschäftsbetriebes ergaben sich zwei Möglichkeiten: Zentralisation und Dezentralisation. Die Verkehrspolitische Abteilung wählte keine von beiden zur allein vorherrschenden, sondern suchte die Lösung der Verkehrsaufgaben in einer Verquickung von Zentralisation und Dezentralisation, die sich bewährt hat.«[54]

Wenn es um militärische Interessen ging, praktizierte man eine Zentralisierung. Ober Ost war gleichzeitig Etappengebiet und Ausgangspunkt für militärische Operationen und nicht eine unter Zivilverwaltung stehende Region wie Warschau oder Belgien. Andererseits war aus wirtschaftlichen Gründen jedoch ein gewisser Grad an Dezentralisierung erforderlich. Die Verwaltung definierte verschiedene Verkehrsarten: Durchreiseverkehr, Grenznahverkehr, dauernder Aufenthalt und Innenverkehr. Die ersten drei Verkehrstypen unterstanden einer zentralen Kontrolle. Lediglich der Verkehr innerhalb des besetzten Gebietes war nominell dezentralisiert. Der Durchreiseverkehr wurde in einer Verfügung geregelt, die »allein der Verkehrspolitischen Abteilung das Recht gibt, irgendeine Ein- oder Ausreise zu genehmigen«. Sie übte ein uneingeschränktes Monopol aus: »Keine Person, an welchem Punkte, in welcher Richtung es auch sei, darf daher die Grenze überschreiten, ohne daß die Verkehrspolitische Abteilung des Oberbefehlshabers Ost die Genehmigung dazu erteilt hat.«[55] Für diese Verfahrensweise, an deren Ende die Ausstellung eines Durchreisescheins stand, gab es viele wichtige Gründe, denn durch sie

»ergibt sich die Möglichkeit, die dieses Gebiet umfassenden Verkehrsaufgaben gleichmäßig zu regeln. Nur durch diese Maßnahme allein besteht eine Garantie, daß überflüssige Reisen unterbleiben, daß der Verkehr mit dem Auslande unter möglichster Einschränkung im Interesse der Spionageabwehr verhindert werden kann, daß der Handelsverkehr in Hinsicht auf Waren und Lebensmittel, für die die Grenze gesperrt ist, überwacht und daß die kaufkräftigen Firmen an die Warenabsatzstellen in Deutschland oder an die amtlichen Handelsstellen geleitet werden können. Auch die Lösung der Arbeiterfrage konnte nur durch eine derartige Zentralisierung in gewünschter Weise erfolgen. Denn so allein ergibt sich die Möglichkeit, alle vorhandenen Kräfte zu fassen und so zu verschieben, daß der Überschuß an Arbeitern in die Gebiete gelangt, wo er infolge des Mangels an geeigneten Kräften eine für Landwirtschaft oder Industrie geeignete Verwendung finden kann.«[56]

---

54 Oberbefehlshaber Ost (Hg.), Das Land Ober Ost, S. 166.

55 Ebenda, S. 167.

56 Ebenda, S. 167 f.

Dieses Vorgehen war auch für andere Aspekte des Arbeitskräfteproblems nützlich. Die Verwaltung konnte Zivil- und Strafgefangene, die Zwangsarbeit verrichten mußten, hin- und hertransportieren. Über die Abteilung für Verkehrspolitik konnte sie ganz allgemein festlegen, welche Reisen gerechtfertigt waren, und es oblag ihr, »die Notwendigkeit aller Reisen zu prüfen und die Zuverlässigkeit aller in Betracht kommenden Personen festzustellen«.[57] Der Verkehr in den Grenzgebieten war ebenfalls zentralisiert. Einigen Arbeitern und Händlern mußte das regelmäßige Pendeln gestattet werden, weshalb die dafür relevanten Bestimmungen in der »Grenznahverkehrsordnung« zusammengefaßt wurden. Für einen längeren Zeitraum konnte ein Grenzschein ausgestellt werden, der das Überqueren von Grenzen erlaubte. Die Abteilung traf auch Vorkehrungen für die Regelung längerer Aufenthalte. So war für Aufenthalte jeder Länge in Ober Ost ein spezieller Aufenthaltsschein erforderlich, der seinem Inhaber eine besondere Stellung verlieh und ihn von den Landesbewohnern abgrenzte, denn er »bezweckt [...] auch eine Besserstellung seiner Inhaber (Reichsdeutscher, Verbündeter) der einheimischen Bevölkerung gegenüber«.[58] Die Bedeutung von Scheinen und Ausweisen wurde von der Verwaltung zu einem ehernen Gesetz erhoben, zumal sie rasch »zur Durchführung des von dem Oberbefehlshaber Ober Ost verfolgten Grundsatzes [überging], daß jede Person, an welchem Ort und zu welchem Zweck sie sich auch immer im besetzten Gebiet aufhält, im Besitz irgendeiner sie ausweisenden Legitimation sein muß«, wodurch zusätzlich »die Einführung des Paßzwanges für die einheimische Bevölkerung des besetzten Gebietes« erforderlich war.[59] Jeder Landesbewohner, der älter als zehn Jahre war, erhielt einen Ober Ost-Paß, den er ständig mit sich zu führen hatte. Der Oberbefehlshaber Ost richtete die Auslandsstelle Ob. Ost ein, der die Beziehungen mit der Außenwelt oblagen; sie kann als eine Art Außenministerium des Militärstaates bezeichnet werden. Die Region selbst war völlig isoliert: »Wie nach Osten die Front, so bildete nach Westen die Reichsgrenze ein nur schwer überschreitbares, im militärischen Interesse errichtetes Hindernis.«[60]

Die Kontrolle des Innenverkehrs wurde »dezentralisiert«. Dies bedeutete de facto, daß die Verkehrspolitische Abteilung ihre Kontrollfunktionen an die nachgeordneten Stellen, also an die lokale Militärverwaltung, abtrat und

57 Ebenda, S. 169.
58 Ebenda, S. 170.
59 Ebenda.
60 Ebenda, S. 178 f.

die Kreishauptleute die Aufgaben übernahmen, die ihnen die Verkehrspolitische Abteilung überließ.[61] Auch auf Kreisebene war der normale tagtägliche Verkehr schematisch geordnet. Die Bewohner durften sich außerhalb ihrer Häuser nur tagsüber und zu Fuß bewegen, und sobald sie Pferd, Wagen, Schlitten, Eisenbahn oder Wasserwege benutzen wollten, mußten sie beim Kreishauptmann um einen Erlaubnisschein nachsuchen. Wollte ein Einwohner die Kreisgrenzen überschreiten, benötigte er dafür einen Reiseschein. Für den Ortswechsel nach der Sperrstunde war ein Nachtschein erforderlich. Die derart stark eingeschränkte »Dezentralisierung« stieß also schnell an ihre Grenzen. Überdies behielt sich die Abteilung für Verkehrspolitik das Recht vor, längere Fahrten, Umzüge und jeglichen Verkehr mit Fahrrädern, Autos oder Motorrädern zu regeln.[62] Sie wollte jede Bewegung dokumentieren und genehmigen. Für nächtliche Gänge zu Fuß, die Aufnahme von Gästen, die Nutzung des eigenen Wagens oder Fahrzeugs und für die Prostitution waren Erlaubnisscheine erforderlich. Das Schein- und Ausweiswesen blühte, da sogar für Hunde Scheine ausgestellt wurden, aus denen hervorging, daß für sie Hundesteuer entrichtet worden war. Nachdem die Verwaltung festgelegt hatte, daß für Verkehr Dokumente nötig waren, dehnte sie dieses Prinzip auf alle »Verkehrseinheiten im Verwaltungsgebiet« aus, kein Einwohner sollte unerfaßt bleiben.

Mit der Registrierung begann die Verwaltung unmittelbar nach dem Einmarsch und der Abriegelung des Gebietes. Jeder Einwohner sollte einen Paß bekommen. »Ausschlaggebend hierbei waren vor allem militärische, andererseits aber auch volkswirtschaftliche Gründe«,[63] erklärte die Verwaltung von Ober Ost. Für jeden, der älter als zehn war, sollten Papiere ausgestellt werden, um eine rationalisierte Kontrolle zu ermöglichen. Das war eine immense Aufgabe, da es in einem vom Krieg zerrissenen und verwüsteten Land immerhin 3 Millionen Menschen betraf. Besonders dafür aufgestellte Einheiten bearbeiteten das gesamte Land. Im Dezember 1915 wurden 13 Paßkommandos gebildet, deren Aufgabe die »Identifizierung der Bevölkerung und Paßausfertigung« war.[64] Die Kommandos verteilten sich über das gesamte Gebiet hinter der Front. Sie bestanden aus 14 Offizieren und 600 Fotografen, Dolmetschern und Schreibern.[65] Jedes Kommando wurde in drei oder vier Grup-

61 Ebenda, S. 171.

62 Ebenda, S. 172.

63 Ebenda, S. 178.

64 LMARS, F. 9, BF-3117, S. 32.

65 Oberbefehlshaber Ost (Hg.), Das Land Ober Ost, S. 173.

pen mit jeweils zehn bis zwölf Personen unterteilt, die unter dem Kommando eines älteren Unteroffiziers oder Feldwebels standen. Jede Gruppe erhielt einen Kreis zur »Bearbeitung«.

In offiziellen Quellen wird der typische Ablauf dieser Bearbeitung beschrieben, und es ist lohnend, darauf im einzelnen einzugehen, da man auf diese Weise die verschiedenen Verfahrenskategorien der Verkehrspolitik erkennen kann.[66] Die Arbeit war systematisiert und lief folglich fast immer nach demselben Schema ab: Auf dem Land wurde ein größeres Bauernhaus ausgewählt. Der Feldgendarm befahl allen Einwohnern, sich zu einer bestimmten Zeit für die Bearbeitung einzufinden. Die erschienenen Einwohner saßen im Sonnstagsstaat auf Bänken, »alle Nationalitäten durcheinandergewürfelt«. In dem offiziellen Bericht heißt es belustigt: »Das Photographieren ist ihnen etwas etwas Neues, bisher Unbekanntes und bedeutet den meisten ein Fest.« (Einheimische Quellen berichteten hingegen später, die Einwohner seien zum Vieh in die Ställe gesperrt worden und hätten dort tagelang auf die Bearbeitung warten müssen.[67]) Die Wartenden trugen vorne an der Kleidung befestigte Nummernzettel. Anfangs hatten die Soldaten ihnen Nummern zum Halten gegeben, doch wurden diese oft vertauscht, was ärgerlicherweise eine reibungslose Bearbeitung verhinderte. Der diensthabende Unteroffizier überprüfte die Nummern. Bevor sie fotografiert wurden, mußten die Menschen dafür jeweils eine Mark bezahlen. Dann wurden sie in Gruppen weitergetrieben: »Die müssen überhaupt, um einen drastischen Vergleich zu gebrauchen, wie eine Hammelherde geleitetet werden.« Die Gruppen bestanden aus jeweils fünf Personen und folgten »dem Unteroffizier auf den Hof, wo der Photograph mit seinem Gehilfen bereits auf die Opfer wartet«. Die fünf wurden nun auf eine Bank mit abgeteilten Sitzen gesetzt, um sie an einer Stelle zu halten. Danach wurden sie alle fotografiert und zur nächsten Station gebracht. »[S]chon stehen die nächsten für dieselbe Prozedur bereit.« Die fotografierte Gruppe ging in den nächsten Raum, wo die Schreiber warteten. Die Informationen, die das Ergebnis einer »Unmenge Fragen« waren, wurden auf einer weißen Karteikarte eingetragen. Ungeachtet der Sprachprobleme bestimmten die Schreiber den Namen, die Religion, das Geburtsdatum, den Wohnort und die Zahl der Kinder. Im Anschluß daran führte ein Schreiber die entsprechende Person zu einer an der Wand befestigten Meßstange, um ihre Größe festzustellen. Ein Abdruck des Zeigefingers wurde auf die Karteikarte und den blauen Ober Ost-Paß gepreßt. Ein anderer Schreiber schrieb die auf der Karte

66 Vgl. zum Folgenden das Kapitel über den Ober Ost-Paß in: ebenda, S. 173–177.
67 Šilietis, Okupacija, S. 63.

enthaltenen Informationen in den Paß. Der Starost oder Gemeindeschreiber identifizierte die Person und unterschrieb den Paß. Zum Schluß, so heißt es weiter, wurde »der böse Finger sorgfältig am Haar oder am Futter des Rockes abgewischt. Der Ernst der Handlung ist vorbei, und vergnügt und heiter trollt ein jeder wieder aus dem Haus auf die Straße.«

Nach diesem Verfahren wurden jeden Tag 150 Menschen und mehr »behandelt«. Auf das in den Paß geklebte Foto kam ein Stempel, der Paß wurde offiziell noch einmal abgestempelt und vor der Ausgabe erneut überprüft. Die Paßkommandos hatte ihre eigenen Zentralarchive und gaben den Kreisämtern die Karteien. Zwischenzeitlich landeten die Pässe in den mehr oder weniger sauberen Taschen ihrer Besitzer, damit sie auf Verlangen den Militärbehörden vorgelegt werden konnten.

Zum Zeitpunkt dieses amtlichen Berichts im Jahre 1917 waren 1,8 Millionen Landesbewohner registriert und über 12 000 Füller und 177 Liter Tinte verbraucht worden. Immer wieder wurde der unterworfenen Bevölkerung die Wichtigkeit der Pässe, von denen eine umfassende und rationale Verkehrspolitik abhing, deutlich gemacht. Verlor ein Landesbewohner einen Paß, kostete die Ausstellung eines neuen zehn Mark. Der Bericht sagt dazu: »Dieser hohe Satz hat sich als durchaus notwendig erwiesen, da es nur so möglich war, den zahlreichen Verlierern der Pässe klarzumachen, daß ein Paß ein wichtiges Dokument ist, das man sorgfältig aufzubewahren hat.« Landesbewohner ohne Pässe wurden festgenommen und mußten eine Geldstrafe zahlen.

Die Verwaltung wollte in der unterworfenen Bevölkerung eine unterwürfige Mentalität schaffen. Durch strenge Verordnungen sollte ein neues Bewußtsein entstehen, damit die Landesbewohner sich selbst in neuem Lichte sahen: als Objekte von Statistiken, Inhaber von Identifikationspapieren, als Steinchen, die man auf einer Karte hin und her bewegt. Das Ergebnis war jedoch, daß die Landesbewohner, denen man die Beweggründe, die hinter derlei Aktionen standen, nicht erklärte, nichts als große Angst fühlten. Das Verfahren der Paßausgabe ist insofern bezeichnend, als es einen Einblick in die hier angewandten Methoden gibt. Unter dem Gesichtspunkt der Verkehrspolitik wurden die Menschen zu »Völkerschaften« und Objekten der Statistik, die »bearbeitet« werden konnten. Und die Armee führte dieses Programm der Umformung der Menschen mit den Mitteln durch, die sie am besten kannte, nämlich mit Zwang und Gewalt.

Die Verordnungen regelten auch kleinste Verkehrsbewegungen. Die Verwaltung steuerte und rationalisierte den Verkehrsfluß in den Städten, wobei sie die Einwohner genau instruierte, wie sie auf den Bürgersteigen zu gehen hatten. Der Bürgermeister von Schaulen, Morsbach, führte am 16. August

1916 die Pflicht ein, den Deutschen den Vortritt zu lassen. Der gewundene Wortlaut seiner Anordnung wurde in litauischen Quellen später wie folgt wiedergegeben: »Alle Männer und Frauen und Kinder in der Stadt haben die deutschen Offiziere der deutschen Armee höflich zu grüßen. Außerdem müssen alle Einwohner deutschen Soldaten auf der Straße den Vortritt lassen und gegebenenfalls vom Bürgersteig heruntertreten. Widerstand wird hart bestraft.« Morsbach sprach in seinem eigenen Bericht vage von einer »Bekanntmachung betr. höfliches Benehmen der Zivilbevölkerung gegenüber Offizieren und Mannschaften der deutschen Armee« und erwähnte die Bestrafung von drei Personen, die gegen diese Anweisung verstoßen hätten.[68]

Die Armee versuchte, die einheimische Bevölkerung an vergleichbare Behandlungen und an Kontrollen zu gewöhnen. Soldaten umstellten Kirchen und hielten Menschen, die aus der Messe kamen und keinen Paß dabeihatten, so lange fest, bis ihre Kinder die Papiere von zu Hause geholt hatten; man behauptete, dies geschehe aus dem einzigen Grund, die Wichtigkeit der Papiere zu demonstrieren.[69] In Dienstanweisungen für die Bahnpolizei in Ober Ost wurde betont, wie wichtig es sei, daß Überwachung als etwas Normales gelte, sich die Menschen daran gewöhnten und Zivilpersonen als Gehilfen einbezogen wurden: »Wird so das Publikum zur Mitarbeit erzogen, so muß in der Regel jedes verdächtige Benehmen oder Gespräch zur Kenntnis des Eisenbahnüberwachungsreisenden gelangen, um ihm Fingerzeige für weitere Beobachtungen zu geben.«[70] Gedacht war dabei an einen ständigen Prozeß:

»Solche Kontrollierungen ganzer Abteile sind öfter vorzunehmen, schon, um die Reisenden an die Mitführung hinreichender Ausweise zu gewöhnen. Im übrigen ist davon auszugehen, daß die Wahrnehmungen der Reisendenkontrolle in gegenwährtiger Zeit bei verständiger Auffassung auf Personen in geordneten Verhältnissen beruhigend, auf Leute mit schlechtem Gewissen beunruhigend wirken muß, was ja auch bezweckt ist.«[71]

Infolge der Gewöhnung an Kontrollen oder Inspektionen und an die Befolgung von Anordnungen sollte die einheimische Bevölkerung vor allen Din-

---

68 Puzinas, Rinktiniai, S. 272; Gintneris, Lietuva, S. 374; Šilietis, Okupacija, S. 118; BA, N 1238/8, Morsbach, Tätigkeitsbericht des Bürgermeisteramtes Schaulen von Mitte August bis 30. September 1916.

69 Gintneris, Lietuva, S. 373.

70 BAMA, PHD 8/95, Dienstanweisung für die Eisenbahnüberwachungsreisen in den Bezirken des I., II., V., VI., XVII. und XX. A.-K. Zentralpolizeistelle Osten beim Oberbefehlshaber Ost, 24. Dezember 1915, § 7, S. 5.

71 Ebenda, § 8, S. 6.

gen ihre eigene Stellung innerhalb der Arbeitsteilung des Systems begreifen. Die »deutsche Arbeit« der Armee, die sich durch eine besondere »Organisationsgabe« auszeichnete, führte und bewegte die Landesbevölkerung, die somit nichts anderes zu tun brauchte, als ihre rohen, ungelenkten Energien nutzbar machen zu lassen.

In dem Maße, in dem die Verwaltung die Verkehrspolitik intensivierte, betonte sie auch die Sauberkeit. Kernstück der geplanten Ordnung durch Klassifizierung und Kontrolle war die fixe Idee von »Sauberkeit«, wie die Deutschen sie verstanden. Wenn sie den Anspruch erhoben, daß »Verkehrspolitik« »deutsche Arbeit« und eine »Kulturtat« sei, galt Kultur für sie gleichzeitig als ein Maßstab für Sauberkeit und gesellschaftliche Disziplin. Damit die Verkehrspolitik reibungslos funktionierte, mußten die Landesbewohner die Disziplin der Sauberkeit als wesentlichen Bestandteil ihrer Rolle innerhalb der neuen Arbeitsteilung internalisieren. Die Straßen, dieser wertvolle Besitz, mußten saubergehalten werden. In ausführlichen Verordnungen beauftragten die Behörden in den Städten die Bürger mit der Pflege von Straßen und Durchgangsstraßen. Jedem Haus wurde ein Abschnitt des Bürgersteigs zur Reinigung zugeteilt. Auf dem Land wies man den Dörfern Straßen zu, die gereinigt und im Winter und Frühjahr vom Schnee befreit werden mußten.[72]

Das deutsche Sauberkeitsideal wurde auch auf die Bevölkerung übertragen. Als sich die Tätigkeit der Militärverwaltung vom »Land« auf die »Leute« verlagerte, war ein entscheidender Aspekt der Politik, den schmutzigen Osten zu säubern und in der Bevölkerung Hygiene durchzusetzen.[73] Allein die Vorstellung, daß Epidemien sich nach Deutschland ausbreiten könnten, erfüllte Hindenburg und Ludendorff mit Ekel und Schrecken. Der gesamte Osten schien nicht nur schmutzig und chaotisch, sondern auch mit Krankheiten verseucht und ansteckend zu sein. Läuse waren hier offenbar allgegenwärtig, und zwar sowohl an der Front als auch dahinter. Die Städte waren voller Schmutz und Trümmer sowie voller zerlumpter, erschöpfter und

---

72 LCVIA F. 641, ap. 1, b. 52, Verwaltungsbericht für April 1916. Kreisamt Birsche, S. 19. Die Gemeinden mußten auch die Telegraphenleitungen vor Sabotage schützen. Kam es dennoch zu Sabotageakten, wurden sie mit Geldstrafen belegt. Ebenda, S. 12; LCVIA F. 641, ap. 1, b. 52, Verwaltungsbericht für das IV. Vierteljahr 1916. Birsche, 29. Dezember 1916; LCVIA F. 641, ap. 1, b. 52, Verwaltungsbericht des Militärkreisamts Birsche für das II. Vierteljahr 1917, S. 5; LCVIA F. 641, ap. 1, b. 53, »Verwaltungsbericht Rossienie«, Verwaltungsbericht 27. Nov. 1915, S. 6; LCVIA F. 641, ap. 1, b. 53, »Verwaltungsbericht Rossienie«, Verwaltungsbericht 29. August 1916, S. 19.

73 Oberbefehlshaber Ost (Hg.), Das Land Ober Ost, S. 119–126.

schmutziger Flüchtlinge. Auf die Idee, daß viele dieser Zustände ausschließlich kriegsbedingt waren, kamen die Eroberer nur selten; für sie waren die Zustände in den Ostgebieten einfach so, was von der neuen Ordnung natürlich nicht hingenommen werden konnte. Nach der Beseitigung von Katzen und Hunden machte sich die Verwaltung somit daran, die Bevölkerung zu säubern. »Land« und »Raum« sowie die als Menschenmaterial angesehene Bevölkerung wurden zu Behandlungsobjekten. Eine intensive, zügige Erziehung war erforderlich. Noch konnte man zum Beispiel, wie ein Beamter auf dem Lande berichtete, Einheimische nicht als Fleischbeschauer einsetzen, »denn nach meiner Erfahrung mangelt es den Landesbewohnern an dem hier erforderlichen Verantwortungsgefühl, der Gewissenhaftigkeit und dem Sinn für Ordnung«.[74]

Die Durchsetzung von Sauberkeit geschah notfalls auch mit Gewalt. In einem offiziellen Bericht ist davon die Rede, daß in Bialystok täglich regelmäßig 1800 Menschen zwangsentlaust wurden.[75] Diejenigen, die »bearbeitet« worden waren, erhielten eine Bescheinigung. Gelegentlich wurden in den Bädern auch Impfungen vorgenommen, was aber den so behandelten Menschen so gut wie nicht erklärt wurde. Die Bevölkerung hatte Angst vor dieser Maßnahme, und zwar nicht, weil sie irrtümlicherweise mit einer mangelhaften Körperhygiene zufrieden war, sondern wegen der Schroffheit, mit der man ihr diesen Nutzen angedeihen ließ. Manchmal wurden die Impfungen in den Pässen vermerkt.[76] Bisweilen kam es bei dieser »Bearbeitung« zu Zwischenfällen, die in den amtlichen deutschen Berichten nicht erwähnt wurden. In den Städten bestachen einheimische Frauen, die immer noch irgendwo Gold versteckt hatten, die Soldaten, um den Zwangsbesuchen in den Bädern zu entgehen. Sie hatten Angst, von den Soldaten mißhandelt zu werden, wenn sie dort vor ihnen entblößt ständen.[77] Jahre später erinnerten sich Einheimische manchmal an die Impfungen und Hygienemaßnahmen als eine der wenigen positiven Hinterlassenschaften der deutschen Besatzung, obwohl sie die Maßnahmen seinerzeit abgelehnt hatten. Es ist eine grausame Ironie, daß

---

74 LCVIA F. 641, ap. 1, b. 52, Verwaltungsbericht des Militärkreisamts Birsche für das I. Vierteljahr 1917, S. 6.

75 Oberbefehlshaber Ost (Hg.), Das Land Ober Ost, S. 123.

76 LCVIA F. 641, ap. 1, b. 53, »Verwaltungsberichte Rossienie«, Verwaltungsbericht für die Zeit vom 1. April bis 30. September 1917.

77 Šilietis, Okupacija, S. 122; BAMA, PHD 23/42, »Chef der Militärverwaltung Litauen. Wilna, 23. April 1917. Verwaltungsbefehl XXXV«, S. 4, enthält die Anordnung, Zivilpersonen falls erforderlich unter Ausübung von stärkerem Druck zu entlausen.

später eine andere Art der »Bearbeitung« Anklänge an diese nützliche, im Osten geleistete Arbeit enthielt, als »Duschen« zur Tarnung für den Massenmord in den Todeslagern der Nazis dienten.

In den Säuberungsprogrammen für den Osten kam eine entscheidende Vorstellung zum Tragen, nämlich die vom »Raum«. Dieser Begriff hat im Deutschen zahlreiche Bedeutungen, und er läßt wieder an andere Begriffe denken, Begriffe wie »aufräumen« und »räumen«. Sie spielten bei der Kontrolle der Räume im gesamten Programm der Verkehrspolitik eine Rolle. Räume mußten geordnet, aufgeräumt und geräumt werden. Zwar wurde »Raum« als neutraler, beschreibender Begriff gebraucht, umfaßte jedoch de facto in einem einzigen Wort ein ganzes Programm. Zudem war dieser Begriff gleichzeitig eingrenzend wie auch ausweitend, genau wie Ober Ost selbst. Was die neuen Besatzer zunächst als anderes »Land« und andere »Leute« gesehen hatten, wurde jetzt zunehmend als »Raum und Volk«, als ein zweifaches Kontrollobjekt betrachtet. Insbesondere rückte eine neue Vorstellung immer stärker in den Vordergrund, und zwar diejenige von einem »Ostraum«, der für die besetzten Gebiete stand, deren politische Zukunft immer noch unklar war.

Die Durchsetzung der für eine funktionierende Verkehrspolitik erforderlichen Sauberkeit war, wie wir gesehen haben, von Gewalt begleitet. Sie wurde eingesetzt, um im Sinne der geforderten Arbeitsteilung Ordnung zu halten, aber auch um Distanz herzustellen. Der kleinste Verstoß gegen eine Anordnung durch einen Einheimischen, ein Mißverständnis oder eine Verzögerung konnten zahlreiche heftige Reaktionen auslösen. In einigen Fällen kam es dabei zu Gewalt gegen Zivilpersonen, was dann und wann von deutschen Beamten widerstrebend bestätigt wurde.[78] Die Besatzer selbst verrohten zusehends, da gewalttätiges Verhalten so gut wie nie disziplinarische oder strafrechtliche Konsequenzen hatte. Zur Erklärung dafür gab man an, daß die Armee Geschlossenheit zeigen müsse, damit die unintelligente Landesbevölkerung aus der Zurechtweisung der eigenen Leute nicht zu dem Schluß käme, die Deutschen könnten gegeneinander ausgespielt werden.[79] Die zahllosen öffentlichen

---

78 Šilietis, Okupacija, S. 117 ff.

79 In einem Bericht über ungültige Requisationsanweisungen wurde die Sorge geäußert, daß die Enthüllung von Konflikten zwischen den Behörden den Status der Deutschen in den Augen der Einheimischen herabsetzen könnte. Vgl. hierzu LCVIA F. 641, ap. 1, b. 52, Verwaltungsbericht für Mai–Juni 1916. Kreisamt Birsche, S. 23. Über die Wirkung von Anordnungen auf die örtliche Bevölkerung: LCVIA F. 641, ap. 1, b. 53, »Verwaltungsberichte Rossienie«, Verwaltungsbericht für die Zeit vom 1. Oktober bis 31. Dezember 1917. Georgenburg, S. 23 f.

Züchtigungen durch Offiziere gingen also weiter. Im Frühjahr 1917 machte es sich ein Offizier im Kreis Rossienie Berichten zufolge zur Gewohnheit, in einigen Dörfern Männer und Frauen einschließlich alter Menschen zu schlagen.[80] Diese spontane gewöhnliche Gewalt war möglich, weil die Kontrollmechanismen insgesamt auf systematisiertem und rationalisiertem Zwang und auf Gewalt beruhten. Ein Symbol für die systematische Brutalität des Besatzungsregimes war ein Apparat in den Gefängnissen, ein hölzernes Gerüst, auf das sich die Opfer ausstrecken mußten und auf dem sie mit wissenschaftlicher Präzision Gewalt ausgesetzt wurden.[81] Gewalt hielt die Distanz zwischen Besatzern und Besetzten aufrecht, weil die öffentlichen Züchtigungen auf den Straßen gewöhnlich durch einen angeblichen Verstoß gegen das Recht auf Vortritt, wegen Nichtgrüßens oder eines anderen angeblich respektlosen Verhaltens ausgelöst wurden. Gewalt war ergo ein Mittel, um die Ordnung zu bestätigen. So entwickelte sich eine gefährliche, sich selbst verstärkende Dialektik. Wie bereits erwähnt, bemerkten die Einheimischen, daß die Deutschen Angst vor Krankheiten hatten, und sie versuchten, mit dieser Reaktion zu spielen, indem sie Krankheiten vorgaben.[82] Einerseits war das eine Möglichkeit, um Schlägen oder Berührungen zu entgehen, verschärfte aber andererseits den von den Besatzern verspürten Abscheu, die dann zu drastischeren Maßnahmen übergingen.

Insgesamt gesehen stand die Verkehrspolitik für eine radikale Vorstellung von totaler Kontrolle über das besetzte Gebiet von Ober Ost, für eine Methode, das Land besser auszubeuten, zu mobilisieren und stärker in Besitz zu nehmen. Sie war entstanden aus den Notwendigkeiten, denen sich die Invasoren zunächst gegenübersahen: die Ordnung aufrechtzuerhalten und das Land wirtschaftlich effektiv zu nutzen. Von da aus entwickelte sie sich zu einem totalen Anspruch. Das Programm der Verkehrspolitik beinhaltete nicht nur ganze Bände von Verordnungen, die zur Kontrolle erlassen wurden, sondern zielte auch darauf ab, der unterworfenen einheimischen Bevölkerung eine neue Gesinnung aufzuzwingen. Verkehrspolitik war zugleich Mittel und Zweck. Sie zwängte das Land in einen Schraubstock, in dem es in eine neue Gestalt geformt werden sollte. Die Ansprüche der Verkehrspolitik waren jedoch so total und grenzenlos, daß der Fehlschlag vorprogrammiert war, weil die Verwaltung – von ihrer Militärutopie verblendet – Ziele verfolgte, die einander ausschlossen, nämlich einerseits die völlige militärische Sicherheit und

---

80 LMARS, F. 23–47, »Vokiečiai Lietuvoje«, Liste der Beschwerden, S. 8.

81 Petras Ruseckas (Hg.), Lietuva didžiajame kare, Vilnius 1939, S. 167.

82 Šilietis, Okupacija, S. 121.

Kontrolle der einheimischen Bevölkerung und andererseits die wirtschaftliche Ausnutzung des Gebiets. Letztlich wurde keines dieser Ziele erreicht. Entscheidend war jedoch die einfache Tatsache, daß man den monströsen Anspruch als Zukunftsvision für die Militärverwalter aufgestellt hatte. Die Realität wurde jetzt nicht nur an vernünftigen Erwartungen gemessen, sondern an dieser Vision der Verkehrspolitik. Keine Realität konnte indes die utopischen Ansprüche erfüllen, und dieser Fehlschlag hatte weitreichende Konsequenzen. Die Soldaten betrachteten den Osten nunmehr durch die Brille der Verkehrspolitik, deren Kategorien ja Bezugspunkte für diejenigen waren, die sie tagtäglich umsetzen mußten. Sie übernahmen Verwaltungskategorien, mit denen die Abteilung für Verkehrspolitik versuchte, das Gebiet unter Kontrolle zu bekommen: die einheitlichen »neutralen« Kategorien von »Räumen« und »Völkerschaften«, die kontrolliert und geordnet, gesäubert und umgeformt werden konnten. Diese Kategorien waren letztlich bestimmend für die Sichtweise der deutschen Soldaten vom Osten.

Das Kulturprogramm

Die deutsche Armee verwandte in den besetzten Gebieten mitten im Krieg ein erstaunliches Maß an Energie auf kulturpolitische Maßnahmen, denn sie waren Bestandteil des Projekts eines Militärstaats Ober Ost, wie er Ludendorff mit seinen ehrgeizigen, auf das »große Ganze« gerichteten Plänen für den Osten vorschwebte. Die »Verkehrspolitik« diente der Kontrolle des Territoriums, seiner Grenzen und der Mobilität; durch ein »Kulturprogramm« sollte dasselbe auf der geistigen Ebene erreicht werden, nämlich die Kontrolle ganzer Völker, ihrer nationalen Identität und ihrer zukünftigen Entwicklung.

Ludendorff entwickelte sein Kulturprogramm im Spätherbst 1915 unmittelbar nach seiner Ankunft im Hauptquartier in Kowno bei einem Spaziergang, mit dem er sich einen ersten Eindruck von seinem neuen Land verschaffen wollte. Als er von den Höhenzügen um Kowno hinabblickte auf die ruhige, alte Stadt am Zusammenfluß von Njemen und Neris mit ihren niedrigen Dächern, war er überwältigt von den ringsum aufsteigenden geschichtlichen Reminiszenzen: »Jenseits des Njemen liegt der Turm eines alten deutschen Ordensschlosses als ein Zeichen deutscher Kulturarbeit im Osten und nicht weit von ihm ein Markstein französischer Weltherrscherpläne, jene Höhe, von der Napoleon 1812 den Übergang der großen Armee über den Strom beobachtete.«[1] Ludendorff übersah die bedrohliche Tatsache, daß alle diese Projekte gescheitert waren. Von der Größe des Augenblicks fasziniert, rief er aus: »Gewaltige, geschichtliche Eindrücke stürmten auf mich ein: Ich beschloß, die Kulturarbeit, die die Deutschen während vieler Jahrhunderte in jenen Ländern getan hatten, in dem besetzten Gebiet aufzunehmen.«[2] Angesichts der ethnischen Vielfalt dieses Landstrichs war das ein äußerst ehrgeiziges Ziel; ein Programm deutscher Kulturarbeit würde bedeuten, den einheimischen Volksgruppen Bildung zu vermitteln und eine Kultur für sie zu schaffen, denn Ludendorff war der Ansicht: »Aus sich heraus schafft die buntgemischte Bevölkerung keine Kultur.«[3] Das ganze Gebiet wurde von ethnischen Konflikten zerrissen, doch Ludendorff meinte, dies mache deutsche Vermittlung nur um so notwendiger.

---

1 Ludendorff, Kriegserinnerungen, S. 138.

2 Ebenda.

3 Ebenda.

Auch den Deutschen bot das Kulturprogramm eine Menge, nämlich die Chance, sich ins Geschichtsbuch der Region »einzutragen«. Durch »deutsche Arbeit« erhielt ihre Anwesenheit Sinn. Und vor allem stellte das Programm sicher, daß Ober Ost kein kurzfristiges Konstrukt, sondern ein Mittel sein würde, um die deutsche Hoheit über das Gebiet zu einer Dauerherrschaft werden zu lassen. Wie bei der Verkehrspolitik strebten die Besatzer auch im kulturellen Bereich eine umfassende Überwachungs- und Lenkungsfunktion an. Als erstes würden sie für Ordnung sorgen, dann für Bildung als Mittel zur Formung der Kultur und der nationalen Identität der ethnischen Gruppen. Um Ordnung herzustellen, wurde in der Kulturpolitik zunächst ein Monopol der Militärverwaltung auf die Wahrnehmung der staatlichen Kontrolle geltend gemacht, und um »geordnete Verhältnisse« aufrechtzuerhalten, verbot der Oberbefehlshaber Ost jede politische Betätigung. So wurde die Kultur zwangsläufig zu einem Teil der Politik. Die Verwaltung überwachte und lenkte alle kulturellen Aktivitäten und unterstrich damit die ethnische Zersplitterung und den Bedarf an Kontrolle von oben. In einem solchen ethnischen Wirrwarr werde ein Volk von außen gebraucht, argumentierte man, ein Volk mit Organisationstalent, das als Vermittler agiere und den Rahmen für eine kulturelle Blüte schaffe. Um diesen Anspruch zu untermauern und ein einheitliches Bild von Ober Ost zu erzeugen, verkündete die Verwaltung ihre Forderungen sowohl in Deutschland als auch unter der einheimischen Bevölkerung und den deutschen Soldaten in den besetzten Gebieten. Als nächstes machte sie sich daran, eine Kultur für Ober Ost zu formen. Die kulturpolitischen Maßnahmen der Militärverwaltung umschlossen die einheimischen Kulturen mit einer Klammer, sie gaben einheimischen Inhalten eine deutsche Form. »Deutsche Arbeit« würde die Kultur der einheimischen Bevölkerung in deutsche Institutionen fassen und so ihre primitiven, unausgeformten Energien in nützlichere Bahnen lenken. Die Kulturpolitik von Ober Ost verfolgte mithin drei Ziele. Zum ersten sollte sie ein überzeugendes Bild des Militärstaats und der in ihm geleisteten kulturbildenden »deutschen Arbeit« vermitteln. Zum zweiten sollten die einheimischen Kulturen durch deutsche Institutionen zusammengehalten werden, die ihre Identität bestimmten und ihre Entwicklung steuerten. Und schließlich sollte die deutsche Kulturpolitik den Soldaten den Sinn ihrer Aufgabe vermitteln. Die beiden letztgenannten Projekte der Identitätsbildung für Besetzte und Besatzer legten zugleich deren jeweilige Rolle im Rahmen der »deutschen Arbeit« fest.

Gemessen an diesen Vorgaben, war das von Ludendorff in Ober Ost eingerichtete Kulturprogramm ein voller Erfolg: Innerhalb von nur zwei Jahren, von 1915 bis Ende 1917, sorgte es für eine nachhaltige Vorstellung von dem Militärstaat und von seiner Mission, deutsche Kulturarbeit zu leisten. Doch genau dieser Erfolg sollte sich als fatal erweisen, denn als 1917 eine politische Kursänderung nötig wurde, stellte die Verwaltung von Ober Ost fest, daß sie die Ideen, die dem Programm zugrunde lagen, nicht einfach vergessen machen konnte. Als der Militärstaat den einheimischen Volksgruppen die Möglichkeit geben mußte, ihre eigenen politischen Vorstellungen zum Ausdruck zu bringen (zumindest soweit, daß sie »aus eigenem Antrieb« um die Angliederung an Deutschland ersuchten), hatte er bereits zuviel in die Ideologie der »deutschen Arbeit« investiert, um die neuen Anforderungen effektiv erfüllen zu können, und mußte feststellen, daß er mit seinem Kulturprogramm dauerhafte und festgefügte Einstellungen geschaffen hatte. Die ehrgeizige Kulturpolitik verschleierte die komplexen, häufig negativen Beziehungen zu den unterworfenen Bevölkerungsgruppen. Selbst der Versuch, sie zu definieren und in das System »deutscher Arbeit« einzuordnen, wurde aus einer gewissen Distanz und von oben herab unternommen. Die »konstruktiven« Ziele des Programms drangen der einheimischen Bevölkerung oft gar nicht ins Bewußtsein – außer bei den Zwangsmaßnahmen des Regimes. Das war der entscheidende Mangel des Programms, denn die Ansprüche von Ober Ost wichen immer stärker von der Realität vor Ort ab, was aber erst 1917 wirklich deutlich wurde.

Vom Beginn des Kulturprogramms im Herbst 1915 an waren verschiedene Abteilungen der Militärverwaltung damit befaßt. Die Aufgabe war zu groß für eine einzige Abteilung, und so arbeiteten die Presseabteilung, die politische Abteilung und die Kirchen- und Schulabteilung gemeinsam daran. Federführend war die Presseabteilung, die für eine überzeugende Darstellung der Tätigkeit von Ober Ost zu sorgen hatte. Sie wurde am 5. Dezember 1915 als selbständige Abteilung eingerichtet. Mit demselben Befehl wurde die gesamte Presse dem Oberbefehlshaber Ost und seiner Zensur unterstellt. Leiter der Presseabteilung mit etwa siebzig Mitarbeitern war – von November 1915 bis Februar 1918 – Ludendorffs Presseberater Hauptmann Friedrich Bertkau,[4] der beim renommierten Ullstein-Verlag gearbeitet hatte und zu Beginn des Krieges verwundet worden war. Um der Kulturverwaltung ein Renommee intellektueller Seriosität zu verschaffen, berief Ludendorff eine »Akademie« von Intellektuellen zusammen. Dazu gehörten auch Schriftsteller, die bereits vor dem Krieg Berühmtheit erlangt hatten, wie Arnold Zweig, Herbert Eulenberg und Richard Dehmel, der Maler und Graphiker Hermann Struck, der Wissenschaftler Erich Zechlin und der Philologe und Journalist Victor Klemperer.[5]

4 Klemperer, Curriculum, S. 674.

5 Dehmel, Zwischen Volk; Hans Frentz, Über den Zeiten. Künstler im Kriege, Freiburg 1931.

Ziel der Presseabteilung war es, in den besetzten Gebieten ein Mediennetz zu schaffen und dadurch institutionelle Vorposten deutscher Kultur zu errichten, die allein durch ihr Vorhandensein deutlich machten, daß die deutsche Verwaltung hier zu Hause war. Ober Ost rechnete sich jedes Anzeichen eines Wiederauflebens der Kultur als Verdienst an: »Wie ein Brand über die Steppe, so fuhr der Krieg über diesen Graswuchs der westrussischen Presse dahin und verzehrte mit seinen Flammen das kümmerliche Gewächs. Doch wie nach dem Waldbrand der Boden besser wird, so war auch in diesem Falle der Acker zur neuen Saat bereitet. Der Sämann kam, als die Verwaltung des Oberbefehlshabers Ost in das Land einzog.«[6] Die Presseabteilung gründete im gesamten Besatzungsgebiet deutsche Lokalzeitungen (*Kownoer Zeitung, Wilnaer Zeitung, Grodnoer Zeitung*). Mit der Verwendung der Städtenamen im Titel wollten die Herausgeber den lokalen Charakter der Blätter unterstreichen, die – auch wenn sie in Deutschland gedruckt wurden – der einheimischen Bevölkerung Informationen über den Krieg aus der Sicht der Armee liefern, die Befehle der Militärverwaltung verbreiten und immer wieder dem desorganisierten und grausamen russischen Regime das neue System »deutscher Arbeit« gegenüberstellen sollten. Politische Themen durften nicht behandelt werden, um das friedliche Nebeneinander der verschiedenen Volksgruppen nicht zu gefährden. Das zentrale Ziel dieser Zeitungen wurde folgendermaßen definiert: »Es war selbstverständlich, daß die Zeitung ihre vornehmste Aufgabe in der Verbreitung und Stärkung des deutschen Ansehens erblicken und daher in erster Linie auch in deutscher Sprache erscheinen mußte.«[7] Doch wie so oft in Ober Ost stellten die gewählten Mittel das Erreichen des gesetzten Ziels in Frage. Der Großteil der Zeitungen erschien auf deutsch (in Grodno und Bialystok waren sie mehrsprachig, mit polnischen und jiddischen Teilen), was die Einheimischen, für die sie bestimmt waren, gar nicht verstanden. Das einzige Zugeständnis an die sprachlichen Realitäten bestand darin, daß die deutschen Texte in Antiqua und nicht in Fraktur gesetzt wurden, um »wenigstens durch das Druckbild dem Verständis der Bevölkerung entgegenzukommen, an die man sich mit der Zeitung wenden wollte«.[8] Die *Wilnaer Zeitung* erklärte in ihrer ersten Ausgabe zur eigenen Mission:

»Sie soll ein Pionier deutscher Friedensarbeit sein, sie will das Verständnis für deutschen Geist und deutsche Arbeit, für deutsche Zucht und Ordnung vertiefen. Sie will

---

6 Oberbefehlshaber Ost (Hg.), Das Land Ober Ost, S. 133.

7 Ebenda, S. 136.

8 Ebenda.

vor allem aber das Vertrauen der Bevölkerung haben, fest im Boden des Landes wurzelnd, wird sie Freude und Leid mit ihr teilen, sie wird zugleich eine Vertreterin des deutschen Vaterlands im Osten und eine Vertreterin des Ostens im deutschen Vaterlande sein.«[9]

Das Hauptziel der Presseabteilung war, der Außenwelt ein Bild der besetzten Gebiete und des Militärstaates Ober Ost zu vermitteln, das den einzigartigen Charakter des Landes und seine komplexe Vielfalt hervorhob und deutlich werden ließ, daß die Deutschen es besser verwalteten, als jeder andere es gekonnt hätte. Zur Beeinflussung der öffentlichen Meinung in der Heimat veröffentlichte die Presseabteilung von Ober Ost ab Oktober 1916 regelmäßig die sogenannte *Korrespondenz B*. Diese Publikation, in der Informationen über die Länder, ihre Geschichte und über die Errungenschaften »deutscher Arbeit« zu finden waren, wurde an Zeitungen in Deutschland versandt und versorgte diese mit amtlichen Drahtfunkagenturmeldungen.[10] Alle in ihr enthaltenen Zeichnungen, Übersetzungen, Gedichte und wissenschaftlichen Artikel waren zum Nachdruck bestimmt. Die Militärkünstler von Ober Ost veröffentlichten viele bildliche Darstellungen der besetzten Gebiete. Der Maler und Graphiker Hermann Struck stellte ein Skizzenbuch zusammen, und Militärverlage publizierten Postkarten und Fotobände mit Titeln wie »Bilder aus Litauen«.[11] Die Militärverwaltung veröffentlichte unter dem Titel »Das Land Ober Ost« ein eigenes Propagandabuch. Dieses Handbuch der besetzten Gebiete stellte Ober Ost so da, wie es gesehen werden wollte. Auf die Vorstellung von »Land und Leuten« in ihrer ungeordneten Vielfalt folgten ausführliche Berichte über die deutschen Errungenschaften, untermauert mit zahlreichen statistischen Überblicken. Der Untertitel enthielt die eigentliche Botschaft des Buches: »Deutsche Arbeit in den Verwaltungsbezirken Kurland, Litauen und Bialystok-Grodno«.[12]

Die Presseabteilung koordinierte als geschickter PR-Manager die Kontakte zur deutschen Presse. Ihre Vertreter veranstalteten Pressekonferenzen, eine beeindruckende Neuerung der Kriegsjahre, und förderten die Publika-

9 Zit. n. Bertkau, Zeitungswesen, S. 79.

10 BAMA, PHD 8/23, Korrespondenz B (im folgenden KB).

11 Schlichting, Bilder.

12 Oberbefehlshaber Ost (Hg.), Das Land Ober Ost. Deutsche Arbeit in den Verwaltungsbezirken Kurland, Litauen und Bialystok-Grodno, Titelseite – die Veröffentlichung wurde im Mai 1917 angekündigt: BAMA, PHD 8/20, *Ziffer 580. Bekanntmachung betreffend Herausgabe des Buches ›Das Land Ober Ost‹*, BUV 79 (26. Mai 1917), S. 631.

tion zahlreicher propagandistischer, von ungebremster Begeisterung gekennzeichneter Reiseberichte in deutschen Zeitungen.[13] Journalisten reisten zu sorgfältig vorbereiteten Rundfahrten an, die rasch zur Routine wurden. Die Unterbringung der Besucher erfolgte in speziellen Gästehäusern. Die Offiziere, die als Fremdenführer fungierten, wurden scherzhaft »Bärenführer« genannt. Ein pflichtbewußter Offizier räumte zwar ein, daß diese Besuche der »Großmacht Presse« notwendig waren, beklagte aber, daß sie allzu häufig stattfänden und dadurch störten. Dem Verwaltungschef von Kurland zufolge verging kaum eine Woche, ohne daß wichtige Gäste eintrafen, darunter viele bedeutende Persönlichkeiten, wie der Kaiser, der Bürgermeister von Lübeck, die Bürgermeister zwölf weiterer deutscher Städte, mehrere Reichsminister und der Direktor der Krupp-Werke, Hugenberg. Auch der schwedische Asienforscher Sven Hedin besuchte Ober Ost und berichtete in seinem Kriegsbuch »Nach Osten!« über seine Erfahrungen.[14] Um die Menschen in der Heimat mit den besetzten Gebieten vertraut zu machen, schickte die Militärverwaltung Kriegsausstellungen mit ausgewählten Presseerzeugnissen aus Ober Ost nach Dresden, Leipzig, Köln und Danzig.[15]

Das wichtigste Druckerzeugnis der Militärverwaltung war der »Atlas der Völkerverteilung in Westrußland« von 1916, eine beredte Apologie der Existenz des Militärregimes. Bereits der Titel sagte alles, doch die im Atlas enthaltenen Karten, ein kunterbunter ethnischer Flickenteppich, waren mehr wert als tausend Worte annexionistischer Propanda. Sie verkündeten die Andersartigkeit der besetzten Gebiete, machten deutlich, daß sie nicht, wie man gedacht hatte, ein einheitliches Reich bildeten. Mit dem Atlas wurde der Zweck verfolgt, »die Kenntnis zu verbreiten, daß sich das bis vor dem Kriege für ein einheitlich großrussisches Reich gehaltene Staatsgebilde zu einem großen Teile aus den Territorien selbständiger Völkerschaften zusammensetzt,

---

13 Sven Hedin, Nach Osten!, Leipzig 1916; Arthur Feiler, Neuland. Eine Fahrt durch Ob. Ost, Frankfurt am Main 1917; Fritz Hartmann, Ob-Ost. Friedliche Kriegsfahrt eines Zeitungsmannes, Hannover 1917; Ernst Heywang, Deutsche Tat, Deutsche Saat in russischem Brachland. Eine Frontreise nach Ob.-Ost, Straßburg 1917; Karl Strecker, Auf den Spuren Hindenburgischer Verwaltung. Erlebnisse und Ergebnisse einer Studienfahrt in Ob. Ost, Berlin 1917; Paul Listowsky, Neu-Ost. Unser Zukunftsgrenzgebiet um Ostpreussens Ostrand. Fahrten durch Polen und Litauen unter deutscher Kriegsverwaltung, Königsberg 1917.

14 BA, N 1031/2, Gayl, S. 52 und 86; BAMA, N 196/1, Heppe, Bd. V, S. 110 f.; Hoffmann, Aufzeichnungen, I, S. 177 f.; BAMA, N 98/1, Goßler, S. 69, 83–94.

15 Oberbefehlshaber Ost (Hg.), Das Land Ober Ost, S. 147.

die dem Moskowitertum nicht näher stehen als uns«.[16] Er eröffnete den Ausblick auf eine Vielzahl zukünftiger Möglichkeiten.

Die Presseabteilung agierte auch als Schnittstelle zur einheimischen Bevölkerung. Einer ihrer Mitarbeiter erklärte allerdings die fehlende Kenntnis der hier gesprochenen Sprachen zum »wahrscheinlich wundesten Punkt der ganzen Ober-Ost-Verwaltung«.[17] Der Übersetzungsdienst hatte Unmengen von Befehlen und Anweisungen des Militärstaats zu bewältigen. Hier traten gravierende Probleme auf, insbesondere im Zusammenhang mit der »Übersetzung von Begriffen [...], die der niedrigen Kultur dieses Landes vollkommen fremd waren«.[18] Um Abhilfe zu schaffen, erstellte der Übersetzungsdienst ein Glossar des amtlichen Sprachgebrauchs. Diese systematische Kartei der Verwaltungssprache enthielt Entsprechungen für typisch deutsche Begriffe in den osteuropäischen Sprachen Polnisch, Russisch, Weißrussisch, Litauisch, Lettisch und Jiddisch. So wie man die gesamte Bevölkerung mit Karteien unter Kontrolle bekommen wollte, versuchte man mit diesem Katalog auch die Sprachen zu erfassen und zu fixieren (amtliche Berichte verkündeten 1917 voller Stolz, daß er schon fast 8000 Wörter umfasse). Diese Maßnahme sollte sicherstellen, daß der einheimischen Bevölkerung ein einheitliches Bild vom Besatzungsregime vermittelt wurde, und sie sollte »vor allem den dem Ansehen der Verwaltung abträglichen Unstimmigkeiten in öffentlichen gedruckten Kundgebungen vorbeugen helfen«. Die Besatzer führten Begriffe ein, die die osteuropäischen Völker bislang nicht gekannt hatten und die sämtlich einem Vokabular der Zwangsmaßnahmen, bürokratischen Willkür und staatlichen Machtvollkommenheit entstammten. Im Frühjahr 1918 erstellte die Presseabteilung daraus ein »Siebensprachenwörterbuch«.[19] Schon die Art und Weise, wie das Wörterbuch eingeführt wurde, ist bezeichnend. In diesem Land der Anachronismen, so das Vorwort, habe »die Entwicklung der Sprache jeder einzelnen Nation [...] mit deren kultureller Entwicklung Schritt gehalten«. Und daher fehle »vielen der in Betracht kommenden Sprachen [...] eine ganze Reihe von Ausdrücken – es gab für zahlreiche in der deutschen Verwaltungssprache fest eingebürgerte Begriffe in jenen Fremdsprachen keine Worte, deren Bedeutung sich genau mit der des deutschen

16 Ebenda.

17 Klemperer, Curriculum, S. 465.

18 Oberbefehlshaber Ost (Hg.), Das Land Ober Ost, S. 147 f.

19 Siebensprachenwörterbuch. Deutsch/Polnisch/Russisch/Weißrussisch/Litauisch/Lettisch/Jiddisch (o. S.: Presseabteilung des Oberbefehlshabers Ost [1918]). Alle folgenden Zitate stammen aus dem Vorwort, S. 5–7.

Wortes deckte – man mußte sich bisweilen zu mehr oder minder kühnen neuen Bildungen entschließen«. Die lexikalische Arbeit bei der Erschaffung neuer Sprachen für die unterworfenen Völker habe »in diesem Falle nicht, wie sonst, lediglich konfirmative, sondern sehr oft konstitutive Bedeutung; [...] um diese Begriffe in ihrer vollen Bedeutung dem Geiste der Bevölkerung fest und unverrückbar einzuprägen«.

Damit war die weitere lexikalische Entwicklung bereits festgelegt, doch zunächst einmal sollte das Wörterbuch »einer Zersplitterung und einer Vergeudung geistiger Arbeitskraft vorbeugen und die erste Grundlage einheitlicher Sprachentwicklung in den gebotenen Grenzen werden«. Die Schöpfer dieser neuen »Amtssprachen« betonten, ihre Arbeit bestehe lediglich in der neutralen Tätigkeit des Systematisierens, denn »die Verfasser haben sich bemüht, den Geist der Sprachen zu erfassen, sie haben den unbefangenen Versuchen des Volkes gelauscht, wenn es aus ursprünglichen Trieben für die neuen, ungewohnten Begriffe sich Worte zu bilden versuchte«. Es war also deutsche Organisation, die den »ursprünglichen Trieben« der einheimischen Bevölkerung eine Form verlieh und damit die Militärverwaltung zum Herren über die sprachliche Entwicklung der osteuropäischen Kulturen machte. Die amtliche litauischsprachige Zeitung der politischen Abteilung, *Dabartis* (Die Gegenwart), bemühte sich, einen neuen offiziellen Dialekt zu schaffen, nachdem »im Laufe der Okkupationsjahre dieser neue Dialekt schon zu einer Art Amtssprache sich entwickelt hatte«. Im Litauischen wie im Lettischen war »eine große Zahl von Ausdrücken neu zu schaffen«. Das Weißruthenische, die älteste slawische Sprache mit starken Beimengungen aus anderen Sprachen, mußte erst vom Übersetzungsdienst definiert werden, der damit »sprachliches Neuland« betrat. Vergleichbare Schwierigkeiten gab es beim Jiddischen, das Wörter aus vielen Sprachen in seinen Wortschatz aufgenommen hatte, so daß es oft schwierig war, sich für eine von zahlreichen möglichen Varianten zu entscheiden. Ungeachtet dieser Schwierigkeiten, so die Herausgeber, sei das keine abstrakte, sondern eine sehr konkrete Arbeit, die sich aus den Notwendigkeiten des realen Lebens ergebe: »Die Worte sind aus dem Volke geholt und sind für das Volk bestimmt.« Die nächste Ausgabe des Wörterbuchs, so hofften die Herausgeber, werde »vielleicht schon im Frieden, jedenfalls in der Zeit lebhafter Annäherung des deutschen Volkes und jener Nachbarvölker erscheinen«. Dabei legte das Wörterbuch jetzt schon die ungleichen Bedingungen dieser zukünftigen gegenseitigen »Annäherung« fest. Bezeichnenderweise war es zwar mehrsprachig, doch übersetzt wurde nur in eine Richtung: aus der deutschen Amtssprache in die osteuropäischen Sprachen. Es war nicht möglich, zum Beispiel die deutsche Entsprechung für ein jiddisches Wort zu finden. Das Wörterbuch war eine Einbahnstraße und

Deutsch die Kommandosprache. Es kann als Symbol für das ganze Projekt Ober Ost gesehen werden, das der Einordnung osteuropäischer Inhalte in ein deutsches Raster diente. Befehle wurden nur in eine Richtung erteilt.

Die Presseabteilung kümmerte sich um alle Aspekte der Darstellung des Militärstaates. Sämtliche Presseerzeugnisse wurden zweimal zensiert, vor und nach dem Satz, und die Zensoren neigten zu übertriebener Vorsicht.[20] Am 15. Juli 1916 wurde zur Steuerung des Zuflusses von Kulturgütern nach Ober Ost in der Presseabteilung ein eigenes Buchprüfungsamt (Bupra) eingerichtet (und später im Jahr eine Filiale in Leipzig).[21] Den Schriftsteller Richard Dehmel, der in dem Amt arbeitete und darin eine »Sünde am deutschen Geist« sah, brachte seine Tätigkeit in einen Gewissenskonflikt.[22] Victor Klemperer war hingegen beunruhigt darüber, wie rasch er in seine Aufgabe hineinwuchs: »Wie einem das Amt den Kopf herumbiegt! [...] Ich verbiete oder bereite mich doch aufs Verbieten vor.« Auch ihm kamen schließlich Zweifel an dem ganzen System.[23]

In einem Schreiben an die Oberzensurstelle des Kriegspresseamts in Berlin vom 10. September 1916 verlangte die Presseabteilung, daß ihr alle Beiträge über Ober Ost, die in der Presse erscheinen sollten, vorab zur Genehmigung vorzulegen seien, weil es immer wieder vorkomme, daß »in der deutschen Presse Artikel und Notizen über das Gebiet Ob.Ost erscheinen, die unrichtige oder unerwünschte Angaben enthalten«.[24] Die Presseaktivitäten von Ober Ost vermittelten überzeugend den Eindruck von Dauerhaftigkeit und machten damit deutlich, wie gefestigt die Militärverwaltung war. Letztere bemühte sich jetzt, den Nationalcharakter der verschiedenen Bevölkerungsgruppen zu verstehen. Ludendorff stellte in seiner ersten Einschätzung fest: »Die Bevölkerung stand uns, bis auf die deutschen Teile, fremd gegenüber.« Er und seine Soldaten kannten auch »die Verhältnisse von Land und Leuten nur wenig und sahen [sich] einer neuen Welt gegenüber«.[25]

Die größte Überraschung für die vorrückenden deutschen Armeen war die Begegnung mit der jüdischen Bevölkerung, eine angenehme Überraschung, denn trotz des ungewohnten Äußeren der Menschen gab es mit der jiddischen

---

20 Bertkau, Zeitungswesen, S. 132.

21 Häpke, Verwaltung, S. 58; Bertkau, Zeitungswesen, S. 156.

22 Dehmel, Zwischen Volk, S. 457.

23 Klemperer, Curriculum, S. 463, 504.

24 Pr. A. Nr. 4076, zitiert nach Bertkau, Zeitungswesen, S. 108. Diese Unterlagen wurden während des Zweiten Weltkriegs im Potsdamer Reichsarchiv vernichtet.

25 Ludendorff, Kriegserinnerungen, S. 145 f.

Sprache beziehungsweise dem »Jiddisch-Deutschen«, wie es bisweilen genannt wurde, etwas Verbindendes.[26] Mit Ludendorffs Worten: »Der Jude wußte noch nicht, welches Gesicht er zeigen sollte, er machte uns aber keine Schwierigkeiten, wir konnten uns auch sprachlich mit ihm verständigen, während den Polen, Litauern und Letten gegenüber das fast nirgends der Fall war.«[27] Im Vergleich zur Diskriminierung und zum Elend der Juden unter russischer Herrschaft schien die erklärte Absicht der Verwaltung von Ober Ost, sich in bezug auf die verschiedenen ethnischen Gruppen neutral zu verhalten, zumindest nominell eine spürbare Verbesserung der Lage dieser Bevölkerungsgruppe zu verheißen. Und so wird auch in den offiziellen Berichten ein anfangs freundliches, von Hoffnung geprägtes Verhalten der Juden konstatiert.[28] Victor Klemperer beobachtete: »Die Juden sind uns wohlgesinnt, sprechen ja auch deutsch oder halbwegs deutsch.« Der Militärverwaltung liege »sehr viel an einem guten Verhältnis zur jüdischen Bevölkerung, bei der sie auf deutsche Sprachkenntnisse, auf Beziehungen zur deutschen Kultur stieß, aus der sie ihre Verbündeten zu machen geneigt war«.[29] Einige antisemitisch eingestellte Mitarbeiter der Verwaltung waren allerdings mißtrauisch.[30] Der Leiter des Kreisamts Birsche merkte an, in seinem Amtsbereich seien »Juden [...] in beträchtlicher Zahl überall wohnhaft – ein Krebsschaden des Landes«.[31] Und auch andernorts, wo man sich bemühte, die Beziehungen zu den Juden zu pflegen, damit diese Bevölkerungsgruppe den Deutschen wohlgesinnt war,[32] wurden ablehnende Stimmen laut. In einem Geheimbericht vom Mai 1916 wurde gewarnt, es sei ein verbreiteter Irrtum, »die Juden Russlands für besondere Freunde Deutschlands zu halten«, denn diese Bevölke-

26 *Deutsch im Jiddischen*, ZXA 284 (15. Juni 1917); BAMA, PHD 8/20, *Grundlegende Richtlinien zur Wiederbelebung des Schulwesens*, BUV, Beilage zu Nr. 7 (28. Januar 1916); Zechlin, Deutsche Politik, S. 224–237. Wie einfach die Verständigung war, geht aus dem Brief eines Soldaten zu geschäftlichen Fragen hervor: Philipp Witkop (Hg.), Kriegsbriefe gefallener Soldaten, München 1928, S. 88–97; Klemperer, Curriculum, S. 684.

27 Ludendorff, Kriegserinnerungen, S. 145.

28 LCVIA F. 641, ap. 1, b. 53, »Verwaltungsbericht Rossienie«, Verwaltungsbericht 30. Jan. 1916, S. 15; LCVIA F. 641, ap. 1, b. 53, »Verwaltungsbericht Rossienie«, Verwaltungsbericht 29. April 1916, S. 14.

29 Klemperer, Curriculum, S. 467, 505.

30 BAMA, N 196/1, Heppe, Bd. V, S. 104.

31 LCVIA F. 641, ap. 1, b. 52, Verwaltungsbericht für Februar 1916. Kreisamt Birsche, S. 5.

32 Häpke, Verwaltung, S. 54.

rungsgruppe verfolge keinerlei nationale, sondern ausschließlich wirtschaftliche Interessen.[33] Freiherr von Gayl hob hervor, die Juden seien »im Völkergemisch des Ob Ostgebietes [...] ein störender, oft unergründlicher Faktor in jeder politischen Erwägung«.[34]

Auf die Frage, wie antisemitisch die deutschen Soldaten und Verwaltungsangestellten bei der ersten Begegnung mit den Ostjuden waren, gibt es keine eindeutige Antwort. Die dokumentarischen Quellen liefern sowohl Belege für Interesse und Mitgefühl als auch für ein breites Spektrum antisemitischer Reaktionen, in denen Vorurteile und bisweilen aggressiver Haß zum Ausdruck kamen. Noch Jahre später beharrte der Antisemit von Gayl darauf, die Juden seien – ungeachtet ihrer äußerlichen Freundlichkeit – absolut antideutsch eingestellt gewesen. Er stellte fest, daß sich die Soldaten über die Juden lustig gemacht hatten: »Unsere Soldaten sahen damals im täglichen Leben vornehmlich die komische Seite des Auftretens der Juden, mit denen sie gern ihre Scherze trieben. Sie verabscheuten sie auch wegen des unausrottbaren Schmutzes, den sie um sich verbreiteten, aber nur wenige sahen weiter und ahnten die Gefahr, die dort für unser Volk sich abzuzeichnen begann.«[35] Für von Gayls Geschmack gab es zuwenig engagierte Antisemiten. Einem Bericht aus dem Jahr 1916 zufolge zwang der Militärbürgermeister von Schaulen jüdische Frauen, den Marktplatz der Stadt zu putzen. Während einige Soldaten und Offiziere, die die Reinigungsaktion verfolgten, nicht mit Bemerkungen sparten und die Frauen verspotteten, kritisierten andere Offiziere den Bürgermeister »in äussert [sic] schroffer Form«, was die Stimmung sehr erhitzte.[36] Die Bandbreite der Reaktionen auf den Anblick der Frauen war offensichtlich sehr groß.

Im Herbst 1915 bemühte sich Ludendorff, ein klareres Bild der ethnischen Landschaft zu gewinnen, doch alle Versuche einer Volkszählung blieben unbefriedigend. Die Frage der Religionszugehörigkeit sorgte für weitere Komplikationen. So waren zum Beispiel die Weißrussen teils russisch-orthodox und teils römisch-katholisch. Und die litauischen und polnischen Bevölkerungsgruppen gerieten – ungeachtet ihres gemeinsamen katholischen Glaubens – immer wieder über lokale kirchliche Angelegenheiten miteinander in

33 (Hoover Institution Archives) Germany. Oberste Heeresleitung. Box 2, folder no. 5, Denkschrift aus Ober Ost (ohne Titel) (Wilna, 5. Mai 1916), S. 109.

34 BA, N 1031/2, Gayl, S. 133.

35 Ebenda, S. 133, 159 f.

36 BA, N 1238/8, Morsbach, Bürgermeister zu Schaulen. Zu Abteilung V, 27. September 1916.

Streit. Weitgehend unverständlich war für die Deutschen, daß sich hier auch durch die Sprache (die in den deutschen Vorstellungen von der nationalen Identität eine so wichtige Rolle spielte) die Volkszugehörigkeit nicht eindeutig bestimmen ließ. Da gab es Menschen, die sich entschieden zu Litauern erklärten, ohne die litauische Sprache zu sprechen. Andere wiederum waren stolz auf ihre polnische Identität, sprachen zu Hause aber litauisch. Und schlimmer noch, bisweilen war überhaupt nicht festzustellen, welche Sprache in den Familien gesprochen wurde. Für den Hausgebrauch hatte man das Litauische mit dem Polnischen und dem Weißrussischen zu einer Pidginsprache vermischt, und im übrigen war das Leben hier zwangsläufig mehrsprachig. In einem Bericht aus Kurland werden Soldaten dafür getadelt, daß sie jeden, der deutsch sprach, tatsächlich als Deutschen ansahen.[37] Für Neulinge war die Frage der nationalen Identität, wie sie sich hier stellte, etwas völlig Ungewohntes und bedrohlich Unsicheres.

Ludendorff stellte schockiert fest, daß seine Militärverwaltung eine bislang nicht als solche erkennbare Volksgruppe »entdeckt« hatte – die Weißrussen: »Sie waren buchstäblich zunächst nicht aufzufinden. Später erst zeigte es sich, daß sie ein ganz verbreiteter, aber äußerlich polonisierter Stamm sind, der auf so niedriger Kulturstufe steht, daß ihm nur bei langer Einwirkung geholfen werden kann.«[38] Diese Offenbarung hinterließ einen tiefen Eindruck. Da war ein Menschenschlag, der anscheinend seine Volkszugehörigkeit verloren hatte – »die Polen hatten ihm seine Nationalität genommen, ohne ihm irgend etwas dafür zu geben«.[39] Ein Offizier bemerkte beim Anblick weißrussischer Bauern, sie seien gutmütig, »aber kulturell sehr zurückgeblieben und indolent. Wohnstätten, Kleidung und Wirtschaftsweise waren von einer Primitivität, die ich im 20. Jahrhundert in Europa nicht mehr für möglich gehalten hatte.«[40] Man wußte nicht einmal, wie man diese neue Bevölkerungsgruppe nennen sollte. Mit der Bezeichnung »Weißrussen« würde eine zu enge Beziehung zu den Großrussen angedeutet. Die Militärverwaltung entschied sich schließlich für »Weißruthenen« und erkannte, daß ihr fehlendes Nationalbewußtsein Möglichkeiten zur Manipulation zu eröffnen schien. Ein Geheimbericht von Ober Ost zur Politik gegenüber den Einheimischen vom Mai 1916, in dem noch von Weißrussen die Rede ist, enthielt den nachdrücklichen Hinweis: »Die Deutsche Zukunft im Lande beruht darauf, daß die Weissrussen eine

37 BA, N 1031/2, Gayl, S. 239.
38 Ludendorff, Kriegserinnerungen, S. 145.
39 Ebenda.
40 BAMA, N 196/1, Heppe, Bd. V, S. 72.

Wiedergeburt durchmachen und gegen das Polentum auftreten.« Er warnte vor dem Versuch, sie zu germanisieren, das werde sie nur in die Arme der Polen treiben. Wenn es hingegen gelinge, eine »Wiedergeburt der Weissrussen herbeizuführen«, werde dies die Sache der Polen schwächen (und den Druck auf die ethnisch gemischten Randgebiete Ostpreußens verringern). Der Verfasser des Berichts vertrat die Ansicht, eine kleine Gruppe von Polen habe wie Parasiten auf Kosten dieser desorientierten Volksgruppe gelebt und aus ihr Verstärkung für das Polentum rekrutiert.[41] Wie eine kulturelle Wiedergeburt zu bewerkstelligen sei, ließ er allerdings offen, obgleich die Möglichkeit verlockend schien. Im Spätherbst 1916 gab Ludendorff Anweisung, die Weißrussen mit kulturpolitischen Maßnahmen zu unterstützen.[42]

Vor Inangriffnahme einer Nationalitätenpolitik mußte sich die Armee noch mit einer Reihe weiterer grundlegender Fragen auseinandersetzen. Ungelöst war (und blieb) vor allem die Frage, was die Bevölkerungsgruppen eigentlich waren. Sollte man sie »Stämme« nennen oder »Volksstämme«, oder eher »Völkerschaften«? Klar schien jedenfalls, daß noch keine von ihnen ein richtiges »Volk«, eine vollwertige »Nation« war wie die Deutschen. Die Militärverwaltung benutzte deshalb für diese »im Entstehen begriffenen Nationen« eine ganze Reihe unterschiedlicher Begriffe. Am bizarrsten wirkten Formulierungen wie »Fremdvölker«, »fremdvölkisch« und »fremdstämmig«, da sie hier in bezug auf Völker gebraucht wurden, die in ihren angestammten Siedlungsgebieten lebten. Diese gequälte Rhetorik legte bestimmte Schlußfolgerungen nahe. Bevölkerungsgruppen, die erst im Begriff waren, zu Kulturvölkern zu werden, verlangten natürlich im Verlaufe dieses Entwicklungsprozesses geradezu nach deutscher »Schutzherrschaft«. Einmal mehr wurde hier aus einer reinen Notwendigkeit ein von Hochmut geprägtes ehrgeiziges Ziel. Die deutschen Behörden, die zunächst einmal die fremden Völker verstehen wollten, auf die sie im eroberten Osten trafen, bestimmten schließlich deren Identität, sagten ihnen, wer sie waren. Am häufigsten bezeichnete man sie als »Völkerschaften«, was auch beinhaltete, daß sie unter der Schutzherrschaft der deutschen Armee noch zu richtigen Völkern werden würden.

Die Militärverwaltung erklärte sich gegenüber den verschiedenen ethnischen Gruppen strikt neutral. Dieses Neutralitätsprinzip wurde in der bereits genannten »Verwaltungsordnung für das Etappengebiet im Bereich des

---

41 (Hoover Institution Archives) Germany. Oberste Heeresleitung. Box 2, folder no. 5, Denkschrift aus Ober Ost (ohne Titel) (Wilna, 5. Mai 1916), S. 110b–111b.

42 BAMA, N 196/1, Heppe, Bd. V, S. 101.

Oberbefehlshabers Ost«, der Verfassung von Ober Ost vom Juni 1916, schriftlich festgehalten: »Die verschiedenen Völkerstämme des Befehlsbereichs sind von allen deutschen Behörden gleichmäßig zu behandeln.«[43] Die Militärverwaltung sollte völlig unpolitisch agieren, und zwar als neutraler externer Makler beziehungsweise als unparteiischer Mentor und Schiedsrichter, und ihre Vertreter gaben eine scheinheilige Neutralitätserklärung nach der anderen ab.[44] Angesichts des geforderten Verzichts auf Politik war die Kultur der Schlüssel zu Überwachungsmaßnahmen und zugleich die Legitimation dafür. Unter der beglückenden Hoheit einer angeblich unpolitischen Verwaltung wurde die Bevölkerung »mit ruhiger Sicherheit geleitet«.[45] Die Maxime strikter politischer Neutralität gegenüber allen Volksgruppen diente als Rechtfertigung für die deutsche Oberherrschaft.

Mit Hilfe der Kultur versuchten die Behörden, den Charakter der Völker zu bestimmen, ihr ethnisches »Wesen« herauszufiltern, um ihnen dann in einem von deutscher kultureller Vorherrschaft gekennzeichneten System den ihnen zustehenden Platz zuzuweisen. Die Kulturpolitik war zugleich die Nationalitätenpolitik des Militärstaats. Sie drängte die osteuropäischen Kulturen in die Klammer deutscher Institutionen wie Presse, Schulen und Arbeitsstuben, die der einheimischen Bevölkerung von oben aufgezwungen wurden. Als nächstes ging die Verwaltung daran, die in der Klammer befindlichen Völker zu verändern. Bildung vermitteln bedeutete jetzt, Menschen und ganze Völker zu »bilden« beziehungsweise zu »formen«. Wie ein Vertreter der Politischen Abteilung erklärte: »Die Bildung bringen wir und niemand anders.«[46] Doch obgleich große Aufmerksamkeit auf die Verbreitung der Errungenschaften »deutscher Arbeit« verwandt wurde, stellte sich doch die Frage, wieviel oder besser wie wenig davon die Masse der einheimischen Bevölkerung erreichte. Was hier stattfand, war ein Drama mit Millionen von einheimischen Statisten, das von Tag zu Tag mehr Rückschlüsse auf die Besatzer und ihre Zweifel und Sinnkrisen gestattete.

Die Presseabteilung überwachte alle von der Militärverwaltung zugelassenen einheimischen Publikationen. Nur einige wenige Bevölkerungsgrup-

---

43 BAMA, PHD 8/20, *Ziffer 259. Verwaltungsordnung für das Etappengebiet im Befehlsbereich des Oberbefehlshabers Ost (Ob. Ost)*, BUV 34 (26. Juni 1916), § 9, S. 271.

44 BAMA, N 196/1, Heppe, Bd. V, S. 100.

45 Ludendorff, Kriegserinnerungen, S. 160.

46 Bertkau, Zeitungswesen, S. 127, Bericht über die Konferenz im Hauptquartier vom Ober Ost am 20. März 1916.

pen durften selbst Zeitungen veröffentlichen; bei anderen übernahm dies die Armee. Die wiederholten Ersuchen der Litauer, die die größte Volksgruppe bildeten, eine eigene Zeitung veröffentlichen zu dürfen, wurden von der Militärverwaltung durchweg abschlägig beschieden. Die Behörden erklärten, dafür bestehe kein Bedarf, da es ja mit *Dabartis* bereits eine litauische Zeitung gebe. *Dabartis* erschien seit September 1915, zunächst im ostpreußischen Tilsit. Dort hatte die Militärverwaltung Litauen, deren politischer Abteilung die Zeitung unterstand, in den ersten Monaten der deutschen Besatzung ihren Sitz. Später zog die Redaktion zusammen mit der Verwaltung nach Kowno um. Herausgeber des Blattes, das von germanisierten Litauern aus Ostpreußen gemacht wurde, war der deutschlitauische Abgeordnete im Preußischen Landtag, Steputat-Steputaitis. Wegen ihrer Zielsetzung, eine für die Angliederung an Deutschland günstige Stimmung zu schaffen, wurde *Dabartis* von der litauischen Bevölkerung als tendenziös abgelehnt und genoß wenig Glaubwürdigkeit.[47] Eine ähnliche Wirkung hatte die weißrussische Zeitung der Militärverwaltung mit dem Titel *Homan* (Die Stimme).[48] Aber auch die Zeitungsmacher, die über eine Publikationserlaubnis verfügten, wurden durch strenge Zensurmaßnahmen behindert, die allem galten, was nach politischen Aktivitäten aussah.[49] Schließlich jedoch schafften es die Litauer, die Militärverwaltung mit ihren Klagen mürbe zu machen. Vor dem Hintergrund der politischen Veränderungen im Herbst 1917 genehmigte die Verwaltung eine unabhängige litauische Zeitung, die vom September 1917 an unter dem Namen *Lietvuos Aidas* (Echo Litauens) in Wilna erschien. In den nach Kriegsende erstellten offiziellen Berichten wurde auch dieses Presseprojekt als ein weitgehender Fehlschlag eingeschätzt.[50] Wegen der Besorgnis der Militärverwaltung um die innere Sicherheit und der strengen Zensurmaßnahmen erhielt das Projekt nie genug Freiraum, um für die Bevölkerung, die es beeinflussen sollte, glaubwürdig zu werden.[51] Und so scheiterte das ehrgeizige Vorhaben von Ober Ost, mit Hilfe einflußreicher Presseorgane im Bewußtsein der einheimischen Bevölkerung Fuß zu fassen.

Noch größere Hoffnungen ruhten auf der Schulpolitik der Militärverwaltung, und das Scheitern auf diesem Gebiet war daher besonders gravie-

47 Klimas, Atsiminimų, S. 129.
48 Bertkau, Zeitungswesen, S. 39–53.
49 Ebenda, S. 124–134.
50 Häpke, Verwaltung, S. 59; Bertkau, Zeitungswesen, S. 135–154.
51 Čepėnas, Naujųjų, II, S. 106–111.

rend.[52] Die Schulpolitik lief den Deutschen von Anfang an aus dem Ruder. Als sie das Gebiet besetzten, standen sie vor den Resten eines Ausbildungssystems, das einmal aus der lächerlichen Zahl von 602 Schulen bestanden hatte und der Übernahme durch die deutsche Verwaltung keinen Widerstand entgegensetzte. Die Analphabetenrate war vor dem Krieg sehr hoch und Unterricht in den Landessprachen nicht erlaubt gewesen (mit einer geringfügigen Liberalisierung nach 1905). Nach 1914 flüchteten die russischen Lehrer, und viele größere Schulen wurden samt ihren Schülern und der kompletten Ausstattung ins Innere Rußlands evakuiert. Was übrigblieb, übernahm die Kirchen- und Schulabteilung der Verwaltung von Ober Ost.

Die dann folgenden Ereignisse waren ein beredtes Beispiel für den Widerstandsgeist und die Standhaftigkeit der einheimischen Bevölkerung. Der erste Akt der Auseinandersetzung, die Gründung nationaler Schulen durch Einheimische im ganzen Besatzungsgebiet, führte zur Entstehung von etwa tausend neuen privaten Ausbildungsstätten, die unter äußerst schwierigen Bedingungen betrieben wurden.[53] Es gab keine Schulgebäude, da die alten entweder zerstört waren oder zu militärischen Zwecken verwendet wurden, und nur noch wenige Lehrer, weil die Mehrzahl der einheimischen Intellektuellen zusammen mit den Russen die Flucht ergriffen hatte. Und schließlich gab es auch so gut wie keine Schulbücher, da Unterricht in den nationalen Sprachen verboten gewesen war. Somit war Improvisationsgeist das wesentliche Element des Schulbetriebs. Da ausgebildete Lehrer fehlten, ruhte die Arbeit in den Dorfschulen auf den Schultern unerschrockener Gymnasiastinnen, die – von den örtlichen Bauern unterstützt – mit ihrer Tätigkeit an die Tradition der Untergrundschulen in den Zeiten der Russifizierung anknüpften.

Die Militärverwaltung sah sich durch diese spontanen Aktivitäten bedroht und reagierte in den ersten Monaten hauptsächlich mit dem Verbot der Schulen beziehungsweise mit dem Versuch, sie auf Linie zu bringen. Die Behörden klagten über die mangelhafte Qualifikation der Lehrkräfte, die unsystematischen Lehrpläne und die unhygienischen Verhältnisse in den Unterrichtsräumen. Vor allem aber sahen sie in den Schulgründungen politische Aktionen, mit denen sich die Einheimischen der staatlichen Kontrolle entzogen und ihren eigenen Willen durchsetzten. In den Gebieten, in denen

---

52 Zenke, Schulwesen; Simas Sužiedėlis, *Mokyklos vokiečių okupacijos laikais (1915–1916)*, in: Lietuva, Lietuvių enciklopedija, Bd. XV, hrsg. von Vincas Maciūnas, South Boston 1968, S. 764–767.

53 Sužiedėlis, *Mokyklos*, S. 764.

mehrere Bevölkerungsgruppen um die Vorherrschaft rangen, insbesondere in den Verwaltungsbezirken Wilna-Suwalki und Bialystok-Grodno, drohte die Konkurrenz zwischen den verschiedenen Gruppen sogar das Hauptziel von Ober Ost zu gefährden: die Aufrechterhaltung der Ordnung. Immer wieder wurde, vor allem in dem zuerst eroberten Suwalki, die Gründung neuer Schulen verboten. Am 16. Juli 1915 erhielten die Gebietshauptleute den Befehl, Verzeichnisse der polnischen Schulen zu erstellen und sie für deutsche Zwecke bereitzuhalten. Am 28. Oktober 1915 verbot der Chef der Militärverwaltung Litauen die Gründung weiterer Privatschulen. Doch ungeachtet aller Verbote richtete die einheimische Bevölkerung weitere Schulen ein. Der Leiter des Kreisamts Birsche berichtete peinlich berührt: »Neuere Feststellungen ergaben das Vorhandensein einer grösseren Anzahl Schulen, als im vorigen Bericht gemeldet. Im nächsten Bericht werde ich in der Lage sein, die einzelnen Schulen zu nennen.«[54]

Da die Militärverwaltung den Aktivitäten der einheimischen Bevölkerung nichts entgegensetzen konnte, konzentrierte sie sich darauf, diese in Grenzen zu halten. Durch einen Militärbefehl vom 22. Dezember 1915 wurde die Schulpolitik der ausschließlichen Zuständigkeit des Oberbefehlshabers Ost unterstellt. Ungeachtet des Anspruchs von Ober Ost, den primitiven Völkern des Ostens Kultur und Bildung zu bringen, beschränkte sich die Schulpolitik zunächst im wesentlichen auf das Wort »verboten«. Mit immer neuen Anweisungen versuchte sie zu verhindern, daß in den Städten und auf dem Land die Schulen wie Pilze aus dem Boden schossen.

Die spontanen Schulgründungen und andere nationalistische Aktivitäten in der Region führten dazu, daß Ludendorff seine Einschätzung der ihm offenstehenden Möglichkeiten revidierte. Vor allem die Begegnung mit dem Geist der polnischen Schulen, der ihm das enorme Mobilisierungspotential eines gelenkten Erziehungssystems deutlich machte, bewirkte eine weitere Radikalisierung seiner ohnehin nicht sehr maßvollen Ansichten. Später erinnerte er sich: »[...] wie durch Lehrmittel ein nationales Empfinden großgezogen werden kann, das zeigten mir verschiedene polnische Lesebücher. Da waren Danzig, Gnesen, Posen, Wilna polnische Städte.«[55] Eine solche Erziehung konnte tatsächlich zum Entstehen einer Nation führen, und deshalb prägten diese Eindrücke auch sein »Programm einer patriotischen Unterweisung«, das er im Sommer 1917 nach seinem Aufstieg in die Oberste Heeres-

54 LCVIA F. 641, ap. 1, b. 52, Verwaltungsbericht für März 1916. Kreisamt Birsche, S. 19.

55 Ludendorff, Kriegserinnerungen, S. 158 f.

leitung verkündete, um die materiellen und geistigen Ressourcen Deutschlands für einen »totalen Krieg« zu mobilisieren.[56]

Ober Osts Anspruch auf das Erziehungsmonopol machte entsprechende politische Maßnahmen erforderlich. Am 22. Dezember 1915 erließ Hindenburg mit den von Major Altmann, einem Berater des preußischen Kultusministeriums, erarbeiteten »Grundlegenden Richtlinien zur Wiederbelebung des Schulwesens«[57] einen umfassenden Korpus offizieller Bestimmungen (mit einem geheimen Anhang) zum Erziehungssystem, mit dem die umfassende Kontrolle der Militärverwaltung über das Schulwesen sichergestellt werden sollte. Der Oberbefehlshaber Ost hatte bei allen schulischen Fragen das letzte Wort. Selbst für Privatunterricht mußte die Genehmigung der Militärverwaltung eingeholt werden. Oberste Zielsetzung der Schulpolitik von Ober Ost war es, »die Jugend an Gehorsam gegen die Gesetze, Achtung vor der deutschen Obrigkeit und ihrer bewaffneten Macht sowie an Zucht und Ordnung zu gewöhnen«.[58] Die wichtigste Neuerung war der Grundsatz der Unterrichtung in der Muttersprache der Kinder, was unter dem zaristischen Regime verboten gewesen war. Dieser Grundsatz rief zwar in den gemischt besiedelten Gebieten erhebliche Probleme hervor, doch wurde gerade dadurch Ober Ost zum unverzichtbaren Schiedsrichter. Die Entscheidung darüber, welche Sprache in Zweifelsfällen die vorherrschende Muttersprache war, oblag dem Oberbefehlshaber Ost. Bis 1917 war die Militärverwaltung ständig in Schulkonflikte zwischen den verschiedenen Bevölkerungsgruppen verwickelt. Von Anfang an kam es im Gebiet um Wilna zu Zusammenstößen wegen der großpolnischen Agitation der Grundbesitzer und der Priester, die einen großen unabhängigen polnischen Staat in den Grenzen des früheren Polnisch-Litauischen Staatenbundes anstrebten. Im Lauf der Zeit änderte sich die Zahl der den verschiedenen Sprachen zuzuordnenden Schulen in der Region: die polnischen wurden weniger, die litauischen mehr. Die Weißrussen nahmen ihre Kinder aus den polnischen Schulen. Nach 1917 wurde die Kontrolle des Schulwesens angesichts der neuen politischen Verhältnisse etwas lockerer gehandhabt.[59] 1918 gab es insgesamt 1350 öffentliche Volksschulen: 750 litauische, 299 polnische, 164 jüdische, 89 weißruthenische, 81 deutsche und 7 lettische.

---

56 Kitchen, Dictatorship, S. 55–63.

57 BAMA, PHD 8/20, *Grundlegende Richtlinien zur Wiederbelebung des Schulwesens*, BUV, Beilage zu Nr. 7 (28. Januar 1916).

58 BAMA, PHD 8/20, *Grundlegende Richtlinien*, BUV, Beilage zu Nr. 7 (28. Januar 1916), § 5.

59 Sužiedėlis, *Mokyklos*, S. 767.

Die Richtlinien schrieben auch die Methode für den Deutschunterricht vor: Deutsch war von der ersten Klasse an Pflichtfach mit höchstmöglicher Stundenzahl auch in allen folgenden Klassen. Die deutsche Sprache sollte nicht »nach der Übersetzungsmethode (deduktiv), sondern nach der naturgemäßen Methode (induktiv)« gelehrt werden.[60] Diese Absicht war jedoch sehr schwer zu realisieren, da nur wenige einheimische Lehrer die deutsche Sprache beherrschten und sie schon gar nicht »induktiv« lehren konnten. Die Militärverwaltung wollte einfache Soldaten und Unteroffiziere als Deutschlehrer abstellen, doch die zunehmende Personalknappheit bei der kämpfenden Truppe machte dies unmöglich. Und wer gleichwohl einer einheimischen Schule zugewiesen wurde, sah sich mit einer schwierigen Aufgabe konfrontiert. Ludendorff meinte dazu rückblickend: »Daß diese nur deutsch mit den sich freiwillig einfindenden Kindern sprachen, ist uns später verübelt worden. Die Lehrer kannten leider keine andere Sprache.«[61] Zu großer Verstimmung führte es, wenn Militärlehrer einheimische Lehrer ablösten, die Berichten zufolge ohne jede Erklärung entlassen wurden.[62] Die Eltern beklagten sich über die brutale Behandlung ihrer Kinder durch die preußischen Pädagogen. Als die Militärverwaltung den Kurs änderte und deutsche Schulen für Kinder aus den einheimischen Bevölkerungsgruppen einrichtete, stieß dies auf Widerstand seitens der Bevölkerung. In Varena blieben zum Beispiel nur zehn von achtzig Kindern, als die örtliche Schule in eine deutsche Schule umgewandelt wurde. Eine bemerkenswerte Ausnahme stellte der Besuch deutscher Schulen durch jüdische Kinder dar. 1916 gab es 65 deutsche Schulen, 1917 waren es 169. Berichten zufolge hatten 26 (1916) beziehungsweise 164 (1917) davon nur jüdische Schüler. Nach 1917, als die deutsche Verwaltung allmählich zerfiel, wechselten die meisten von ihnen auf jüdische Schulen.[63] In Kurland wurde eine Schulpolitik der energischen Germanisierung betrieben. Der Verwaltungschef von Goßler erinnert sich daran mit den folgenden Worten: »Ich betrachtete von Anfang an die Schulfrage unter dem herrschenden Gesichtspunkt, auf welchem Wege das Ziel der künftigen Eindeutschung der lettischen Bevölkerung am schnellsten und sichersten zu erreichen wäre.« 1915 legte er in einer Rede drei Grundsätze fest: »1) daß jeder Lette Deutsch lernen muß, 2) daß kein Deutscher gezwungen wird, Lettisch

60 BAMA, PHD 8/20, *Grundlegende Richtlinien*, BUV, Beilage zu Nr. 7 (28. Januar 1916): »Zu Nr. 10«.

61 Ludendorff, Kriegserinnerungen, S. 158.

62 Sužiedėlis, *Mokyklos*, S. 767.

63 Ebenda, S. 766.

zu lernen, 3) daß alle unzuverlässigen und schlechten Elemente [...] unter den Lehrern ausgemerzt werden.«[64]

Die Schulpolitik von Ober Ost ist ein weiterer Fall von zu hochgesteckten Zielen. Als dies deutlich wurde, griff die Militärverwaltung auf Vorschriften und Verbote zurück. Der Lehrplan wurde genau vorgeschrieben, oft bis in die absurdesten Einzelheiten. Wie sollte man Geschichte unterrichten, wenn »die Besprechung militärischer und politischer Fragen der Vergangenheit, Gegenwart und Zukunft mit Schulkindern« ein strafbares Delikt war?[65] Alle Ausbildungsstätten benötigten eine Genehmigung der Militärverwaltung, die allerdings nur widerwillig erteilt wurde, wenn es um die Einrichtung neuer Schulen ging. Wurden nichtgenehmigte Schulen ausfindig gemacht, so bestrafte man ihre Organisatoren mit drastischen Geldbußen oder Haftstrafen. Die Schulen, die Lehrpläne und die Lehrbücher wurden von Inspektoren geprüft. Einheimische Lehrer mußten vor ihrer Zulassung spezielle Fortbildungsseminare der Militärverwaltung besuchen, in deren Mittelpunkt die deutsche Sprache und deutsche Didaktik standen. Der Nutzen dieser Kurse war fraglich: was das gegenseitige Verständnis angeht, scheinen sie eher geschadet als genutzt zu haben. Häufig beschwerten sich Lehrer, ihre Kultur werde abgewertet und sie fühlten sich mißbraucht, so daß die Seminare zu Brutstätten des Widerstands unter den Junglehrern wurden.[66] Die Militärverwaltung schränkte auch den Betrieb höherer Bildungseinrichtungen ein. An der sogenannten »Volksuniversität« in Wilna konnten nur so lange Lehrveranstaltungen durchgeführt werden, bis die Verwaltung sie verbot. Ludendorff untersagte die Gründung einer polnischen Universität,[67] und Kurt von Rümker, die landwirtschaftliche Autorität der Militärverwaltung, lehnte die litauischen Anträge auf Errichtung einer landwirtschaftlichen Schule in Dotnuva ab. Zur Begründung verwies er darauf, die Litauer hätten sich als Volk noch nicht weit genug entwickelt.

Das Endziel dieser Vorgehensweise war die Schaffung von Satellitenvölkern in einem deutschen Gesamtzusammenhang, die man unter dem Vorwand der »Vermittlung« durch eine »neutrale« Militärverwaltung manipulieren konnte. Hindenburgs geheime Anweisungen zur Schulpolitik verboten

---

64 BAMA, N 98/1, Goßler, S. 67; BAMA, N 98/3, Goßler, S. 23.

65 LMARS, F. 23–35, *Schulordnung für Litauen*, unter »§ 13. Deutschfeindliche Umtriebe«, S. 67.

66 LMARS, F. 23–47, *Vokiečiai Lietuvoje*, Protestschreiben von Kursteilnehmern an Prinz Isenburg (vom 10. Juli 1916); Gintneris, Lietuva, S. 437.

67 Ludendorff, Kriegserinnerungen, S. 159.

jedwede Germanisierung. Die Behörden setzten statt dessen darauf, durch den Deutschunterricht sowie durch die Vermittlung deutscher Sitten und das Einimpfen einer deutschen Lebens- und Denkweise das Bewußtsein der Schüler zu beeinflussen. In Hindenburgs Geheimbefehlen wird das in folgende Worte gekleidet: »Wenn auf den inneren Schulbetrieb (Lehrplan, Lehrart, Lehrmittel u. dergl.) deutsches Wesen Einfluß gewinnt, so wird dies, gleichviel, wie das zukünftige politische Schicksal des Landes ist, für Deutschland von dauerndem Nutzen sein.«[68] Man versuchte die Köpfe der Kinder zu kolonisieren, indem man ihnen das Deutsche »induktiv« nahebrachte, und man wollte so die nächste Generation für Deutschland gewinnen.

Dieser Erziehungsprozeß sollte letztlich zum Entstehen unterschiedlicher ethnischer Blöcke führen, die mit der deutschen Lebens- und Denkweise vertraut waren, aber deutscher Aufsicht bedurften. Das Verbot der Gründung höherer Bildungseinrichtungen ließ die zentralen Ziele des Kulturprogramms erkennen, da es für eine hierarchische Arbeitsteilung im Kulturbereich sorgte. Eine einheimische Intelligenz wurde nicht gebraucht, ihre Funktion konnten deutsche Tutoren und Vormünder übernehmen. Freiherr von Gayl faßte das Grundkonzept später so zusammen: »Unter fester, aber sanfter Zügelführung war das litauische Landvolk dem Einfluß des polnischen Grundherrn, aber auch der eigenen Intelligenz entzogen, im Rahmen des deutschen Kulturkreises, ohne Preisgabe seiner eigenen nationalen Güter, durchaus zu höherer Kulturstufe herauf zu führen.«[69] Ludendorff und seine Mitarbeiter wollten die verschiedenen Bevölkerungsgruppen nach dem Prinzip »Teile und herrsche« als Gegengewicht gegen die Polen benutzen. Von Gayl erinnerte sich, daß Ludendorff »in Polen eine Gefahr für den deutschen Osten [sah], besonders für ein von Polen umklammertes Ostpreußen, dessen Schutz ihn stets beschäftigte. In den Litauern sah er ein Gegengewicht gegen Polen, das ihm der Erhaltung wert schien. [...] Ludendorff sah alle Fragen des besetzten Gebiets nur unter dem Gesichtspunkt, was nützt Deutschland und nie unter sentimentalen Neigungen für irgend ein Grenzvolk.«[70]

Schließlich scheiterte auch die Schulpolitik; die einheimische Bevölkerung nahm die Tradition der Untergrundschulen wieder auf, und das Schulwesen wurde zu einem zentralen Faktor des passiven Widerstands. Ausschlagge-

---

68 Geheimbefehle, abgedruckt in Zemke, Schulwesen, S. 115 f.; Befehl vom 16. Januar 1916. Letztlich führte das in der Praxis häufig zur Germanisierung: BAMA, N 196/1, Heppe, Bd. V, S. 144 f.

69 BA, N 1031/2, Gayl, S. 282.

70 Ebenda, S. 173.

bend war dabei für alle Beteiligten, daß ein Staat, der auf dem Anspruch gründete, Kultur in ein Ödland zu bringen, eine Politik betrieb, in deren Mittelpunkt die Schließung von Schulen und die Unterdrückung aller pädagogischen Anstrengungen der Bevölkerung stand.

Eine weitere wichtige Institution zur Kontrolle der einheimischen Kultur, in der Volkskünstler und Kunsthandwerker unter deutscher Aufsicht tätig waren, bildeten die Arbeitsstuben. Es hatte sie – in Form privater Schulen oder wohltätiger Einrichtungen – schon vorher gegeben, doch die deutsche Verwaltung sorgte für ihre Zentralisierung. Mit finanzieller Unterstützung der Verwaltung von Ober Ost förderten die Arbeitsstuben Künstler aus der örtlichen deutschen, jüdischen, litauischen, polnischen und weißrussischen Bevölkerung. Die Ausstellung der Wilnaer Arbeitsstuben,[71] die als Musterbeispiel für dieses Kulturprojekt gelten können, wurde im Juni 1916 von der deutschen Stadtverwaltung eröffnet.[72] Dieses kulturelle Ereignis weniger als ein Jahr nach der Eroberung der Stadt schien die konstruktive, schöpferische Kraft »deutscher Arbeit« zu bestätigen.

Im Ausstellungsführer wurden die Organisation und die wahren Ziele dieser Institution dargestellt.[73] Am Anfang stand eine Danksagung an die deutschen Fachleute, die die Organisatoren unterstützt hatten. In den Ausstellungsräumen waren »Erzeugnisse alten und neuen litauischen, weißruthenischen, polnischen und jüdischen Kunstgewerbes aus Litauen« vereint.[74] Es gab keine erlesenen Kunstwerke zu sehen, sondern einfache kunsthandwerkliche Erzeugnisse: Geschirr, Töpferwaren, Holzschnitzereien und Webarbeiten. Diese profanen Gegenstände ließen erkennen, wie wenig sich die handwerklichen Formen über die Jahrhunderte hinweg verändert hatten, so daß Altes und Neues bisweilen kaum zu unterscheiden war. Die Kontinuität dieses kunsthandwerklichen Schaffens und seine Treue zu den traditionellen Formen wurde hier allerdings als Fehlen jeglichen Verständnisses für eine geordnete geschichtliche Entwicklung dargestellt, als komme in diesen Gegenständen auf grobe Weise das unveränderliche Wesen eines Volkes

---

71 *Ausstellung der Wilnaer Arbeitsstuben*, in: Schweinwerfer 25 (3. August 1916); BAMA, N 196/1, Heppe, Bd. V, S. 124.

72 BAMA, PHD 8/23, *Ein Jahr Wilnaer Arbeitsstuben*, in: KB 40 (11. Juli 1917).

73 Führer durch die Ausstellung Wilnaer Arbeitsstuben 1916, Wilna 1916.

74 Paul Weber, *Die Baudenkmäler in Litauen*, in: Kunstschutz im Kriege. Berichte über den Zustand der Kunstdenkmäler auf den verschiedenen Kriegsschauplätzen und über die deutschen und österreichischen Maßnahmen zu ihrer Erhaltung, Rettung und Erforschung, hrsg. von Paul Clemen, Leipzig 1919, S. 113.

zum Ausdruck. Dieser ahistorischen Sichtweise zufolge barg jede ethnische Identität in ihrem Kern ein ewig gleiches Wesen.

Auch wenn die Präsentation der alten und neuen Ausstellungsstücke ohne jede chronologische Ordnung erfolgte, führten die Organisatoren doch ein Trennungsprinzip ein. Die Objekte wurden nach Volkszugehörigkeit ihrer Schöpfer gruppiert ausgestellt, mit getrennten Räumen für jeden der verschiedenen »Volksstämme«: für Polen, Litauer, Juden und Weißrussen. Einen deutschen Raum gab es hingegen nicht, denn es sollte ja gerade die Botschaft vermittelt werden, daß diese unterschiedlichen Welten nur durch die Deutschen zusammengeführt werden konnten. In der litauischen Abteilung wurde eine umfangreiche Sammlung von 300 *juostos* gezeigt, gewebten Bändern, die ein Markenzeichen der einheimischen Kultur und mit Ornamenten verziert waren, deren Muster eine bestimmte Bedeutung hatte. Die hier zusammengetragenen *juostos* stammten aus unterschiedlichen Epochen, und doch war die Kontinuität zwischen den aus dem Jahr 1725 stammenden ältesten und den neuesten Exemplaren deutlich zu erkennen. Zusätzlich betont wurde diese archaisch anmutende Zeitlosigkeit durch die Ankündigung realer Vorführungen kunsthandwerklicher und gewerblicher Praktiken unter der Aufsicht der Besatzer.[75] Die Dauerausstellung sollte zu einem lebendigen Museum archaischer Kulturen werden, die Darstellung der Arbeits- und Lebensweisen der verschiedenen Bevölkerungsgruppen zu unmittelbar erlebbarer Völkerkunde. Die Kunst- und Handwerksgegenstände wurden den deutschen Soldaten zum Kauf angeboten, als authentische Souvenirs für ihre Lieben in der Heimat. Das war ein weiterer Zweck der Ausstellung: einen Rahmen für den Handel zwischen Deutschen und Einheimischen zu schaffen, der es möglich machte, ihn zu steuern und zu kontrollieren. Vor allem aber wurde die Aufmerksamkeit der Besucher auf die übergreifende Bedeutung der »deutschen Arbeit« gelenkt, die hier die schöpferischen Leistungen der einheimischen Bevölkerung zusammenführte. Tausende von Soldaten besuchten die Ausstellung, lasen im zugehörigen Café »alle deutschen Zeitungen der besetzten Gebiete Rußlands«, kauften authentische, von Einheimischen angefertigte Souvenirs und nahmen die Botschaft in sich auf, die ihnen vermittelt werden sollte. In der »Arbeitsstube« kam eine Ideologie zum Ausdruck, in deren Zentrum der Begriff Arbeit stand: die Arbeit der Einheimischen sowie die höherwertige »deutsche Arbeit« mit der übergreifenden Funktion, die Arbeit anderer zu überwachen. Die »Arbeitsstuben« bildeten im Rahmen der Kampagne »deutscher Arbeit« den Ausgangspunkt für weiterreichende Ambitionen.

---

75 Führer durch die Ausstellung, S. 19.

Die Besatzer waren in den eroberten Gebieten mit einer Vergangenheit konfrontiert, zu der sie keinen Zugang hatten. Für sie war in dem dichten Gewirr historischer Bezüge kein Platz. Doch wenn die in Betracht gezogenen historischen Rollen nicht dazu taugten, ihre Anwesenheit zu rechtfertigen, würde dies vielleicht gelingen, wenn man die Vergangenheit annektierte, sie für das eigene Projekt einspannte. Dabei würden die Besatzer für die einheimische Bevölkerung die Rolle des Hüters ihrer Geschichte übernehmen, mit »deutscher Arbeit« diese Geschichte interpretieren und die Vergangenheit der besetzten Länder definieren. Und dies alles völlig selbstlos zum Nutzen der einheimischen Bevölkerung, der man die Fähigkeit zu solchen Leistungen absprach. Deutsches Organisationstalent würde ihre Vergangenheit und ihre Identität zutage fördern und so auch ihre Zukunft vereinnahmen.

Unmittelbar nach der Besetzung der Gebiete machte sich die Militärverwaltung daran, im Zuge einer umfassenden Informationssammlung und Katalogisierung auch die Schäden an den kunstgeschichtlichen Schätzen zu ermitteln und zu erfassen. Das geschah aus vielerlei Gründen, nicht zuletzt auch aus echtem wissenschaftlichen Interesse und aus Verantwortungsbewußtsein. In den Berichten wurden sehr detailliert alle Kulturdenkmäler aufgelistet, die die Russen zerstört oder weggeschleppt hatten: Statuen, Kirchenglocken, Archive. Im Gegensatz dazu wurden die Schäden, die der deutschen Armee zuzuschreiben waren, heruntergespielt. Diese asymmetrische Berichterstattung war auch eine Reaktion auf die Berichte von der Westfront, wo sich die Deutschen von der alliierten Propaganda gekränkt fühlten. Im Kampf um die internationale Meinung wurde die Zerstörung der Bibliothek im belgischen Löwen als schlagkräftigstes Argument eingesetzt, als klarer Beweis dafür, daß die deutschen »Hunnen« Krieg gegen die Zivilisation als solche führten. Mit ihrer Kulturmission im Osten wollte die deutsche Armee den Gegenbeweis erbringen.

Die Verwaltung betonte, wie sehr doch die großen kunstgeschichtlichen Schätze unter der russischen Herrschaft vernachlässigt worden seien (je schlimmer die Vernachlässigung dargestellt wurde, desto dringender erschienen die eigenen Bemühungen). Wichtige Gebäude habe man einfach verfallen lassen. Museen und Archive kümmerten in armseligen, düsteren Räumlichkeiten vor sich hin. Überall herrsche der ewig gleiche Mangel an Ordnung, und es existierten keine systematischen Aufzeichnungen über die im besetzten Gebiet vorhandenen kunsthistorischen Werte.[76] Die Kultur-

76 Weber, *Baudenkmäler*, S. 113.

verwaltung übernahm diese Aufgabe selbst und mobilisierte deutsche Gelehrte und Schriftsteller dafür. Die deutsche Herrschaft werde ganz anders sein, lautete ihr Versprechen. Es war, als sei die Geschichte der Region erst von den Neuankömmlingen entdeckt worden. Beeindruckend ist gleichwohl, wie rasch man sich auch dem Problem der Konservierung zuwandte, während ringsum der Krieg tobte. Im Herbst 1914 betraute man den bekannten Bonner Konservator und Professor für Kunstgeschichte Paul Clemen mit Konservierungsmaßnahmen an der Westfront, vom Herbst 1915 an dann auch an der Ostfront,[77] denn bei der Kriegskonferenz über die Erhaltung von Kulturdenkmälern am 29. August 1915 in Brüssel war auf Schutzmaßnahmen für die besetzten Gebiete in Osteuropa gedrängt worden. Clemen reiste nach Polen und Ober Ost, um zu sehen, was dort getan wurde, und um die Arbeiten anzuleiten. An der Front taten besorgte Offiziere, was sie konnten, und retteten zum Beispiel Altarbilder aus Kirchen. Wenn Städte besetzt wurden, beauftragte der Oberbefehlshaber Fachleute mit dem Schutz von Archiven und Bibliotheken. Auf dem Land erhielten die Kreisämter die Anweisung, alle Bilder, Bücher und beweglichen Standbilder sicherzustellen. Parallel zur Schaffung »geordneter Verhältnisse« und einer systematisch arbeitenden Verwaltung intensivierte man auch die Anstrengungen zum Erhalt von Kunstdenkmälern und bemühte sich um einen umfassenden Überblick darüber, »welche wertvollen Baudenkmäler bei den kriegerischen Operationen gelitten hätten und eiliger Fürsorge bedürften, welche Bibliotheken und Sammlungen in öffentlichem oder privatem Besitz vorhanden seien und welche Kulturzeugnisse des Deutschtums aus alter und neuer Zeit sich im litauischen Gebiet vorfänden«.[78] Mit besonderer Aufmerksamkeit wurde von Anfang an nach älteren Relikten deutscher Kultur gesucht, auch wenn es sich oft nur um Fragmente ungesicherter Herkunft handelte. Mauerwerk, das mit preußischen Techniken errichtet schien, wurde als Hinweis darauf gedeutet, daß das entsprechende Gebäude »eines der äußersten Denkmäler des Vordringens dieser Kunst nach Osten« darstellte.[79] Jede kulturelle Errungenschaft, auf die man in dieser Einöde traf, schien ein zwingender Beweis für eine frühere deutsche Präsenz, auch wenn die Bezeichnung solcher Relikte als »deutsch« einen Anachronismus par excellence darstellte.

---

77 Clemen (Hg.), Kunstschutz, S. 13.

78 Weber, *Baudenkmäler*, S. 114.

79 Ebenda, S. 108.

Die Begeisterung ließ nicht nach. Als das Besatzungsregime allmählich Fuß faßte, förderte die Verwaltung weitere Konservierungsmaßnahmen. Im April 1917 wurde der Jenaer Professor für Kunstgeschichte Paul Weber zum Konservator für architektonische und kunstgeschichtliche Denkmäler und zum Berater der Militärverwaltung Litauen in Kunstfragen ernannt. Er reiste umher, sah sich selbst alle neu entdeckten Kunstschätze an und stellte seine Erkenntnisse in einem Buch vor.[80]

Die Kuratoren bejubelten ihre Funde und erklärten zum Beispiel, Wilna sei »für die europäische Kunstgeschichte durch den Krieg gewissermaßen erst entdeckt worden«.[81] Alles wurde von der Verwaltung umfassend katalogisiert: Museen, Bibliotheken von Privatpersonen wie von Gesellschaften, Kunstsammlungen und Kirchen, Burgruinen ebenso wie intakte Schlösser und Paläste, Herrenhäuser und Klöster, Statuen, Gedenksäulen und die großen hölzernen Synagogen der Litvaks. Sie richtete ein Zentralarchiv aller Architekturdenkmäler ein, für das Fotos und Informationen gesammelt wurden. Auch andere hinter der Ostfront durchgeführte Projekte, wie die Erfassungsmaßnahmen im polnischen Generalgouvernement, dehnte sie auf Ober Ost aus. Mit den konkreten Konservierungsmaßnahmen wurden die unteren Verwaltungsebenen betraut, in deren regelmäßigen Berichten auch Denkmäler Erwähnung fanden.

Angesichts von soviel Neuem und Fremdartigem standen die Mitarbeiter der Kulturverwaltung vor einer gigantischen Aufgabe. Selbst vertraut wirkende künstlerische Formen bargen häufig Überraschungen, da hier mit den aus der europäischen Tradition vertrauten Stilen oft merkwürdige Dinge geschehen waren. Fachleute wie zufällige Betrachter zeigten sich befremdet von dem kulturellen Wirrwarr in den Städten, wo architektonische Stile und Formen aus vielen verschiedenen Epochen und Traditionen nebeneinander existierten und zu merkwürdigen Synthesen verschmolzen.[82] Im Westen veraltete Stilformen kamen eine Generation später hier an, aber in völlig anderer Gestalt. Vor allem Wilna bot das Bild eines anachronistischen Durcheinanders. Seine 36 großen Kirchen waren architektonische Höhepunkte, die aus jedem zeitlichen Rahmen gefallen schienen, die Türme und Häuser der Stadt stießen in einem Tanz durch die Jahrhunderte gegeneinander, und doch war das Ganze von einer Stimmung der Koexistenz geprägt, die diese Vielfalt zu einer Einheit verband. Die deutsche Vormundschaft erstreckte sich zurück

80 Paul Weber, Wilna, eine vergessene Kunststätte, Wilna 1917.

81 Weber, *Baudenkmäler*, S. 102.

82 BAMA, N 196/1, Heppe, Bd. V, S. 130.

bis in vorgeschichtliche Zeiten, die in diesem bunten Nebeneinander beunruhigend nah an der Gegenwart schienen.[83]

Die an den Kunstverstand der Fachleute gestellten Ansprüche waren bisweilen unerfüllbar, doch für diesen Fall gab es das bewährte Gegenmittel der Konzentration auf die Suche nach dem Vertrauten, nach den deutschen Spuren im osteuropäischen Chaos. Ein Kunstexperte stellte nüchtern fest, manche hiesigen Werke fielen »sofort durch ihre künstlerische Feinheit auf und geben sich dadurch als Import zu erkennen«.[84] Und wenn der litauische Adel in der Vergangenheit Charakterstärke deutlich werden ließ, so erklärte ein anderer Vertreter der Militärverwaltung, müsse man natürlich auch daran denken, daß er einen deutschen Hintergrund habe.[85] Es gab Berichte über die Entdeckung eines mutmaßlich germanischen Ringwalls, und die Historiker diskutierten die Möglichkeit, daß einst die Goten durch dieses Gebiet gezogen waren.[86] So konnte die erstaunliche Vielfalt kleingeredet werden. In Wirklichkeit waren die deutschen Spuren eher spärlich, und wer nach ihnen suchte, beschränkte sich allzuoft auf die Klage, was alles verlorengegangen sei. In anderen Fällen war die Einordnung als »deutsch« anachronistisch. Die Katalogisierung wurde mit unglaublicher Herablassung und didaktischem Gehabe vorangetrieben, so daß oft kein Gefühl der Wertschätzung mehr zu spüren war. Die großen Holzsynagogen aus dem 17. und 18. Jahrhundert stellten mit ihren überraschenden neuen Formen beeindruckende Errungenschaften der litauisch-jüdischen Architektur dar. Aber auch hier maßten sich die deutschen Kulturhüter an, den einheimischen Religionsgemeinschaften Anweisungen zur Pflege ihrer sakralen Gegenstände zu erteilen. Sie drängten auf »einen besonderen Schutz, der ihnen bisher offensichtlich meist gefehlt hat«.[87]

In der Öffentlichkeitsarbeit von Ober Ost wurden diese Maßnahmen als Einzug von System und Ordnung gefeiert, wo zuvor Chaos und Vernachlässigung geherrscht hätten. Im Vordergrund stand dabei die Darstellung der

---

83 Ebenda, S. 148; Franz Frech, *Vorgeschichtliches aus Kurland*, in: Oberbefehlshaber Ost (Hg.), Das Land Ober Ost, S. 400–402; K. Boneberg, *Die Vorzeit im Schützengraben*, in: ebenda, S. 403–409; Häpke, Verwaltung, S. 57; Häpke, *Forschung*, S. 19 f.

84 Weber, *Baudenkmäler*, S. 112.

85 BAMA, N 196/1, Heppe, Bd. V, S. 126.

86 BAMA, PHD 8/23, *Ein germanischer Ringwall in Litauen*, in: KB 98 (8. März 1918).

87 Weber, *Baudenkmäler*, S. 108 f.; Walter Jäger, *Die Holzsynagogen des Ostens*, in: Beobachter 99 (3. Februar 1918).

Ordnungs- und Systematisierungsarbeit – ein Beweis für deutsches Organisationstalent. Auch in Publikationen, die für die Heimat bestimmt waren, standen diese Errungenschaften der Kulturarbeit im Mittelpunkt. In der *Zeitung der 10. Armee* erschien eine Artikelserie über Kulturdenkmäler, und wissenschaftliche Beiträge trugen die Nachricht von den wunderbaren Entdeckungen im Osten nach Deutschland.

Selbst am Ende des Krieges, als sich Deutschland für Ludendorffs letztes Wagnis – die Frühlingsoffensive im Westen – bereitmachte, wurde in Ober Ost weiter das Hohelied der »deutschen Arbeit« gesungen. Die Ausstellung Wilna–Minsk der 10. Armee war eine solche Klassifizierungsleistung.[88] Die Ausstellungsräume waren jeweils einer der unterworfenen und unter deutsche Obhut gestellten Völkerschaften gewidmet. Der offizielle Ausstellungsführer ist äußerst aufschlußreich. Da ist von der Notwendigkeit die Rede, sich mit der fremden Umgebung vertraut zu machen, auch mit der Vergangenheit von Ober Ost und aller weiteren besetzten Länder im Osten. Die Organisatoren hatten sich mit großem Eifer darangemacht, deutsche Spuren und Einflüsse zu »entdecken«. In den Beschreibungen der Ausstellungsobjekte wurde die Frage gestellt: »Deutsche Arbeit?« Der Ausstellungsführer enthält den Hinweis: »Den mit östlicher Kunst wenig Vertrauten setzt besonders der starke deutsche Einfluß in Erstaunen.«[89] Meisterwerke des Zunftwesens standen für die Arbeit »Wilnaer Meister, meist ja Deutscher«, denn die »Abhängigkeit der hiesigen Werke von deutscher Kunst ergibt sich schon aus der Tatsache, daß die Meister zum größten Teil aus deutschen Städten [...] eingewandert sind«.[90] Die vermeintliche Absenkung des Niveaus wurde auf fremde Einflüsse zurückgeführt: »[M]it zunehmender Zersetzung des Zunftwesens durch fremden Einluß, besonders jüdischen, sinkt die Güte der Arbeit ganz erheblich.«[91] Doch nicht alles Fremdartige ließ sich erklären und vereinnahmen. Die scheinbare Altertümlichkeit der neuen osteuropäischen Kunst machte auf beeindruckende Weise deutlich, daß sich »mit der alten Technik [...] in ihnen auch der Zusammenhang mit der älteren Kunst stark erhalten« hatte.[92] Ein

---

88 Albert Ippel, Wilna–Minsk. Altertümer und Kunstgewerbe. Führer durch die Ausstellung der 10. Armee (Wilna 1918); Gefr. Karl Brammer, *Die Ausstellung Wilna–Minsk. Ein Rundgang*, in: ZXA 591 (8. Juni 1918).

89 Ippel, Wilna–Minsk, S. 12.

90 Ebenda, S. 23.

91 Ebenda, S. 32; siehe auch Uffz. Ippel, *Wilnaer Zunftbücher*, in: Beobachter 90 (9. Dezember 1917).

92 Ippel, Wilna–Minsk, S. 7.

weißrussisches Manuskript in arabischer Schrift schien emblematisch für die kulturellen Verschmelzungsprozesse, die diese Region kennzeichneten. Und in den Fällen, wo sich solche Erscheinungen nicht umdeuten ließen, wurde die Tatsache, daß deutsche Wissenschaftler ihre Katalogisierung und Präsentation vornahmen, als entscheidende Errungenschaft dargestellt.

Parallel zur wissenschaftlichen Katalogisierung und Betreuung der einheimischen Kulturen wurde auch ein Kulturprogramm für die Deutschen in Ober Ost gebraucht. Diese mußten, um die Länder erfolgreich verwalten und umgestalten zu können, vom Sinn ihrer Aufgabe überzeugt sein; dazu trugen besondere, ausschließlich für die deutschen Soldaten bestimmte Einrichtungen bei. Es genügte nicht, die einheimischen Kulturen zu definieren und zu kontrollieren, auch das Aufsichtspersonal mußte beaufsichtigt werden. Deshalb gab es eine Reihe von kulturellen Einrichtungen, die die Soldaten über ihren Platz und ihre Rolle im Programm »deutscher Arbeit« aufklärten.

Selbst als Träger deutscher Kultur liefen die Soldaten Gefahr, daß sich in diesem grenzenlosen Land ihre eigene Identität zusehends auflöste, in diesem Land, wo es nichts gab, was man in ihren Augen als »Kultur« bezeichnen konnte. Immer häufiger wurde am Verhalten der Besatzer deutlich, welche Risiken diese Situation beinhaltete. Aus der Militärverwaltung kamen düstere Hinweise auf verbreitete Probleme des Lebens in der Etappe. Einer ihrer Vertreter war davon angewidert, da »sich auch bald [die] demoralisierende Wirkung auf Mannschaften und sogar Offiziere in allerlei unerfreulichen Erscheinungen äußerte«.[93] Im Alltag der besetzten Gebiete ging den Männern das Gespür für die Grenzen zivilisierten Benehmens verloren. Aus einer litauischen Quelle verlautete, deutsche Soldaten seien – vom Alkohol oder vom Verlust aller Grenzen berauscht – nackt durch die Straßen einer kleinen Stadt geritten.[94] Die Menschen, die ihnen dabei zusahen, waren nach ihrer Ansicht zu primitiv, als daß sie sich daran gestört hätten. Regeln, die im Westen galten, fielen hier weg, und besonders rasch verschwanden die Grenzen im Umgang mit der einheimischen Bevölkerung. In aller Öffentlichkeit wandten die deutschen Soldaten Gewalt gegen die Bewohner der Dörfer und Städte an. Diese beschwerten sich zum Beispiel, sie würden als Jagdhunde mißbraucht.[95] In einer litauischen Quelle wurde behauptet, wiederholt hätten deutsche Soldaten vor den Augen ihrer Offiziere mehrere Einheimische

---

93 BAMA, N 196/1, Heppe, Bd. V, S. 33.

94 Šilietis, Okupacija, S. 123.

95 LMARS, F. 23–47, *Vokiečiai Lietuvoje*, 3, siebter Punkt der Beschwerdeliste.

vor einen Pflug gespannt und fotografiert: diese Szene erscheint angesichts der Behauptung, die Deutschen betrieben hier die »Kultivierung« von Land und Leuten, besonders entlarvend.[96] In ihr kam unmißverständlich das Ziel der Militärverwaltung zum Ausdruck, die einheimischen Energien vor den Karren der »deutschen Arbeit« zu spannen.

Andererseits fürchtete man in der Militärverwaltung die Fraternisierung mit der einheimischen Bevölkerung sowie die Ansteckung mit Krankheiten und versuchte dies mit einer Vielzahl von Befehlen und Anweisungen zu verhindern. Die Hauptsorge galt einer epidemischen Ausbreitung von Geschlechtskrankheiten, durch die ein großer Teil der Truppe dienstunfähig würde; sowohl Hindenburg als auch Ludendorff haben in ihren Memoiren immer wieder auf solche Gefahren in diesen schmutzigen Ländern hingewiesen. Die Verwaltung von Ober Ost erließ Befehle zur Einschränkung der Prostitution und mobilisierte ihre Gesundheitsabteilung.[97] Die Zensur bemühte sich gleichzeitig, die Verbreitung von »Schmutzliteratur« zu verhindern, die die Soldaten nur unnötig errege.[98] Die »Teestuben« in den Städten, in denen viele Soldaten und Offiziere verkehrten, galten hingegen wegen der fehlenden Kontrolle als gefährlich. Außerdem war damit noch ein weiteres Risiko verbunden: wenn sich die Soldaten zu wohl fühlten, würden sie möglicherweise anfangen, die Welt mit den Augen der hiesigen Bevölkerung zu sehen und nicht mehr als Deutsche. Zwar wollte die Militärverwaltung durchaus, daß sich die Männer in Ober Ost heimisch fühlten, nicht aber, daß sie sich zu sehr auf dieses Land einließen und schließlich selber zu Einheimischen wurden. Vielmehr sollten sie auf ihre Position als Aufseher vorbereitet werden, in der sie zu überwachen und Befehle zu erteilen hatten. Wie ließen sich die Ziele der Konsolidierung von Ober Ost und der Assimilation der einheimischen Bevölkerung mit dem Expansionsdrang vereinbaren, der auf die Annexion weiterer Gebiete im Osten abzielte?

Die Antwort lag am vorderen Rand der aggressiven Grenze, die das deutsche Militär vorantrieb: an der Front. Nach 1915 verhärtete sich der Konflikt im Osten genau wie im Westen zum Stellungskrieg. Die Deutschen waren

---

96 Šilietis, Okupacija, S. 100, Vorfälle in Schaulen und anderen Orten.

97 Oberbefehlshaber Ost (Hg.), Das Land Ober Ost, S. 119–126; Polizeiplakate in: (Hoover Archive) World War I Subject Collection, box no. 19, folder »Germany. Proclamations. Lithuania«, *Hüte dich vor Geschlechtskrankheiten!* (Kowno, Januar 1916) und *Merkblatt für Männer zur Verhütung von Geschlechtskrankheiten* (Kowno, Januar 1916).

98 Klemperer, Curriculum, S. 470.

stolz darauf, ihre Zivilisation und ihre Kultur bis an die vorderste Front, an den äußersten Rand ihres Herrschaftsgebiets zu tragen. Hochrangige Militärs und Frontzeitungen lobten den Eifer, mit dem man sich selbst hier in den Schützengräben, Unterständen und Schützenlöchern um geordnete Verhältnisse bemühte. Dann folgte stets ein selbstzufriedener Vergleich mit den unmenschlichen Verhältnissen in den gegenüberliegenden russischen Stellungen. Die deutschen Schützengräben waren sorgfältig und tief ausgehoben, ihr Inneres gewissenhaft ausgestattet. Fotos und Zeichnungen lieferten den Beweis für ihre vielgepriesene, einem deutschen Wohnzimmer nachempfundene »Gemütlichkeit«. Auch eine Art kulturelles Leben fand hier statt: es wurde gelesen, und »Frontkunst« entstand. Die militärische Führung förderte diese Ansätze mit Anweisungen, die in Erkenntnis ihrer psychologischen Bedeutung die »Häuslichkeit« der Schützengräben feierten.[99] Daß unter diesen extremen Umständen Ordnung und Gemütlichkeit aufrechterhalten wurden, zeugte vom konstruktiven Geist »deutscher Arbeit« und ließ eine typisch deutsche Haltung erkennen: die Neigung zum »Einbauen« und »Einrichten« – diese Begriffe tauchten in Zeitungen und in Memoiren immer wieder auf. Sobald eine neue Stellung oder neues Terrain erobert war, wurde so die deutsche Präsenz begründet und untermauert. »Einbauen« und »Einrichten« versprachen Sicherheit und vielleicht auch so etwas wie Behaglichkeit inmitten aller Verwüstung.[100] Diese Werte kamen auch in einer ganzen Reihe neuer militärischer Institutionen im besetzten Gebiet zum Ausdruck: in den Soldatenheimen, in den Frontzeitungen und im Fronttheater. Es gab solche Institutionen auch an der Westfront, ja sie waren dort entstanden, wenn auch anders. Hier im Osten hatten sie einen Anflug von verzweifelter Dringlichkeit. In der Vorstellung der Soldaten bestand ihre Funktion darin, sich über das Land auszubreiten und es erkennbar deutsch zu machen. Sich hier einzugewöhnen war Mittel und Ziel zugleich, es war eine Art Bestätigung, denn die »deutsche Arbeit« der Umgestaltung des Landes beinhaltete für die Soldaten auch die Verheißung, daß ihre Anwesenheit einen Sinn hatte. Das war die Aufgabe, der sich alle diese kulturellen Institutionen widmeten.

---

99 BAMA, PHD 8/2, Merkblatt für den Ausbau von Feldstellungen. Der Text (vom 6. Mai 1916) verrät Verständnis für den Stellungsbau als psychologischem Faktor der Kriegführung.

100 Marwitz' Kriegstagebuch ist ein erstklassiger Beleg für diese Haltung: Marwitz, Stirb, S. 52, 57, 82 f. und 120–122; Draussen – daheim. Bilder aus deutschen Soldatenheimen. Kriegstagebuch des Ostdeutschen Jünglingsbundes, Berlin 1916, S. 12; BAMA, N 196/1, Heppe, Bd. V, S. 35, 69.

Die Soldatenheime wurden in den Städten eingerichtet, um die Soldaten im Urlaub von der einheimischen Bevölkerung fernzuhalten und um sicherzustellen, daß sie ihre überlegene Position wahrten. Die Heime waren Enklaven deutscher häuslicher Ordnung in einer fremden Umgebung, wo sich »ein deutscher Soldat, ein Mensch höherer Kultur« nie daran gewöhnen würde, in den armseligen Hütten der Einheimischen mit ihren großen Familien einquartiert zu werden.[101] Immer mehr solcher Soldatenheime entstanden, an der Front und hinter den Linien.[102] Die Heime, in denen deutsche Frauen als »Schwestern« arbeiteten, boten preiswerte Unterkunft und Verpflegung und viele weitere Annehmlichkeiten: Kaffee, Leseräume, Musikzimmer, abendliche Unterhaltung, Vorträge, Diavorführungen, musikalische Darbietungen, Lesungen deutscher Dichter und Theateraufführungen. In einem Bericht heißt es voller Stolz, das Soldatenheim sei ja »die reinste Bildungsanstalt« und man könne sagen, daß die sogenannten »deutschen Barbaren [...] sozusagen die Universität mit an die Front« nähmen.[103]

Am Phänomen der Soldatenheime werden auch die Konturen des spezifischen Ostfronterlebnisses deutlich. Das in den Büchern Jüngers und anderer Autoren verherrlichte Fronterlebnis war das im Westen: der Kampf von Menschen und Maschinen in einer von Schützengräben durchfurchten und von Granaten zerrissenen Landschaft. Das Kriegserlebnis an der Ostfront war anders, geprägt vom Kampf gegen die unsichtbaren Feinde Langeweile und Entfremdung und vom Kampf gegen die Gefahr, sich in der Landschaft zu verlieren, zum Einheimischen zu werden. Hier im Osten war das Dasein ein Kampf um Gemeinschaft und Identität in einem unendlichen Raum. Es ist bezeichnend, wie Ludendorff die Soldatenheime sieht: »Mir konnte darin so leicht nicht genug geschehen. Die Soldatenheime entsprachen im Osten einem tiefen Bedürfnis.«[104] Die Männer wurden – etwa im Soldatenführer durch Wilna – ermahnt: »Bleibt deutsch! [...] geht, wenn ihr euch stärken oder ruhen wollt, in die Soldatenheime.«[105] Als »Vergnügungsstätten« wurden lediglich zwei Einrichtungen vorgeschlagen: das Deutsche Stadttheater und die Soldatenheime. Die Armeezeitungen berichteten immer wieder von

101 Draussen, S. 12 f.

102 *Das Mannschaftsheim eines Infanterie-Regiments*, in: ZXA 64 (25. April 1916); BAMA, PHD 8/23, *Weihe eines Soldatenheims an der Ostfront*, in: KB 35 (6. Juni 1917).

103 Mitau, S. 10.

104 Ludendorff, Kriegserinnerungen, S. 144.

105 Ich weiß Bescheid. Kleiner Soldatenführer durch Wilna, S. 15.

der Eröffnung neuer Heime. Leser konnten rasch den Eindruck gewinnen, diese seien so zahlreich, daß sie das ganze Land bedeckten, das auf diese Weise in ihrer Vorstellung ein wenig von seiner Fremdheit verlor.[106] In einem Bericht wurde verkündet, mit jedem dieser Heime pflanze der »Ausschuß für Errichtung von Soldatenheimen [...] einen neuen Denkstein wahrhaft deutschen Wesens in die besetzten Gebiete [...]«.[107] In diesen abgeschotteten, den Besatzern vorbehaltenen Einrichtungen war man unter sich, waren die Soldaten sicher vor der Kontaminierung durch lokale Einflüsse und liefen sie nicht wie in den Teestuben und Bordellen Gefahr, sich mit den Einheimischen einzulassen. Ein verheirateter Soldat zermarterte sich in einem Gedicht den Kopf über die erotischen Versuchungen der Stadt: »Ich gehe durch die Gassen, / Und was ich seh', gefällt mir nicht. / Und was ich denk', ist auch nicht schlicht, / Und kann es doch nicht lassen.«[108] Ein Pastor, der Soldatenheime besuchte, sprach von einem »Kampf hinter der Front«, in dem deutsche Einrichtungen den Männern neue Kraft gaben.[109] Es war unerläßlich, daß die Soldaten die Distanz zu den Beherrschten wahrten. Auch zu Hause in Deutschland wurde – in Zeitschriften und Broschüren – ausführlich über die Soldatenheime und ihre Bedeutung berichtet, um den Lesern den Eindruck zu vermitteln, daß die Soldaten auch in der Ferne wohlauf waren.[110]

Große Bedeutung maß die Militärverwaltung in ihrem Programm zur Wahrung des Deutschtums der Soldaten den Soldatenzeitungen bei, die auch

---

106 Divisionspfarrer Krohn, *Ein Soldatenheim an der vordersten Front*, in: ZXA 43 (14. März 1916); Unteroffz. Kastemacher, *Einweihung eines Soldatenheims*, in: ZXA 110 (26. Juli 1916); *Soldatenheim der Armierungskompagnie in S.*, in: ZXA 430 (2. Dezember 1917); Fahrer Adolf Sporer, *Einweihung eines Soldatenheimes an der Front*, in: ZXA 438 (12. Dezember 1917); Uffz. Liebe, *Soloquartett Prof. Röhrig im Soldatenheim Schröderwald*, in: ZXA 438 (12. Dezember 1917); *Soldatenheim Grunewald*, in: ZXA 498 (20. Februar 1918); *Ein neues Soldatenheim*, in: ZXA 581 (28. Mai 1918); *Eröffnung des Soldatenheims in Polozk*, in: ZXA 591 (8. Juni 1918); *Eröffnung des deutschen Soldatenheims in Molodetschno*, in: ZXA 693 (5. Oktober 1918); Karl Rayka, *Im neuen Soldatenheim Molodetschno*, in: ZXA 705 (18. Oktober 1918); LCVIA F. 641, ap. 1, b. 52, Verwaltungsbericht für Februar 1916. Kreisamt Birsche, S. 34.

107 BAMA, PHD 23/88, Wilhelm Müller, *Das Soldatenheim beim Oberbefehlshaber* Ost, in: Unsere Zeit in Wort und Bild 20 (1916).

108 Mitau, S. 40.

109 Ebenda, S. 41.

110 Ebenda; BAMA, PHD 23/88, Müller, *Soldatenheim.*

als Frontzeitung, Kriegszeitung oder Armeezeitung firmierten. An der Ostfront gab es viele davon. Ihre Funktion war es, für die Soldaten die Verbindung zur Heimat zu sichern und ihrem Dienst einen Sinn zu geben. Zwar gab es auch im Westen Frontzeitungen, ja dort waren sie (begünstigt durch die weniger mobile Art der Kriegführung) sogar zuerst entstanden, doch im Osten bestand für sie ein anderer, dringenderer Bedarf. Hier produzierten, mit Unterstützung von oben, viele Einheiten ihre eigene Zeitung. Ludendorff verschaffte den Redaktionen Zugang zu den Telegraphenagenturen. Als erste Zeitung an der Ostfront wurde 1915 *Die Wacht im Osten* gegründet. 1917 gab es bereits acht solcher Zeitungen, deren Auflage rasch bis auf zwanzig-, dreißigtausend und mehr zunahm.

Die Zeitungen spielten eine entscheidende Rolle im Kampf gegen »die vielfache Öde des Stellungskrieges. ›Der lange russische Winter nahte heran mit dem Gespenst der Langeweile und des Stumpfsinns‹ [...]«.[111] Zur Hebung der Truppenmoral wollten die Redaktionen die Männer einbeziehen und forderten sie auf, ihre persönlichen Erfahrungen mitzuteilen. Sie druckten Erzählungen, Essays und Berichte über lustige oder unheimliche Erlebnisse sowie das eine oder andere ausgesprochen schreckliche Gedicht. Die Soldatenzeitungen wurden als Musterbeispiele für Kulturarbeit im Osten gefeiert, weil sie nicht nur die Soldaten mit Nachrichten versorgten und die Moral der Truppe hoben, sondern sich auch zu ihrer kulturellen Aufgabe bekannten. Sie wollten den Männern Wissen über »Land und Leute« vermitteln und so dazu beitragen, daß sie hier heimisch wurden, aber auf eine Weise, die für das Projekt Ober Ost von Nutzen war. Die Männer sollten Leitlinien für ihr Verhalten gegenüber der einheimischen Bevölkerung erhalten – ein ehrgeiziges Projekt, das Erziehungsmaßnahmen und »geistige Arbeit« beinhaltete.[112]

In diesem Umfeld entstanden weitere literarische Einrichtungen wie Feldbüchereien und Feldbuchhandlungen in Form von Bücherwaggons.[113] Sie waren Beispiele dafür, wie Kultur in diese große Völkerschlacht getragen und wie selbst in den vordersten Linien deutsche Werte verbreitet wurden: »Es wurde Bedacht darauf genommen, die Feldbuchhandlungen möglichst weit an die Front vorzuschieben und das ganze Gebiet mit einem Netz dieser für die Soldaten so wichtigen Einrichtung zu versehen.«[114] Dadurch sollte die

111 Oberbefehlshaber Ost (Hg.), Das Land Ober Ost, S. 134.
112 Ebenda, S. 135; Bertkau, Zeitungswesen, S. 18.
113 Ludendorff, Kriegserinnerungen, S. 144.
114 Oberbefehlshaber Ost (Hg.), Das Land Ober Ost, S. 140.

nationale Identität der Soldaten gestärkt und zugleich ihrer Anwesenheit im Lande Sinn verliehen werden.

Am lebhaftesten drückten sich diese ehrgeizigen Ziele in der Mobilisierung des Theaters in Ober Ost aus. Das Theater vermittelte der einheimischen Bevölkerung und den deutschen Soldaten eine Botschaft und fungierte als kontrollierte Begegnungsstätte für Herrscher und Beherrschte. Die Militärverwaltung fühlte sich verpflichtet, in ihnen die besten Erzeugnisse deutscher Kultur zu präsentieren und damit das eigene Ansehen zu steigern.[115] Paul Fussell untersucht in seinem Klassiker »The Great War and Modern Memory« die Rolle von Literatur und Schauspiel im Krieg und geht der Frage nach, auf welche Weise die Westfront den Erwartungen der künstlerischen Konvention und Sichtweise entsprach und wie der Krieg zum literarischen Sujet wurde.[116] Aber selbst in einem so »literarischen« und »theatralischen« Krieg tat sich Ober Ost noch hervor, und die Deutschen im Besatzungsgebiet waren stolz darauf. Ein Schriftsteller faßte diesen Stolz in die Worte: »Deutsch sein heißt literarisch sein.«[117] Die *Zeitung der 10. Armee* lieferte reichlich Beweise für diese Behauptung: eine Ausgabe um die andere widmete sie literarischen Persönlichkeiten wie Schiller, Goethe, Körner, Cervantes oder Shakespeare. In einer regelmäßigen Rubrik mit dem Titel »Maske und Lyra« wurden örtliche Theateraufführungen besprochen. Ober Ost war durchdrungen von diesem theatralischen Geist, war selbst die bewußte Inszenierung eines Staates, von dem die Verwaltung ein einheitliches Bild vermitteln wollte.

Der Autor des Artikels »Theater und Staat« in der *Zeitung der 10. Armee*[118] legte dar, wozu Theater gebraucht wurde. Theater sei Kultur, gesellschaftliches Ritual, Legitimierung, Maßstab für ein Volk und sein zivilisatorisches Niveau. Wie in vielen anderen Bereichen erwarteten sich die deutschen Intellektuellen auch in der Kultur eine befreiende Wirkung vom Krieg. Letzterer galt als Schule der Nation, aus der sich der Geist gereinigt erheben würde. Konnte man sich möglicherweise sogar eine Wiedergeburt des Dramas erwarten, der höchsten aller Künste? Staat, Kulturarbeit und Theater waren alle in einem deutschen Projekt miteinander verbunden.

---

115 Oberbefehlshaber Ost (Hg.), Das Land Ober Ost, S. 410–428.

116 Fussel, Memory, S. ix.

117 Gefr. M. Büttner, *Buchgewerbe im eroberten Kurland*, in: Beobachter 53 (22. April 1917).

118 Landsturmmann Walter Jäger, *Theater und Staat*, in: Beobachter 126 (6. Juni 1918).

Das Theater hatte in Ober Ost eine privilegierte Stellung. In allen wichtigen Städten gab es Schauspielbühnen. Wilna verfügte über mehrere Lichtspieltheater, ein Freilichttheater und ein deutsches Stadttheater. Nach den begeisterten Beschreibungen in den Zeitungen und dem für die Soldaten bestimmten Stadtführer zu urteilen, war das Stadttheater eine der wichtigsten Errungenschaften deutschen Geisteslebens in Wilna: »[D]as mußt du besuchen, sobald du irgend Zeit hast.«[119] Die zahlreichen Schauspiele, Opern, Operetten und Konzerte, die den Spielplan des nur drei Monate nach der Einnahme der Stadt gegründeten Hauses füllten, fanden regen Zuspruch.

Die Theateraufführungen in Ober Ost richteten sich sowohl an die deutschen Soldaten als auch an die einheimische Bevölkerung. Für die Soldaten, so wurde in vielen Artikeln betont, diente das deutsche Theater nicht nur der Unterhaltung, sondern auch als kulturelle Verbindung zur Heimat. Darüber hinaus war es eine kulturelle Schnittstelle der Völker, ein Ort des Zusammentreffens von Deutschen und Einheimischen. Was ansonsten als Fraternisierung verboten war, konnte so von der Verwaltung kontrolliert werden. Auf höherer Ebene war man bemüht, der Funktion als Kulturträger gerecht zu werden. Hier wurde erklärt: »Das Theater ist ein sehr guter Gradmesser für den kulturellen Stand eines Volkes.« Es erschien sinnvoller, nationale Gefühle auf der Theaterbühne auszuleben als auf der politischen Bühne: »[...] und darum ist auch die nationale Bühne das Streben all der Völkerschaften, die erst in unserer Zeit zu einem eigenen kulturell-nationalen Leben erwacht sind.« Ober Ost brauchte ganz offensichtlich einen kritischen Schiedsrichter, »denn hier wohnen auf verhältnismäßig engem Raume Völker von verschieden hoher Kulturstufe nebeneinander, in denen der nationale Gedanke zum Teil schon früher lebendig war, zum Teil erst jetzt wachgeworden ist«. Dieser Schiedsrichter pflegte Distanz zum kindischen Gezänk der Einheimischen, war unparteiischer Kritiker ihrer Entwicklung.[120]

Der Kulturverwaltung zufolge hatte es vor der Besetzung durch die Deutschen praktisch keine Theater im Land gegeben. Das Anwachsen des von der »Befreiung« entfesselten nationalen Bewußtseins setzte Energien frei, die die Besatzer kanalisieren mußten. Das Kulturprogramm lieferte den Rahmen dafür:

»So sind die Wege zur völkischen Bühne, zur nationalen Kunst den Fremdvölkern Rußlands geebnet; es wird in den Völkerschaften selbst liegen, wie weit sie ihre natio-

---

119 Ich weiß Bescheid. Kleiner Soldatenführer durch Wilna, S. 9.

120 Oberbefehlshaber Ost (Hg.), Das Land Ober Ost, S. 410.

nale Kultur zur Geltung zu bringen verstehen, wie weit sie ihr geistiges Leben ausbauen. Ist das nationale Bewußtsein stark genug, dann wird sich jedes Volk auch seine eigene Bühne schaffen und nicht Licht und Glanz von anderen borgen, wenn es das Feuer selbst in sich trägt.«[121]

Unter deutscher Anleitung konkurrierten die einheimischen Völker miteinander: da gab es das polnische dramatisch-musikalische Ensemble »Lutnia«, ein jüdisches Ensemble, litauische und lettische Schauspieltruppen und Ansätze zu einem weißrussischen Theater. Die Bevölkerungsgruppen befanden sich auf unterschiedlichen Stufen der kulturellen Entwicklung, und das Urteil, auf welcher Stufe sie angekommen waren, fällten die Theaterkritiker der Armee. Die örtlichen Deutschen blieben bei dieser Einstufung unberücksichtigt. Sie standen außerhalb dieses Labors der kulturellen Entwicklung, blickten darauf hinab, um zu kritisieren, zu bewerten und Anweisungen zu erteilen.

Das Theater war als Ort kultureller Begegnung keine Einbahnstraße. Die Rezensenten der Armeezeitungen besuchten die Aufführungen und berichteten darüber. Ein Großteil des Publikums in diesen Vorstellungen waren deutsche Soldaten, die wenig verstanden und vor allem wegen der Erfrischungsgetränke und des anschließenden Tanzes kamen. Das Zusammentreffen verlief nicht immer erfreulich, und die empfindsameren Naturen unter den Soldaten beklagten sich über das unmögliche einheimische Publikum, das die im Westen übliche Etikette nicht kannte, den Hut aufbehielt, auf die Gänge spuckte und sich während der Stücke laut unterhielt. Die Puristen zogen ein rein deutsches Publikum vor.[122] Bisweilen wurden durch das Zusammentreffen mit den Einheimischen nur die bereits vorhandenen Vorurteile verstärkt, wenn die Soldaten die Menschen in ihrer Umgebung beobachteten: »Bei diesen jiddischen Theatervorstellungen ist nicht nur die Bühne von Interesse, sondern auch das Publikum, das so ganz anders ist, als man es in Mitteleuropa gewohnt ist.« Sie gaben »dem unbefangenen Zuschauer, der die Eigenart des Ostjudentums kennen lernen will, Gelegenheit zu köstlichen Studien«.[123]

Der entscheidende Aspekt aber war die Schiedsrichterfunktion, die Bewertung und Kritik der Aufführungen, mit deren Hilfe die Verwaltung die kulturelle Entwicklung steuern konnte. Das jiddische Theater erhielt hervorragen-

121 Ebenda, S. 424 f.

122 Ldstrm. Walter Jäger, *Deutsches Stadttheater Riga. Gastspiele der Dresdner Hofoper*, in: ZXA 532 (31. März 1918).

123 Oberbefehlshaber Ost (Hg.), Das Land Ober Ost, S. 424.

de Noten und wurde ernst genommen.[124] Ein Wilnaer Studententheater war »augenblicklich fraglos die künstlerisch am höchsten stehende einheimische Theatertruppe des ganzen Ober Ost-Gebietes«. Die Rezensenten sahen darin, daß die Studenten keine ausgebildeten Schauspieler waren, einen Vorteil, denn so kam in ihren Aufführungen unverfälscht das wirkliche Leben der Ostjuden zum Vorschein. Die Begegnung mit einer unbekannten Realität beeindruckte die deutschen Zuschauer: »Da ist alles Leben und tiefstes Empfinden, das ist nicht mehr Dichtung, die da von der Bühne spricht.«[125] Wichtig war dabei, daß Jiddisch für sie halbwegs verständlich war. Die Aufführungen in litauischer, lettischer und weißrussischer Sprache wurden hingegen mit Mißtrauen aufgenommen.[126] Was die litauischen Schauspieler aufführten, seien – so die Theaterkritiker der Armee – keine echten Dramen, sondern lediglich »Spiel, das sich Drama nennt«.[127] Dies zeige ihre Position auf der Skala der nationalen Entwicklung an: »Eine recht kümmerliche Stellung nahm das Theater im geistigen Leben der Litauer und Letten ein. Die beiden Völkerschaften bestehen ja zum größten Teil aus kleinen Bauern und Arbeitern, bei denen von einem geistigen Leben überhaupt nur in sehr beschränktem Maße die Rede sein kann.« Und was die Einheimischen an Kultur vorzuweisen hatten, führte man auf den Einfluß früher geleisteter »deutscher Arbeit« zurück. Die lettische Literatur sei »doch nicht eigentlich lettisches Produkt. Es ist deutscher Geist in lettischer Gedankenwelt. Deutsche Gelehrte haben die Grundlagen geschaffen, auf denen sich die lettische Literatur nun weiterentwickeln kann.« Die Letten hätten sich bezeichnenderweise »zu eigener künstlerischer Betätigung noch nicht aufraffen können«.[128]

---

124 *Eröffnung des jüdischen Theaters*, in: ZXA 32 (17. Februar 1916); Curt Winter, *Jüdisches Theater*, in: ZXA 34 (22. Februar 1916); Curt Pabst, *Jüdisches Theater*, in: ZXA 40 (7. März 1916); Gefr. Breske, *Spektakel*, in: ZXA 347 (28. August 1917) und ZXA 348 (29. August 1917); Erich Weferling, *Jiddisches Theater in Subat*, in: ZXA 499 (21. Februar 1918) und ZXA 500 (22. Februar 1918); BAMA, PHD 8/23, Hermann Struck, *Das Jüdische Theater in Wilna*, in: KB 5 (8. November 1916); siehe auch Cohen, Wilna, S. 372 f.

125 Oberbefehlshaber Ost (Hg.), Das Land Ober Ost, S. 423 f.

126 *›Naturtheater‹ in einem weißruthenischen Kinderheim*, in: ZXA 353 (4. September 1917); *Litauischer Abend*, in: ZXA 366 (19. September 1917); *Ein litauisches Dorftheater*, in: ZXA 690 (2. Oktober 1918); *Litauisches Theater*, in: ZXA 465 (12. Januar 1918) und ZXA 467 (15. Januar 1918).

127 Kanonier Wöhrle, *Litauischer Abend. Stimmungsbild vom letzten Sonntag*, in: ZXA 196 (14. Januar 1917).

128 Oberbefehlshaber Ost (Hg.), Das Land Ober Ost, S. 417 f., 422.

Keine diese Einschätzungen trug der Russifizierung und der Unterdrükkung oder dem Schrecken des Krieges Rechnung. Das Urteil über die litauischen und weißrussischen Theateraufführungen lautete, sie stünden auf der untersten Stufe schauspielerischen Einfühlungsvermögens. Nach Ansicht des Freiherrn von Gayl gründete die Literatur und die sprachliche Geschlossenheit dieser beiden Völker auf der bahnbrechenden Arbeit deutscher Philologen.[129] Mit Hilfe »deutscher Arbeit« werde es vielleicht auch den einheimischen Völkern schließlich gelingen, etwas Sehenswertes auf die Bühne zu stellen. Dieses herablassende Urteil war Teil einer umfassenderen kulturellen Einschätzung: Nur mit deutscher Anleitung würden diese Völker ihre niedrige Entwicklungsstufe überwinden können.[130]

Manchmal jedoch wurde ein unvorbereiteter Rezensent von der Erkenntnis der eigentlichen Bedeutung der Theateraufführungen in einer der örtlichen Sprachen überrascht. Gemessen an den importierten ästhetischen Kriterien des deutschen Theaters konnten diese Stücke natürlich nur enttäuschen. Aber sie genügten anderen Standards und Bedürfnissen, die für ihre Zuschauer wichtiger waren:

»Auch bei den Litauern sind die Ergebnisse auf dem Gebiete der Kunst noch recht spärlich. Liebhabervorstellungen sind das einzige, was man hat zuwege bringen können. Diese sind jedoch mit großem Interesse aufgenommen worden und zeigen nicht nur den Reichtum an alter Volkskunst in Trachten und Tänzen, sondern lassen auch in ihren Liedern und im Dialog die Klangfülle der alten Sprache zu überraschend starker Wirkung kommen.«[131]

Die weißrussische Kunst galt als verwurzelt »in der Eigenart und Besonderheit der Sitten und Gebräuche des Landvolkes, bei dem noch heute uralte Rechte und Überlieferungen fortleben«.[132] Im allgemeinen reagierten die Theaterrezensenten der Armee jedoch mit einer ausgewogenen Mischung von Kulturimperialismus und wohlwollendem Interesse.

Die Kulturmission von Ober Ost sollte den primitiven Völkern des Ostens ein leuchtendes Beispiel geben. Das war eine ernste Angelegenheit, und die führenden Kritiker der Armeezeitungen klagten wiederholt über frivole Stücke, die wohl kaum zu dem Bild der deutschen Kultur paßten, das der einheimischen Bevölkerung und den Soldaten vermittelt werden sollte. Auf

---

129 BA, N 1031/2, Gayl, S. 129, 131.

130 Siehe auch Paul Rohrbach, *›Nationale Kultur‹ im baltischen Gebiet*, in: ZXA 543 (13. April 1918).

131 Oberbefehlshaber Ost (Hg.), Das Land Ober Ost, S. 422.

132 Ebenda, S. 423.

ihrem Vormarsch nach Osten sollte sie sich von ihrer besten Seite zeigen. Hier gab es viel Arbeit für die Kritiker, was sich diese selbst unnachsichtig vor Augen führten:

»Eines muß festgehalten werden: es genügt nicht allein, überhaupt Abwechslung und Anregung dem Heere in Front und Etappe zu bringen, sondern es muß das Beste geboten werden, was deutsche Künstler zu bieten haben. Es ist nicht allein eine Frage der Unterhaltung, die hier zu lösen ist, sondern es ist eine große Kulturmission, die die deutsche Kunst zu erfüllen hat. Jetzt bietet sich eine einzigartig dastehende Gelegenheit, Fremdvölkern zu zeigen, was das Wesen deutscher Kunst ist, und Deutsche zum wahren Kunstverständnis zu erziehen.«[133]

Im Krieg sah man eine große Chance für die Kultur. Es galt, die Soldaten aus dem engen Horizont des Schützengrabens zu befreien und sie zu Größerem hinzuführen, »denn durch die Not und Wucht der Zeit ist aus unserem Volke ein ernstes, tiefer angelegtes Geschlecht erwachsen«. Und mehr noch, der Osten war zugleich eine Möglichkeit und eine Aufgabe:

»Und es sind ja nicht allein deutsche Soldaten, denen die Kunst etwas geben soll. Noch eine zweite große Kulturmission gilt es hier zu erfüllen. Es heißt so stolz, daß am deutschen Wesen die Welt genesen würde. Hier haben wir nun endlich einmal Gelegenheit, durch die Tat zu beweisen, daß wir fähig sind, anderen Völkern das Heil zu bringen, ihnen Führer zu sein aus dem Dunkel der Unkultur und Unbildung zum Lichte eines idealen, wahrhaft menschenwürdigen Daseins. Hier haben wir nun einmal Gelegenheit, zu beweisen, daß deutsche Kunst echte Kunst ist.«[134]

Den Kulturträgern war klar, daß sie von den Einheimischen beobachtet wurden, denn »sie alle sehen jetzt zu uns auf als den Siegern [...]. Doch sie sind auch sehr scharfsichtige Kritiker, Vorzüge wie Fehler des deutschen Wesens entgehen ihnen nicht.« Die Verwaltung bemühte sich, bekannte Schauspieler nach Ober Ost zu holen. Deren erfolgreiche Auftritte »haben auch den fremdvölkischen Einwohnern der eroberten Gebiete gezeigt, welch eine Zaubermacht in echter deutscher Kunst verschlossen liegt, haben in ihnen die Ahnung aufdämmern lassen, daß deutsches Wesen vielleicht doch dazu berufen ist, der Welt ein anderes, ein deutsches Gepräge aufzudrücken«.[135] Das Theater sollte der einheimischen Bevölkerung erbauliche Musterbeispiele deutscher Kultur bieten, um sie von der Härte des Regimes abzulenken.

Aus der Sicht der Einheimischen indes stellte sich das Theater und seine kulturbildende Mission ganz anders dar: Sie erklärten später, die Soldaten hätten

---

133 Ebenda, S. 425 f.

134 Ebenda, S. 426 f.

135 Ebenda, S. 427 f.

sie in Scharen in die neueingerichteten deutschen Theater getrieben. Berichten zufolge wurden sie in viel zu großer Zahl in diese militärischen Kunsttempel gepfercht, um sich für teures Geld Stücke in einer Sprache anzusehen, die sie nicht verstanden.[136] Da war kaum zu erwarten, daß die Menschen Dankbarkeit zeigten und Wertschätzung für das deutsche Theater entwickelten.

Die Theateraufführungen drückten der Region den Stempel kultureller Inbesitznahme auf, jede Produktion wurde als eine in den Boden der Kultur gepflanzte »Kunsttat« betrachtet.[137] Die bemerkenswerteste dieser aus den Bedürfnissen und Zielen von Ober Ost entstandenen Mischinstitutionen war das Fronttheater. In den Schützengräben war das Fronttheater bis in die vorderste Linie getragene deutsche Kultur. Noch näher kam man an die Außengrenzen des deutschen Einflußbereichs nicht heran. Wer konnte da noch zweifeln, daß dieser Krieg für die Deutschen vor allem auch ein Kulturkampf war? Die Szene hatte etwas Bezwingendes: Ein Stück hinter der befestigten eigentlichen Front, am Rand eines dichten Waldes, ein winziges Theater, halb in die Erde eingegraben. Darin sitzen auf Bänken, die aus grob zurechtgeschnittenen Brettern zusammengezimmert und in engen Reihen aufgestellt wurden, dicht an dicht müde Soldaten und Offiziere, eine Zuschauermenge in Feldgrau. Die als Vorhang dienende Decke vor ihnen ist zur Seite gezogen. Bei schummriger Beleuchtung beginnt auf der improvisierten Bühne ein Drama über den Dreißigjährigen Krieg. In knapp einem Kilometer Entfernung ertönt abwechselnd deutscher und russischer Kanonendonner, aber weder die Schauspieler noch das Publikum lassen sich davon ablenken – das Geräusch paßt zu gut zu dem Geschehen auf der Bühne.

Neben den Theateraufführungen gab es Konzerte, Kabarett, Vorträge, Lesungen und Sportfeste, alles unmittelbar an der Front.[138] Auch das Frontkino wurde zur allgegenwärtigen Erscheinung.[139] 1917 gab es an der Ostfront bereits siebzig davon.[140] Aber von all diesen Kultureinrichtungen wurde das

---

136 In Pašiaušej und anderswo: Šilietis, Okupacija, S. 108.

137 *Deutsche Konzerte in Wilna*, in: ZXA 508 (3. März 1918).

138 *Sportfest 5 km hinter dem Schützengraben*, in: ZXA 80 (27. Mai 1916); *Sportfest am Naroczsee*, in: ZXA 125 (25. August 1916); Jäger, *Kammerspiele 2300 m hinter der Front*, in: ZXA 227 (17. März 1917); BAMA, PHD 8/23, *Deutsches Ostfront-Theater*, in: KB 45 (15. August 1917); BAMA, PHD 8/23, A. Bielefeld, *Deutsche Musik im Rokitno-Sumpf*, in: KB 23 (14. März 1917).

139 Trainsoldat Rosenberg, *Ein Kino an der Front*, in: ZXA 191 (4. Januar 1917); Uffz. Oppenberg, *Ein Kino hinter der Front*, in: ZXA 222 (7. März 1917); Uffz. Willy Körber, *Frontkino und Fronttheater*, in: Beobachter 49 (21. März 1917).

140 Oberbefehlshaber Ost (Hg.), Das Land Ober Ost, S. 428.

Fronttheater in den Zeitungen am meisten gefeiert.[141] Sie drängten die Soldaten, den Krieg als Gelegenheit zur kulturellen Weiterentwicklung, zur Steigerung des eigenen Niveaus zu nutzen. Und die Schriftsteller beklagten die Ausbreitung des Frontkinos und priesen das Fronttheater als authentische, bedeutungsvolle und lebendige Kunstform.[142] Inwieweit das Phänomen Fronttheater auf Anweisungen und Befehle zurückgeführt werden kann, ist unklar. Die Militärhierarchie scheint das Entstehen der Theater in der Regel zwar gefördert, aber nicht selbst veranlaßt zu haben. Meist griffen Initiativen von unten und Förderung von oben ineinander. Daß niemand für diesen Prozeß verantwortlich zeichnete, läßt deutlich werden, daß es sich um eine allgemeines, breitangelegtes kulturelles Phänomen handelte, das »nah an der Basis« ablief. In den Diskussionen über das Fronttheater wurden aus technischen Mängel Tugenden: die primitiven Voraussetzungen, das Fehlen von Requisiten, Bühnenmaschinerie, Beleuchtungsanlage und Schauspielerinnen. Das auf das Mittelalter zurückgehende traditionelle bayerische Puppentheater und die im 16. Jahrhundert entstandenen Stücke von Hans Sachs wirkten vor diesem Hintergrund um so authentischer.[143] Das waren Bedingungen wie zu Shakespeares Zeiten! Die Soldaten, die auf Bänken zusammengedrängt im überfüllten Zuschauerraum saßen und zusahen, wie Männer aus ihrer Einheit oder Tourneeschauspieler auf der Bühne agierten, machten aus der Not eine Tugend und näherten sich den Wagnerschen Idealen der Gemeinschaft durch das Theater, das heißt der Kunst als Akt der Transformation von Individuum, Staat und Nation.

Die Aufführungen müssen für die Soldaten eine angenehme Abwechslung gewesen sein, doch wichtiger war die Idee des Fronttheaters selbst.[144] Es war

---

141 Landstrm. Heinrich Goldmann, *Soldatentheater an der Front*, in: ZXA 34 (22. Februar 1916); Leutnant Ficus, *Theater an der Front*, in: ZXA 38 (2. März 1916); Landstrm. Heinrich Goldmann, *Kleines Theater an der Front*, in: ZXA 39 (4. März 1916).

142 Uffz. Willy Körber, *Frontkino und Fronttheater*, in: Beobachter 49 (21. März 1917).

143 Hans Alexander, *Ein Münchener Marionetten-Theater in Pleskau*, in: ZXA 693 (5. Oktober 1918).

144 Ldstrm. Heinrich Goldmann, *Kleines Theater an der Front. Szenen aus ›Goethes Faust‹*, in: ZXA 49 (26. März 1916), Ldstrm. Heinrich Goldmann, *Kleines Theater an der Front. Alt-Heidelberg*, in: ZXA 54 (5. April 1916); ZXA 290; Cyrus, *Gedanken beim Besuche eines Fronttheaters*, in: ZXA 353 (4. September 1917); *Unsere Frontbühne*, in: ZXA 358 (9. September 1917); *Theater an der Front*, in: Scheinwerfer 14 (17. Mai 1916); Hermann Pörzgen, Das deutsche

ein Ritual des Inbesitznehmens; wer so etwas so weit vorne tat, dachte nicht an Rückzug. »Deutsche Arbeit« drängte nach vorn: »Das Soldatentheater an der Front ist also in jedem Sinne eine deutsche Tat.«[145] Jedes an die Front getragene Theaterstück zog die Grenzen des eigenen Herrschaftsbereichs neu. Die wahre Bedeutung dieser Institution lag in der Rolle, die sie im geistigen Bild der Besatzer vom eroberten Osten spielte: eine in fremden Boden gepflanzte »deutsche Kulturtat«.

Ein Drama war besonders wichtig und erlebte eine Aufführung nach der anderen: auf den primitiven Frontbühnen, begleitet vom Donnern schwerer Geschütze, in den Soldatenheimen, den rettenden Vorposten deutscher häuslicher Ordnung in einem wilden Land, und in den deutschen Stadttheatern, wo die hohe Kultur der Eroberer die Einheimischen mit ihrer simplen Denkart in Erstaunen versetzen sollte. Dieses eine Stück wurde immer wieder aufgeführt, denn es hatte für das feldgraue Publikum etwas Faszinierendes und Hinreißendes. Es paßte perfekt zur Situation, brachte die Meinung von Ober Ost und die Gefühle der Soldaten präzise zum Ausdruck. Friedrich Schillers »Wallensteins Lager« war das Drama des Militärstaates schlechthin. Es wurde zum »Leitdrama« des Besatzungsregimes. Eine bezeichnendere Wahl wäre nicht möglich gewesen.[146] Dieser erste Teil des »Wallenstein« umfaßt eine Reihe von Szenen aus dem Heerlager des berühmten Feldherrn. Die internationale Freibeuterbande, die Wallenstein um die Feuer seines Lagers in Böhmen versammelt hat, stehen für eine im Werden begriffene Nation, ein anarchisches, soldatisches Kriegsvolk, das an nichts glaubt als an die gepanzerte Gestalt ihres Feldherrn. Mit seiner täuschenden Einfachheit ist dieses Drama um die Begriffe Identität und Staat das ideale Stück für das Fronttheater. Schiller versetzt sein Publikum in den

---

Fronttheater 1914–1920, Dissertation Köln 1935; Herbert Maisch, »Helm ab, Vorhang auf!« Siebzig Jahre eines ungewöhnlichen Lebens, Emsdetten 1968; Geerte Murmann, Komödianten für den Krieg. Deutsches und alliiertes Fronttheater, Düsseldorf 1992.

145 *Theater an der Front*, in: Scheinwerfer 14 (17. Mai 1916).

146 Uffz. P. Mennicken, *Feldtheater. Eindrücke und Vorschläge*, in: ZXA 290 (22. Juni 1917) und ZXA 291 (23. Juni 1917); *Deutsches Theater in Wilna. Schillers Geburtstag: ›Wallensteins Lager‹*, in: ZXA 413 (Liebesgabe) (13. November 1917); *Gedenkfeier im Deutschen Theater in Dünaburg am 2. 8.*, in: ZXA 641 (6. August 1918). Das Stück wurde später auch in dem »Programm einer patriotischen Unterweisung« eingesetzt, das Ludendorff nach seinem Aufstieg in die Oberste Heeresleitung anordnete: Kitchen, Dictatorship, S. 61; Klemperer, Curriculum, S. 475, 545.

Dreißigjährigen Krieg und führt ihm in einer Reihe von Tableaus das Leben im Lager und den dort herrschenden Geist vor. Über allem schwebt das übermenschliche Bild Wallensteins. Die Lagergemeinschaft ist eng mit dieser übermächtigen Gestalt verbunden, ist eins mit ihr in der moralischen Verantwortung: »Sein Lager nur erkläret sein Verbrechen.«[147] »Wallensteins Lager« ist mehr als ein Vorspiel, in dem Schiller die Atmosphäre für sein Stück schafft: es zeigt das gesellschaftliche Drama einer Nation im Moment ihres Entstehens. Auftritt folgt auf Auftritt, immer mehr Soldaten kommen zu den bereits versammelten hinzu: »Siehst du? sind neue Völker herein«. Der Wachtmeister fragt die Soldaten, woher sie kommen; die Armee ist ein Nationalitätengemisch aus ganz Europa, das Wallenstein in seinem Lager zusammengeführt hat als eine große neue Nation, die hier in Böhmen geboren wird. Aus der Verschmelzung unterschiedlicher Stämme wird rasch die Bildung eines Staates: »Ein Reich von Soldaten wollt er gründen, / Die Welt anstecken und entzünden.« Das Lager verfügt über eine eigene Feldschule für den Nachwuchs, eine eigene Wallensteinsche Währung und das Ethos gemeinschaftlichen Eigentums. Alle werden zu Wallensteinern, wenn sich die Kriegsnation ihrem identitätsstiftenden Grundsatz zuwendet: »Wer hat uns so zusammengeschmiedet, / Daß ihr uns nimmer unterschiedet? / Kein andrer sonst als der Wallenstein!« Das ganze Lager ruft aus: »Wir stehen alle für einen Mann.«[148] In den folgenden Szenen kommt es zum Zusammenbruch der Identitäten, und kleinere Einheiten finden sich mit kraftvoller Intensität zu größeren zusammen. Der einzelne geht im Volk auf, das sich der Struktur des Staates unterwirft; dieser nimmt zuletzt die Gestalt eines einzigen Menschen an, der herausragenden Gestalt des Wallenstein – eine Vorwegnahme der Formel »Ein Volk, ein Reich, ein Führer«. Der Ablauf der Ereignisse ist von zunehmender Dynamik gekennzeichnet. Mit dem Lager hat Schiller die Welt des Krieges skizziert, sie in die Landschaft dieses »Zeitraums« gesetzt und damit ungewollt das Modell einer auf Krieg gegründeten Gemeinschaft vorgestellt, der Gemeinschaft einer Kaste von Kriegern.

»Wallensteins Lager« übte auf die Soldaten von Ober Ost eine einzigartige Faszination aus, denn es spiegelte exakt ihre Gefühle inmitten der Ereignisse in Osteuropa wider: Dort wurde – auf Anweisung des Oberbefehlshabers – ein militärisches Utopia errichtet, die Grundlage für die Geburt eines Kriegsvolks in einem Land des Krieges. Für die Aufführung des Stücks zum ersten

---

147 Friedrich Schiller, Sämtliche Werke, hrsg. von Gerhard Fricke und Herbert G. Göpert, Bd. II, Dramen II, München 1958/59: Wallenstein Prolog, Zeile 18.

148 Wallensteins Lager, Zeile 7; Auftritt 11; Zeilen 332 f., 805 und 833.

Jahrestag der Eroberung von Kowno verfaßte der Schriftsteller Eulenburg einen neuen Prolog, in dem er zu dem Stück feststellte, daß es »auch heute noch bedeutungsvoller als je zuvor zu unserm Innern spricht«, denn dieser Krieg gebe Schillers Versen »aufs Neue Sinn und Leben«. In sechs Strophen zeigte Eulenberg Parallelen zwischen dem Stück und Ober Ost auf, die »beziehungsreich an Eure Seelen rühren, / Denn vieles, was des Friedlands Lagervolk / Bewegt hat, passt auf unser Loos, / Bis auf des Feldherrn Haupt als Hintergrund / Die Tracht ward anders auf dem Welttheater, / Der Geist der Menschheit hat sich kaum gewandelt, / Und die Geschichte schreibt noch heut mit Blut.«[149] In diesem gewandelten Bild des Dreißigjährigen Kriegs fanden die Soldaten ein historisches Rollenmodell, das sie der Fremdheit ihrer eigenen Lage entgegensetzen konnten.[150] Das Theater gewann in Ober Ost deshalb so große Bedeutung, weil es in der Inszenierung des Militärstaats eine Entsprechung fand. »Deutsche Arbeit« beinhaltete hier eine grundlegende Arbeitsteilung, bei der die primitiven und ungezielten Energien der einheimischen Bevölkerung unter der Aufsicht des Militärstaats durch das deutsche Talent für Organisation, Systematisierung und Rationalisierung zusammengefaßt und gerichtet wurden. »Deutsche Arbeit« definierte die Stellung und das Wesen eines Volkes anhand seiner Funktion und legte so seine nationale Identität fest. Das bedeutete nicht nur eine Reduzierung der Identität der einheimischen Völker, auch die deutsche nationale Identität wurde auf diese Weise in ihrem Wesen definiert und als herrschendes Prinzip dargestellt. Es war die nationale Berufung der Deutschen in Ober Ost, zu verwalten und Macht auszuüben. Auch beim Kulturauftrag der Armee ging es um Macht und Kontrolle.

Der zunehmende Realitätsverlust, der zu beobachten war, als die Ziele des Militärstaates und die Erfahrungen der einheimischen Bevölkerung immer mehr auseinanderdrifteten, bedeutete eine Krise des herrschenden Prinzips. Das Kulturprogramm hatte dauerhafte praktische Folgen, doch genau das führte zu erheblichen Problemen. Mitte 1917 entstand eine völlig neue

149 Herbert Eulenberg, *Prolog zur Festaufführung von ›Wallensteins Lager‹*, Sonderbeilage zu Nr. 229 der Kownoer Zeitung.

150 Die Bilder, die eine Verbindung zwischen »Wallensteins Lager« und Leni Riefenstahls Propagandafilm »Triumph des Willens« (1935) über den Reichsparteitag von 1934 in Nürnberg herstellen, sind kaum zu übersehen: das Gemeinschaftsleben im Lager, der Appell der Arbeitstrupps und der Wechsel von Fragen und im Chor gebrüllten Antworten. Die rituellen Szenen weisen Parallelen zu »Wallensteins Lager« auf und verdeutlichen dessen Charakter eines machtvollen Modells.

Situation, und Deutschland kam zu der Erkenntnis, daß es seinen politischen Kurs ändern mußte, da sich das Machtgleichgewicht zum Nachteil der Mittelmächte zu verändern schien. Die russische Februarrevolution förderte den lautstarken Ruf der Völker nach Selbstbestimmung, was zusätzlichen Druck auf die deutsche Regierung zur Folge hatte. Die Vorstellung, man könne osteuropäische Territorien einfach annektieren, mußte jetzt der Aussicht auf kompliziertere politische Arrangements weichen. Der einheimischen Bevölkerung war ein gewisses Mitspracherecht einzuräumen, genug, um die angestrebten Lösungen zu legitimieren. Also gestattete die deutsche Regierung politische Aktivitäten wie die Bildung von Landesräten, doch gerade hier sollte das Kulturprogramm bittere Früchte tragen. In nicht einmal zwei Jahren hatte die Militärverwaltung ein Programm entwickelt und so erfolgreich umgesetzt, daß es der Realisierung der neuen Politik, an der es mitwirken sollte, im Wege stand. Es führte nicht nur zum Scheitern der Aussöhnungsversuche mit der einheimischen Bevölkerung, sondern hatte noch viel weitreichendere Folgen. Während die Verkehrspolitik die Einstellung der Soldaten zum Land prägen sollte, sollte das Kulturprogramm ihre Haltung gegenüber den Menschen bestimmen. Die beiden Projekte der Militärverwaltung verhalfen den deutschen Soldaten an der Ostfront und in den besetzten Gebieten zu einer weitergefaßten Vorstellung vom Osten und den Möglichkeiten, die er ihnen bot. Die damit verbundenen psychologischen Auswirkungen sollten zum überraschendsten, nachhaltigsten und verhängnisvollsten Ergebnis von Ober Ost werden.

Das deutsche Bild vom Osten

Das dauerhafteste und verhängnisvollste Ergebnis der Unternehmung Ober Ost war nicht eine bürokratische Institution oder ein Programm, sondern eine Vision: das in ihr geprägte Bild vom Osten. Im Verlauf des Krieges entwickelten die Deutschen unter dem Einfluß der verwirrenden Situation, mit der sie konfrontiert waren, und ihrer eigenen Bemühungen, damit zurechtzukommen, eine radikal andere, apokalyptische Vorstellung von Osteuropa und davon, was sie hier tun konnten. Das Ostfronterlebnis führte bei den Soldaten zu einer besonderen Sichtweise, ließ in ihrer Vorstellung eine imperialistische deutsche Landkarte des Ostens entstehen, die auch ihre Wahrnehmung des besetzten Territoriums mit seinen kennzeichnenden Merkmalen sowie die Strukturierung dieser Wahrnehmung beinhaltete. Diese »geistige Landkarte« war nicht nur eine neutrale Beschreibung, sondern bezeichnete auch die Einstellung, mit der man in das Land vordrang und mit ihm umging: wie man sich in ihm bewegte, es sich zu eigen machte und veränderte, und wie man ihm eine Ordnung gab. Sie war auch ein Rezept für die Zukunft, eine Vision dessen, was man sich von diesem Land erwartete. Sie beschrieb und regelte die eigene Beziehung zum Land, die eigene Vorstellung von der Landschaft, wie sie war und wie sie sein sollte. Dieses Bild vom Osten sollte große Bedeutung erlangen, da mehrere Millionen Soldaten aller Ränge, die das Ostfronterlebnis teilten, es in sich aufnahmen und davon den Sinn ihrer Anwesenheit im Osten ableiteten.

Es waren die nachhaltigen ersten Eindrücke, die das Bild prägten, vor allem der Eindruck, welcher die ungeheure Weite auf die Soldaten machte. In dem in der *Korrespondenz B* veröffentlichten Artikel »Der deutsche Soldat in der russischen Steppe« wird dieser Eindruck beschrieben:

»Jählings sprang die Straße hinaus in die Steppe. Ohne Übergang. Es war eine kleine Ackerstadt. Bis weit in die Höfe hinein streckt die Steppe tastend ihre Finger. Die Häuser bilden hier dünne Riffe in ihrem Meere. Blickt man durch ein geöffnetes Tor in das Innere des Hauses, so gähnt ein weiterer Grund – Steppenboden – inmitten der Stadt. Und ringsum die Stadt brandet sie, wie die See um eine kleine meerzernagte fjordreiche Insel. Jetzt ging der Soldat auf schmalem, kaum wahrnehmbarem Pfade. Die Steppe nahm ihn in ihren Bann. Er blieb stehen und blickte weit in die Runde. Drüben schlief die Stadt unter wenigen Lichtern – wie hellen Träumen. Und dort rechts stand jetzt der Mond – ein blutiger Halbmond. Er ging weiter. [...] In der Ferne, am Horizont, grenzte jetzt ein hellerer Strich das Schwarz ab. Dort lag Osten, die russische Endlosigkeit. Er starrte hinein in dieses Land, das in seiner fernen Dehnung die Augen weit macht und doch den Blick nach innen kehrt, das die Menschen in die Unendlichkeit leitet und doch auf sich selbst zurückführt.«[1]

Ein Romanautor schilderte die bedrückenden Empfindungen der Soldaten während der Zugfahrt durch das besetzte Gebiet, den »Druck, der auf ihnen lag, als sie in die fliehende Weite hinaussahen«. »Es ist etwas so Haltloses in diesem Fahren und Dahingleiten«, klagt einer der Protagonisten, zerfressen von dem »Gefühl des Heimatlosen, des Entwurzeltseins. Wie ein negatives Erlebnis der Seele kommt einem das Leben vor.« Diese Eindrücke provozierten eine heftige Reaktion:

»Die Sonne war aufgegangen, und ein fahles Licht flackte über die Ebene. Soweit das Auge sah, war nichts als Ebene, grau, tot, unendlich und traurig. Und die Soldaten, die auf ihrer Fahrt aus der Ukraine nicht von dem Eindruck losgekommen waren [...] empfanden es undeutlich: das war Rußland. Wie ein gespenstischer Begriff stand das Wort vor ihrer Seele. Drei Tage und drei Nächte waren vorübergegangen, und immer noch war das Bild das gleiche. Da verstärkte sich das unheimliche Gefühl gegen das Land zu einem unbewußten dumpfen Haß, der in ihren Herzen emporglomm, den sie empfanden, aber nicht dachten – zu einem Haß gegen die Größe des Landes, das sie verschluckt hatte, wie ein großer Fisch viele kleinere verschluckt, und das sie festhielt gegen ihren Willen. Nur einige dachten klarer. Aber auch diese empfanden zu der Stunde nur eine dumpfe lähmende Ohnmacht, die von dem Lande ausging und auf ihnen lag wie eine Fessel, die sie schnürte.«[2]

Ein anderer Soldat beschrieb in seinem Tagebuch, wie er unter feindlichem Feuer hinaus auf das Schlachtfeld blickte, in eine große Leere: »Zahllose Gehöfte und ganze Dörfer stehen in Flammen. Man sieht in der weiten, bis in die entferntesten östlichen Höhen ausgedehnten Ebene keine menschliche Kreatur. Und doch liegen sich in dieser fürchterlichen Leere, die nur der Lärm der brummenden Geschütze erfüllt und das Rasseln der Maschinengewehre, Tausende im Kampf auf Leben und Tod gegenüber [...].«[3] Ähnlich äußerte sich ein Student, nach dessen Meinung die Ostfront mit ihrer Trostlosigkeit und Rettungslosigkeit sogar die typische »Leere des modernen Schlachtfeldes« übertraf.[4] Der Anblick der offenen Weiten faszinierte Künstler wie den berühmten Expressionisten Otto Dix, der im Winter 1917 als

---

1 BAMA, PHD 8/23, Schirokauer, *Der deutsche Soldat in der russischen Steppe*, in: KB 6 (15. November 1916).

2 Victor Jungfer, Das Gesicht der Etappe, Berlin 1919, S. 16–19.

3 Marwitz, Stirb, S. 82.

4 Witkop (Hg.), Kriegsbriefe, S. 67.

Feldwebel in den Osten kam und sich hier zu abstrakten Zeichnungen inspirieren ließ, die Fahrten durch die Steppe und vereinzelt in der Landschaft liegende Dörfer zeigen.[5] Einen ähnlichen Eindruck grenzenloser Weite vermitteln viele Bilder von Kriegskünstlern.[6] Selbst auf dem Umschlag des Liederbuchs der 10. Armee waren endlose Reihen von Soldaten beim Marsch durch eine leere Schneelandschaft zu sehen.[7]

Das Land hatte noch andere Eigenschaften, die die Neulinge beunruhigten: Die Natur brach mit all ihrer Wildheit über sie herein, grimmige Winter setzten sie schneidend kalten sibirischen Winden aus:

»Nun setzte eine Kälte ein, wie ich sie noch nie erlebt hatte. Das Thermometer sank auf 38 Grad unter Null. Morgens beim Sonnenaufgang war es am kältesten. Es war so kalt, daß die Luft flimmerte. Ein Bächlein, etwa 1 m tief, mit stark fließendem Wasser war bis auf den Grund gefroren, so daß wir gezwungen waren, Schnee und Eisklumpen im Kochgeschirr auf dem Ofen zu schmelzen, wenn wir Kaffee kochen wollten oder zu sonstigen Zwecken Wasser haben mußten. Das Brot und die anderen Lebensmittel, die auf Schlitten hergebracht wurden, waren hart wie Stein.

Wenn ein Mann den Kopfschoner nicht über die Nase gezogen hatte, war die Nasenspitze binnen 5 Minuten weißgelb, alles Blut daraus gewichen. Dabei wurde die Nase vollständig gefühllos. Da kam der Befehl, daß einer den anderen beobachten sollte. Auch erhielt jeder eine Schachtel Frostsalbe, um sofort die erfrorenen Stellen einzuschmieren und zu verbinden. ›Mensch, du hast ja eine weiße Nase!‹ hörte man oft einen zum anderen sagen. [...] Am schnellsten erfroren Nase, Ohren, die Haut auf den Backenknochen, Fingerspitzen, Zehen und Fersen.«[8]

In den Briefen der Frontsoldaten wird deutlich, wie grauenhaft dieses Land für sie war. Im Frühjahr, wenn das Tauwetter einsetzte, bildeten sich bisweilen plötzlich Seen und setzten die Bunker und Stellungen unter Wasser; Männer, die Wache hielten, ertranken auf ihrem Posten oder wurden von den eisigen Fluten mitgerissen.[9] Besonders bedrohlich wirkte die feindselige Natur

---

5 Linda F. McGreefy, The Life and Works of Otto Dix: German Critical Realist, Ann Arbor 1981, S. 19; Otto Conzelmann (Hg.), Otto Dix. Handzeichnungen, Hannover 1968, Bildtafeln 39 und 40.

6 (Hoover Archives) Dettmann Collection: Ludwig Dettmann, Von der deutschen Ostfront (Berlin o. J.), Bildtafeln 4, 7, 11, 14 und 21–23.

7 Vivat, du wackere Armee. Singlieder für Soldaten der 10. Armee, o. O., Zeitung der 10. Armee, 1918.

8 Dominik Richert, Beste Gelegenheit zum Sterben. Meine Erlebnisse im Kriege 1914–1918, hrsg. von Angelika Tramwitz und Bernd Ulrich, München 1989, S. 233 f.

9 Witkop (Hg.), Kriegsbriefe, S. 220 f.

in den Kampfpausen: »Eintönig vergingen die Tage. Schnee, Nebel, Nebel und Schnee, das war so ziemlich die ganze Abwechslung.«[10] Das Leben in den Schützengräben ging »seinen gewöhnlichen Gang weiter: Postenstehen, schlechte Verpflegung und quälende Läuse«.[11] Die Soldaten an der Ostfront hatten – und das war entscheidend für ihr Fronterlebnis – ebensosehr mit der Natur zu kämpfen wie mit dem Feind.

Die Männer nahmen alle diese für sie fremden Erscheinungen der besetzten Gebiete wahr, und es war nicht immer eine romantische Fremdheit, der sie hier begegneten. Noch schädlicher waren für die Moral der Truppe die alltäglichen Qualen der Langeweile, des Heimwehs und der in persönlichen Verlusten begründeten Hoffnungslosigkeit sowie die geballte Wirkung des Grauens an diesem Kriegsschauplatz.[12] Die lange Trennung von der eigenen Familie wurde für viele zur Tortur. Ein Offizier auf Heimaturlaub fühlte sich innerlich von Schmerz zerrissen, als ihm sein Kind wie einem »fremden Manne aus Rußland« begegnete.[13] Ein anderer Soldat schrieb, erst jetzt habe er die wahre Bedeutung von Heimat zu schätzen gelernt: »Heimat: Wie ich doch erst jetzt das Wort so ganz schätzen kann, wo ich mitten in der Fremde in Feindesland mich befinde.«[14] An den ruhigeren Abschnitten der Front wurden die Männer von der Trostlosigkeit ihres Daseins gequält. Einer rief aus: »Wir fechten nicht, wir hungern nicht, wir liegen im Schmutz, wir töten uns durch unnütze Langeweile. Hätte der Krieg bald ein Ende!«[15] Diese Gefühle konnten auf das vom Krieg geschundene Land projiziert werden, sich mit ihm verbinden. Derselbe Soldat reflektierte in einem Brief nüchtern:

»Ist es nicht ein so größtes, ungekanntes, heiliges Gefühl, tote Freunde zu haben, die den Heldentod gestorben sind? Und so auch ein verbranntes Dorf, die leeren, wie vom Wahnsinn zerrissenen Giebel, die zerstörten menschlichen Wohnungen, die offenen Kadaver und die grauen Totenhaufen, Brände, fremde, fremde Gesichter gegen den Boden gedrückt, wie von einem Sturm zerknacktes Astwerk liegen zu sehen? Ich habe kaum ein Grauen dabei empfunden. Und wer hat je mit seinen Augen vorher diese Bilder gesehen? Vor diesem Gesicht solcher Dinge verstummt das Wort. [...] Das Leben der einen wie der anderen ist belanglos. [...] Ich fühlte

---

10 Richert, Gelegenheit, S. 219.

11 Ebenda, S. 237.

12 Hanna Hafkesbrink, Unknown Germany: An Inner Chronicle of the First World War Based on Letters and Diaries, New Haven 1948, S. 89.

13 BAMA, N 196/1, Heppe, Bd. V, S. 113.

14 Witkop (Hg.), Kriegsbriefe, S. 64.

15 Marwitz, Stirb, S. 42.

die Abgeschiedenen nahe bei mir und glaubte, ich werde nun auch bald bei ihnen und los sein dürfen von aller Qual. [...] Wie ist die Welt verändert und leer geworden!«[16]

Von dem anhaltenden Grauen betäubt, verfielen die Soldaten bisweilen in tiefen Nihilismus, wenn sie sich ihr Leben und ihre Umgebung ansahen. Das Bild, das sie vom Osten hatten, umfaßte das gesamte Kriegsgebiet. Der Krieg wütete schon, das Land brannte bereits lichterloh, als die Männer es zum ersten Mal sahen. Der Krieg war es auch, der sie mit der vollen Verfügungsgewalt über Land und Leute ausstattete: »Krieg ist Krieg« war die übliche Entschuldigung bei Requisitionen. Die Vorstellung der Soldaten vom Kriegsland war in permanentem Wandel begriffen, da es sich immer wieder durch Neueroberungen nach Osten hin sprunghaft erweiterte. Der Militärstaat Ober Ost schien ein wachsender Organismus zu sein. Die Besatzer konnten sich nicht einfach niederlassen und zur Ruhe kommen. Die geistige Landkarte war in Bewegung und lenkte ihre Aufmerksamkeit und ihre Energien immer weiter ostwärts.

Das Wort Schmutz spielte in dieser Vorstellung vom Osten – was das Land und die Bevölkerung anging – eine zentrale Rolle. Auch wenn die Front längst weitergerückt war, blieb der Eindruck, daß es sich um ein unsauberes Land handelte, und was die Soldaten an Straßen und Flüchtlingen zu sehen bekamen und erlebten, verstärkte ihn noch weiter. Überall in diesem Durcheinander lauerten Krankheiten. Ein Besucher nahm Anstoß an den mit kranken und hungernden Flüchtlingen überfüllten Städten, in denen »der schauderhafte Armeleutegeruch des Ghettos sich beklemmend auf Sinn und Empfinden wälzte. ›Gasmaske her‹ rief ich entsetzt.«[17] Bezeichnend ist auch die Behauptung der Deutschen, die abziehenden Russen hätten Wilna »in der unsagbarsten Weise verschmutzt und verstänkert. Im Erdgeschoß des Stadthauses lag der Pferdedung dreiviertel Meter hoch. Im ersten Stock, für den die Rosse versagten, hatten ihre Reiter das tierische Geschäft übernommen. Heute sind die Räume blitzsauber; einzig der satte Kalk- und Entseuchungsgeruch erinnert an die vorgefundene Schweinerei.«[18] Eine besondere Abneigung empfanden die Besatzer gegen die unglücklichen, im »Ghetto« von Wilna zusammengepferchten Flüchtlinge. Der neue Chef der Militärverwaltung Litauen erklärte entsetzt: »Eine der

---

16 Otto Grautoff (Hg.), Bernhard von der Marwitz. Eine Jugend in Dichtung und Briefen, Dresden 1923, S. 121–123.

17 Hartmann, Ob-Ost, S. 4.

18 Ebenda, S. 13.

größten Merkwürdigkeiten in Wilna, die allerdings Auge und Nase in gleicher Weise beleidigte, war das Judenviertel [...], das wohl das Tollste an Schmutz und Verwahrlosung war, was ich bisher in dieser Art gesehen hatte, trotzdem ich ja schon seit über 3 Jahren allerlei auf diesem Gebiete gewohnt war.«[19] Inwieweit der Krieg an der elenden Lage der einheimischen Bevölkerung schuld war, fragte sich kaum jemand. Und jedesmal, wenn die Soldaten Läuse oder andere Parasiten am eigenen Körper entdeckten, kamen ihnen erneut all der Schmutz und die Krankheiten zu Bewußtsein, die sie mit diesem Land und seiner Bevölkerung verbanden. Bald wurden diese allgegenwärtigen kleinen Quälgeister zu Markenzeichen des Ostens. Ein Soldat witzelte: »Zuerst dachte ich, es wären russische Ameisen.« Die Schuld gaben sie den Einheimischen, die die kleinen Tierchen irgendwie an die Deutschen weitergegeben haben mußten. Im Sommer wurden Fliegen und Stechmücken zur Plage.[20]

Schmutz wurde zum Symbol für den Zustand des Landes und seiner Bevölkerung vor der Umgestaltung durch »deutsche Arbeit«. Auch die ethnische Komplexität, die chaotische Mischung von Sprachen, Völkern, Religionen und historischen Hintergründen, die im »Atlas der Völkerverteilung« deutlich wurde, gab dem ganzen Gebiet etwas Schmutziges und Ungeordnetes. Diese ersten Eindrücke von schmutzigen Ländern und Völkern verfestigten sich zu einer dauerhaften Vorstellung vom »schmutzigen Osten«.

Die deutschen Soldaten reagierten darauf mit einem Durcheinander widersprüchlicher Impulse. Beim Anblick des Landes verspürten sie für seine Völker so etwas wie Mitgefühl und Verständnis, fühlten sich ihnen nah, zugleich aber auch von ihnen abgestoßen. Den Einheimischen fehlte eine nationale Identität im Sinne eines bewußten Projekts oder eines komplizierten Gewebes historischer Gegebenheiten, Entscheidungen und Leistungen. Sie waren keine Akteure der Geschichte, die Entscheidungen trafen, sondern Sklaven der Notwendigkeit. Die Soldaten versuchten, wie Jungfer in seinem Roman »Das Gesicht der Etappe« schildert, im »Gesicht«, im »Antlitz« der Einheimischen ihre innere Natur zu erkennen. Die Zugehörigkeit zu einem Volk wurde mehr und mehr mit der Zugehörigkeit zu einer Rasse gleichgesetzt und als etwas Körperliches, Sichtbares und Unveränderliches betrachtet. Manchmal wurden die Einheimischen als separate Völker angesehen, aber da

19 BAMA, N 196/1, Heppe, Bd. V, S. 133.

20 Fritz Nagel, Fritz: The World War I Memoir of a German Lieutenant, überarbeitete Auflage, Huntington 1995, S. 74 f.; Marwitz, Stirb, S. 25, 91; BAMA, N 196/1, Heppe, Bd. V, S. 15, 56.

ihnen so viele Grundzüge gemeinsam waren, erschienen sie ebenso häufig austauschbar, und man bezeichnete sie kollektiv als Polen beziehungsweise Russen oder gab ihnen eher herablassende Namen wie »Panje«. Die Soldaten waren mit einem so vielfältigen Völkergemisch konfrontiert, daß eine klare Unterscheidung schwerfiel. Chaos schien geradezu typisch für dieses Land und seine Bevölkerung.

Die Dynamik der deutschen Vorstellungen entwickelte aus der Beschreibung des Landes Vorschriften dafür, wie man ihm gegenüberzutreten, sich ihm zu nähern hatte. Die Aufmerksamkeit der Soldaten wurde nach Osten gelenkt, dorthin richteten sie starr den Blick, zugleich unwiderstehlich angezogen und heftig abgestoßen. Der Blick der »Wacht im Osten« war anders als der der defensiven »Wacht am Rhein« im Westen, an der französischen Grenze. Hier im Osten war es ein energischer Blick voller Expansionsdrang, auf neue Horizonte gerichtet. In zahllosen, unsäglich schlechten Gedichten einfacher Soldaten wurde er immer wieder in den Frontzeitungen beschrieben:

Wacht im Osten

Kennt ihr die Straße, tief und lang?
Sie kommt vom Baltenstrande
Und führt durch Hügel, Tal und Hang
Bis fern zum Ungarnlande.

Nicht Menschenfluten, Bautenpracht
Beleben ihre Spuren –
Dort stehen wir auf treuer Wacht
Vor kampferfüllten Fluren.

Wie sie entstand in wildem Streit,
In heißen, blut'gen Mühen,
So trotzet sie dem Sturm der Zeit,
Will selbst Verderben spüren.

Denn hinter dieser Straßen Wall,
in fernen deutschen Gauen,
Da schaun auf uns die Brüder all'
Und all' die lieben Frauen.

Und brandet nächtens blinde Wut –
Schaut hoch die Sterne kreisen,
Die über einem Meer von Blut
In lichte Zukunft weisen!

Und lauschend schaut die Straß' entlang,
Darauf die Wachteln schlagen! –
Es steigt der Lerchen froher Sang
Fast wie in Friedenstagen.[21]

Die »Wacht im Osten« blickte hinaus in die vor ihr liegenden Weite, bereit, die bedrohliche Natur abzuwehren. Im Lied der 10. Armee hieß es: »Du hast die Heimat reingefegt, den Weg nach Ostland freigelegt! [...] Nun stehst du wie aus Stahl gepreßt, hältst treulich das Errungene fest.«[22] Ähnlich in einem anderen Lied, dem der Landwehr 3:

»Wir stehn zwischen Bergen
und Gräbern und Stein,
zwischen Trümmern und Särgen
und Totengebein!
Wir halten im Osten
die Wacht zäh und treu;
sind stets auf dem Posten,
wir: Landwehr drei!
[...]

Jetzt sind wir im Graben
und Unterstandsnest.
Das Land, das wir haben,
das halten wir fest!«[23]

Und war der Blick erst einmal starr nach vorn gerichtet, dann gab die geistige Landkarte alles Weitere vor. Die Front war zugleich ein »Wall« zur Verteidigung der Heimat und eine aggressive Grenze, die vorwärts drängte nach Osten, wo die Straßen in apokalyptische Landschaften, in Meere von Blut und in Ebenen voller Schlachtenlärm und Gemetzel führten.

---

21 BAMA, PHD 8/73, Wehrmann Ernst Henselmann, *Wacht im Osten*, in: Wacht im Osten. Feldzeitung der 12. Armee, 267 (23. August 1916). Auf der Titelseite der Zeitung ist vor einem verschneiten Hintergrund ein Reiter zu sehen, der mit gezücktem Schwert gen Osten blickt.

22 Vivat, S. 9.

23 Ebenda, S. 35.

Im Vormarsch

Wie ein duestrer grauer mantel [sic!]
Senkt sich schon die schwere Nacht.
Ruhlos, rastlos immer weiter
Ostwaerts tragen wir die Schlacht.

Brandgeruch und Schutt und Leichen.
Pest ist jeder Atemzug.
Und die Dohlen heiser kraehend
Taumeln hin in schwerem Flug.

Und mit wilder Gier ein Geier
Stoeßt aus dunkler Wolkenwelt.
Grauen und Entsetzen lagert
Ueberm blutgetraenkten Feld.

Laß es lagern, laß es liegen!
Schlacht ist Schlacht und Krieg ist Krieg.
Hochgemut und ruh- und rastlos
Ostwaerts tragen wir den Sieg.[24]

Auch wenn das Land seine Besatzer, die ihm eine Ordnung geben wollten, zurückstieß, waren die deutschen Soldaten mit ihrer militärischen Utopie im Kopf fest entschlossen, es für immer in Besitz nehmen. Mit der Zeit begannen sie sich hier heimisch zu fühlen. So berichtete ein Journalist: »Voriges Jahr lag [...] mein ältester Sohn monatelang in Litauen zu Felde. Auch er war entsetzt über dies Gemisch von Gräuel und Schmutz. Als er jedoch hier hatte blühen, reifen und ernten gesehen, da schrieb er eines Tages: ›Und trotzdem kann man dieses Land lieb gewinnen. Was läßt sich nicht alles daraus machen!‹ Das ist die deutsche Art.«[25] Die Fähigkeit, sich rasch an einen fremden Ort anzupassen, an dem man sich niederließ, galt als typisch deutsche Eigenschaft:

»Der Deutsche hingegen ziehe um seine ganze Umgebung die Spinnweben seiner Empfindsamkeit. Selbst wenn er nach Jahresfrist entdecke, daß er sich in einer bösartigen Sumpfgegend niedergelassen, sei er schon nicht mehr loszubekommen – aus Gemütsgründen. Es steckt was drin in dem Worte. Der Deutsche liebt die Arbeit um

---

24 BAMA, PHD 8/73, Gefr. Benny Kippes, *Im Vormarsch*, in: Wacht im Osten. Feldzeitung der Armee-Abteilung Scheffer 440 (13. Februar 1917).

25 Hartmann, Ob-Ost, S. 96 f.

der Arbeit willen. Das Geschaffene ist ihm heilig; aus dem Gefühle heraus, womit er geschaffen. Es tut ihm leid, den Unterstand zu verlassen, worin er die schwersten Stunden seines Lebens verbracht. Am liebsten möchte er ihn als Andenken mitnehmen.«[26]

Diese angebliche nationale Eigenschaft wurde in Ober Ost unter Beweis gestellt: »Wenn das Ausland behauptet, wir Deutschen entwurzelten bald, sobald wir von unserer Scholle einmal losgelöst seien, so können wir mit gutem Recht hinzufügen, daß wir auch sehr bald bodenständig werden, wo wir von der Pflicht angesetzt werden. Unsere landbauenden Feldgrauen inmitten der litauischen Einsamkeiten führen uns die deutsche Fähigkeit, sich auch unter schwierigen Verhältnissen einzuleben, deutlich vor Augen.«[27] Doch das »Heimischwerden« im fremden Land barg auch Gefahren: die Soldaten riskierten, »Wurzeln zu schlagen« und selbst »zu Einheimischen zu werden«. Der Offizier Victor Jungfer (der später genau diese Entwicklung durchlief) beschreibt in seinem Roman das Leben in der Etappe, in entlegenen Dörfern und Städtchen, wo die Männer in das lokale Milieu eintauchten, wo sie dem Kartenspiel und dem Alkohol frönten und sich mit einheimischen Frauen vergnügten. Ältere und verwundete Soldaten erlagen schnell der Versuchung, ihre Macht über die erschöpften Menschen auszunutzen. Viele Männer nahmen Beziehungen zu einheimischen Frauen auf, die von den Umständen gezwungen wurden, sich für etwas Kommißbrot und andere Lebensmittel zu prostituieren. Dies war eine Welt, in der die deutschen Männer uneingeschränkt über eine Bevölkerung herrschten, die nach dem Abzug des männlichen Bevölkerungsanteils zusammen mit den Russen überwiegend aus Frauen bestand. Manche Soldaten schickten jetzt, wie Jungfer berichtet, keine Briefe mehr in die Heimat und ließen den Kontakt zu ihren Familien abreißen.[28] Ihr Verhalten änderte sich: Da höfliche Konventionen in diesem grenzenlosen Land nicht gepflegt wurden und sie ihr Gefühl für die inneren Grenzen verloren, wurde es zunehmend ungehobelter. Die offizielle Mahnung: »Bleibt deutsch!« läßt das Ausmaß der Gefahr erkennen.[29]

Die Besatzer mußten festen Boden unter die Füße bekommen: Entweder sie veränderten das vorgefundene Land, oder das Land würde sie verändern. Die Neuankömmlinge empfanden jedoch nicht nur Gefahr, sondern auch Gier nach Inbesitznahme, spürten die Verlockung künftigen Besitzes. Wer zu

26 Ebenda, S. 97 f.

27 Oberbefehlshaber Ost (Hg.), Das Land Ober Ost, S. 237.

28 Jungfer, Gesicht, S. 44.

29 Ich weiß Bescheid. Kleiner Soldatenführer durch Wilna, S. 15.

Hause in Friedenszeiten kaum Chancen gehabt hatte, beruflich voranzukommen, sah hier grenzenlose Möglichkeiten. Ein Reporter bemerkte dazu: »Ich habe gefühlt, daß unsere Ob.-Ost-Leute sich geradezu freuten, soviel Verwahrlosung angetroffen zu haben. Das gab ihnen ja Gelegenheit, so richtig aus dem Vollen heraus zu schaffen; ermöglichte ihnen, Urzustände ohne Durchgangsstufen sofort auf die Entwicklungshöhen der neuesten Neuzeit zu schrauben.«[30] Die Offiziere hofften, nach dem Krieg Landgüter zu erhalten oder in einflußreiche Stellungen zu gelangen.[31] Die meisten von ihnen kamen aus Preußen und betrachteten das besetzte Gebiet als vielversprechende Erweiterung der nahe gelegenen Heimatprovinzen, mit größeren Herausforderungen und größerer Handlungsfreiheit gegenüber der einheimischen Bevölkerung sowie besseren Karrierechancen. Gemäß der Logik der »deutschen Arbeit« veränderten die Besatzer das Land, um es zu besitzen, und nahmen es in Besitz, um es zu verändern. Energisch drangen die deutschen Soldaten ins Land vor, wollten es unterwerfen, unterteilen, trennen, zusammenfassen, absperren und reinigen. Sobald ihre Herrschaft gesichert war, würden sie die Verwaltung rigider handhaben, den Boden entwässern, ein Netz von Kontrollmechanismen einrichten und den Verkehr lenken, kurz: Sie würden das Land aufbauen, das sie sich angeeignet hatten. Dabei würde sich Ober Ost immer weiter nach Osten ausdehnen und immer neue Gebiete der gleichen Behandlung unterziehen.

Die Reinigung wurde zum eindringlichsten Symbol der deutschen Herrschaft, so wie der Schmutz die zaristische Herrschaft symbolisiert hatte. Für die Offiziere, die behaupteten, sie hätten das Rathaus von Wilna bei ihrer Ankunft voller russischer Exkremente vorgefunden, war Reinigung gleichbedeutend mit Inbesitznahme: »Vierzehn Tage lang hatten sechzig Reinmacheweiber unter deutscher Aufsicht die Hände zu rühren. Dann hielt der Oberbürgermeister P. seinen Einzug als Stadthauptmann. Auch hierin steckt wieder etwas Symbolisches. Moskowitische Art und deutsche Art!«[32] Es war ein archetypischer Akt deutscher Arbeit, daß Einheimische unter »deutscher Aufsicht« Reinigungsarbeiten ausführten.[33]

---

30 Hartmann, Ob-Ost, S. 98.

31 So stellte man z. B. von Heppe, dem Chef der Militärverwaltung Litauen, für die Zeit nach dem Krieg eine wichtige Stelle in den besetzten Gebieten im Osten in Aussicht, um ihn im Sommer 1918 zum Bleiben zu bewegen: BAMA, N 196/1, Heppe, Bd. V, S. 152.

32 Hartmann, Ob-Ost, S. 98.

33 Dieses Bild taucht auch an anderer Stelle auf: Draussen, S. 9, 20.

Das Gebiet, in dem für ordentliche hygienische Verhältnisse gesorgt werden sollte, war bereits mit einem Netz von Kontrollmechanismen – neuen Straßen und Eisenbahnlinien, Telegraphenleitungen, Polizeistationen und Kreisgrenzen – überzogen. Das Netz der Telegraphenleitungen war ein Symbol, das in den Berichten immer wieder auftauchte. Ein einsamer Soldat trifft in der nächtlichen Steppe darauf – ein Zeichen, daß die Inbesitznahme bereits voll im Gang war: »Ein Brausen scheuchte ihn auf. Er blieb erstaunt stehen und lauschte. Das Brausen war in der Luft. Er starrte gebannt empor – und lächelte. An einem Telegraphenpfahle stand er. Der summte so laut, daß er klang wie ein rauschender Strom. Dort oben rauschten Befehle, die Völker zertrümmerten. Gedanken, Pläne, die Welten stürzen, sangen dort in den Lüften ihr Heroika.«[34]

Auf den Titelseiten der Soldatenzeitungen prangte ebenfalls dieses Symbol des Fortschritts. Im Kopf der *Nowogrodeker Kriegszeitung* war eine Schloßruine zu sehen, an der vorbei Telegraphenleitungen hin zum Horizont führten, eine Verherrlichung der Modernisierungsbemühungen der Verwaltung zur Überwindung der Rückständigkeit des Gebiets. Auf der Titelseite der *Ostwacht: Lukower Feldzeitung* war ein Soldat mit Helm abgebildet, der – mit dem Gesicht nach Osten – Wache stand, während ein Zug an den Zwiebeltürmen eines Dorfes vorbeidampfte, und über allem ein Gewirr von Telegraphenleitungen.[35] Arnold Zweig beschreibt das besetzte Gebiet als ein Land, das unter einem Überwachungsnetz aus Drähten und summenden Leitungen liegt.[36] Und auf den Steppenlandschaften des Malers Otto Dix sind Masten und Telegraphenleitungen zu sehen, die sich weit in die Ferne spannen.[37]

Die geistige Landkarte des Besatzungsgebiets war bereits mit deutschen Stützpunkten wie Soldatenheimen, Fabriken und Sägemühlen, Lagerhäusern und Sammelstellen für requirierte Güter und Rohstoffe überzogen. Jede Vorstellung eines Fronttheaters war eine Kulturtat, eine Markierung, ein Akt der Inbesitznahme. Dieselbe Rolle spielten die Gräber deutscher Soldaten. Auch sie erhoben, wie in einem Gedicht dargestellt wird, Anspruch auf das Land: »In Feindeslande der Gräber viel – / Sie predigen stumm das Ehrenziel: / Die

---

34 BAMA, PHD 8/23, Schirokauer, *Der deutsche Soldat*, in: KB 6 (15. November 1916); Draussen, S. 10.

35 BAMA, PHD 23/87, Nowogrodeker Kriegszeitung; BAMA, PHD 23/63, Ostwacht: Lukower Feldzeitung.

36 Zweig, Grischa, S. 97.

37 Conzelmann (Hg.), Dix, Bildtafel 40.

Erde vom deutschen Blute geweiht, / Muß deutsch sein für alle Ewigkeit!«[38] Letztlich wurden die territorialen Ansprüche generell damit begründet, Kultur in dieses Land zu bringen. Die deutschen Institutionen sollten die einheimischen Bevölkerungsgruppen »kulturell vor dem Hungertod« bewahren.[39] Der dichtende Feldwebel Max Hamm sah das so:

Ein Rückblick

Ich hör noch immer schwerer Schritte Dröhnen
Im Schutt der Städte – höre Menschen fleh'n.
Dem Flammentod geweihte Dörfer stöhnen.
Rings meine Augen noch den Jammer sehn,
Der durch die Schmach des Russenheer's beschworen
Am eignen Land, am Werke der Natur!
Da schufen neu, was ewig schien verloren,
Die deutschen Bataillone der Kultur!

Vieltausend Hände seh' der Pflicht ich dienen,
Der deutsche Geist durchweht das arme Land;
Und neues Leben steigt aus den Ruinen,
Die edler Sinn dem Untergang entwand.
Der Zukunft gold'ne Brücke ist geschlagen,
Des Frühlings harrend, atmet Feld und Flur.
Wir haben ostwärts Stein auf Stein getragen,
Wir deutschen Pioniere der Kultur!

Hier schreibt ein eh'rner Griffel die Geschichte,
Die Sonne wendet lächelnd sich zurück.
Der Schergen Missetat, sie ward zunichte,
Auf wüsten Trümmern blüht ein neues Glück.
Und werden wir auch dieses Land verlassen,
Manch unvergänglich Denkmal weist die Spur,
Die wir gebahnt uns durch den Schmutz der Gassen –
Wir deutschen Bataillone der Kultur![40]

---

38 BAMA, PHD 8/73, Leutn. Milarch, *Wir halten durch! (Auf der Urlaubsreise durch Polen, Juli 1917)*, in: Die Wacht im Osten, 625 (17. August 1917). Hier wie in anderen Fällen werden Belege aus den polnischen Territorien angeführt, die nicht nur für diese Regionen gelten, sondern dem gesamten Ostfronterlebnis und den von ihm hervorgerufenen Eindrücken entsprechen. Hartmann, Ob-Ost, S. 12.

39 Hermann Struck und Herbert Eulenberg, Skizzen aus Litauen, Weißrußland und Kurland, o. O., Druckerei des Oberbefehlshabers Ost 1916, Vorwort.

40 BAMA, PHD 8/73, Sergt. Max Hamm, *Ein Rückblick*, in: Wacht im Osten, 819 (28. Februar 1918).

Das vorherrschende Bild in den Köpfen der Besatzer war das einer aggressiv voranschreitenden Grenze, eines in Bewegung befindlichen Kriegsstaates. Immer wenn eine neue Grenze gezogen wurde, drängte er schon wieder darüber hinaus, weiter nach Osten. Der Grenzmythos des deutschen Ostens unterschied sich grundlegend von dem des amerikanischen Westens. Während dort der Mythos von der Unabhängigkeit und Selbständigkeit des einzelnen demokratische Einstellungen hervorbrachte, hieß das kollektive Ziel hier: ordnen, reinigen und beherrschen.

Die Propaganda von Ober Ost verstärkte die Eindrücke des Ostfronterlebnisses, formte sie um zu einem Bild der Mission im Osten, um es mit Hilfe der Presse, der Programme und der Institutionen des Militärstaats »in die Köpfe der Menschen zu pflanzen«. Bekannte Journalisten betonten immer wieder die Leere des Gebietes.[41] Unter pathetischen Überschriften wie »Nach Osten« oder »Neuland« veröffentlichten sie maßlos begeisterte Reiseberichte.[42] In den Propagandamaterialien von Ober Ost wurde darauf hingewiesen, was für eine »gewaltige geistige Eroberung« die besetzten Gebiete seien und wie man ihren »einzigartigen Charakter« erfaßt habe.[43] In Skizzenbüchern, in Fotoalben und auf Postkarten wurden Gesichter und Orte, Menschentypen und Landschaften festgehalten. Die »Ausstellung der Ob. Ost-Obsterzeugnisse« im November 1916 in Berlin lieferte einem durch die Wirtschaftsblokkade vom Hunger bedrohten Deutschland greifbare, nahrhafte Beweise für die Fortschritte der Deutschen.[44] Weitere Ausstellungen folgten. Den Besuchern der Kurland-Wanderausstellung von 1917 sollte vor allem deutlich gemacht werden, daß dieser Teil des Baltikums bereits einen deutschen Charakter hatte. Die Ausstellung, die in Stuttgart, München, Dresden und Berlin zu sehen war, wurde vom Leiter des Stuttgarter Völkerkundemuseums unterstützt und der Chef der Militärverwaltung Kurland, von Goßler, reiste von Eröffnungsveranstaltung zu Eröffnungsveranstaltung und hielt Vorträge.[45] Am wirksamsten propagierten wohl diejenigen das Bild vom Osten, die es

41 Feiler, Neuland, S. 7; Hartmann, Ob-Ost, S. 68 auf der Karte.

42 Sven Hedin, Nach Osten!; Feiler, Neuland; Hartmann, Ob-Ost; Heywang, Deutsche Tat. Deutsche Saat in russischem Brachland. Eine Frontreise nach Ob.-Ost; Strecker, Auf den Spuren Hindenburgischer Verwaltung. Erlebnisse und Ergebnisse einer Studienfahrt in Ob. Ost; Listowsky, Neu-Ost. Unser Zukunftsgrenzgebiet um Ostpreußens Ostrand. Fahrten durch Polen und Litauen unter deutscher Kriegsverwaltung.

43 Struck und Eulenburg, Skizzen, Vorwort.

44 Oberbefehlshaber Ost (Hg.), Das Land Ober Ost, S. 203.

45 Klemperer, Curriculum, S. 612; BAMA, N 98/1, Goßler, S. 90.

sich am umfassendsten zu eigen gemacht hatten: die Offiziere und Verwaltungsbeamten, die eigene Interessen an dem Land hatten und den widersprüchlichen Charakter der Militärherrschaft nicht erkennen wollten.

Alles in allem war die imperialistische Vorstellung der Deutschen vom Osten ein komplexes Konstrukt voller Widersprüche, ein Bild von schmutzigen, chaotischen Kriegsländern, das bei allen, die das Land durch diese Brille sahen, eine brisante Mischung von Assoziationen hervorrief. Da konkurrierte der Wunsch nach Inbesitznahme mit Abscheu und Ekel, ein Spannungsverhältnis, das in heftigem Drängen nach Reinigung und Umwandlung Ausdruck fand. Dieses Bedürfnis erwuchs aus dem spezifischen Ostfronterlebnis, wo sich – vor allem bei den Mitgliedern der Militärverwaltung – im Verlauf des Kampfes gegen die Natur zur Umwandlung der landschaftlichen Gegebenheiten auch eine starke Besitzgier herausbildete. Das Bild von der großen Kriegswalze, die sich nach Osten vorschob und dabei über Länder hinwegrollte, um ihnen gleich darauf eine neue Ordnung zu geben, war eine machtvolle Vorstellung.

Zu Hause in Deutschland traf diese Vorstellung auf andere zu ihr passende Mythen und Vorstellungen und wurde bereitwillig übernommen. Sie verband sich mit dem in der Bevölkerung vorhandenen Bewußtsein und erweiterte so ihren Wirkungsbereich noch über die große Zahl von Soldaten an der Ostfront hinaus. Der Zivilbevölkerung in der Heimat wurde der große Krieg als Höhepunkt einer Verschwörung neidischer Großmächte verkauft, die das junge, kraftvolle Deutschland einkreisen und unterdrücken wollten.[46] Das erschien vielen einleuchtend, allerdings übersah man die Tatsache, daß es sich bei dieser »Einkreisung« eher um eine selbst vollzogene »Auskreisung« handelte, mit der sich die deutsche Außenpolitik in eine prekäre Isolation manövriert hatte. Die Erklärung der Regierung vom August 1914, in diesem Verteidigungskrieg müßten alle Deutschen zusammenstehen, war insofern von zentraler Bedeutung, als sie der SPD die Zustimmung zu dem ermöglichte, was die Partei als Kampf gegen die Aggression des autokratischen Rußland und Verteidigung der deutschen Kultur sowie der Errungenschaften der deutschen Arbeiterklasse ansah. Gleichzeitig beharrte die SPD darauf, es gehe Deutschland nicht um territoriale Zugewinne und Annexionen (auch wenn die Vertreter ihres rechten Flügels durchaus der Ansicht zustimmten, daß es Bedarf für »strategische Korrekturen« an den deutschen Grenzen gebe).

Bereits in den ersten Kriegstagen hatte der Kaiser einen Burgfrieden verkündet. Das Bild vom Belagerungszustand tauchte bald immer häufiger auf,

46 Meyer, Mitteleuropa, S. 118–122.

besonders als England eine lähmende Wirtschaftsblockade gegen Deutschland verhängte. Später, im März 1917, als sich die deutschen Truppen im Westen auf besser zu verteidigende Linien zurückzogen, wurde diese neue »Siegfriedlinie« als Schutzwall gegen die Angreifer aus dem Westen gepriesen. Mit dem Umsichgreifen dieser Bilder und der Belagerungsmentalität in der Bevölkerung wurde auch Ober Ost zunehmend als Schutzwall und Bollwerk gegen den bedrohlichen, unbekannten Osten gesehen. Diese Einstellung war die Grundlage für Ludendorffs Plan zur Umstrukturierung Osteuropas, der einen großen Schutzwall von Finnland bis zur Krim vorsah. In den an die Bevölkerung gerichteten Propagandamaßnahmen tauchte diese Idee eines Schutzwalls immer wieder auf, ja in manchen Berichten wie in Wertheimers »Hindenburgs Mauer im Osten« stand sie sogar im Mittelpunkt.[47] Die Annexionisten übernahmen die Metapher und drängten auf die Angliederung eines schützenden polnischen Grenzstreifens, der mit Deutschen besiedelt werden sollte.[48] Die Antisemiten drängten aus einem anderen Grund auf die Schließung der Ostgrenzen: Sie wollten den Zustrom osteuropäischer Juden verhindern. Die Vorstellungen von einem Bollwerk im Osten stützten sich auf historische Vorbilder wie die Grenzmarken und die Wehrbauern im Reich Karls des Großen. Der Krieg stellte Großes in Aussicht, selbst wenn man ihn als Defensivkrieg betrachtete. Viele Intellektuelle hofften, die Einkreisung des deutschen Volkes durch seine Feinde, der von allen Seiten ausgeübte Druck würde ausreichen, um Deutschland zu der Einheit zu verhelfen, die im zersplitterten Kaiserreich fehlte. Der Krieg führte Deutsche aus allen Teilen des Reichs an der Front zusammen, wo sie zum ersten Mal die neuen Gebiete jenseits der deutschen Grenzen sahen. Ein Propagandist rief aus: »Deutschland ist auch schon in seinen alten Grenzen gewachsen durch den Krieg, weil die Deutschen mehr als je ihr Land als Ganzes, als große Einheit ansehen und kennen gelernt haben.«[49] In einer paradoxen Kombination des Blicks nach innen und nach außen hofften die Propagandisten, der Krieg würde die Soldaten politisch erziehen und ihren Horizont erweitern. Die Begegnung mit fremden Ländern sollte ihnen bewußter machen, was sie als Deutsche miteinander verband. Die äußere Expansion würde den inneren Zusammenhalt stärken. Während in der Heimat eine Belagerungsmentalität um sich griff, zeichnete sich im Osten eine Lösung ab. Alle auf die Durchbre-

47 Fritz Wertheimer, Hindenburgs Mauer im Osten, 3. Aufl., Stuttgart 1916.

48 Imanuel Geiss, Der polnische Grenzstreifen. Ein Beitrag zur deutschen Kriegszielpolitik im Ersten Weltkrieg, Lübeck 1960; Fischer, Griff, S. 230–232.

49 Feiler, Neuland, S. 2.

chung dieses Belagerungsrings gerichteten Energien konnten sich auf einen Befreiungsschlag nach Osten konzentrieren, wo man Erfolge wie den Sieg bei Tannenberg verzeichnete. Hier standen die deutschen Armeen als Schutzwall, um zu verhindern, daß weitere deutsche Lande ebenso verwüstet wurden wie Ostpreußen. Doch es war ein beweglicher Wall, der von den Erfolgen der deutschen Truppen und den fehlgeschlagenen Versuchen einer umfassenden, vernichtenden Einkreisung immer weiter ostwärts gezogen wurde, dessen aggressive Front sich immer tiefer in die weiten Ebenen Osteuropas vorschob. Der rasche Vormarsch im Osten begeisterte die deutsche Öffentlichkeit. Nach seinem Eintritt in die Oberste Heeresleitung im August 1916 beendete Ludendorff die Zensur der Kriegszieldiskussion mit dem Argument, »die umfangreichen territorialen Zugewinne würden sich positiv auf die Moral auswirken«.[50]

Schon in den ersten Kriegsjahren, bevor die dritte Oberste Heeresleitung offen annexionistische Kriegsziele unterstützte, hatte es viele Befürworter einer zukünftigen territorialen Belohnung gegeben. Von Kriegsbeginn an hatten nationalistische und imperialistische Kreise immer umfangreichere territoriale Wunschlisten aufgestellt. Im Herbst 1914 entwickelte der Vorsitzende des Alldeutschen Verbands, Heinrich Claß, ein Schüler Lagardes und Vertreter seiner Idee von einer Expansion nach Osten, mit Unterstützung einflußreicher Industrieller Pläne für eine deutsche Vorherrschaft in Mitteleuropa. Im September 1914 verfaßte Matthias Erzberger von der katholischen Zentrumspartei eine begeisterte Denkschrift mit weitreichenden territorialen Forderungen. Diesen Ideen trug der vorsichtige Reichskanzler Bethmann Hollweg bei der Formulierung seines im gleichen Monat formulierten gemäßigten Kriegszielprogramms Rechnung, in dem die »Sicherung des Deutschen Reiches nach West und Ost auf erdenkliche Zeit« angestrebt wurde. Dazu sollten die Westmächte geschwächt, »Rußland von der deutschen Grenze nach Möglichkeit abgedrängt und seine Herrschaft über die nichtrussischen Vasallenvölker gebrochen werden«.[51] Das Septemberprogramm ließ die wesentlichen Elemente eines Siegfriedens deutlich werden, der die Durchbrechung der Einkreisung ermöglichen sollte, die Deutschland seit Jahrzehnten große Sorge bereitete. Mit der Verschlechterung der Aussichten auf einen raschen Sieg wurden die Kriegszielforderungen merkwürdigerweise nicht bescheidener, sondern immer kühner. Die Annexionisten argumentierten jetzt, die prekäre strategische Lage, in die Deutschland geraten sei, beweise die Notwendigkeit territorialer

---

50 Kitchen, Dictatorship, S. 56.

51 Mai, Ende, S. 201; Fischer, Griff, S. 90–95.

Zugewinne und lasse die Rückkehr zu den nachweislich unangemessenen territorialen Verhältnissen von 1914 undenkbar erscheinen.[52] Mit Unterstützung zahlreicher Industrieller und Wissenschaftler bemühten sich eine parlamentarische Kriegszielmehrheit und eine gesellschaftliche Kriegszielbewegung um die Verhinderung eines Verzichtfriedens. Im Mai 1915 wandten sich Vertreter der deutschen Wirtschaft, nach Absprache mit der Führung der Alldeutschen, mit einer Petition an den Reichskanzler, die auch vom Centralverband deutscher Industrieller, vom Bund der Industriellen, vom Bund der Landwirte, vom Deutschen Bauernbund, vom Reichsdeutschen Mittelstandsverband und von den Christlichen Deutschen Bauernvereinen unterzeichnet worden war. Die Verfasser dieser »Denkschrift der sechs Wirtschaftsverbände« forderten die Annexion wichtiger Industriegebiete in Belgien und Nordfrankreich, insbesondere der Erzgebiete von Longwy und Briey, und erklärten außerdem, zu dem industriellen Machtzuwachs im Westen werde ein »agrarisches Gleichgewicht« im Osten benötigt. Im Juli folgte die von dem deutschbaltischen Theologen Reinhold Seeberg organisierte »Intellektuelleneingabe«, die von 1347 Angehörigen gehobener Berufe unterzeichnet wurde, darunter besonders vielen Universitätsprofessoren.[53] Sie enthielt ähnliche Forderungen, unterstrich aber die kulturelle Mission im Osten und die Notwendigkeit, das russische Barbarentum zurückzuschlagen. Zwar erhoben sich auch einige gemäßigtere Stimmen, doch in den ersten Kriegsjahren fanden weitreichende Kriegsziele in der deutschen Gesellschaft breite Unterstützung. Dies galt vor allem für die Eliten und die Mittelschicht, denen Expansion und Weltmacht eine »Flucht in die Zukunft« unter Wahrung des Status quo zu versprechen schienen, während bei einem Kompromißfrieden Unruhe und revolutionäres Chaos sowie Rache für sinnlose Opfer drohten.

Die Flut annexionistischer Literatur bildete einen wichtigen Teil der Meinung, die eine neue Ordnung im Osten forderte. Typischstes und einflußreichstes Beispiel war Broederich-Kurmahlens »Das neue Ostland«, das den Weg für eine Vielzahl weiterer ähnlicher Druckschriften bereitete.[54] Dieser kurländische Großgrundbesitzer, der bei den Kolonisierungsbemühungen vor dem Krieg eine wichtige Rolle gespielt hatte, schlug jetzt vor, die baltischen Provinzen und Litauen an Deutschland anzugliedern und sie mit Reichsdeutschen und Volksdeutschen aus Rußland zu besiedeln. Innerhalb

---

52 Mai, Ende, S. 54 f.

53 Craig, Germany, S. 360 f.

54 Silvio Broederich-Kurmahlen, Das neue Ostland, Charlottenburg 1915; Colliander, Beziehungen, S. 79–88.

von fünfzig Jahren würden die verbleibenden Einheimischen assimiliert und germanisiert oder im Zuge eines »Bevölkerungsaustauschs« mit Rußland ausgesiedelt werden. Andere Propagandisten begrüßten Kurmahlens Plan und agitierten öffentlich für ihn. Diese Vorstellungen fielen auf fruchtbaren Boden, weil sie Parallelen zum öffentlichen Bewußtsein in Deutschland aufwiesen. Genauer gesagt wandten sie sich an das geographische Bewußtsein der Deutschen.[55] Darunter ist die Art und Weise zu verstehen, in der eine Gruppe beziehungsweise eine Kultur ihre Umgebung, ihren eigenen Ort und seine Beziehungen zu anderen Orten und damit den Sinn der eigenen, durch räumliche Beziehungen eingegrenzten Präsenz in dieser Umgebung wahrnimmt. Dieses kollektive geographische Bewußtsein hat im Fall Deutschlands deshalb so große Bedeutung, weil die Deutschen die Lage ihres Landes immer schon als ein existentielles Problem betrachten.

Es ist kein Zufall, daß die moderne Geographie von Anbeginn an eine »deutsche Wissenschaft« war. Sie entstand zu einer Zeit, als man Deutschland noch kaum als »geographische Einheit« und noch viel weniger als politische Größe bezeichnen konnte. Ihre herausragende Stellung geht auf das 18. Jahrhundert zurück, als sich eine »politisch-statistische Schule« in den Dienst der deutschen Territorialstaaten stellte; der Ursprung der modernen Geographie ist daher im Ethos des »wohlgeordneten Polizeistaats« zu suchen.[56] Die Geographie nahm in der akademischen Welt Deutschlands von Anfang an eine besondere Stellung ein und wurde über das ganze 19. Jahrhundert hinweg von wissenschaftlichen Größen wie Carl Ritter, Alexander von Humboldt und Friedrich Ratzel weiterentwickelt. Die Jahre 1905 bis 1914 waren das »Goldene Zeitalter der deutschen Geographie«, in dem erstklassige Feldarbeit geleistet wurde und die geographische Wissenschaft an den Universitäten in Berlin, Leipzig und Wien sowie am Hamburger Colonialinstitut – gefeierten Institutionen, die dem Rest der Welt als Vorbild dienten – einsame Höhen erklomm. Mit dem Kriegsausbruch im Sommer 1914 wuchs die Bedeutung der deutschen Geographie weiter. Allerdings lag sie jetzt nicht mehr in den Händen der Wissenschaft, sondern in denen der Propagandisten, die sie zu einem wirkungsvollen Werkzeug ihrer Arbeit machten.[57]

---

55 Faszinierende Gedanken zu Geographie und nationaler Identität finden sich in: Russell Bermann, *The Geography of Wilhelmine Culture*, in: The Rise of Modern German Novel: Crisis and Charisma, Cambridge, Mass. 1986, S. 1–24.

56 Marc Raeff, The Well-Ordered Police State: Social and Institutional Change Through Law in the Germanies and Russia, 1600–1800, New Haven 1983.

57 Meyer, Mitteleuropa, S. 244–250.

Diese plötzliche Prominenz verdankte die Geographie der Tatsache, daß sie – im deutschen Kontext – nie ein akademisches Fach wie alle anderen sein konnte. Die Probleme, mit denen sie sich befaßte, hatten existentielle Bedeutung für die Deutschen und für das Verständnis ihrer nationalen Identität und mündeten zwangsläufig in quälende Fragen wie: »Was ist Deutschland? Wo liegt Deutschland? Wer ist Deutscher?« Weit über die akademischen Kreise hinaus wurde eine lang währende Debatte über Deutschlands »natürliche Grenzen« geführt.[58] Die Frage der Grenzen war ein hochaktuelles zentrales Element des geographischen Bewußtseins. Als »Land der Mitte« im Zentrum Europas litt Deutschland sehr unter dem Mangel an natürlichen Grenzen. Selbst im Ringen um die Bildung eines einheitlichen Nationalstaates war nicht klar, welche Territorien er umfassen, ob er kleindeutsch oder großdeutsch, das heißt auf das hohenzollernsche Preußen beschränkt oder um das habsburgische Österreich erweitert sein sollte. Auch nach der preußisch dominierten Einigung im Zweiten Reich gefährdeten regionale Identitäten und Ansprüche den Zusammenhalt des Volkes. Und angesichts nichtdeutscher Minderheiten vor allem im Osten des Landes und alldeutscher Agitation für einen »Drang nach Osten« stellte sich die Frage der Grenzen erneut. Paradox erscheint dabei, daß das Wort Grenze kein ursprünglich deutsches Wort ist, sondern vom slawischen *granica* abgeleitet wurde. Hinter der Sorge um gesicherte Grenzen standen umfassendere Motive, vor allem der Wunsch nach Kohärenz in der zersplitterten und heiklen Einheit, die sich Deutschland nannte.

Das geographische Bewußtsein nahm in der Vorstellung der Deutschen folglich einen wichtigen Platz ein. Die akademischen Debatten waren formale, an die Öffentlichkeit gerichtete Erklärungen eines Gründungsmythos der deutschen Identität, den sich eine zersplitterte Gesellschaft geschaffen hatte. Der entscheidende Aspekt war der aus der Tradition der Romantik abgeleitete Anspruch einer besonderen Beziehung zur Landschaft als typisches Merkmal des deutschen Nationalcharakters: der Wesenszug des Landschaftsgefühls beziehungsweise der Landschaftsverbundenheit.[59] Dieser dauerhafte kollektive Mythos, diese immer wieder aufscheinende Überzeugung bildet die Grundlage dafür, daß bis heute in großer Zahl Bücher mit Titeln wie »Deutscher Geist und deutsche Landschaft« erscheinen. Unter dem Dach dieser Vorstellung hat sich eine ganze Reihe von Phänomenen und Institutio-

---

58 Hans-Dietrich Schultz, *Deutschlands ›natürliche‹ Grenzen*, in: Deutschlands Grenzen in der Geschichte, hrsg. von Alexander Demandt, München 1990, S. 33–88.

59 Zum völkischen Aspekt siehe Mosse, Crises, S. 4, 17–21, 42 f., 73, 174 f.

nen zusammengefunden: die Jugendbewegung der Wandervögel, die nationale Einrichtung des Wanderwegs, Traditionen der Landschaftspflege, ökologische Utopien, die vielen um den Begriff Heimat kreisenden Konzepte, wie zum Beispiel das Schulfach Heimatkunde.[60] Dieses Axiom des deutschen Selbstverständnisses stand allerdings im Widerspruch zur Tradition der Organisation und Disziplin. Die romantischen, organischen Vorstellungen von Harmonie mit der Natur mußten noch mit der Vorstellung von den Deutschen als systematische, kreative »Gestalter und Ordner« in Einklang gebracht werden.

Am wirkungsvollsten kam diese Überzeugung von einer besonderen Beziehung der Deutschen zu ihrem Land bei Wilhelm Heinrich Riehl, dem Autor von »Die deutsche Arbeit« und Gründungsvater der deutschen ethnographischen Volkskunde, zum Ausdruck. Gestützt auf eigene Beobachtungen bei seinen Wanderungen durch Deutschland, bemühte er sich in populärwissenschaftlichen Arbeiten um die Begründung einer »Naturgeschichte« der Deutschen. In »Land und Leute« postulierte er eine organische Verbindung zwischen Land und Bevölkerung mit wechselseitigen Einflüssen.

Kurze Zeit später formulierte der Begründer der politischen Geographie Friedrich Ratzel (1844–1904) ein Konzept, das im Gedanken der »deutschen Kulturlandschaft«, einer Synthese von Natur- und Humanwissenschaften, die Spannung zwischen den Traditionen aufzulösen schien. Ratzel erklärte: »Indem die Deutschen sich mit wachsender Zahl immer enger mit ihrem Boden verbanden, entstand eine ganz neue Landschaft, eine Kulturlandschaft, die voll ist von den Zeichen der Arbeit, die ein Volk in seinen Boden hineinrodet, hineingräbt und hineinpflanzt.«[61] Ratzel zufolge wird nicht nur der Charakter der Menschen von dem Land geprägt, das sie bewohnen, sondern es ist umgekehrt auch ihre Tätigkeit, die das Land formt und nach ihrer Vorstellung umwandelt. Der Anspruch auf Land gründet auf dem Willen, es umzuwandeln, es zu verändern. Land kann durch Kultivierung und Gestaltung ein »deutsches Antlitz« erhalten. Die Synthese zwischen den organischen Vorstellungen der Romantik und dem rationalen, ordnenden Geist schien gelungen.

---

60 Celia Applegate, A Nation of Provincials: The German Idea of Heimat, Berkeley 1990; Jost Hermand, Grüne Utopien in Deutschland. Zur Geschichte des ökologischen Bewußtseins, Frankfurt am Main 1991.

61 Friedrich Ratzel, Deutschland. Einführung in die Heimatkunde, 2. Aufl., Leipzig 1907, S. 255.

In diesem Prozeß verband sich der Imperativ der Kultur mit einer anderen Tradition des deutschen Selbstverständnisses: der rationalen Organisation von Staat und Gesellschaft, die ihre Wurzeln in den Jahrhunderten deutscher »Kleinstaaterei« vor der Erringung der Einheit hatte. Um die politische Zersplitterung und Uneinigkeit zu kompensieren, hatten sich die kleinen Teilstaaten noch stärker um Reglementierung ihres inneren Lebens bemüht. Seit der frühen Neuzeit verfolgten sie das Ideal einer umfassenden Regulierung und Überwachung durch die Polizei,[62] in dem sich der paternalistische deutsche Haushalt widerspiegelte. Die Grundsätze des Staatsdienstes wurden von den Menschen internalisiert, wurden ihnen in Form rigider Vorstellungen von Disziplin und einer Ethik der Pflicht und der fachlichen Qualifikation eingedrillt. Verstärkt wurden diese Bemühungen durch aufgeklärte Visionen von einer wissenschaftlichen Verwaltung und Statistik, von Rationalisierung und staatlicher Regulierung und von den Staatswissenschaften. Im Zuge der Bemühungen des Kaiserreichs, sich auf den Ansturm der industriellen Moderne einzustellen, kam die Tradition staatlicher Regulierung in neuen Formen wie den ersten Ansätzen einer Sozialpolitik und den Plänen der »Kathedersozialisten« für soziale Reformen zum Ausdruck.

Bedingt durch die Erfahrung des modernen totalen Krieges änderte sich die Sichtweise auf das Land und die territorialen Strukturen und damit das geographische Bewußtsein der Deutschen. Jetzt sollten die von den Befürwortern einer deutschen Großmachtposition seit langem gehegten Ziele verwirklicht werden. Seit den achtziger Jahren des 19. Jahrhunderts war der Ruf nach einer deutschen »Weltpolitik« laut geworden, nach einer energischen, global orientierten Außenpolitik, die für Deutschland einen Platz unter den Großmächten einforderte. Zugleich sollte für den inneren Zusammenhalt gesorgt werden, der Deutschland fehlte, während die Weltpolitik und der Kolonialismus als Ventil für die Energien der Nation fungieren würden. Der Aufforderung von Cecil Rhodes, in Kontinenten zu denken, stimmte man vorbehaltlos zu. Die genannten Ziele wurden von einer ganzen Reihe gegen Ende des 19. Jahrhunderts gegründeter imperialistischer Vereinigungen verfolgt: von der Deutschen Kolonialgesellschaft, dem Deutschen Marinebund, dem Alldeutschen Verband und dem Deutschen Ostmarkenverein.[63] Die unterschiedlichen politischen Vorstellungen dieser Gruppie-

62 Gerhard Oestreich, Neostoicism and the Early Modern State, Cambridge 1982; Raeff, Police State; Mack Walker, German Home Towns: Community, State, and General Estate, 1648–1871, Ithaca 1971.

63 Chickering, We Men; Wehler, Kaiserreich, S. 93 f.

rungen (die einen strebten nach Besitz in Übersee, andere nach einem kontinentalen Reich, wieder andere verfochten eine Kombination von beidem) ließen sich unter einem gemeinsamen Ziel subsumieren: der einheitlichen deutschen Identität nach außen hin territorial Ausdruck zu verleihen.[64] Der Krieg war das Mittel dazu, weil er das geographische Bewußtsein und die territorialen Vorstellungen veränderte. Er bewirkte eine Mobilisierung der Geographie als wissenschaftliche Disziplin und als Denkweise. Schon lange vor dem Krieg hatten der Generalstab und die militärische Elite geographische Schulung, intensives Studium der Landkarten und das erforderliche symbolische Denken kultiviert.[65] Die Militärkartographie war für den Kriegserfolg von großer Bedeutung.[66] Die sorgfältige Kartierung der besetzten Gebiete bereits während des Krieges war als Vorspiel zu ihrer möglichen Angliederung gedacht.

Das im Krieg aufkommende Interesse an der Geographie war indes noch viel allgemeiner und kam in der faszinierten Aufmerksamkeit der gesamten Öffentlichkeit zum Ausdruck. Nach Schätzung eines Historikers »verstärkte sich das öffentliche Interesse an der Geographie in den drei Kriegsjahren ebensosehr wie in dem halben Jahrhundert davor«.[67] Ein deutscher Geograph konstatierte erstaunt die »überall wahrnehmbaren Zeichen volkstümlicher Begeisterung für alles Geographische«. Hellsichtig erkannte er darin die Folge einer neuen Art von Krieg, des *Weltkriegs*: »Warum hat gerade der Weltkrieg die Erdkunde belebt? Als einzige Antwort darauf wäre zu sagen: Weil der Erdkunde die wichtige Rolle der Deutkraft zuzuschreiben ist. [...] Die Erdkunde deutet 1. den Krieg in seinen Ursachen, 2. die Kriegsschauplätze, 3. die Ziele des Krieges.«[68] Die Öffentlichkeit suchte bei der Geographie nach einer Erklärung für die unerhörten Ereignisse, die sich ringsum, jenseits der deutschen Grenzen, abspielten und die Teil eines Krieges waren, der wie keiner zuvor ganze Nationen und Gesellschaften mobilisierte. Telegraphenagenturen fütterten die Presse in rasender Geschwindigkeit mit den neuesten Nachrichten, die Bevölkerung wurde umgehend

---

64 Woodruff D. Smith, The Ideological Origins of Nazi Imperialism, Oxford 1986.

65 Whittlesey, Strategy, S. 29 f.; Gordon A. Craig, The Politics of the Prussian Army, 1640–1945, Oxford 1955, S. 78.

66 Hermann Cron, Geschichte des Deutschen Heeres im Weltkriege 1914–1918, Berlin 1937, S. 219–222.

67 Meyer, Mitteleuropa, S. 245.

68 Bruno Clemenz, Kriegsgeographie. Erdkunde und Weltkrieg in ihren Beziehungen erläutert und dargestellt nebst Schilderung der Kriegsschauplätze, Würzburg 1916, S. V.

über die aktuellen Entwicklungen an der Front und in den Machtzentren der kriegführenden Staaten informiert; nie zuvor waren die Massen so rasch und unmittelbar in internationale Angelegenheiten einbezogen worden. Die entscheidende Veränderung, die der Krieg vor diesem völlig neuen und verwirrenden Hintergrund bewirkte, betraf die territorialen Fragen: hier entstanden neue Sichtweisen, ein neuartiger Blick auf Territorien, der als deutsche »Kriegsgeographie« und »Geopolitik« seinen Ausdruck fand. Während hitzige Annexionisten in der Presse zu weiteren Eroberungen rieten, entwickelte die Kriegsgeographie noch weitaus radikalere Vorschläge: sie entwarf neue Kategorien für eine deutsche Weltsicht und kultivierte ein gewandeltes geographisches Bewußtsein. Populärwissenschaftliche Texte mit dem Titel »Kriegsgeographie« erklärten die Ursachen und die Ereignisse des Konflikts in geographischen Kategorien und umgekehrt die geographischen Gegebenheiten in militärischen Kategorien, wobei umfangreiche Annexionen als unvermeidlich dargestellt wurden.[69] Der Grundstein der neuen »Geopolitik« war Rudolf Kjellens »Die politischen Probleme des Weltkrieges«. Der Schwede Kjellen, ein Schüler Friedrich Ratzels, ist der Erfinder des Begriffs »Geopolitik«. In seinem unerhört populären Buch erhebt er sich über die subjektiven Kategorien der individuellen Moralvorstellungen. Für ihn war der Staat eine »wirkliche Persönlichkeit mit eigenem Leben«, ein »Organismus im biologischen Sinne«, der den Naturgesetzen und den Darwinschen Notwendigkeiten unterworfen ist. Er rühmte den Krieg als Verkünder der Wahrheit, der Deutschlands geographisches Schicksal als »Reich der Mitte« deutlich mache, seine Lage, die zwar die Gefahr der Einkreisung barg, gleichzeitig aber auch die Aussicht auf triumphale Expansion und Konsolidierung von einem perfekten Zentrum aus bot. Wer diesen Kurs verfolgte, mußte auch massive Umsiedlungsaktionen in den Grenzgebieten in Betracht ziehen. Abschließend stellte Kjellen auch die Auseinandersetzung in Osteuropa als Element eines geographischen Schicksal dar: als Kampf der erhabenen deutschen Kultur gegen die rein rassische Identität der osteuropäischen Völker.[70]

---

69 Ebenda; H. Fischer, Kriegsgeographie, Bielefeld 1916; Ernst Oehlmann, Kriegsgeographie, Breslau 1916. Zu ihrer Verwendung im Unterricht siehe: Klaus Saul, *Jugend im Schatten des Krieges. Vormilitärische Ausbildung – Kriegswirtschaftlicher Einsatz – Schulalltag in Deutschland 1914–1918*, in: Militärgeschichtliche Mitteilungen 2 (1983), S. 111.

70 Rudolf Kjellen, Die politischen Probleme des Weltkrieges, Leipzig 1916, S. 3, 42, 139, 102.

Kjellens Formulierungen fanden sich in zahllosen ähnlichen Texten wieder, in denen eine gründliche Überarbeitung der politischen Karte Europas angeregt wurde. Die größte Wirkung hatte Friedrich Naumanns bereits im Oktober 1915, im Zeitpunkt des »Höhepunkts seiner Karriere als politischer Autor«, erschienenes Buch »Mitteleuropa«, in dem er für soziale und wirtschaftliche Reformen im Sinne der christlich-sozialistischen Tradition eintrat. Er drängte auf die Gründung einer mitteleuropäischen Wirtschaftsföderation, die er als natürliche Folge der weltweiten Konsolidierung größerer Märkte betrachtete. Die Föderation sollte die Märkte Mitteleuropas an Deutschland anbinden, das nicht versuchen würde, die umliegenden Völker zu germanisieren, sondern die freie, natürliche Entwicklung ihres eigenen kulturellen Potentials zuließe. Naumanns mitteleuropäische Idee war zwar wesentlich liberaler als die der alldeutschen Chauvinisten, aber als sie nach 1915 größere Verbreitung fand, nahm sie rasch verschiedene andere, von größerem Expansionsdrang geprägte Ziele in sich auf, mit einer »Vielzahl verschwommener, unterschiedlicher Bedeutungen«. Als der Begriff »Mitteleuropa« in ein bereits in Bethmann Hollwegs Septemberprogramm von 1914 vorweggenommenes, vage formuliertes Kriegsziel umgesetzt wurde, wuchs der Abstand zu Naumanns föderativem Modell. Mitteleuropa bot sich aufgrund seiner Unbestimmtheit als Kompromiß zwischen den unterschiedlichen Fraktionen in der Kriegszieldiskussion an, da jede Gruppe ihn nach Gutdünken interpretieren konnte.[71] So konnte der mitteleuropäische Gedanke, »weil er als Allheilmittel für alle Konflikte, Widersprüche und Rivalitäten in der deutschen Gesellschaft angesehen wurde, nie zu einem kohärenten politischen Programm werden«.[72] Um so weitere Verbreitung fand der Begriff als Motto, das den Weg zu einer größeren territorialen Zukunft wies und die Deutschen zu expansivem Denken ermunterte. Vor allem Jugendorganisationen gelobten feierlich, eine neue Generation heranzubilden, die über einen »weltweiten Blick« verfügte.[73] Geopolitik und Kriegsgeographie lieferten ganz neue Kategorien, die über die Geographie zum Verständnis des Krieges und der nationalen Identität führen sollten. Diese Denkkategorien bewirkten eine Motivierung und Mobilisierung mit explosivem Potential. In den Köpfen der Menschen entstand eine neue territoriale Vorstellung von Deutschland als umkämpftem Raum im unerbittlichen Griff der geographischen Notwendigkeiten.

---

71 Meyer, Mitteleuropa, S. 194–197; Mai, Ende, S. 58; Fischer, Griff, S. 90–95.

72 Jörg Brechtefeld, Mitteleuropa and German Politics: 1848 to the Present, New York 1996, S. 39.

73 Draussen, S. 49 f.

Die größte Bedeutung hatte jedoch eine andere, langfristige Entwicklung bei der Erziehung der Jugend. Ihr wurde – in der Schule wie im normalen Leben, das im totalen Krieg natürlich immer martialischere Züge annahm – eine neue territoriale Sichtweise eingeflößt. Das war zwar in allen kriegführenden Ländern so, aber der deutsche Fall ist besonders interessant. Die Hinwendung zur militärisch gefärbten Erziehung hatte erhebliche Auswirkungen auf den Lehrplan. Große Bedeutung hatten die Karten der Kriegsschauplätze, auf die man allenthalben stieß, in Zeitungen, Schulen und Wohnzimmern. Die Schulkinder verfolgten auf Landkarten an den Wänden der Klassenzimmer den Frontverlauf. Ein Lehrer berichtet von der großen Begeisterung, mit der seine Schüler auf Landkarten von der West- und Ostfront, die sie vom Inhalt ihrer Sparschweine selbst gekauft hatten, kleine Fähnchen anbrachten, um den Vormarsch der deutschen Armeen zu markieren, und stellt fest: »Es ist immer ein Augenblick größter Spannung, wenn ihr Vertrauensmann, der Lehrer, die Fähnchen bewegt. Welche vaterländischen Gefühle zeigen sich dann schon in der Brust dieses heranwachsenden Geschlechts! Mit hellen leuchtenden Blicken folgen sie dem Vorwärtsrücken dieser Papiermale, und mit dumpfem Ernst in den Gesichtszügen nehmen sie eine Rückwärtsbewegung auf.«[74] Im Erdkundeunterricht wurde jeder Vormarsch und jeder Rückzug besprochen, und auch alle anderen Fächer wandelten sich unter dem Einfluß nationalistischer Lehrer mehr und mehr zur vormilitärischen Ausbildung. Mathematische und naturwissenschaftliche Aufgaben wurden zunehmend in einen militärischen Kontext eingebettet. Auf Drängen der Schulbehörden erfolgte die Entwicklung der sprachlichen Ausdrucksfähigkeit anhand von Texten zur Kriegswirtschaft und zur Militärtechnologie, die sich auf die wichtigsten aktuellen Themen bezogen. Das Fach Erdkunde sollte die Schüler mit den Kriegsschauplätzen vertraut machen, auf denen die deutschen Armeen operierten, sowie mit dem Gelände, das sie dort vorfanden, also mit der »Bodenart, Bodenbedeckung und Besiedelung«.[75] Im Biologieunterricht wurde der »nie aussetzende Kampf ums Dasein im Tier- und Pflanzenreich« gezeigt, und die geisteswissenschaftlichen Fächer befaßten sich mit der

---

74 *›Der Krieg in der Schule.‹ Zuschrift eines Lehrers an die Kölnische Zeitung. Oktober 1914*, nachgedruckt in: Saul, Jugend, S. 124. Das war in allen kriegführenden Ländern üblich. Mircea Eliade schildert in seinen Erinnerungen, wie fasziniert er als Jugendlicher von diesen Spielen war.

75 *Verfügung der Schulabteilung der Regierung Stettin, 23. 2. 1915*, nachgedruckt in: Saul, Jugend, S. 127 f.

»Kriegslyrik«.[76] Pädagogische Methoden, die sich an den Notwendigkeiten der Kriegführung orientierten, förderten das Denken in militärischen Kategorien. Außerhalb der Klassenzimmer wurden Schüler und andere Heranwachsende in »Jugendkompanien« organisiert. Diese Einrichtungen, in denen zum Teil noch nicht einmal sechzehnjährige Jungen eine vormilitärische Ausbildung erhielten, schossen im Herbst 1914 in ganz Deutschland wie Pilze aus dem Boden.[77] Besonders gefördert wurde eine Freizeitaktivität, die die Jugendlichen an die von der Kriegsgeographie gezeichneten neuen Perspektiven Deutschlands gewöhnen sollte: das Geländespiel – eine Beschäftigung, die einen kriegerischen Blick aufs Land vermittelte.[78] In Spielen wie »Fangt die Fahne« sollten sie lernen, die Möglichkeiten des Geländes zu nutzen und als Einheit geordnet und planvoll vorzurücken, Karten für Truppenbewegungen zu zeichnen und die Landschaft nach militärischen Gesichtspunkten einzuschätzen. Auf diese Weise wurden Traditionen aus der Vorkriegszeit umgeformt und neu ausgerichtet. In der patriotischen Turnerbewegung, die Friedrich Ludwig Jahn zu Beginn des 19. Jahrhunderts als nationalistische Wehrübung in den Befreiungskriegen ins Leben gerufen hatte, wurde besonderer Nachdruck auf das individuelle Ethos des Bereitseins, der inneren Disziplin und der Bestimmtheit in der nationalen Sache gelegt. Nach 1914 wurde daraus das »Wehrturnen«, eine Art Militärgymnastik, bei der Marschieren, Nahkampfbewegungen, Granatenwerfen und der Zweikampf mit Knüppeln als Vorstufe zum Nahkampf mit dem Bajonett geübt wurden. In diesen Disziplinen gab es nationale Wettkämpfe, und in einigen Städten wurde das Wehrturnen zur Pflichtveranstaltung.[79]

---

76 *›Der Krieg in der Schule.‹ Zuschrift eines Lehrers an die Kölnische Zeitung. Oktober 1914*, nachgedruckt in: Saul, Jugend, S. 125; *Verfügung der Schulabteilung der Regierung Stettin, 23. 2. 1915*, ebenda.

77 Saul, Jugend, S. 91, 96. Ende 1914 nahmen in Preußen etwa 600 000 Jugendliche an der vormilitärischen Ausbildung teil.

78 Paul Georg Schäfer, Geländespiele, den Söhnen unseres Vaterlandes zugedacht, Leipzig 1909; Heinrich Leo, Jungdeutschland. Wehrerziehung der deutschen Jugend, Berlin-Wilmersdorf 1912; Alfred Berg, Geographisches Wanderbuch. Ein Führer für Wandervögel und Pfadfinder, 2. Aufl., Leipzig 1918; Hermann Rosenstengel, Leichte Geländespiele für die deutsche Jugend, Leipzig 1918; Draussen, S. 50. Diese bereits vor 1914 entstandene Tradition wurde in der Weimarer Republik von Siedlergruppen, im Dritten Reich von der Hitlerjugend und im Nachkriegsdeutschland von den rechtsradikalen Wehrsportgruppen fortgeführt.

79 Saul, Jugend, S. 101–103, 109.

Die Geländespiele stützten sich auch auf die Traditionen der Wandervogelbewegung. Nach der als unbefriedigend eingeschätzten nationalen Einigung unter preußischer Führung verkörperten die Wandervögel, die frei und ungebunden ganz Deutschland durchstreiften, den kollektiven Mythos eines spezifisch deutschen Verhältnisses zur Landschaft. Die beiden Traditionen des Turnens und des Wanderns verschmolzen während des Krieges zu den Geländespielen und veränderten durch die militärische Unterweisung und die Kriegsgeographie die Wahrnehmung der Teilnehmer und ihr Verhalten. Dieses Kriegserlebnis in der Heimat stellte letztlich sicher, daß auch die neue Generation, die nicht im Krieg gekämpft hatte, für die Konsequenzen des deutschen Bildes vom Osten empfänglich war und sie – wenn auch aus der Entfernung – teilte. Die aktive und intensive Beteiligung der Heimatfront an der Kriegführung erwuchs aus dem Charakter des totalen Krieges, der die Mobilisierung der Wirtschaft und der Menschen, ihrer Herzen und ihres Verstands erforderlich machte. Die Wirkung des totalen Krieges war jedoch auch an der Einstellung von Soldaten wie Zivilisten zu erkennen, an der Militarisierung des Blicks auf Länder und Territorien.

Die schwerwiegendste Folge von Ober Ost war die umfassende Veränderung in der Einstellung der deutschen Soldaten, die vom Kampf mit der Natur, mit Schmutz, Langeweile und Orientierungslosigkeit bei der schwierigen Aufgabe der Verwaltung des Besatzungsgebiets geprägt war. Diese massiven Einflüsse verfestigten sich zu einer klaren Haltung gegenüber dem Osten, zu einem imperialistischen Blick auf schmutzige Länder und Völker, kombiniert mit der Überzeugung, hinter dem voranschreitenden, aggressiven Wall der Front durch »deutsche Arbeit« eine neue Ordnung zu schaffen. Die Soldaten zogen aus dem vor ihnen liegenden Land, das es in Besitz zu nehmen galt, Rückschlüsse auf die nationale Identität der unterworfenen Völker wie des eigenen siegreichen Volkes. Dieses Land, das mit seinen Konturen und seiner mangelhaften Kultivierung das Verhältnis der Einheimischen zur Natur widerspiegelte, ließ deren »wahres« Wesen erkennen. Was hier stattfand, war eine Transformation von großer Tragweite. Wo die Deutschen in den ersten Kriegswochen in klar voneinander unterscheidbaren Ländern und Völkern noch »Orte und Gesichter« erkannt hatten, sahen sie mit der Zeit nur noch vom Krieg geprägte »Räume und Rassen«. Parallel zur Entwicklung dieser kriegerischen Einstellung ließen zu Hause in Deutschland annexionistische Propaganda, »Kriegsgeographie« und »Geopolitik« sowie die militärische Unterweisung der Jugend ein aggressives geographisches Bewußtsein entstehen. Beides verschmolz bereitwillig zu einer neuen, nach Osten orientierten territorialen Vorstellung.

Die Krise

Von Anfang an traten in Ober Ost beispielhaft die krankhaften Auswüchse der Macht zutage, die gerade zu dem Zeitpunkt zu einer Lähmung des Staates führten, als dieser seine Herrschaft dauerhaft gefestigt zu haben schien. Die widersprüchliche Funktionsweise der Verwaltung, das politische Bewußtsein und die nationale Identität der Landesbevölkerung sowie die Identität der Deutschen im Osten wurden von einer Krise nach der anderen geschüttelt. Alles zusammengenommen wirkte sich 1917 und 1918 gravierend auf die politischen Entwicklungen in Ober Ost aus und endete mit dem Zusammenbruch des ehrgeizigen Machtkonstrukts, als das Deutsche Reich selbst durch Niederlage und Revolution unterging. Das Bild der Deutschen vom Osten wurde durch die Erfahrung des Scheiterns, das genau in dem Augenblick erfolgte, als die Ambitionen Deutschlands so groß waren wie nie zuvor, dauerhaft geprägt.

Die Verwaltungsmaschinerie von Ober Ost manövrierte sich 1917 weiter in die Sackgasse. Den einsichtigeren unter den Beamten blieb nichts anderes übrig, als hilflos mit anzusehen, wie die Verwaltung ihre eigenen Ziele untergrub, weil die Umsetzung politischer Vorgaben so erfolgte, daß die beabsichtigten Ziele verfehlt wurden. Obwohl Hindenburg und Ludendorff am 29. August 1916 die Oberste Heeresleitung übernommen hatten, funktionierte der Staat weiterhin in ihrem Sinne. Nachdem sich einflußreiche Kräfte aus der politischen Führung und dem Parlament Deutschlands den ständigen und eifersüchtigen Intrigen der Ostgeneräle angeschlossen hatten, war es endlich gelungen, die Ablösung von Generalstabschef Falkenhayn zu erreichen. Im Sommer 1916 war Deutschland ernsthaft bedrängt und überall in der Defensive. Infolge der britischen Seeblockade waren die Lebensmittel knapp, und auch die Alliierten Deutschlands schienen kaum von Nutzen zu sein. Als Rumänien nach den anfänglichen beeindruckenden Gewinnen während der Brussilow-Offensive im Juni auf seiten der Entente in den Krieg eintrat, wurde Falkenhayn abgelöst. An seiner Stelle wurde Hindenburg zum Chef des Generalstabs des Feldheeres befördert und alsbald mit noch mehr Machtbefugnissen ausgestattet. Im Namen des Kaisers, dessen realer Einfluß mit der Beförderung der Heldenmilitärs sank, übernahm er das oberste Kriegskommando der Mittelmächte und verfügte damit über 6 Millionen bewaffnete Männer aus Deutschland, Österreich, Ungarn, der Türkei und Bulgarien.[1] Ludendorff wurde Erster Ge-

1 Wheeler-Bennett, Wooden Titan, S. 80; Herwig, First World War, S. 215.

neralquartiermeister und mithin Hindenburg faktisch gleichgestellt. Mit dem Weggang der »Titanen« aus Ober Ost wurde der schon ältere Prinz Leopold von Bayern am 29. August 1916 zum Oberbefehlshaber Ost ernannt.[2] Da er sich für die besetzten Gebiete, die er einmal als »Sauland« bezeichnet haben soll, kaum interessierte, ließ er seinem Stabschef Generalmajor Max Hoffmann freie Hand.[3] Dieser agierte ganz im Sinne der Politik Ludendorffs. Trotzdem wurde immer mehr nebeneinanderher gearbeitet, und zudem kamen von der unter Druck geratenen Heimatfront und der Obersten Heeresleitung immer höhere Forderungen nach Nahrungsmitteln, Rohstoffen und sonstigen Gütern. Jetzt erkannten auch enthusiastische Befürworter, daß Ober Ost ein Beispiel für die »Sucht der Deutschen zur Überorganisation« war.[4] Von Brockhusen, ein hoher Beamter und Berater Ludendorffs, der vor dem Krieg Landrat gewesen war, räumte ein, »daß bei der Überzahl der Hilfsarbeiter viel zu viel geschrieben wurde«, was zu wahren Aktenbergen geführt habe.[5] Seine Reaktion bestand allerdings lediglich darin, offizielle Vermerke und Warnungen zu verfassen, um diese Tendenz zu bekämpfen. Ein Mitarbeiter bekannte, daß man zwar von 8 Uhr morgens bis 8 Uhr abends arbeite, jedoch nur wenig produktive Arbeit geleistet werde. Ein anderer Mitarbeiter stellte fest: »Der militärische Verwaltungsapparat ist von einer grausigen Umständlichkeit, weil sich's jeder bei dem Schiebungsverfahren so bequem wie möglich zu machen sucht, wodurch es schließlich für alle Beteiligten immer unbequemer wird.«[6] Die bürokratischen Konflikte zwischen den Abteilungen nahmen zu:

»Obendrein gibt's bei keiner Verwaltungsstelle richtige Unabhängigkeit; jede wird von mehreren anderen mitregiert (unser Prüfungsamt ist z. B. außer an die Presse-Abteilung auch noch an die Kirchen- und Schul-Abteilung und an die Landkarten-Abteilung gebunden) – und weil niemand die volle Verantwortung hat, scheut sich jeder vor der Verantwortlichkeit. So kommt es, daß die unteren Stellen möglichst rücksichtslos nach der Schablone verfahren, um nur ja nicht von den oberen auf die ›Kompetenz‹ hin zur Rede gestellt und in neuen Aktenkram verwickelt zu werden.« [7]

Nicht nur die Landesbevölkerung war im Räderwerk des Staates gefangen. Dehmel beschrieb den Verwaltungsapparat, als »die richtige Zeitvertröde-

---

2 Hans-Michael Körner und Ingrid Körner (Hg.), Leopold Prinz von Bayern, 1846–1930. Aus den Lebenserinnerungen, Regensburg 1983, S. 302.

3 BA, N 1031/2, Gayl, S. 64; Karl-Friedrich Nowak (Hg.), Die Aufzeichnungen des Generalmajors Max Hoffmann, Berlin 1929, Bd. I, S. 174 f.

4 Brockhusen, Menschenleben, S. 258, 242.

5 Ebenda, S. 258.

6 Klemperer, Curriculum, S. 473; Dehmel, Zwischen Volk, S. 448.

7 Dehmel, Zwischen Volk, S. 458.

lungsmaschine«, als einen »Druckpostendienst von oben bis unten«, der auch Deutsche durch seine »Schraubengänge« ziehe.[8] Weiter sagte er: »Ich habe noch keinen unsrer Herren gesprochen, der nicht in ernsthafter Unterhaltung die verdrehte Zweckwidrigkeit unsrer Verwaltungsmaßregeln eingestände; dabei macht jeder den Irrsinn mit, weil man sich eben rettungslos in die Aktenmaschine eingeklemmt fühlt.«[9] Dieser Zustand, der durch das äußere Erscheinungsbild militärischer Ordnung verschleiert wurde, hätte vielleicht noch einige Zeit andauern können, aber die Notwendigkeit einer neuen Politik ab dem Juni 1917 ließ die akkumulierten Widersprüche zutage treten. Während der Staat auf den endgültigen Sieg und die Festigung seiner Rolle wartete, brach er nach und nach zusammen.

1917 wurden neue politische Strategien in Ober Ost benötigt, Strategien, die eine aktivere Rolle einheimischer Gruppen vorsahen mit dem Ziel, daß diese eine dauerhafte deutsche Herrschaft akzeptierten. Die Umwälzungen in Rußland, wo auf die Februarrevolution die Machtergreifung der Bolschewiki im »Roten Oktober« folgte, die verfehlte Politik der Mittelmächte gegenüber Polen und die wachsende Unzufriedenheit in Deutschland bedeuteten, daß die von der Obersten Heeresleitung und Gruppen der äußersten Rechten bevorzugte direkte Annektierung durch subtilere, indirekte Herrschaftsformen mittels eines Gürtels von Pufferstaaten an der deutschen Ostgrenze ersetzt werden mußte. Die Oberste Heeresleitung widersetzte sich jedoch in den entscheidenden Augenblicken dieser taktischen Veränderung und verhinderte einen nuancierteren oder besser kaschierten Versuch, die Vorherrschaft in Mitteleuropa zu erlangen. Gleichzeitig wurden die neuen Pläne in dem besetzten Gebiet durch die Kulturprogramme und die Nationalitätenpolitik unterlaufen. Dies war das folgenreichste Beispiel für den endemischen Konflikt zwischen Mittel und Zweck in Ober Ost.

Die wirtschaftliche Realität höhlte die Nationalitätenpolitik immer stärker aus. Durch die amorphen nationalen Identitäten in Ober Ost gelangten die Beamten zu der Ansicht, daß die Landesbevölkerung apolitisch sei und ihr schwach ausgeprägtes Nationalgefühl hinter das wirtschaftliche Eigeninteresse stelle.[10] Man könne die Loyalität der Landesbewohner für Deutschland

8 Ebenda, S. 454.

9 Ebenda, S. 461.

10 BAMA, N 196/1, Heppe, Bd. V, S. 103; GSTA PK, I. HA. Rep. 84a, Nr. 6211, 6. Druckbericht. Verwaltungsbericht der Militärverwaltung Litauen für die Zeit vom 1. Oktober 1916 bis 31. März 1917, S. 45; GSTA PK, I. HA. Rep. 84a, Nr. 6211b, Verwaltungsbericht der Militärverwaltung Bialystok-Grodno für die

kaufen, wenn demonstriert werde, daß dies zu ihrem wirtschaftlichen Vorteil sei. In Verwaltungsberichten wurde die Behauptung aufgestellt, daß immer mehr Einheimische anfingen, »sich mit dem Gedanken an Deutschland abzufinden. Der Lette ist durch und durch Opportunist; wer ihm die besten Lebensbedingungen verspricht, dem läuft er nach, und das ist den meisten jetzt schon klar geworden, das sie es unter deutscher Verwaltung besser, wie unter russischer haben.«[11] Die Litauer, so hieß es in Berichten, seien grundsätzlich apolitisch: »Die Litauer sind Bauern und Arbeiter und verhalten sich durchweg ruhig [...], haben keine großrussischen Ideen und werden diese auch in Zukunft nicht haben, wenn sie nicht künstlich (durch Agitationen und Presse) in ihnen geweckt werden.«[12] Der Chef der Militärverwaltung Litauen berichtete: »Die große Masse der Bevölkerung hat sich mit der deutschen Herrschaft abgefunden [...] Dem Litauer imponiert nur die Macht. Sieht er, daß er bei dem mächtigen siegreichen Deutschen Reich seine wirtschaftlichen Vorteile findet, so wird er, ebenso wie sein preußischer Stammesgenosse, ein leicht lenkbarer staatserhaltender Volksteil des neuen größeren Deutschlands werden.«[13]

Einzig die kurländischen Baltendeutschen galten als hinreichend reif und verläßlich. In seinen Berichten aus Kurland lobte von Goßler sie als »kerndeutsch geblieben«.[14] Die Strategie, sie in offizielle Stellungen zu berufen, wurde als das »System Goßler« bezeichnet. Von den Kreishauptleuten war nur einer kein Baltendeutscher. Die kurländische Kulturabteilung wurde von einem geborenen Kurländer, dem Königsberger Professor Seraphim, geleitet.[15] Die Übernahme von Baltendeutschen war jedoch nicht frei von Risiken, denn trotz der Zugehörigkeitsbekundungen zur deutschen Identität konnten ihre Interessen von denen des Heeres stark abweichen. Ihre rassistisch gefärbte Verachtung für die Landesbewohner, die »Undeutschen«, blieb nicht ohne Auswirkungen auf die Ansichten und Handlungen der Militärverwaltung. Die Letten ihrerseits konnten die neuen Herren kaum als

---

Zeit vom 1. April bis 30. September 1917, S. 38; GSTA PK, I. HA. Rep. 84a, Nr. 6212, Verwaltungsbericht der Militärverwaltung Suwalki für die Zeit vom 1. Oktober 1917 bis 31. März 1918, S. 36.

11 BAMA, PHD 23/31, Verwaltungsbericht Kurland (Oktober 1915), S. 25.

12 BAMA, PHD 23/45, Verwaltungsbericht Litauen (Januar 1916), S. 30; GSTA PK, I. HA. Rep. 84a, Nr. 6211b, Verwaltungsbericht der Militärverwaltung Litauen für die Zeit vom 1. April bis 30. September 1917, S. 42.

13 BAMA, PHD 23/46, Verwaltungsbericht Litauen (Mai 1916), S. 46.

14 BAMA, PHD 23/31, Verwaltungsbericht Kurland (Oktober 1915), S. 27.

15 Ebenda, BAMA, N 98/1, Goßler 65 f.

neutral betrachten, wenn diese baltische Barone in leitende Stellungen beriefen. Hoffmann schrieb, daß die Beamten sich die Esten und Letten entfremdeten, weil sie nur mit den Baronen kommunizierten, und fügte hinzu: »Ich habe seit Jahren vor dem Blödsinn gewarnt.«[16] Der Verwaltungschef Litauens, von Heppe, stimmte dem zu und bedauerte, daß die deutsche Politik sich im Sinne der Partikularinteressen der Adeligen instrumentalisieren lasse.[17] Die baltendeutschen Aristokraten befürchteten hingegen, daß der steigende demokratische Druck in Deutschland ihre privilegierte Stellung untergraben könne, und standen vor dem schwierigen Problem, auf eine Annektierung und Vereinigung mit dem Reich hinwirken und zugleich ihren Sonderstatus irgendwie bewahren zu wollen. Ober Ost blieb von der deutschen Innenpolitik nicht unberührt, wodurch die bereits komplizierte Bevölkerungspolitik noch weiter erschwert wurde.

Die Festlegung, daß sich nichtdeutsche nationale Identitäten über Wirtschaftsinteressen definierten, war für das Vorhaben von Ober Ost, die Völker zu manipulieren, umzuformen und ihnen beizubringen, unter deutscher Leitung zu arbeiten, von entscheidender Bedeutung. Die Umsetzung dieses Vorhabens würde nicht einfach sein, denn – so erklärte die Verwaltung – es verlange von dem »seiner Natur nach trägen Litauer weit über das gewohnte Maß hinausgehende Arbeit«.[18] Die Einheimischen hätten sich allerdings schon mit der »zwar strengen, aber [...] gerechten Durchführung der erforderlichen Maßnahmen« abgefunden:

> »Die Bevölkerung wird gezwungen, um den an sie gestellten Anforderungen gerecht zu werden, sehr viel mehr zu arbeiten, als sie es bisher gewohnt war. Das Land brachte ihr bei mäßiger Arbeitsleistung gerade das hervor, was sie zum Leben brauchte. Darüber hinaus zu schaffen, um weiter vorwärts und in bessere Lebensverhältnisse zu kommen, lag ihr weit fern. Der Litauer empfindet daher den Arbeitszwang als lästig, wird sich aber an die Mehrarbeit gewöhnen und einsehen, daß für ihn, den Umständen entsprechend, gesorgt wird.«[19]

Führende Stellen in der Verwaltung erklärten, daß der einheimischen Bevölkerung wirtschaftliche Anreize geboten werden müßten, damit sie das Litauische aufgebe. Außerdem, so wurde behauptet, existiere diese Sprache in Wirklichkeit nicht, da es keine standardisierte Form gebe:

---

16 Hoffmann, Aufzeichnungen, Bd. I, S. 216.
17 BAMA, N 196/1, Heppe, Bd. V, S. 150.
18 BAMA, PHD 23/47, Verwaltungsbericht Litauen (August 1916), S. 22.
19 BAMA, PHD 23/48, Verwaltungsbericht Litauen (November 1916), S. 33 f.

»Jetzt ist bei einem großen Teil der Litauer das ernsthafte Streben zu beobachten, deutsch zu lernen. [...] Die litauische Schriftsprache muß daher lediglich als Hilfssprache aufgefaßt werden, um die Erlernung der deutschen Sprache zu erleichtern. Es liegt im größten Interesse der deutschen Herrschaft und Machtstellung, wenn dem Litauer in seinem Bestreben, die deutsche Sprache zu erlernen, entgegengekommen wird. Er versteht es nicht, daß der siegreiche Deutsche ihm statt der eigenen eine Sprache aufdrängen will, die weder der Deutsche noch er selber versteht. Für die Notwendigkeit der Erlernung der deutschen Sprache hat er um so mehr Verständnis, als er einsieht, daß sie ihm bei seinem wirtschaftlichen Vorwärtskommen hilft.«[20]

Die Verwaltung war davon überzeugt, daß in einem Land, in dem sich die ethnische Zugehörigkeit als etwas Flexibles und Wandelbares darstellte, die Volkszugehörigkeit formbar war. Das Ergebnis der deutschen Politik war indes das Gegenteil dessen, was man beabsichtigt hatte. Die irrationale Wirtschaftspolitik der Besatzer verbitterte die Bevölkerungsgruppen und brachte die einheimische Bevölkerung zwangsläufig dazu, die Krise und ihre düsteren Zukunftsaussichten in den Kategorien von Nationalität und konfligierenden kulturellen Werten zu sehen. Der von Ober Ost unternommene Versuch der Manipulation scheiterte in einem Bereich nach dem anderen an dem Wunsch der Verwaltung, alles zu kontrollieren.

Ein beredtes Beispiel für diese Scheitern war die Religionspolitik. Von Anfang an waren sich die Deutschen, denen die starke Religiosität aufgefallen war, der Wichtigkeit der Konfessionszugehörigkeit in dem Gebiet bewußt gewesen. Die politische Bedeutung von Religion wurde zudem durch die Schnittpunkte zwischen Religion und nationaler Identifikation akzentuiert. Es gelang den Behörden, freundschaftliche Beziehungen zum höheren Klerus aufzubauen, aber diese Kontakte konnten den katastrophalen Eindruck, der täglich neu im Land entstand, kaum ausgleichen. Da die meisten Soldaten und Beamten Protestanten waren, wirkte das Land auf sie noch fremder, weil sie dort mit Religionen in Berührung kamen, die ihnen nicht so vertraut waren.[21] Die Art, wie sie bei ihrer Arbeit zu Werke gingen, trug noch zu einer Verstärkung der angespannten Lage bei. Durch die Verkehrspolitik wurden Gemeindemitglieder oft am Besuch der örtlichen Kirchen gehindert, die jenseits der Kreisgrenzen lagen. Berichten zufolge griffen Soldaten Priester, die zu kranken Gemeindemitgliedern eilten, an, weil sie nicht gegrüßt hatten. Eine litauische Quelle berichtete, daß der Kreishauptmann von Kedainiai einen gewissen Pater Meškauskas geschlagen habe, der auf dem Weg zu einem kranken

20 BAMA, PHD 23/46, Verwaltungsbericht Litauen (Mai 1916), S. 45.

21 Jungfer, Gesicht, S. 40 f.

Gemeindemitglied war, um diesem die Letzte Ölung zu geben, und Hostien bei sich führte.[22] Der politische Beamte von Gayl erzählte von einem ähnlichen Fall. Der Leiter eines Pferdelazaretts habe einem Kaplan, der ebenfalls Hostien mit sich führte, den Hut vom Kopf geschlagen. Der alte Offizier habe angegeben, daß er sogar höflich gewesen sei. Er pflege nämlich »den Panjes, die ihm begegneten und ihn nicht grüßten, die Mütze mit dem Reitstock vom Kopf zu schlagen, während er dem Priester, in Erinnerung an die befohlene Vorzugsbehandlung, die Kopfbedeckung mit der Hand abgeworfen habe«. Seine Vorgesetzten bescheinigten ihn, »er könne in gutem Glauben gehandelt haben«.[23] Die Mißhandlungen von Priestern, den höchsten einheimischen Autoritäten der christlichen Religionen, erzeugte auch in den gleichgültigsten Bevölkerungsteilen Haß.[24] Nach Angaben der Einheimischen kam es außerdem zu zahlreichen anderen Übergriffen. So wurde von Soldaten berichtet, die Messen störten, in der Kirche die Kappen aufbehielten und rauchten.[25] Die Armee übernahm Kirchen für den Eigenbedarf, und gelegentlich sollen beispielsweise in Schaulen Gottesdienste abgebrochen und die Kirchen geräumt worden seien, um dort Gottesdienste für die Deutschen abzuhalten.[26] Selbst auf höchster Ebene gab es Maßnahmen, die eine unnötige Provokation waren, wie beispielsweise die Weigerung von Isenburgs, Weizenrationen für das Backen von Hostien zu bewilligen.[27] Es überrascht daher nicht, daß ansonsten konservative Angehörige des Klerus immer stärker in die Opposition getrieben wurden, sich an nationalistischen Projekten beteiligten und viele Priester in der geheimen Schulbewegung eine führende Rolle spielten. Der Bürgermeister von Schaulen zum Beispiel beklagte den Aktivismus des Pfarrers Galdikas und sagte, daß man nur dann etwas dagegen tun könne, wenn der Geistliche versetzt oder abgeschoben werde. Zahlreiche Geistliche verschiedener Konfessionen, die Probleme machten, wurden nach Deutschland deportiert.[28]

---

22 Šilietis, Okupacija, S. 119.

23 BA, N 1031/2, Gayl, S. 238 f.

24 LMARS, F. 23–47, »Vokiečiai Lietuvoje«, Liste der Beschwerden, S. 9.

25 Šilietis, Okupacija, S. 104; Gintneris, Lietuva, S. 373.

26 Šilietis, Okupacija, S. 105. Jungfer schildert, wie Soldaten sich über Prozessionen lustig machen und betrunkene Gendarmen Gottesdienste stören: Jungfer, Gesicht, S. 42.

27 Linde, Deutsche Politik, S. 49.

28 Sužiedelis, *Mokyklos*, S. 767; Šilietis, Okupacija, S. 106; BA, N 1238/8, Morsbach, Tätigkeitsbericht des Bürgermeisteramtes Schaulen von Mitte August bis 30. Sept. 1916. Zur Deportierung polnischer und orthodoxer Geistlicher: BAMA, N 196/1, Heppe, Bd. V, S. 101, 105; BA, N 1031/2, Gayl, S. 271.

Schließlich führte die Verwaltung sogar selbst das ad absurdum, wofür ihr die Landesbevölkerung – wie sie glaubte – ein Mindestmaß an Respekt schuldete. Die Beachtung der Gesetze und die Schaffung »geordneter Verhältnisse«, die es den Bauern ermöglicht hätten, in Frieden ihrer Tätigkeit nachzugehen, hätten die Grundlage für eine erfolgreiche Besatzung sein können. Statt dessen schuf die Verwaltung durch willkürliche Verordnungen und Beschlagnahmungen selbst Unordnung. Als die Polizei 1917 ihren Kampf gegen das Banditenunwesen verminderte, erkannte die Landesbevölkerung, daß die Verwaltung ihr nicht einmal Sicherheit bot. Wie ein Beamter berichtete, operierten die Räuberbanden bis dicht vor den Stadttoren. 1918 kam es fast wöchentlich zu Angriffen auf Polizeiwachen oder Beamte.[29]

In anderen Berichten war von einer immer negativeren Einstellung gegenüber den Deutschen die Rede. Auf den Straßen begegnete man den Soldaten mit haßerfüllten Blicken und in steigendem Maße mit offener Feindseligkeit. Ein Soldat schrieb aus Riga: »Durch die Not wurde ein großer Teil der Bevölkerung von einer grenzenlosen Wut gegen die Deutschen erfaßt, so daß mehrere Male deutsche Soldaten in abgelegenen Straßen ermordet wurden. Nun durften wir nachts nie ohne geladene Pistole ausgehen.«[30] Dies war kein verheißungsvoller Anfang von Ober Osts Versuchen, den Besitz der Region zu besiegeln.

Die Verwaltung sabotierte ihre eigenen Manipulationsstrategien, machte aber dafür in der Mehrzahl der Fälle das Land und seine Bewohner verantwortlich, wobei sie in Allgemeinplätze über den unordentlichen Osten und die schwer durchschaubaren Unterschiede zwischen den einzelnen Bevölkerungsgruppen verfiel. Doch die einheimische Bevölkerung hätte noch so kollaborativ oder unterwürfig sein können, es hätte nichts genützt, da der entscheidende Fehler im Konstrukt von Ober Ost selbst lag. Der absolute Primat von Ober Ost war die Kontrolle, wie der in der Verwaltung tätige Dehmel verbittert erkannte: »Der einzige Zweck all der Faxen ist offenbar der, daß die fremde Bevölkerung – genau wie unser Volk zu Hause – das Regiertwerden lernen soll.«[31] Paradoxerweise schuf die Verwaltung unwillentlich Voraussetzungen für die Herausbildung unabhängiger lokaler Identitäten und eines politischen Bewußtseins. Unterschiede wurden durch die Willkür der Verwaltung verstärkt und führten in der einheimischen Bevölkerung zu einem rebellischen Bewußtsein. Durch das Aufeinanderprallen der

29 BA, N 1031/2, Gayl, S. 278 f.

30 Richert, Gelegenheit, S. 275. Riga wurde am 3. September 1917 erobert.

31 Dehmel, Zwischen Volk, S. 461.

Kulturen von Besatzern und Besetzten wurden letztere gezwungen, als Alternative zu den nicht hinnehmbaren Besatzungsbedingungen Werte zu artikulieren, die bis dato unausgeformt und implizit in ihren Traditionen und Lebensnormen enthalten waren.

Zum endgültigen Bruch kam es, als die Landesbevölkerung erkannte, daß die deutsche Besatzung noch schlimmer als die russische Herrschaft war. Nach Angaben Dehmels sagten die Einheimischen: »[D]ie russische Knute tat manchmal weh, die preußische Fuchtel immerfort.« [32] Die Bevölkerung begann, verzweifelt und ziellos Widerstand zu leisten.[33] Im Winter 1916/17 befürchteten die Behörden nach einer weiteren Mißernte, die weit hinter den Schätzungen der Landwirtschaftsexperten zurückgeblieben war, die Menschen nicht ernähren zu können. In Bialystok kam es zu Hungerrevolten und Streiks.[34] Auf dem Land schwärmten Soldaten aus, um Höfe zu durchsuchen und verborgene Lebensmittel zu beschlagnahmen. In Berichten wird die sich verschlechternde Stimmung und der verstärkte Widerstand gegenüber Requisitionen erwähnt. Es gebe eine »erhöhte Beunruhigung und Niedergeschlagenheit«, die »sich in letzter Zeit bemerkbar« mache.[35] Im Herbst 1917 widersetzten sich Einheimische in Litauen zum ersten Mal systematisch der Beschlagnahmung von Pferden. Soldaten wurden nach Raczki entsandt, um die Bauern zur Herausgabe der Pferde zu zwingen.[36] Die Befehle und »restlose Erfassung« waren für viele nicht mehr auszuhalten. »Die Menschen wurden innerlich von den endlosen Befehlen aufgefressen, aber je mehr sie sich sorgten, desto weniger gehorchten sie«,[37] schrieb ein Beobachter. Die Grenze der Zwangsmöglichkeiten war für die Verwaltung erreicht, als sich der Ein-

---

32 Ebenda; Klimas, Atsiminimų, S. 155.

33 Ebenda, S. 122.

34 BAMA, N 196/1, Heppe, Bd. V, S. 96 f.; BAMA, PHD 23/48, Verwaltungsbericht Litauen (November 1916), S. 33.

35 BAMA, PHD 23/48, Verwaltungsbericht Litauen (November 1916), S. 33. In späteren Berichten wird erwähnt, daß dieses Phänomen zunahm. Vgl. BAMA, PH 30 III/5, Verwaltungsbericht der Militärbezirksverwaltung Litauen Süd in Bialystok für die Zeit 1. April bis 30. September 1918, S. 45; BAMA, PH 30 III/3, Verwaltungsbericht 3. April 1918, Militärverwaltung Litauen, Militärkreis Podbrodzie, S. 34; BAMA, PH 30 III/3, Verwaltungsbericht 30. September 1918, Militärverwaltung Litauen, Militärkreis Nowoswenzjany, S. 36.

36 GSTA PK, I. HA. Rep. 84a, Nr. 6212, Verwaltungsbericht der Militärverwaltung Suwalki für die Zeit vom 1. Oktober 1917 bis 31. März 1918, S. 36.

37 BAMA, PHD 23/33, Verwaltungsbericht Kurland (April 1917), S. 40; Klimas, Atsiminimų, S. 66.

druck verbreitete, daß die Lage schlimmer wurde, gleichgültig, ob man gehorchte oder nicht. Infolge der verzweifelten wirtschaftlichen Not blühte der Schmuggel.[38] Die Landbevölkerung arbeitete dabei mit den Juden in den Städten zusammen, die von der Verkehrspolitik und dem Handelsmonopol der Verwaltung, wie ein Jude aus Litauen meinte, besonders betroffen waren:

»Da es nichts zu verkaufen gibt, haben sie ihre Stände geschlossen und sind untergetaucht. Man glaubt es nicht, aber sie graben Tunnel unter den um die Stadt gezogenen Militärkordon, um auf das Land zu gelangen, wo ihnen die Bauern ein paar Kartoffeln, einen Bund Möhren oder ein totes Huhn verkaufen, das sie vor der Beschlagnahmung durch die Deutschen versteckt haben. Manchmal geben die Juden vor, tot zu sein, lassen sich zum Friedhof tragen und dort in einer abgelegenen Ecke ›begraben‹, und das Geschäft findet dann zwischen den Gräbern statt. Und trotzdem ist bereits ein Viertel der Bevölkerung an Hunger gestorben, aber sie verstecken sich dennoch, um nicht für die Deutschen arbeiten zu müssen.«[39]

Auch Deutsche in der Verwaltung und im Heer halfen den Schmugglern.[40] Der Verwaltungschef von Bialystok-Grodno, von Heppe, griff sich jedoch die Juden heraus und drohte ihren Rabbis, er »würde sie und ihre Leute rücksichtslos verhungern lassen«, wenn das Schmuggeln nicht eingedämmt werde.[41] Mehrere Berichte weisen darauf hin, daß Juden sich gegenüber Deutschen nicht mehr freundlich verhielten, wie dies anfangs der Fall gewesen war, und daß sie die »ernste Beachtung« ihrer wirtschaftlichen Lage einforderten.[42] Trotz offizieller Sperrstunden herrschte auf den Landstraßen nachts ein reges Treiben. Einheimische schlossen sich in Scharen den größer werdenden Banditengruppen an. Marodierende russische Soldaten und geflüchtete Kriegsgefangene begannen, sich als Bolschewiken auszugeben.[43]

Der Widerstand der Landesbevölkerung ging über eine Gehorsamsverweigerung von unten hinaus und entwickelte sich zu einem politischen Programm. Das zeigte sich am deutlichsten bei der größten ethnischen Gruppe,

---

38 Ebenda, S. 52.

39 Josef Buloff, From the Old Marketplace, übersetzt von Joseph Singer, Cambridge, Mass. 1991, S. 258.

40 Jungfer, Gesicht, S. 184 f. Nach Angaben von Einheimischen tauchten beschlagnahmte Güter auf dem Schwarzmarkt auf. Vgl. dazu Šilietis, Okupacija, S. 85.

41 BAMA, N 196/1, Heppe, Bd. V, S. 97.

42 GSTA PK, I. HA. Rep. 84a, Nr. 6212, Verwaltungsbericht der Militärverwaltung Suwalki für die Zeit vom 1. Oktober 1917 bis 31. März 1918, S. 36; GSTA PK, I. HA. Rep. 84a, Nr. 6213, Verwaltungsbericht der Militärverwaltung Suwalki für die Zeit vom 1. April bis 3. September 1918, S. 15.

43 Nach einem Bericht von 1917 bestanden die Banden zunehmend aus einheimischen Jugendlichen. Vg. LCVIA F. 641, ap. 1, b. 53, »Verwaltungsberichte

den Litauern. Da andere Organisationsformen verboten waren, wurden die Unterstützungskomitees Zentren für politische Aktivitäten, und so nutzte auch das litauische Flüchtlingskomitee in Wilna seine humanitäre Tätigkeit als Deckmantel für politische Arbeit. Der Vorstand des Komitees schrieb Beschwerden an die Militär- und Zivilbehörden in Deutschland, und das Komitee selbst konzentrierte sich auf Schulen, auf die Erstellung von didaktischem Material und von Textbüchern sowie auf die Lehrerausbildung. Trotz der Verkehrsbeschränkungen entsandte es Spione auf das Land, die Kontaktnetzwerke aufbauten, und bemühte sich, im Ausland Verbindungen zu neutralen Ländern und zu Auslandslitauern anzuknüpfen. Auf dem Land organisierten junge Leute Flugblattkampagnen und unterhielten geheime Druckereien. Ende 1916 kam es zu Unruhen im Dorf Geisteriškiai, in dem junge Leute heimlich hergestellte Ausrufe verbreitet und verschiedentlich bewaffneten Widerstand organisiert hatten. Da das Militär einen größeren Aufstand befürchtete, gingen die Soldaten offenbar in Panik und mit äußerster Härte vor. Dabei sollen einige Bauern bei lebendigem Leib in ihren Höfen verbrannt sein, andere wurden bei Razzien festgenommen und ins Gefängnis geworfen. Anderen Quellen zufolge wurden mehrere beteiligte Jugendliche in Militärgefängnissen gefoltert und erschossen.[44]

Diese Vorgänge vermitteln entscheidende Einblicke in die nationalistischen Projekte an dieser europäischen Nahtstelle im Osten. Litauische Intellektuelle gerieten darüber in eine persönliche Krise. Viele standen vor dem Problem, die von ihnen bewunderte deutsche Kultur neu bewerten zu müssen. Für Deutschlitauer, die sich als zur deutschen Kultur gehörig ansahen, war dies besonders schmerzlich. Der Schriftsteller Wilhelm Storosta-Vydūnas beschrieb dem deutschen Schriftsteller Hermann Sudermann, wie er diese persönliche Veränderung empfand: »Ich hielt die Geschichten von Übergriffen der deutschen Verwaltung in Litauen ebenso für erfundene Kriegsgeschichten wie die Bemerkungen des litauischen Verwaltungschefs Isenburg, daß er alle Litauer schnell zu Deutschen machen würde. Ich glaubte, dies seien lediglich Hirngespinste der Leute.« Als er jedoch mehr über die Besatzer wußte, gelangte er zu der »Überzeugung, daß die deutsche Verwal-

---

Rossienie«, Verwaltungsbericht für die Zeit 1. Oktober bis 31. Dezember 1917. Georgenburg; Genovita Raudeliūnienė, Lietuvos gyventojų pasipriešinimas vokiečiu okupantams pirmojo pasaulinio karo metais (1915–1918), Doktorarbeit, Akademie der Wissenschaften der Litauischen SSR, Vilnius 1969.

44 Klimas, Atsiminimų, S. 46, 71, 91.

tung tatsächlich die Vernichtung der litauischen Identität vorbereitete«. Wehmütig erkannte er, daß ihm die deutschen Werte noch immer lieb und teuer waren: »Es wäre jedoch ein Fehler, derartige Überzeugungen als Haß auf die Deutschen auszulegen [...]. Ich sehe das als ein Verbrechen an, das von jemandem begangen wurde, den ich einmal sehr geachtet habe – ein Verbrechen von jemandem, der mir sehr nahe ist.« Vydūnas verließ die Ebene der Kulturarbeit und wandte sich der Nationalitätenpolitik zu.[45] Auch der deutschlitauische Politiker Gaigalat-Gaigalaitis, der Mitglied des Preußischen Landtags war, erlebte, wie sich seine Überzeugungen änderten. Anfangs zögerlich, dann immer energischer intervenierte er und überbrachte den Zivilbehörden Beschwerdeschreiben, woraufhin er von der Obrigkeit zunehmend als unverläßlich eingestuft wurde. Ein anderer Fall war die Verwandlung des Bernhard Kodatis. Der in Berlin geborene Sohn litauischer Einwanderer arbeitete von 1916 bis 1918 in der Verwaltung als Zensor der Zeitung *Die Gegenwart* und in der Politischen Abteilung. Kodatis gab wichtige Informationen an litauische Aktivisten weiter. Er wurde 1918 verhaftet und in das Gefängnis von Tilsit überführt. Nach dem Krieg erreichte Litauen seine Freilassung. Er ging nach Litauen, legte die deutsche Staatsbürgerschaft ab und nahm einen Namen mit deutschen und litauischen Merkmalen an, Bernardas Kodatis (Kuodaitis). Der Krieg und die Erfahrungen in den besetzten Gebieten hatten seine Identität ebenso wie die vieler anderer neu geprägt.

Auf allgemeiner Ebene lösten die durch das Besatzungsregime aufgezwungenen Entbehrungen in der gesamten litauischen Gesellschaft eine umfassende nationalistische Reaktion aus. Sogar die Landbevölkerung, die politischen Programmen zunächst gleichgültig gegenübergestanden hatte, wurde radikalisiert. Die ungeschickten Versuche von Ober Ost, Bevölkerungsgruppen in ihrem Sinne zu manipulieren, bewirkten, daß die Bevölkerung ihre eigene Zwangslage immer mehr in nationalen Kategorien sah. Ihre Ablehnung der deutschen Besatzung glich mehr und mehr einem Zusammenprall der Kulturen, in dessen Mittelpunkt die unterschiedlichen Werte und Glaubenssätze von Besetzten und Besatzern rückten. Einen deutschen Beamten veranlaßte dies zu der verallgemeinernden Bemerkung: »Ihre ethnischen und moralischen Begriffe waren von den unsrigen grundverschieden.«[46] Auf litauischer Seite wurden viele dieser Begriffe zunächst nicht artikuliert; sie waren Teil einer scheinbar selbstverständlichen Lebensweise

45 Jurgėnas Storosta, *Apie Vydūnu ir zdermano santykius*, in: Literatūra ir menas (27. März 1993), S. 4.

46 BAMA, N 196/1, Heppe, Bd. V, S. 124.

(*būdas*), allerdings unterzog man sie jetzt im Blick auf eine nationale Identität einer neuen Bewertung.

Der Zusammenprall zweier Kulturen zeigte sich besonders deutlich in den zwei gegensätzlichen Auffassungen von Ordnung, dem deutschen *Ordnung* und dem litauischen *tvarka*. Der deutsche Begriff war untrennbar mit der Intention der Verwaltung verbunden, geordnete Verhältnisse durchzusetzen. Der litauische Begriff *tvarka* hatte hingegen nicht den gleichen Bezug auf staatliche Macht. Wie bei einer ländlich geprägten Bevölkerung, die bis dahin keine aktive Rolle im politischen Geschehen gespielt hatte, nicht verwunderlich, leitete sich die Vorstellung von *tvarka* von den Gegebenheiten eines bäuerlichen Haushalts her. Das wird sogar im Wort selbst deutlich, denn es ist mit den Worten für Umzäunung und Einschließung, aber auch mit dem Wort für Schöpfung (*tverti*) verwandt.

Im ersten geheimen politischen Manifest der litauischen Bewegung von 1916 wurden der Entwurf einer besonderen Kultur, einer unverwechselbaren geordneten Wirtschaftsform (*ūkis*) und das sich herausbildende Nationalbewußtsein als eine eigene Ordnung und als Alternative zur Beherrschung von außen deklariert.[47] Dieses Ordnungsmodell stand auch im Gegensatz zum deutschen Verständnis von Grenzen. Die litauische Auffassung von Grenzen hat ihren Ursprung ebenfalls im bäuerlichen Leben, dessen Symbol die Hekke oder »der lebende Zaun« war, ein in Volkskunst, Volkstänzen und Webarbeiten verbreitetes Bild. Das chaotische Geflecht von natürlichem Wachstum und ständiger Aktivität einer Hecke, in der einzelne Schößlinge zu einem großen, lebendigen Ganzen zusammenwachsen, war offenbar eine genaue Beschreibung der sich bewegenden, sich verändernden, vom Rhythmus der Jahreszeiten bestimmten Welt, in der die Landesbevölkerung lebte. Ohne Zäune galten litauische Bauernhöfe als unvollständig, denn im Unterschied zur slawischen Tradition eines gemeinsamen Bewirtschaftens wurden sie auf diese Weise als Eigentum gekennzeichnet.[48]

Im Text der Proklamation von 1916 wurden der unverwechselbare Charakter und die spezifischen Werte des litauischen Volkes nun als nationales Bewußtsein dargestellt. Bezeichnenderweise sprach der Text vom Volk als

---

47 Klimas, Atsiminimų, S. 84. Ordnung als zentrales Anliegen findet sich auch in späteren Berichten. Vgl. hierzu: Valentinas Gustanis, *Nepriklausoma Lietuva: Kaimiecių ir jaunimo valstybė*, in: Proskyna kultūros almanachas Jaunounmenei (1990), S. 170 f., 181.

48 Geroid Tanquary Robinson, Rural Russia Under the Old Regime, London 1932, S. 35.

tauta, ein uraltes indoeuropäisches Wort. Bei der üblichen Übersetzung von *tauta* als »Nation« handelt es sich um eine unvollständige, verkürzte Wiedergabe, in der die unterscheidende Bedeutung fehlt. »Nation« verortet Identität in der Geburt (*natio*). *Tauta* bedeutet jedoch ursprünglich »Truppe«, »Schar« oder »eine Gruppe von Reitern« (indoeuropäisch *teuta*).[49] Das einigende Prinzip ist hier im Gegensatz zur »Nation« von Anfang an die Freiwilligkeit und weist so auf ein gemeinsames Projekt hin, durch das sich die Gruppe definiert.

Da nationale Identität nicht als etwas verstanden wurde, das durch Geburt oder Blutsbande, sondern vielmehr durch gemeinsamen Entschluß entsteht, mußte die treibende Kraft folglich das Ergebnis eines gemeinsamen Bewußtseins sein, was sich in den nationalistischen Mahnungen, wachsam zu sein, sich bewußt zu engagieren und für eine erhöhte Bildung zu sorgen, niederschlug. Das Engagement des einzelnen war wichtig, weil in diesen Ländern nationale Identität eine Frage der persönlichen Entscheidung war. In dieser geschichtsträchtigen Region im Norden Europas, in der so viele Kulturen, ethnische Gruppen, Sprachen und Religionen aufeinandertrafen, gab es für den einzelnen viele Identifikationsmöglichkeiten. Die Zugehörigkeit zu einer ethnischen Gruppe definierte sich über radikale Kontingenz und nicht über eindeutige Unabänderbarkeit. Das hatten die Intellektuellen, die die Nationalbewegung gründeten, selbst in den vergangenen Jahrzehnten erfahren und ihr Bekenntnis zur litauischen Identität in dramatischen Augenblicken persönlicher Bekehrung abgelegt.

Diese Momentaufnahme aus dem Prozeß der Herausbildung einer nationalen Identität beleuchtet den andersartigen Charakter des nationalistischen Projektes, wie es in der Erklärung von 1916 skizziert war. Entscheidend ist, daß es sich hier um ein Projekt handelte, in dem ein Bild von der Vergangenheit geschaffen und eine Kontinuität mit dieser Vergangenheit hergestellt wurde. Die westliche akademische Welt hat den Nationalismus vielfach als Ausdruck eines falschen Bewußtseins abgetan und das Künstliche und Manipulierende betont. Dies verkennt die Dimension der Bewußtheit in dem Projekt. Es verhält sich so, daß die Nationalismusmodelle, mit denen sich westliche Wissenschaftler befassen, in diesem Fall vom Osten auf den Kopf

---

49 Diese Wurzel findet sich auch in »Tuatha de Danaan« – »Familie der Göttin Danu«, in der keltisch-irischen Sage ein Göttergeschlecht, sowie in dem Wort für »Königreich«, »tuath«. Es ist mit »teutsch« verwandt, was zunächst »Volk« und erst später »deutsch« bedeutete. Vgl. Konstantīnas Karulis (Hg.), Latviešu etimologijas vārdnīca, Riga 1992, Bd. II, S. 380 f.

gestellt werden. Es handelt sich hier gerade nicht um imaginäre Gemeinschaften oder die Erfindung von Traditionen,[50] sondern um ganz bewußte Gruppen mit gemeinsamen Vorstellungen und Traditionen, um ein bewußtes Anknüpfen an die Vergangenheit und um die Realisierung eines von vielen möglichen Projekten. In diesem Sinne sprach die Erklärung daher auch von der Notwendigkeit »der Selbstwerdung mit allen Qualitäten, die im litauischen Volk über die Zeiten gewachsen sind«.[51] Wissenschaftliche Nationalismusmodelle, in denen die am Staatsbürger orientierten Nationalismen des Westens neben die ethnisch auf die Geburt abhebenden Nationalismen des Ostens gestellt werden, sind daher unvollständig.[52] Bei letzteren ist ein weiterer entscheidender Unterschied die Wahl der Volkszugehörigkeit, das heißt die Nationalität ist eine bewußte Entscheidung. Im Endergebnis erlebte Ober Ost nicht nur das Aufeinandertreffen des deutschen Nationalismus und der einheimischen Nationalismen, sondern etwas vielschichtigeres: den Zusammenprall deutlich unterschiedlicher Varianten von Nationalismen und Identitäten, die anders verstanden und motiviert waren und die in unterschiedliche Richtungen strebten.

Gleichzeitig wurde in nicht zu überbietender Ironie die deutsche Identität durch das Vorgehen der Verwaltung von Ober Ost in Zweifel gezogen. »Deutsche Arbeit« definierte deutsche Identität im Osten als systematische Herrschaft. Diese Definition wurde aber in dem Maße untergraben, wie sich die Verwaltung in ihre eigenen Widersprüche verstrickte und aus Frustration immer wieder Gewalt anwendete. Allein und von jeglichem Kontakt zu anderen Deutschen abgeschnitten, fühlten sich die Soldaten verloren. Mit den Worten des Schriftstellers Victor Jungfer: »[D]ie Truppenteile, die das Land besetzt halten, versinken in geistiger Öde.«[53] Ein Offizier in Kurland schrieb in seinem Domizil am Rande eines ausgedehnten Waldgebiets in sein Tagebuch:

»Die Einsamkeit löst mich ganz auf, verwirrt mich eher, ich muß mich selbst in dieser Ruhe ins Gleichgewicht bringen. Hier diese gewaltige Nähe der Natur, die tiefen Ein-

---

50 Benedict Anderson, Imagined Communities: Reflections on the Origin and Spread of Nationalism, überarbeitete Aufl., London 1991; Eric Hobsbawm und Terence Ranger, The Invention of Tradition, Cambridge 1983; Eric Hobsbawm, Nations and Nationalism Since 1780: Programme, Myth, Reality, Cambridge 1990.

51 Klimas, Atsiminimų, S. 78.

52 William Pfaff, The Wrath of Nations: Civilization and the Furies of Nationalism, New York 1993.

53 Jungfer, Gesicht, S. 140.

drücke einer mit einemmal so riesig aufgeschlossenen Landschaft, die im einzelnen so undurchdringlich geheimnisvoll und unerforschlich, im Großen so mächtig bewegt und gestaltet und auf mich eindringt, jagt meine Sinne und alle meine Einbildungskräfte in eine furchtbare Verwirrung, die ich nicht zu lösen vermag.«[54]

Je stärker den Soldaten das Gefühl der Verbundenheit zur Heimat abhanden kam, desto normaler wurde das neue Leben. Von Einheimischen umgeben, lernten die Soldaten Bruchstücke ihrer Sprache und übernahmen einige ihrer Ansichten. Jungfer schildert, wie deutsche Soldaten mit der Zeit die Baltenbarone ebenso haßten wie die Letten.[55] Unter dem wachsenden Einfluß sozialistischer Vorstellungen verinnerlichten einige deren Ablehnung als Klassenfeinde und waren empört, die beherrschende soziale Stellung der Barone sichern zu müssen. In Berichten wurde die eigene Unkenntnis darüber beklagt, daß die Balten »kerndeutsch geblieben« seien und deshalb Anspruch auf Unterstützung hätten.[56] In dem Maße, wie sich die Identität stärker über Klassenzugehörigkeit definierte, wurde die Verbundenheit zu einer gemeinsamen deutschen Volksidentität aufgekündigt.

Zu diesen Veränderungen kam noch die Verrohung der Soldaten hinzu, die schließlich immer noch bewaffnete Vertreter der Besatzungsmacht waren. Das unbarmherzige Vorgehen der Verwaltung zeigte den Soldaten, daß Ordnung und Kontrolle Gewalt rechtfertigten. Exzesse und Requisitionen wurden mit dem bekannten Slogan »Krieg ist Krieg« entschuldigt. Die Hemmschwellen sanken noch weiter, als die Soldaten, bedingt durch die Seeblockade und strategische Planungsfehler der Militärdiktatur, ebenfalls Hunger litten. Je schlechter die Versorgung wurde, desto stärker verfiel die Disziplin. Soldaten klagten, daß ihr elender Sold »zuwenig zum Leben und zuviel zum Sterben« sei und ließen schließlich alle moralischen Bedenken fahren, die im zivilen Leben verbindlich waren.[57] Die Diebstähle aus den Läden des Heeres wurden zahlreicher, der Schwarzmarkthandel nahm zu und die ohnehin schon verarmten Landesbewohner wurden immer häufiger Opfer von Raubüberfällen. Die Beamten schrieben diese Entwicklung jedoch pauschal dem Einfluß der Landesbevölkerung zu, für die Bestechung und Stehlen angeblich etwas Selbstverständliches sei.[58]

---

54 Marwitz, Stirb, S. 143 f., 133.

55 Jungfer, Gesicht, S. 158.

56 BAMA, PHD 23/31, Verwaltungsbericht Kurland (Januar 1916), S. 30.

57 Richert, Gelegenheit, S. 247.

58 Die Rückführung des Ostheeres, Bd. I, Darstellungen aus den Nachkriegskämpfen Deutscher Truppen und Freikorps (Berlin 1936), S. 5.

Während sich regionale Identitäten festigten, wurde die deutsche Einheit brüchig. Preußische Polen und Deutschlitauer in den Mannschaftsdienstgraden sorgten für Spannungen, und die Mitarbeiter der Verwaltung waren eine unverträgliche Mischung aus Preußen und jüdischen Beamten. Der Oberbefehlshaber Ost hatte Zweifel an der Loyalität der Elsässer, die er für den Einsatz an der Westfront für zu unzuverlässig hielt. Bei der Verlegung der Regimenter nach Westen wurden die Elsässer aus den Einheiten ausgegliedert, in Ober Ost zurückgelassen und dadurch gedemütigt. In seinen Memoiren beschrieb der elsässische Soldat Dominik Richert seine Ressentiments. Zwar waren derartige Reaktionen nicht ganz rational, denn da die Kämpfe im Osten nachließen, waren die Chancen, hier zu überleben, höher als in den Gräben Frankreichs. Nichtsdestotrotz waren er und viele andere gekränkt: »Wie da geschimpft wurde! Die Gesinnung aller war genau dieselbe. Wenn die Preußen dahin gekommen wären, wo sie hingewünscht wurden, wären wohl alle beim Teufel gelandet.« Als die Elsässer im Januar 1917 von ihren Regimentern wegmarschierten, sollen sie aufrührerisch »Vive la France!« gerufen und elsässische Lieder gesungen haben. Im Frühling 1917 wurde den Elsässern noch einmal dieselbe Kränkung zuteil, was »wieder dieselbe Schimpferei« provozierte. Als Ergebnis dieser arroganten Politik erloschen ihre Loyalität und ihr Verbundenheitsgefühl gegenüber der deutschen Identität. Richert schrieb dazu: »Manchmal, wenn ich so alleine in der kalten Nacht stand, dachte ich, für was oder für wen ich hier eigentlich stand. Von Vaterlandsliebe oder ähnlichem war bei uns Elsässern überhaupt keine Spur, und manchmal erfaßte mich eine furchtbare Wut, wenn ich daran dachte, welches bequeme Leben die eigentlichen Urheber des Krieges führten.« Elsässische Soldaten standen zusammen, um über ihre Heimat zu sprechen, womit sie aber nicht Deutschland, sondern das Elsaß meinten. Einer verkündete, daß er es nicht erwarten könne, Franzose zu werden.[59]

In den Mannschaftsdienstgraden kochten auch Klassenkonflikte hoch. Viele Beamtenposten wurden an Verwundete oder an Offiziere vergeben, die zu alt für den Einsatz an der Front waren. Einigen älteren Männern stieg ihre plötzliche Macht zu Kopf, wie Dehmel bemerkte: »jeder uniformierte Wichtigtuer [hat] tausendfache Gelegenheit, sich als Machthaber aufzuspielen«.[60] Dieser Despotismus führte zu einer tiefen Kluft zwischen den Offizieren, die über ihre Zukunftsaussichten im besetzten Osten zufrieden waren, und den

---

59 Richert, Gelegenheit, S. 224, 239, 228, 245; Klemperer, Curriculum, S. 676.
60 Dehmel, Zwischen Volk, S. 458.

Männern mit einfachen Dienstgraden, denen es immer schlechter ging. Junge, kampferprobte Soldaten lehnten ihre Vorgesetzten um so mehr ab, wenn diese keine Fronterfahrung hatten. In Offiziersbordellen sahen gewöhnliche Soldaten Szenen, die nach ihren Worten dazu führten, daß sie den Respekt vor der Autorität verloren. Ein Soldat, der vor den Bordellen in Mitau Wache stand, erlebte folgendes:

»Auch im Offiziersbordell ereigneten sich manchmal tolle Szenen. Was sollten wir von unseren würdevollen Vorgesetzten halten, wenn wir sahen, wie Offiziere von Bordellmädchen ins Gesicht geschlagen, angespuckt und mit Brachialgewalt zur Tür hinausgeworfen wurden! Wieviel Achtung konnte übrigbleiben, wenn wir durch einen Spalt im Fensterladen sahen, wie sich im Salon des Offiziersbordells Offiziere und Bordellmädchen auf eigenartige Weise vergnügten. An einem Abend zu vorgeschrittener Stunde ging es besonders lustig zu. Am Klavier saß ein Offizier, der irgendeinen Tanz herunterpaukte. Zu dieser Melodie bewegten sich auf dem Fußboden im Kreise rund herum, auf allen Vieren, ein reichliches halbes Dutzend Offiziere in Uniform. Auf jedem Offiziersrücken saß ein splitternacktes Mädchen und trieb mit Stößen und Knüffen den Partner, der nicht mehr Chevalier, sondern Cheval war, zu schnellerer Gangart an.«[61]

Ein Soldat erinnerte sich an ein Bordell in der Nähe des Doms von Wilna, an dem ein Schild hing mit der Aufschrift: »Nur für Offiziere, nicht für Offiziersstellvertreter«. Offenbar haßten Soldaten, die nach 1916 nach Ober Ost gebrachten Sekretärinnen aus Deutschland noch mehr als Offiziere, weil sie sich nur mit den höheren Rängen, nicht aber mit gemeinen Soldaten abgaben.[62] Der offen betriebene Schwarzmarkthandel der Offiziere steigerte den Zorn, der sich zu einer Wut mit revolutionären Anstrichen auf eine Gesellschaft auswuchs, die solche Zustände duldete, während der »gewöhnliche Soldat [...] ja nichts weiter zu tun [hat], als zu hungern, hurra zu schreien, sich von Läusen quälen und sich fürs ›heißgeliebte Vaterland‹ totschießen zu lassen«.[63] Politische Interpretationen fielen auf fruchtbaren Boden. Wütend schrieb Richert:

»Überhaupt hatte ich einen heimlichen Zorn gegen alle Offiziere vom Leutnant aufwärts, die alle besser wohnten, bessere Verpflegung hatten und obendrein noch eine schöne Bezahlung erhielten, während der arme Soldat ›fürs Vaterland und nicht fürs Geld, hurra, hurra, hurra‹, wie es in einem Soldatenlied heißt, das ganze Kriegselend

61 Hirschfeld, Sittengeschichte, S. 249 f.

62 Oskar Wöhrle, Querschläger. Das Bumserbuch. Aufzeichnungen eines Kanoniers, Berlin 1929, S. 312; Klemperer, Curriculum, S. 678.

63 Richert, Gelegenheit, S. 256.

mitmachen mußte. Dazu hatte man noch den Offizieren gegenüber überhaupt keine eigene Meinung. Man hatte überhaupt nichts zu sagen, nur blind zu gehorchen.«[64]

Radikale sozialistische Propaganda gewann immer mehr an Boden. Berichten zufolge halfen sozialdemokratische litauischen Aktivisten, die Beschränkungen der Verkehrspolitik zu umgehen, und überbrachten Briefe an sympathisierende Mitglieder des Reichstags. Die Solidarität zwischen Deutschen, die sich auf eine nationale Identität als Herrscher gründete, brach zusammen.

Bei den sprachgewandteren und nachdenklicheren Soldaten äußerte sich die Identitätskrise als Sorge darüber, was das Regime deutschen Prinzipien und Werten antat. Einige Soldaten legten eine grundsätzliche Anständigkeit an den Tag, die heroisch scheint. Einheimische erinnerten sich später dankbar daran, daß einzelne Soldaten freundlich zu den Armen waren und Hungernde mit Lebensmitteln versorgten. Andere Soldaten und Beamte wurden, weil ihnen das langweilige Leben in dem besetzten Gebiet genügend Zeit dafür ließ, von quälenden Gedanken über das Wesen ihrer Besatzung heimgesucht. Einige schafften es nicht, ihre Gedanken zu ordnen, und einige brachen unter der belastenden Einsamkeit und unter dem Druck der sie verwirrenden Umstände zusammen.[65]

Eine kleine Zahl von Männern, besonders im »Klub der Intellektuellen« der Kulturverwaltung,[66] stand den neuen Erfahrungen im Osten mit Neugierde und Sympathie gegenüber, ja begann sich sogar mit dieser Welt vertraut zu machen. Für diese Männer bestand die eigentliche Krise darin, daß sie das, was in ihren Augen fundamentale Bedeutung besaß, nicht wiedererkennen konnten. Sie mußten erleben, daß gegen Werte verstoßen wurde, die ihr eigenes Erbe und ihre eigene Identität definierten, dieselben »deutschen« Werte, die die Verwaltung zu personifizieren vorgab: Gerechtigkeit und Ordnung, Bildung und Kultur. Diese Werte wurden zu groben, wörtlich zu nehmenden Verfahrensrichtlinien herabgewürdigt, deren einziges Ziel die Kontrolle war.

In diesem Zusammenhang mögen gebildete Männer an eine bedeutende Persönlichkeit gedacht haben, nämlich an den im 18. Jahrhundert lebenden Johann Gottfried Herder, dessen Ideen, wenn auch in verkürzter Form, immer noch aktuell waren und Kultur und Bildung verkörperten.[67] Als junger

64 Ebenda, S. 228 f.

65 Ebenda, S. 265; Jungfer, Gesicht, S. 70, 175.

66 Klemperer, Curriculum, S. 477.

67 BA, N 1031/2, Gayl, S. 129; Walter Horace Bruford, The German Tradition of Self-Cultivation: »Bildung« from Humboldt to Thomas Mann, Cambridge 1975.

Prediger in Riga lernte Herder die einheimische Bevölkerung kennen und wurde zum Bewunderer ihrer Volkslieder, in denen seine Ideale von gewachsener Kultur und Authentizität Gestalt angenommen zu haben schienen. Er entwickelte einen Kulturbegriff, der vor allem bildungsorientiert war und in dem er betonte, daß alle Völker die Freiheit haben sollten, zum Wohle der ganzen Welt ihre jeweilige Kultur zu entwickeln. Unter dem großen Einfluß von Herders romantischen Vorstellungen fühlten sich Slawen und Balten von Dynastien und Staaten losgelöst und verstanden sich als Gegensatz zum Staat, nicht als Staatsbürger, sondern als Völker, deren Bindeglied Sprache und historische Erfahrungen waren.[68] In seinem Werk »Ideen zur Philosophie der Geschichte der Menschheit«, das Intellektuelle im Osten aufrüttelte, verurteilte Herder die Kreuzzüge des Deutschritterordens. Er war der Ansicht, daß Kultur nicht mit Gewalt vermittelt werden könne, eine Überzeugung, die nicht nur seiner instinktiven Abneigung gegen alles Militärische entsprang, sondern aus der Gewißheit kam, daß die wahrhaftigste moralische Macht in der Kultur selbst und nicht in Waffen- und Staatsgewalt lag. Während Ober Ost ethnische Gruppen als primitive Stämme betrachtete, verlieh Herder ihnen mit seiner Volksliedersammlung »Stimmen der Völker in Liedern« ohne Zögern die volle Würde von »Völkern«. Seine Gedanken zur Kultur stellten eine alternative Annäherung an den Osten dar.

Aber noch unter anderen gebildeten Beamten in Ober Ost löste die Kluft zwischen Staatsgewalt und Kultur wachsendes Unbehagen aus. Der Schriftsteller Richard Dehmel geriet in eine grundsätzliche Krise. Er wurde im Dezember 1916 zur Arbeit in das »Buchprüfungsamt« abgeordnet, hielt es dort aber nur einen Monat aus. Die Nutzlosigkeit der Verwaltung, dieser »richtigen Zeitvertrödelungsmaschine«, ihre brutalen Motive und was sie im Namen deutscher Ordnung, Bildung und Kultur tat, war für ihn nicht hinnehmbar. Er fällte ein vernichtendes Urteil über diese Art der Kulturarbeit:

> »Überhaupt unsere Vielregiererei! Mein ›Buchprüfungsamt‹ – daß Gott erbarm – hat sich als eine Unterabteilung der Zensur entpuppt. Ich hatte gehofft, man könne hier wenigstens für die Verbreitung guter Bücher sorgen; aber es handelt sich blos darum, die Einführung schlechter zu verhindern und ›schlecht‹ nicht von irgend einem pädagogischen, sondern vom militärisch-bürokratischen Gesichtspunkt aus.«[69]

---

68 Isaiah Berlin, Vico and Herder: Two Studies in the History of Ideals, London 1976; Franz Schnabel, Deutsche Geschichte im neunzehnten Jahrhundert, Freiburg im Breisgau 1964, S. 229–251; Lehmann, *Herder*; Petras Jonikas, Lietuvių kalba ir tauta amžių būvyie, Chicago 1987, S. 19.

69 Dehmel, Zwischen Volk, S. 453.

»Deutsche Arbeit« war für ihn in Wirklichkeit nur eine »Tretmühlenarbeit« des Katalogisierens und der Reglementierung, wobei Herrschaft und Kontrolle nur um ihrer selbst willen praktiziert wurden. Dehmels Mißfallen verstärkte sich noch mehr, als er erlebte, daß Beamten jegliche Überzeugung fehlte und sie sich nur verstellten: »Überhaupt sitzt hier niemand im Amt, der diese ganze Buchprüferei nicht für einen haarsträubenden Unsinn hält.« Es verstörte ihn, mit anzusehen, wie die Landeseinwohner in das preußische System gepreßt wurden. Ebenso wie Herder bewunderte Dehmel ihre Volkslieder und ihre Kunst, befürchtete aber, daß diese Authentizität durch die deutsche Bevormundung zerstört wird: »Leider fangen unsere Regierungsräte schon an, den Kunstsinn dieses schlichten Völkchens mit der Reklametrommel zu ›organisieren‹. Das ist noch gefährlicher für die echte Volksbildung als die russische Unterdrückung, die zum stillen Widerstand reizte. [...] [D]ie naive Kultur [geht] zum Teufel.«[70] Vor allem bereiteten ihm die Auswirkungen dieser Herrschaft auf die deutsche Kultur Sorgen. Er fällte ein eindeutiges und vernichtendes Urteil: »Denn was wir hier machen, ist unverantwortlich, eine schändliche Sünde gegen den deutschen Geist.« Im November 1916 hielt es Dehmel nicht mehr aus, und um »nicht noch länger als Handlanger solcher Schweigepflicht zu dienen, habe ich meine Versetzung beantragt, mit der ausdrücklichen Begründung, daß sich meine kulturpolitischen Ansichten mit den mir obliegenden Amtsgeschäften nicht vertragen«. Der kurze Aufenthalt in Ober Ost veränderte Dehmel und nahm ihm den vereinfachenden Patriotismus, mit dem er in den Krieg gezogen war. Er war nun der Überzeugung, daß die Antwort in einer Bildungsreform liege, die Prinzipien fördere.[71]

Auch der deutsch-jüdische Schriftsteller Arnold Zweig erlebte die Krise deutscher Werte und war, als er aus Ober Ost heimkehrte, nicht mehr derselbe. Wie Dehmel war Zweig in den Sog der »Ideen von 1914« geraten und hatte sich von Begeisterung für den Kulturauftrag Deutschlands ergreifen lassen, doch wurde sein Idealismus bald durch seine Erlebnisse in Verdun, in Belgien und in Serbien heftig erschüttert. Im Juni 1917 erhielt Zweig eine Stelle in der Kulturverwaltung von Ober Ost und arbeitete in der Presseabteilung. Das Verhalten der Besatzer ließ seine Grundsätze ins Wanken geraten und löste eine Identitätskrise aus, was ihn dazu brachte, über einen im Herbst 1917 verurteilten russischen Soldaten zu schreiben, ein Thema, das er später in dem bereits mehrfach erwähnten großen Roman über die Ostfront,

---

70 Ebenda, S. 455 f.

71 Ebenda, S. 467.

»Der Streit um den Sergeanten Grischa«, verarbeitete. Zweig äußerte sich dazu so:

»Damals hatte ich nach mehr als zweijähriger Arbeitszeit in einem Armierungsbataillon den Glauben an Deutschlands gute Sache in diesem Krieg verloren, besonders seit der Bekanntschaft mit dem Leben in der Etappe. Aber eine von früher Jugend her genährte Überzeugung hatte bisher standgehalten, daß für die Rechtspflege im deutschen Heere die Begriffe Gerechtigkeit und Humanität maßgebend zu sein hatten, wie sie es, meiner damaligen Meinung nach, auch im Leben jenseits des Militärs in Staat und Gesellschaft waren. Viele ›kleine‹ Vorkommnisse hatten an dieser Überzeugung genagt, ohne sie doch erschüttern zu können. Dies geschah erst, als mir ein Unteroffizier unserer Justizabteilung Ober-Ost den Fall eines entwichenen und wieder aufgegriffenen russischen Kriegsgefangenen berichtete, der erschossen wurde, obwohl der kommandierende General eines Armeekorps sich dafür einsetzte, daß Recht und Gerechtigkeit im deutschen Heer keinerlei politischen Erwägungen untergeordnet würden [...] Dieser Bericht öffnete mir die Augen.«[72]

Arnold Zweig sollte sich künftig einem Sozialismus persönlicher Prägung verpflichtet fühlen und es sich zur Lebensaufgabe machen, über den Ersten Weltkrieg in allen Einzelheiten zu schreiben und damit ein Urteil über Herrschaftssysteme zu fällen, die Millionen Unschuldiger zerstörten. Noch stärkere Veränderungen in Zweigs nationaler Identität und in seinem Selbstverständnis als Jude bewirkte sein Aufenthalt in Ober Ost, da seine Sympathien der einheimischen Bevölkerung gehörten. Zweig traf Ostjuden und fand bei ihnen eine nicht vermutete Authentizität und Integrität. In seinen Artikeln in *Korrespondenz B* ging er ihrem Leben, ihren Traditionen und Legenden nach.[73] In dem Buch »Das ostjüdische Antlitz« erklärte Zweig mit dem Eifer eines Konvertiten: »Denn auf der Erde ist dies der letzte Teil des jüdischen Volkes, der neue eigene Lieder und Tänze, Sitten und Mythen, Sprachen und Gemeinschaftsformen geschaffen hat und lebend erhält, und der zugleich das alte Gut in lebendiger Gültigkeit bewahrt.« Für Zweig hatten die Ostjuden eine Integrität, die anderswo verlorengegangen war und die sie durch ihre Verweigerung der Assimilation bewahrt hatten. Dadurch waren sie gegen den kulturellen »Mischmasch« des Westens immun. Es beeindruckte Zweig zutiefst, daß sie den sich auf Macht stützenden Staat nicht anerkannten, weil für sie die eigentliche Realität in der göttlichen universalen Gerechtigkeit, nicht

72 Georg Wenzel (Hg.), Arnold Zweig, 1887–1968. Werk und Leben in Dokumenten und Bildern, Berlin 1978, S. 88.

73 Vgl. z. B. BAMA, PHD 8/23, Arnold Zweig, *Gedenktag der Juden*, in: KB 44 (8. August 1917).

aber in den Illusionen weltlicher Autorität lag.[74] Er sah in ihnen ein Volk und zugleich eine Nation. Da sich seine Sympathien auch auf andere Völker erstreckten, setzte er sich für eine bessere Behandlung aller Landeseinwohner ein, als das Besatzerregime von Ober Ost zusammenbrach.[75] Schließlich wandte er sich dem Zionismus zu, um seine Ideale im Traum von Israel zu realisieren, und machte sich im Westen zum Fürsprecher der Ostjuden.

Der in der Zensurabteilung von Ober Ost arbeitende Victor Klemperer hingegen hatte ein identitätsstiftendes Erlebnis anderer Art. Zunächst entsetzt über das Zusammentreffen mit Ostjuden, erklärte er, daß sich seine eigene nationale Identität als Deutscher nicht auf Rasse, sondern auf Kultur und zuvörderst auf seine eigene intellektuelle Entscheidung gründe. Zwar könne er sich mit den Juden in Ober Ost verständigen, aber es gebe einfach nichts, was ihn und sie verbinde. Das entscheidende Erlebnis für Klemperer war der Besuch einer Talmudschule in Wilna im Jahre 1918. Dieser Anblick »stieß mich wie mit Fäusten zurück«, da das »Menschengewoge« in diesen Räumen beim Gebet oder der Rezitation heiliger Texte Klemperer »als abstoßender Fanatismus« erschien. Er spürte, daß sich seine eigene Identität als liberaler deutscher Wissenschaftler in jenem Augenblick klärte: »Nein, ich gehörte nicht zu diesen Menschen, und wenn man mir hundertmal Blutsverwandtschaft mit ihnen nachwies. [...] Ich gehörte nach Europa, nach Deutschland, ich war nichts als Deutscher, und ich dankte meinem Schöpfer, Deutscher zu sein.« In seinem ganzen Leben, sagte er, habe er das nicht so stark gefühlt, wie in dieser halben Stunde in der Talmudschule.[76]

Es sind noch weitere Beispiele für derartig intensive Veränderungen belegt, ganz besonders unter den Übersetzern. Der einzige deutsche Soldat, der weißrussisch schreiben konnte, wurde, wie ein Beamter behauptete, zum Weißrussen. Dieser Übersetzer, Susemihl mit Namen, »wurde ein so eifriger Vertreter des Weißrussentums, wie es nur ein deutscher Idealist sein konnte«. Seine Tätigkeit »war schwer zu überwachen«, und er erlaubte sich eigenmächtige politische Initiativen. Veränderungen gab es aber auch unter Politikern. Wilhelm Steputat, ein preußischer Politiker litauischen Ursprungs (obwohl von Gayl die Ansicht vertrat, er habe keine echten ethnischen Bande), identifizierte sich immer leidenschaftlicher mit den Litauern. Zwei weitere preußische Litauer galten als Verräter mit doppelten Loyalitäten.[77] Diese Bei-

74 Arnold Zweig, Das ostjüdische Antlitz, Berlin 1920, S. 42, 28.

75 Wenzel (Hg.), Zweig, S. 82.

76 Klemperer, Curriculum, S. 484, 684, 687.

77 BA, N 1031/2, Gayl, S. 180, 175, 155, 157.

spiele zeigen zudem, wie unzuverlässig ethnische Zuschreibungen waren, auf die man besonders in Kriegszeiten gern zurückgriff.

Das radikalste bekannte Beispiel einer inneren Veränderung war jedoch Victor Jungfer. Zunächst als Offizier und dann als Herausgeber in der Abteilung für Öffentlichkeitsarbeit fühlte sich Jungfer immer stärker zur litauischen Kultur hingezogen. Als Student 1916/17 zur Ostfront eingezogen, war er in Litauen stationiert und freundete sich dort mit litauischen Geistlichen an. In Gesprächen mit ihnen entstand und vertiefte sich seine Faszination für diese Region. Sich ganz auf die Natur und auf ihren Genius loci einlassend, arbeitete Jungfer an einem Buch mit dem Titel »Kulturbilder aus Litauen«, das 1918 erschien. Als er nach Kurland versetzt wurde, blieb er mit Monsignor Jasėnas in Kontakt. Gemeinsam übersetzten sie den romantischen Schlüsseltext der litauischen Geschichtsschreibung von Simonas Daukantas. Jungfer vertiefte sich in die Märchen, Lieder und Geschichte der Region und veröffentlichte darüber Artikel in den Pressemitteilungen von Ober Ost.

In seinem biographischen Roman »Das Gesicht der Etappe« legte Jungfer ein zutiefst persönliches Bekenntnis ab. Dabei beschreibt er sich selbst in der Figur der Leutnants Riemann. Riemann lernt alle unterschiedlichen Aspekte des besetzten Gebiets kennen, da er in Städten, auf dem Land, in Litauen und in Lettland stationiert ist und ihm einmal auch die Leitung eines Gefangenenlagers übertragen wird. Das menschliche Elend der Besatzung, das in unwirklichem Gegensatz zu den Ansprüchen der deutschen Verwaltung steht, zermürbt den empfindsamen jungen Offizier und treibt ihn schließlich in die Selbstzerstörung. Hilflos muß Riemann mit ansehen, wie die Kultur dem Land und seiner Bevölkerung auf eine Weise nahegebracht wird, die diesen Wert gerade vernichtet. Selbst die Arbeit als moralische Kategorie wird korrumpiert. Am schlimmsten empfindet er jedoch, daß man in Ober Ost Zeit genug hat, um über diese moralischen Katastrophen nachzudenken. Riemann fühlt, wie er zerfällt:

»Es fehlte ihm etwas. Ein Mensch wie er, sein Leben gewöhnt an geistige Arbeit und Tätigkeit, konnte das ermüdende einförmige Leben der Etappe nicht ertragen, ohne allmählich Schaden zu nehmen. Er fühlte es deutlich, daß etwas von ihm abzubrökkeln begann, langsam und unerbittlich, wie Blätter von einem absterbenden Baum. ›Es ist die Ziellosigkeit des ganzen Daseins hier draußen‹ – sagte er wohl oft zu sich. ›Was ist das Wesen des Krieges? Zerstörung. Und der Etappe? Aufgepfropft als eigenwilliges Staatsgebilde auf ein anderes, mit ganz anderen Wesensbedingungen und Lebensfragen, schafft sie einen unheilvollen Kompromiß.‹«[78]

78 Jungfer, Gesicht, S. 34 f.

Die korrumpierten Ansprüche der Verwaltung von Ober Ost in bezug auf Kultur, Ordnung und Bildung verbittern Riemann zusehends, bis er schließlich seine Verachtung und Scham nicht länger verbergen kann:

»Er konnte oft recht sarkastisch lächeln, wenn von der Fürsorglichkeit der deutschen Verwaltung für das Land die Rede war. ›Es ist doch alles Lüge‹ [...] ›Wir sind dazu da, aus dem Lande an Lebensmitteln und Rohstoffen herauszuziehen, was nur immer möglich ist – für die Unseren daheim. Das ist eine nackte Wahrheit und eine nüchterne harte Tatsache – etwas, was sein muß – vielleicht – aber um das man kein rosenrotes Mäntelchen hängen soll. [...] Man sollte schweigen lernen über Dinge, die einem später peinlich werden könnten.‹«[79]

Riemann und seine Freunde schämen sich ihrer deutschen Uniformen. In dieser Situation, in der seine deutsche Identität in eine Krise geraten ist, entdeckt Riemann (und Jungfer) die Welt der Einheimischen. Ein litauischer Pfarrer ermutigt Riemann, Litauisch zu lernen: »›Jedes Volk hat seine besondere Seele, mein lieber Herr Leutnant [...] Glauben Sie nicht, daß Sie im Osten nur Stumpfheit und Dumpfheit sehen. Etwas vom Wesen liegt in seiner Sprache.‹« In Anlehnung an Herders Projekt beginnt Riemann, die litauische Sprache zu erlernen, »ohne eine besondere Absicht zuerst – lediglich um sich zu zerstreuen. Aber je weitere Fortschritte er machte, um so größere Freude empfand er bei seinem Studium. Die Klangschönheit [...] entzückte ihn, und bei seiner leichten Auffassungsgabe, erreichte er in kurzer Zeit ein Verständnis, das auch in praktischer Beziehung für ihn wertvoll wurde. Das Volk, in dem er lebte, wuchs vor seinem Geiste und gewann einen seelischen Inhalt.« In dem Maße, wie Riemann Litauisch lernt, fühlt er sich immer mehr als Litauer. Die Einheimischen akzeptieren ihn auch, da sie sehen: »Du bist nicht so wie die anderen.« Voller Staunen wird Riemann mit ihren Erzählungen und Liedern vertraut, ihrem animistischen Empfinden und ihrer Weltsicht: »Das ist das Volk – empfand der junge Offizier, das wir stumpf nennen, das für manche nichts ist, als eine Horde Tiere, die mit Prügeln geleitet werden müssen, und in dessen Seele die Natur lebt mit ihren tausend Wundern – zu dem Dinge sprechen, die für uns klanglos und tot sind.«[80] In dem litauischen Bauernmädchen Domizella (deren Name schon die Bedeutung von »Heim« enthält) findet er seine wahre Liebe. Gleichzeitig empfindet er Deutschland immer weniger als seine Heimat. Eine Rückkehr nach Deutschland kann er sich nicht vorstellen, da er völlig in den Bann des Ostens geraten ist.

79 Ebenda, S. 35 f.
80 Ebenda, S. 73, 102, 106.

Zunehmend heimatlos und sich als Litauer fühlend, gleitet Riemann in die Depression. Als es im November 1918 zu Revolution und Niederlage kommt, fühlt er sich innerlich zerbrochen. Seine deutschen Werte sind zerstört. Dieser endgültige Zusammenbruch ist jedoch nur das Finale eines langen inneren Prozesses. Sogar als das Besatzerregime noch nicht erschüttert war, »dachte [er] nur an die Gebundenheit, zu der alles hier draußen verurteilt war, an die Fruchtlosigkeit des eigenen Wollens, das mit Verhältnissen rang, die doch stärker waren, an sein Grübeln, das sich abquälte mit Gedanken, die unnütz waren, an die tote Gleichgültigkeit, die ihn erfaßt hatte, weil ihm das Leben widerwärtig bis zum äußersten erschien«. Am Ende war er »gefangen im Gedanken an das Land, das der liebte und das er jetzt verlassen würde«.[81] Da Riemann seine inneren Qualen nicht länger ertragen kann, beschließt er seinem Leben ein Ende zu setzen und erschießt sich. Ein enger Freund erläutert Riemanns moralische Krise:

»Er lebte in Anschauungen, wie wir alle bisher, nur daß sie bei ihm tiefer wurzelten und innerlicher waren als bei den meisten. Sein Rechtsgefühl sträubte sich gegen manches, was er sah und tun mußte. Aber er war zu tief in dem verwurzelt, was man ihm seit seiner Jugend gelehrt hatte. [...] In der Abkehr des Volkes von dem, was er als wahre Tradition verehrte, sah er Verfall. [...] Er verstand die Welt und sich selbst nicht mehr.«[82]

Ober Ost tötete Riemanns deutsche Identität, weil er diese als die Bindung an Werte aufgefaßt hatte, die von den Machthabern der militärischen Utopie korrumpiert und verspottet wurden. Sein ethischer Patriotismus stützte sich auf Werte, die es nicht mehr gab. Für einen Offizierskollegen zeigte sich an Riemanns Fall, was mit ihnen allen in Ober Ost geschehen war, wenngleich ihnen auch dessen Zorn beziehungsweise sein moralischer Mut fehlte: »Wenn alles so ist, wie Sie es sagen – dann hat Riemann sein Vaterland so geliebt, wie wir alle in der Etappe – es verlernt haben.«[83] Jungfer nahm in dem Roman seine eigene Handlung, Litauer zu werden, vorweg. Er ging nach dessen Fertigstellung tatsächlich nach Litauen und nahm den Namen Victor Jungferis an.

Die meisten der Männer, die der desaströse Versuch, Kultur durch Gewalt zu vermitteln, verändert hatte, waren einfach stumm in einer Beklommenheit gefangen, die Jungfer mit den Worten beschreibt: »Vieles begann zu wanken, was bis dahin für fest gegolten hatte. Die dunkle Welle der Auflösung, die vom Osten her kam, brandete lauter an dem starken Bollwerk, das lange Ge-

81 Ebenda, S. 229.
82 Ebenda, S. 320 f.
83 Ebenda, S. 321.

wohnheit um die Dinge gezogen hatte, an dem Gebäude selbstsicherer Ordnung, die man hier draußen noch stärker betonte und empfand als in der Heimat.«[84] Auf die so radikalisierten Soldaten, bei denen der Bolschewismus auf fruchtbaren Boden fiel, war kein Verlaß mehr, und sie konnten nicht aus diesem Land, in dem alles im Fluß war, an die Westfront verlegt werden.

Paradoxerweise spitzten sich die sich jeweils überlagernden Krisen des Militärstabs, der unterworfenen Bevölkerung und des deutschen Heeres zur selben Zeit zu, als sich die Möglichkeit ergab, die Herrschaft über Ober Ost dauerhaft zu festigen. Im Frühjahr 1917 war der Obersten Heeresleitung klar, daß sich im Hinblick auf die besetzten Gebiete die Sachlage geändert hatte und es jetzt darauf ankam, sie für Deutschland zu sichern. Zwei Ereignisse hatten zu dieser neuen Situation geführt: die Polenproklamation der Mittelmächte und die Februarrevolution in Rußland. In der gemeinsamen Polenproklamation der Kaiser von Deutschland und Österreich-Ungarn vom 5. November 1916 wurde den Polen eine unabhängige Monarchie versprochen, aber weder wurden Grenzen definiert noch ein Souverän genannt. Ludendorff hatte auf diesen Schritt gedrängt, um seine fragwürdigen Pläne der Rekrutierung polnischer Soldaten voranzutreiben. Das Ergebnis war bescheiden, da sich nur wenige Männer meldeten, das Polenproblem hingegen verschlimmerte sich wegen der erweckten Erwartungen, und die Polen selbst reagierten auf diese Manipulation mit Verachtung. Bei den preußischen Konservativen löste allerdings allein schon der bloße Gedanke einer wenn auch eingeschränkten polnischen Unabhängigkeit Unruhe aus. Am schwersten wog jedoch, daß so die vielversprechende Möglichkeit, mit Rußland einen Separatfrieden abzuschließen, der auf dem Status quo vor dem Krieg gründete, vergeben wurde. Dies ist als »einer der gravierendsten politischen Fehler des Krieges« bezeichnet worden.[85] Schon bald änderte sich allerdings durch die Februarrevolution von 1917 die gesamte politische Lage noch mehr. Der Petersburger Arbeiter- und Soldatenrat forderte aufgrund der russischen Kriegsmüdigkeit einen Versöhnungsfrieden »ohne Annexionen und Reparationen«, eine Formel, die damals auch von der sich demokratisch gebenden Provisorischen Regierung aufgegriffen wurde. Konzessionen an Rußlands Nationalitäten seitens der liberalen und sozialistischen Mitglieder der Provisorischen Regierung und des Petersburger Arbeiter- und Soldatenrats bedrohten jedoch die deutsche Vorherrschaft im Osten und nährten die Erwartungen der verschiedenen Volksgruppen. Die Forde-

---

84 Ebenda, S. 197 f.

85 Wheeler-Bennett, Wooden Titan, S. 85; Broszat, Polenpolitik, S. 189.

rung nach einem »Recht auf Selbstbestimmung« für kleine Nationen wurde laut und vom US-amerikanischen Präsidenten Wilson aufgegriffen. Auch in Deutschland gab es Forderungen nach Frieden und innenpolitischen Reformen, denen man mit Streiks Nachdruck verlieh. Der Radikalismus im linken Flügel der SPD verstärkte sich und führte zur Gründung der Unabhängigen Sozialdemokratischen Partei Deutschlands. Im Reichstag kam es zu Unmutsbekundungen. In seiner Osterbotschaft von 1917 versuchte Kaiser Wilhelm mit dem Versprechen, es werde nach dem Krieg politische Reformen in Preußen geben, einigen Forderungen entgegenzukommen. Anzeichen für den Zusammenbruch des im sogenannten Burgfrieden vereinbarten sozialen Friedens versetzte Konservative und Annexionsbefürworter in Sorge, die Reformen unter allen Umständen durch einen Siegfrieden und Territorialgewinne verhindern wollten. In der Regierung setzte sich nun die Einsicht durch, daß die neue Ordnung im Osten, wenn auch nur der Form halber, irgendwie von der einheimischen Bevölkerung abgesegnet und daher eine aktivere Nationalitätenpolitik betrieben werden mußte. Ludendorff betonte, Ober Ost müsse »nun allmählich mehr politischer Inhalt gegeben werden«.[86]

Im Frühjahr 1917 drängte die Oberste Heeresleitung darauf, die Ostgebiete zu annektieren und forderte vom Reichskanzler Anweisungen über die »zu treibende völkische Politik« in Ober Ost, denn, so Ludendorff: »Die Richtlinien für eine neutrale Behandlung der völkischen Fragen und Gleichstellung aller Nationalitäten genügten allein nicht mehr.« Es zeigte sich nun, daß die deutsche Herrschaft »im Gebiete des Oberbefehlshabers Ost [...] sich auf die Litauer und die Weißruthenen stützen« müsse, und zwar in Form von Satellitenstaaten, die ein Gegengewicht zu Polen bilden sollten. Am 5. April 1917 fand in Bingen die erste wichtige Konferenz zwischen der Obersten Heeresleitung und Vertretern des Reichskanzlers statt. Ludendorff erläuterte die Ziele der Obersten Heeresleitung:

»Des Generalfeldmarschalls und mein Endziel für die zukünftige Gestaltung des in der Verwaltung des Oberbefehlshabers Ost stehenden Landes war ein Herzogtum Kurland und ein Großfürstentum Litauen, beide, zugleich zum gegenseitigen Interessenausgleich, im engsten Anschluß an Deutschland und in Personalunion mit Seiner Majestät, sei es als König von Preußen oder als Kaiser von Deutschland. Deutschland-Preußen erhielt dadurch eine militärische Sicherung vor neuen Überfällen Rußlands und zugleich Land für die Versorgung unserer Soldaten nach dem Kriege.«[87]

---

86 Ludendorff, Kriegserinnerungen, S. 374.

87 Ebenda, S. 374 f.

Als am 23. April 1917 die Kreuznacher Kriegszielkonferenz stattfand, war Handeln noch dringender geboten.[88] Die Folgen der Februarrevolution machten eine klarere Politik notwendig. Auf der Konferenz gab Reichskanzler Bethmann Hollweg den Forderungen der Obersten Heeresleitung nach und formulierte ein Kriegszielprogramm, das ganz dem Willen der Militärs Rechnung trug: Im Osten sollten Kurland und Litauen gewonnen werden. Der Erwerb der restlichen baltischen Provinzen war anzustreben. Polen aber sollte von Deutschland weiterhin beherrscht werden. Am 30. April 1917 wurden folgende Leitlinien skizziert: »Das Deutschtum sei zu bevorzugen, aber auch nur jeder Schein zwangsweiser Germanisierung, von der ich nie ein Freund war, allen Nationalitäten gegenüber zu vermeiden. [...] Die Litauer wären mit allen Mitteln zu gewinnen und die Weißruthenen [...] den Litauern näherzubringen.«[89] Sollte Polen eine Bedrohung für die deutsche Vorherrschaft in Osteuropa darstellen, könnten so diese neuen Länder unter deutscher Führung gegen Polen aufgewiegelt werden. Außerdem sahen die deutschen Pläne nicht nur die Verkleinerung Polens durch die Abtrennung eines Gebietsstreifens entlang der deutsch-polnischen Grenze, sondern auch die Errichtung von Satellitenstaaten in Ober Ost vor, die dieses Rumpfpolen im Norden und Osten ebenfalls einkreisen würden. Bethmann Hollweg versuchte unterdessen mit dem Vorschlag einer »Autonomiepolitik« die offen geäußerten Annexionsforderungen der Generäle zu zügeln, da er befürchtete, daß diese von den Verbündeten Deutschlands und im gegnerischen Ausland nicht positiv aufgenommen werden würden. Er hoffte, daß durch diesen »Mittelweg«, bei dem diese Länder unabhängig schienen, in Wirklichkeit aber durch Verträge wirtschaftlich, militärisch und politisch an Deutschland gebunden waren, Deutschlands Forderung nach Einfluß und militärischer Beherrschung im Osten ohne Aufsehen durchzusetzen sein würden. Am 7. Mai 1917 wies er in dem sogenannten »Frisierbefehl« seine Mitarbeiter an, den tatsächlichen Herrschaftsanspruch hinter dem Begriff der Autonomie zu verschleiern.[90]

Am 19. Juli 1917 nahm der Deutsche Reichstag eine Friedensresolution an, in der er die Formulierung des Petersburger Arbeiter- und Soldatenrats aufgriff und zu einem Frieden »ohne Annexionen und Reparationen« aufrief. Dieser Akt parlamentarischen Durchsetzungsvermögens erfolgte jedoch nach der Entlassung von Reichskanzler Bethmann Hollweg. Sie war

---

88 Fischer, Griff, S. 289–292; Kitchen, Dictatorship, S. 102.

89 Ludendorff, Kriegserinnerungen, S. 376.

90 Fischer, Griff, S. 230 ff., 316–319.

unter anderem auf Betreiben der Obersten Heeresleitung erfolgt, die ihn für unentschlossen und wegen seiner Vorschläge für innenpolitische Reformen für gefährlich hielt. Sein Nachfolger wurde der Kandidat der Obersten Heeresleitung, der Unterstaatssekretär im preußischen Finanzministerium, Michaelis. Michaelis entwertete die Friedensresolution, indem er darauf beharrte, daß seine eigene Interpretation maßgeblich sei, weil er wußte, daß der Wortlaut der Resolution dehnbar war. Als Reaktion auf die Resolution gründeten rechtsgerichtete Kräfte, die die hochfliegenden Pläne der Obersten Heeresleitung befürworteten, die Vaterlandspartei, die rasch auf über eine Million Mitglieder anwuchs. Sie forderte weitreichende Annexionen und einen Siegfrieden, der mit Hindenburgs Namen assoziiert wurde. Ludendorff wollte außerdem den Druck des Parlaments durch die Schaffung von Fakten vor Ort aushebeln: »Die allgemeinen Verhältnisse drängten immer mehr dazu, endgültige Klarheit über unsere Ziele im besetzten Ost-Gebiet zu gewinnen. Die unter der feindlichen Propaganda ins Leben getretenen Schlagworte vom annexionslosen Frieden und von dem Selbstbestimmungsrecht der kleinen Nationen waren geeignet, die litauische Frage einer Lösung entgegenzuführen, die den deutschen Interessen widersprach.« Ende Juli einigte sich die Oberste Heeresleitung mit der Reichsregierung über die in den Ostgebieten zu verfolgende Nationalitätenpolitik. Ludendorffs Vorschlag wurde angenommen, »in Kurland und Litauen eine völkische, und zwar in Litauen eine ausgesprochen litauische Politik zu treiben. Wir strebten endgültig die Verwirklichung unserer Gedanken über Kurland und Litauen an.«[91] Ober Ost sollte in jedem Land einen *Landesrat* einsetzen, der als Deckmantel für die in Wahrheit zu betreibende Annexion dienen sollte.

Ludendorffs Pläne waren von großen, umfassenden Visionen einer Neuordnung des Ostens beflügelt: Es sollte ein starker Wall von Satellitenstaaten entstehen und neue Länder vom Russischen Reich abgetrennt werden. Zudem sollte dieses neue Kolonialland Boden für eine Besiedlung bieten und als Landwirtschaftsreserve sowie als Menschenreservoir für die deutschen Armeen nutzbar gemacht werden. Ludendorff führte aus: »Kurland und Litauen sollten unsere Verpflegungsmöglichkeiten gesünder machen, wenn wir in einem späteren Kriege noch einmal auf eigene Kraft angewiesen wären. Bei dieser Neuordnung der Ostgrenze war auch hier das erreicht, was für die militärische und wirtschaftliche Sicherheit Deutschlands nötig schien.« Seine eigentlichen Beweggründe gingen aber noch weiter: »Die Bewohner Kurlands und Litauens sollten Deutschland neue Menschenkräfte zuführen. Das

91 Ludendorff, Kriegserinnerungen, S. 376.

Menschen Macht bedeuten, das empfand ich jeden Tag im Kriege. In den Menschenmassen lag eine große Überlegenheit der Entente. Die Bevölkerung jener Gebiete konnte unter dem Schutze des Deutschen Reiches ihre Nationalität behalten.«[92] Es war vorgesehen, aus dem polnischen Grenzstreifen im Süden einen Teil – oder alle – der dort lebenden Polen auszusiedeln.[93] Dort und in den entvölkerten Gebieten von Ober Ost sollten deutsche Siedler als menschliche Wälle die neuen Grenzgebiete sichern. Damit konnte die »erhoffte großzügige deutsche Siedlungstätigkeit und die Sammlung der Auslandsdeutschen in jenen weiten Ostgebieten [...] uns in der Zukunft einen weiteren Menschenzuwachs bringen«.[94]

Im Herbst 1917 modifizierte die Verwaltung von Ober Ost ihre innere Struktur, um diesen Zielen näherzukommen und die zentrale Kontrolle zu festigen. Dies geschah unter Mißachtung der Forderungen des Reichstags nach einer zivilen Oberaufsicht. Gleichzeitig wurde Ober Ost auch immer unabhängiger von der Heeresverwaltung.[95] Die Kreise waren nun nicht mehr den Etappenkommandanten, sondern direkt dem Oberbefehlshaber Ost unterstellt. Diese Neuordnung war nicht unproblematisch, da zusammen mit dem für die Verwaltung zuständigen General Graf von Waldersee ein höherer Verwaltungsbeamter, Staatssekretär Freiherr von Falkenhausen, ernannt wurde, der noch dem Oberbefehlshaber Ost unterstellt war. Dadurch kam es innerhalb der Bürokratie zu noch mehr Konflikten, weil jeder sich weigerte, Anweisungen des anderen zu akzeptieren und ein verärgerter General Hoffmann vermitteln mußte.[96] Am 1. Februar 1918 wurde die Militärverwaltung Bialystok-Grodno in die Militärverwaltung Litauen eingegliedert, die sich jetzt aus den Bereichen Nordlitauen und Südlitauen zusammensetzte. Nach Ansicht des ehemaligen Verwaltungschefs von Bialystok-Grodno, von Heppe, der Nachfolger des verhaßten Fürst Isenburg wurde, bezweckte Ludendorff mit dieser Reorganisation, daß kein Teil dieses Gebietes an das zukünftige Polen fallen sollte.[97]

Am 1. August 1917 wurde das ganze Gebiet zum Militärgouvernement Litauen. Nun endlich war Ober Ost zentralisiert und bestand aus den beiden großen Einheiten Kurland und Litauen. Als Rußland sich in der heroischen,

92 Ebenda, S. 417.
93 Fischer, Griff, S. 230 ff.; Geiss, Grenzstreifen.
94 Ludendorff, Kriegserinnerungen, S. 417.
95 BAMA, N 196/1, Heppe, Bd. V, S. 95.
96 Hoffmann, Aufzeichnungen, Bd. I, S. 184.
97 BAMA, N 196/1, Heppe, Bd. V, S. 119.

doch letztlich tragischen Kerenski-Offensive verbraucht hatte und seine Kriegsanstrengungen, bedingt durch den inneren Zerfall, nachließen, drängten die deutschen Armeen erneut vorwärts und erstürmten am 3. September 1917 Riga. Mitte Oktober eroberten Einheiten des deutschen Heeres und der Marine die baltischen Inseln Ösel, Dagö und Moon. Deutschland hatte seinen Herrschaftsbereich im Osten weiter ausgedehnt.

Im Herbst 1917 hatte die Verwaltung Pläne für dieses Neuland erarbeitet, in denen die Entwicklungsmöglichkeiten des Gebietes in kommenden Jahrzehnten im einzelnen dargelegt wurden.[98] Jede Verwaltungsabteilung legte Berichte über die Zukunftsaussichten ihres Zuständigkeitsbereiches vor. Escherichs Forstverwaltung berichtete über »Die Bedeutung des Urwaldes von Bialowies für die deutsche Volkswirtschaft«.[99] Darin hieß es, die Forstwirtschaftsabteilung könne nach Lösung der technischen Verkehrsprobleme und nachdem man genügend Arbeiter gefunden habe, eine Ausbeutung dieses Waldes erreichen, die nach dem Krieg unbedingt fortgesetzt werden müsse. Dann sei nämlich diese Ressource für das sich wirtschaftlich erholende Deutschland von noch größerer Bedeutung, denn es müsse damit gerechnet werden, daß Deutschland durch die List seiner früheren Gegner immer noch von überseeischen Ressourcen abgeschnitten sein werde. Die eigenen Forstbestände Deutschlands reichten nicht aus. Es komme deshalb darauf an, Bialowies in deutschem Besitz zu halten, da dies die »einzige und letzte Gelegenheit« sei, um ein Reservoir an erstklassigem Holz in Europa zu haben.[100] In weiteren Berichten wurden andere Wälder untersucht und deren gegenwärtige Erträge mit den für die Zukunft erwarteten Bedarfsprognosen verglichen; in einigen Fällen für den Zeitraum der nächsten 20 bis 50 Jahre.[101] Die Produktivität der Landwirtschaft und ihre Aussichten wurden analysiert, wobei man durch intensivere Landbewirtschaftung, fachmännische Entwässerung und durch verbesserte Transportmöglichkeiten mit höheren Erträgen rechnete.[102] Finanzexperten schätzten das zukünftige Steueraufkommen. Das

---

98 Aba Strazhas fand als erster entsprechende Pläne im Zentralen Staatsarchiv Litauens für Geschichte (LCVIA) in Vilnius. Vgl. Strazhas, Ostpolitik, S. 246–253.

99 LCVIA F. 641, ap. 1, b. 971, »Die Bedeutung des Urwaldes von Bialowies für die deutsche Volkswirtschaft«, S. 3–6v.

100 Ebenda, S. 5v und 6.

101 LCVIA F. 641, ap. 1, b. 971, »Übersicht über die zu erwartenden Erträge aus den Staatsforsten des Verwaltungsgebietes Ob. Ost«, S. 15, 21, 23.

102 LCVIA F. 641, ap. 1, b. 971, Dokument ohne Überschrift (21. Oktober 1917), S. 27.

Budget der Justizverwaltung war im Vergleich zu demjenigen preußischer Gerichte »außerordentlich günstig«, was teilweise mit den hohen Geldstrafen zusammenhing, die die Landeseinwohner für Vergehen zahlen mußten. Es wurde empfohlen, diese Geldstrafen in Friedenszeiten »in Kraft zu lassen; sie haben sich bewährt und verbürgen eine ergiebige Einnahmequelle«. In Zukunft, hieß es in dem Bericht, müßten die Saläre der Gerichtsbeamten höher sein als die in Preußen, um »tüchtigen Kräften aus der Heimat einen Anreiz zu geben, sich im besetzten Gebiete mit seinen vielfach noch recht primitiven Verhältnissen anstellen zu lassen«. Im allgemeinen jedoch, so lautete die zufriedene Schlußfolgerung, werde die Justizverwaltung künftig über ein besseres Finanzpolster verfügen als in »Preußen und den meisten übrigen Kulturstaaten«.[103] Andere Berichte handelten von den natürlichen Ressourcen an Torf, Bernstein und Kalk und deren zukünftiger Nutzbarmachung.[104] Eine weitere Rationalisierung des Eisenbahnsystems wurde erwogen.[105] Abschließend legte auch die Kulturabteilung Prognosen über ihre weiteren Aktivitäten und Ausgaben vor. Angesichts des Wunsches der Landeseinwohner nach Bildung sei die Errichtung neuer Schulen unvermeidlich. Zwar sei es, so der Bericht, zunächst vielleicht noch möglich, den »Drang nach Errichtung von Universitäten« zurückzudrängen, später müsse jedoch eine Akademie in Wilna errichtet werden. Im nächsten Jahrzehnt, so fuhr der Bericht fort, sei jedoch für Verbesserungen »nur der primitivste Kulturmaßstab« anzulegen.[106]

Im Zuge der Planungen für die Zukunft war es notwendig, die Annexionen von der einheimischen Bevölkerung absegnen zu lassen. In Kurland war dies unter von Goßler kein Problem. Gesprächspartner der Verwaltung waren ausschließlich die baltendeutschen Barone, für die eine deutsche Kontrolle überlebenswichtig war, wenn sie ihre traditionellen Privilegien behalten wollten.[107] Andere Bevölkerungsgruppen blieben außen vor. Am 18. Septem-

---

103 LCVIA F. 641, ap. 1, b. 971, »Die voraussichtliche Gestaltung des Etats der Justizverwaltung« (20. Oktober 1917), S. 41–41v, 43v, 42v, 44.

104 LCVIA F. 641, ap. 1, b. 971, »Bericht über die im besetzten Gebiet lagernden Werte von Torf, Bernstein und Kalk und deren Nutzbarmachung«, S. 45 f.

105 LCVIA F. 641, ap. 1, b. 971, »Eisenbahnen im Ob. Ost-Gebiete«, S. 48.

106 LCVIA F. 641, ap. 1, b. 971, »Betrifft Veranschlagung der Einnahmen und Ausgaben der Kultusverwaltung Oberost für die Zukunft«, S. 68–70.

107 Karl-Heinz Janßen, *Alfred Goßler und die deutsche Verwaltung im Baltikum*, in: Historische Zeitschrift 207 (1968), S. 42–54; ders., *Die baltische Okkupationspolitik des deutschen Reiches*, in: Jürgen von Hehn u. a. (Hg.), Von den baltischen Provinzen zu den baltischen Staaten. Beiträge zur Entstehungsgeschichte der Republiken Estland und Lettland, 1917–1918, Marburg 1971, S. 217–254.

ber 1917 fand in Mitaus altem Ritterhaus eine feierliche Sitzung der Landesversammlung statt, die beschloß, eine erweiterte Landesversammlung einzuberufen. Drei Tage später trat die erweiterte Versammlung mit 80 Delegierten im Thronsaal der Ordensburg von Mitau zusammen, bat den Kaiser um Schutz und beschloß die Bildung eines Landesrats, der für das Land sprechen sollte.[108]

In Litauen hingegen erwiesen sich die Versuche, Einfluß zu nehmen und zu manipulieren, von Anfang an als problematisch. Am 2. Juni 1917 verkündete der Oberbefehlshaber Ost die Bildung eines Vertrauensrates, der als eine Art Kollaborationsrat geplant war und die Annektierung einfach genehmigen sollte. Als Vorgeschmack auf zukünftige Schwierigkeiten verweigerten die Litauer ihre Mitarbeit in diesem Rat, obwohl die deutschen Behörden prominente Litauer ansprachen: den Bischof von Samogitia, Karevičius, den Vater der litauischen Nationalbewegung, Jonas Basanavičius, und den Leiter des litauischen Flüchtlingskomitees, Antanas Smetona. Alle lehnten ihre Mitarbeit im Vertrauensrat ab und warteten auf die Einrichtung eines legitimen repräsentativen Organs, das, wie sie hofften, eine provisorische Regierung für einen unabhängigen Staat werden könnte. Schließlich zeigten sich die Militärs damit einverstanden, eine nationale Konferenz zur Einsetzung eines Landesrats einzuberufen. Nachdem sie jahrelang erklärt hatten, daß die eigene Zeitung der Verwaltung ausreiche, erlaubten sie den Litauern nun endlich, eine eigene unabhängige Zeitung herauszugeben, das *Echo Litauens*.[109] Sie erschien ab September 1917 und war bald in einem Streit nach dem anderen mit der Verwaltung von Ober Ost verwickelt.

Vom 1. bis 4. August 1917 kam das Wilnaer Organisationskomitee, in dem Vertreter aller Schichten und politischen Orientierungen vertreten waren, zusammen. Auf der Eröffnungssitzung erklärte der Sprecher von Ober Ost, daß weitere Verhandlungen ohne einen Anschluß an Deutschland unmöglich seien. Um Handlungsspielraum zu gewinnen, sagten die Delegierten, man werde diesen Aspekt berücksichtigen. Da das Militär keine Wahlen erlaubte, wurden die Delegierten aus einer Kandidatenliste gewählt, was die Militärs später süffisant als Argument für den angeblich undemokratischen Charakter des Verfahrens vorbrachten, dessen Urheber sie doch selbst waren. Vom 18. bis 23. September 1917 tagte die große Konferenz von Wilna. Unter dem Vorsitz von Basanavičius kamen 214 Delegierte zusammen und beschlossen, die Unabhängigkeit anzustreben und einen demokratischen Staat zu schaffen. Sie

108 Oberbefehlshaber Ost (Hg.), Das Land Ober Ost, S. VIII.

109 Klimas, Atsiminimų, S. 128–134.

wählten einen Landesrat, die Taryba, die aus 20 Mitgliedern und einem fünfköpfigen Präsidium bestand. Zum Ärger der Militärs betonten die litauischen Aktivisten, daß die Taryba eine provisorische Regierung sei. In ihr waren alle größeren politischen Orientierungen der litauischen Gesellschaft vertreten. Die Entscheidungen der Konferenz ergingen jeweils mit großer Mehrheit beziehungsweise einstimmig, was als breiter gesellschaftlicher Konsens zu werten war. Außerdem wurden Vorkehrungen zur Kooptierung von Minderheitsvertretern getroffen, die aber davon keinen Gebrauch machten (Weißrussen und Juden kamen erst Ende 1918 dazu). Zum Präsidenten der Taryba wählten die Delegierten den Rechtsanwalt und Leiter des litauischen Flüchtlingskomitees Antanas Smetona. Nach dem Krieg wurde er Präsident der Republik und nach dem Putsch von 1926 Diktator des autoritären Staates.[110]

Die Taryba begann ein kompliziertes Spiel, da sie zwischen der deutschen Reichsregierung, dem Reichstag, der Obersten Heeresleitung und Ober Ost lavieren mußte.[111] Ihr wichtigster Verbündeter war der Vorsitzende der katholischen Zentrumspartei im Reichstag, Matthias Erzberger. Nachdem er im August 1917 auf einer katholischen Konferenz in Zürich mit Litauern zusammengetroffen war, machte er sich zum Anwalt der litauischen Pläne. Die Beamten von Ober Ost verübelten ihm diese Einmischung. Hoffmann bezeichnete Erzberger als »eine öffentliche Bedrohung«. Seine Unterstützung der litauischen Unabhängigkeit sei gefährlich, da, so Hoffmann, der Litauer »sich selbständig genau so gut regieren [kann], wie sich z. B. meine Tochter Ilse selbständig erziehen könnte«.[112] Erzberger, so der Vorwurf der Beamten, ermögliche es der Taryba, die zwischen der Obersten Heeresleitung, dem Reichskanzler, dem Auswärtigen Amt und dem Reichstag bestehenden Differenzen und Konflikte zu verstehen und auszunutzen.[113]

Die Taryba knüpfte auch Verbindungen zum Ausland und sicherte sich eine gewisse Legitimität durch die Anerkennung der Auslandslitauer. Es gelang ihr, Vertreter auf internationale litauische Konferenzen in neutralen Ländern zu entsenden, welche die Taryba als den höchsten legitimen Vertreter des Volkes anerkannten. Durch Beschwerden und Einflußnahme im Reichstag erreichte die Taryba auch, daß Fürst Isenburg als Verwaltungschef

---

110 Petras Klimas, *Lietuvos valstybės kūrimas 1915–1918 metais Vilniuje*, in: Pirmasis mepriklausomos Lietuvos dešmtmetis, 1918–1928, Kaunas: »Spindulio« B-vės spaustuvė, 1928, S. 6 f.

111 Senn, Emergence, S. 27.

112 Hoffmann, Aufzeichnungen, Bd. I, S. 177.

113 BAMA, N 196/1, Heppe, Bd. V, S. 139 f.

von Litauen abgelöst wurde.[114] Letztendlich wurden ihr jedoch keine nationalen Befugnisse und Kompetenzen zugestanden, und sie wurde durch die Verkehrspolitik, deren politische Bedeutung hier ganz zum Tragen kam, vom flachen Land und dem Ausland abgeschnitten. So blieb der Taryba nichts anderes übrig, als eine Flut von Denkschriften und Beschwerden zu verfassen, um eine Milderung des harten Militärregimes zu erreichen.[115] Als der neue Chef der Militärverwaltung Litauen, von Heppe, im Februar 1918 zur Übernahme seines Amtes eintraf, war er davon überzeugt, daß »wir auf dem Wege über den Landesrat niemals zu einer, deutschen Interessen wahrenden Regelung der litauischen Angelegenheiten gelangen würden«. Von Heppe hielt die Taryba für einen Haufen Schwärmer, Fanatiker, Abenteurer und ehrgeiziger Kaffeehauspolitiker, die in Verwaltungsangelegenheiten weder mitarbeiten wollten noch konnten. Sein politischer Berater Kügler bezeichnete die Taryba als seinen litauischen »Circus«. Nach von Heppe »war das ganze Streben des Landesrates nur darauf gerichtet, das künftige Litauen von jeder Bindung zu Deutschland frei zu halten und die vorbehaltlose deutsche Anerkennung zu erhalten«. So sei es nur natürlich, daß seine Beziehungen zur Taryba »eine fortlaufende Kette von teils offenen, teils versteckten Kämpfen« seien.[116]

Während die Landeseinwohner ihre gefährdeten Ziele verfolgten, verfocht Ludendorff am 4. November 1917 auf einer Sitzung mit dem neuen Reichskanzler Graf Hertling und Vertretern der Militärverwaltung aus Ober Ost im Innenministerium in Berlin energisch seine eigenen Vorstellungen: »Die Richtlinien für unsere Politik in Ober Ost liefen nach wie vor auf den klaren Anschluß Kurlands und Litauens an Deutschland in Personalunion mit dem Hause Hohenzollern hinaus. Ich hielt jetzt im Interesse unserer Zukunft eine baldige Erklärung der beiden Landesräte für nötig. [...] In beiden Ländern sollten dann die Grundzüge für die innere Verfassung sowie für die militärische, wirtschaftliche und politische Verbindung mit Deutschland vorbereitet werden.« Nach Ludendorffs Willen hätten die Räte lediglich Statthalter, nicht aber politische Akteure sein sollen. Frustriert erging er sich in dunklen Andeutungen über litauische Demokraten und ihre Vorstellungen. Es war für ihn nicht hinnehmbar, daß sie »in der Militärverwaltung nicht mehr die deutsche Autorität verkörpert« sahen und statt dessen Unterstützung im Reichs-

---

114 Ebenda, S. 109 f.; BAMA, FC 1179 N und FB 1180 N, Nachlaß Franz Joseph Fürst Isenburg-Birstein.

115 BAMA, N 196/1, Heppe, Bd. V, S. 139.

116 Ebenda, S. 139 f.

tag suchten. Ludendorff bezeichnete die Situation in Litauen als »litauischen Wirrwarr«.[117]

Von Gayl legte einen ausführlichen Bericht über die Grenzstaatenidee vor. Weil niemand diesen Ausführungen widersprach (der Staatssekretär des Äußeren, von Kühlmann, der weniger direkte Formen politischer Beherrschung im Osten favorisierte, war abwesend und der Reichskanzler äußerte keine eindeutige Zustimmung), glaubten die Beamten von Ober Ost, daß sie die Grundlagen für die »weitere Zukunftsarbeit« gelegt hätten.[118] Tatsächlich machten sich von Gayl und seine Mitarbeiter daran, detaillierte Pläne auszuarbeiten, und ergriffen »als Verwalter und beste Kenner des Gebiets auch die Initiative« für Ober Ost. Von Gayl verbrannte beim Zusammenbruch von Ober Ost 1918 die Originalpläne, damit sie dem Feind nicht in die Hände fielen, weshalb seine Memoiren den besten Einblick in die Zukunftspläne bieten. Die Ähnlichkeit mit den späteren Plänen der Nazis fällt vielleicht deshalb so sehr auf, weil die Memoiren in der Zeit des Nationalsozialismus geschrieben wurden. In Übereinstimmung mit der Grenzstaatenidee sollte Litauen innerhalb seiner ethnographischen Grenzen definiert werden, wobei die südlichen Gebiete dem zukünftigen Polen überlassen werden sollten. Ohne Umschweife ausgedrückt ging es darum, »der deutschen Wehrmacht, außerhalb des eigenen Reichsgebiets, ausgedehntes, verteidigungsfähiges Aufmarschgelände gegen Rußland und Polen, sowie eine beherrschende Flankierung Polens für den Fall eines neuen Ostkrieges zu verschaffen«. Unter strategischen Gesichtspunkten wären diese Grenzstaaten Deutschlands erste Verteidigungslinie, die durch militärische Verträge über das deutsche Besatzungsrecht, über Unterbringung, Truppenübungsplätze, Flugplätze sowie Verteidigungsanlagen gesichert werden müßten. Verträge, die Deutschland die Kontrolle über den Verkehr einräumten, würden denselben militärischen Zielen dienen. Wirtschaftlich sollten diese Gebiete durch eine gemeinsame Währung, gemeinsame Konventionen und eine Zollunion verbunden werden. Eine unabhängige Außenpolitik war nicht vorgesehen. Als »Entschädigung« winkte Litauen unter Beibehaltung seiner eigenen nationalen Besonderheiten der Anschluß »an den deutschen Kultur- und Wirtschaftskreis«. Da diese Gebiete aber »wirtschaftlich und kulturell erheblich niedriger als Deutschland« standen, müßten sie »erst in straffe und zielbewußte Führung genommen werden«, und zwar in einer »Übergangszeit von etwa einem Menschenalter«. Von Gayl äußerte die Ansicht: » Sie bedurften fester, auto-

117 Ludendorff, Kriegserinnerungen, S. 427 f.

118 BA, N 1031/2, Gayl, S. 222.

ritärer Führung.« Diese sollte im Namen des Kaisers von einem Gouverneur ausgeübt werden, der gleichzeitig Oberbefehlshaber der deutschen Besatzungstruppen wäre. Die deutschen Beamten würden in Kowno in einem deutschen »Musterstadtteil« leben.

Dieses autoritäre Herrschaftsmodell hätte das Gebiet gegen Einmischungen von Zivilbehörden in Deutschland geschützt. Von Gayls Assistent, der Staatswissenschaftler und Professor der Marburger Universität, Bredt, begann daher auch Verfassungsentwürfe zu erstellen, in denen diese Vorstellungen enthalten waren. Gleichzeitig plante von Gayl Organisationsstrukturen, die »aus der Militärverwaltung Ob Ost« erwachsen sollten. Bildung spielte bei diesen Plänen eine wichtige Rolle, um die Landesbevölkerung zu disziplinieren und um möglicherweise irgendwann auch einheimische Beamte heranzuziehen. Ohne daß eine Zwangsgermanisierung notwendig wäre, würde das Erlernen der deutschen Sprache und Kultur die Landesbevölkerung zwangsläufig in den deutschen »Lebenskreis« ziehen. Gleichzeitig sei es notwendig, die Entstehung eines »geistigen Proletariats« unter der einheimischen Bevölkerung zu verhindern, da dies zu Problemen führen werde. Für den Aufbau der lokalen Infrastruktur war vorgesehen, junge Männer aus der Region zwei Jahre zur Arbeit in einem »Ordnungsdienst« zu verpflichten. Zwar könne man ihnen jetzt noch keine Waffen anvertrauen, doch könnten sie möglicherweise irgendwann Reserven für die deutschen Streitkräfte stellen. Hinsichtlich der Unterbringung der deutschen Beamten sahen die Planer »überall kleine deutsche Mustersiedlungen, im Stil der Landschaft angepaßt, als Vorbilder für Wohnkultur« vor. Von Gayl wies einen seiner Architekten an, mit Entwürfen für die Mustersiedlung in Kowno zu beginnen, und er wollte mit diesen Entwürfen sogar sein neues Heim dekorieren, wenn seine Familie zu ihm in den zukünftigen Staat ziehen würde. Von Gayl behauptete, man habe ihm offiziell angedeutet, daß man auf ihn zähle, dieses Gebiet in Zukunft zu führen und zu entwickeln, und daß nur das »traurige Kriegsende« diesen Karriereaussichten ein Ende gesetzt habe. Er bedauerte, daß seine gesamten Pläne, die »damals nicht für breite Öffentlichkeit« bestimmt waren, bekannt wurden. Er war auch darüber enttäuscht, daß in Deutschland selbst die Regierungsbehörden nicht energisch genug an der Verwirklichung seiner Pläne arbeiteten, aber er träumte weiter.[119]

Die Ereignisse nahmen erneut eine dramatische Wende, als im Zuge der Oktoberrevolution in Petersburg die Bolschewiki Rußland endlich aus dem Krieg herausnehmen wollten. Dies war der Preis schlechthin für Deutsch-

119 Ebenda, S. 223–234, 332.

lands seit langem verfolgte Politik, den Osten zu »revolutionieren«. Unter der Führung Lenins, der im April 1917 durch die Oberste Heeresleitung nach Rußland gebracht worden war, kamen die Bolschewiki am 7. November 1917 an die Macht. Am 8. November verkündeten sie die Deklaration zur Beendigung des Krieges und baten am 26. November 1917 um die Aufnahme von Friedensverhandlungen. Vor Beginn der Verhandlungen erpreßte die Oberste Heeresleitung von den Landesräten Erklärungen als Legitimierung für Gebietsansprüche, die sie bei den Verhandlungen stellen wollte. In Kurland gab es keine Probleme. In Litauen setzten die Militärbehörden die Taryba unter Druck, eine Erklärung abzugeben, in der sich der Landesrat für »ein ewiges festes Bundesverhältnis [...] mit dem deutschen Reich« in Form eines Militär- und Verkehrsverbundes sowie einer Zoll- und Währungsgemeinschaft aussprach. Erfolge die Erklärung nicht, so die Militärs drohend, werde Litauen lediglich als eine Frage der militärischen Geographie und als Grenzgebiet betrachtet werden.[120] Die Taryba beugte sich dieser Drohung und gab am 11. Dezember 1917 die verlangte Erklärung ab, in der sie die Wiederherstellung eines unabhängigen litauischen Staates und ein ewiges festes Bundesverhältnis zu Deutschland proklamierte. Sie befand sich in einer schwierigen Lage, da es von entscheidender Bedeutung zu sein schien, daß der Staat Litauen noch vor Aufnahme von Verhandlungen über die große Neuordnung des Ostens anerkannt wurde. So widersetzte sie sich zwar den Forderungen nach Verträgen über eine eingeschränkte Unabhängigkeit, doch war sie in dieser Haltung isoliert. Selbst deutsche Parteien, die ansonsten die litauischen Forderungen im Reichstag unterstützten, erachteten eine Sicherung deutscher Interessen in den neuen Staaten als notwendig. Ohne sie verlor die Taryba jedoch ihre gesamte Unterstützung. Als ein litauischer Sozialist an führende SPD-Politiker appellierte, sich aus Liebe zu gemeinsamen sozialistischen Idealen gegen die Übergriffe des Militärs zu stellen, soll Noske geantwortet haben: »Wir sind Sozialisten nur bis zur Höhe von Eydtkuhnen an der ostpreußischen Grenze.«[121] Der Internationalismus der deutschen Sozialdemokraten hatte also eindeutig Grenzen. Auch die Mächte der Entente ermutigten die Litauer nicht, sondern unterstützten statt dessen die Eigenstaatlichkeit Rußlands. Auch darum spaltete die Dezembererklärung die Taryba, aus der sich linke Mitglieder aus Protest zurückzogen.

Die Verhandlungen zwischen den Deutschen und den Bolschewiki begannen am 22. Dezember 1917 im deutschen Hauptquartier in der Fe-

---

120 Klimas, *Lietuvos*, S. 9.

121 Atsiminimų, S. 110 f.

stungsstadt Brest-Litowsk. Nachdem der Staatssekretär des Äußeren, Richard von Kühlmann, zunächst grundsätzlich den russischen Forderungen nach einem Frieden ohne Annexionen und Reparationen zugestimmt hatte, versetzte General Hoffmann der russischen Delegation jedoch einen harten Schlag. Kaltschnäuzig unterrichtete er sie davon, daß natürlich Polen, Litauen und Kurland bereits ihr Recht auf Selbstbestimmung wahrgenommen, sich von Rußland losgelöst hätten und ihre Zukunft mit Hilfe der Deutschen gestalten würden. Da die russischen Delegierten ob dieser Erklärung wie vor den Kopf geschlagen waren, wurde die Konferenz vertagt. Als am 9. Januar 1918 die Verhandlungen in Brest-Litowsk wiederaufgenommen wurden, war Trotzki der neue Leiter der russischen Delegation. Es entspann sich ein langer philosophischer Streit über die Definition von Selbstbestimmung. In einem erstaunlichen Spektakel debattierten beide Seiten ein abstraktes Prinzip, dem sich weder das Deutsche Reich noch die Bolschewiki verpflichtet fühlten. Trotzki spielte brillant auf Zeit und wartete verzweifelt auf das Ausbrechen von Massenstreiks und Revolution in Deutschland. Unter dem Druck der akuten Versorgungskrise in Österreich, das dringend auf die Lieferung von Landwirtschaftserzeugnissen aus dem besetzten Gebiet angewiesen war, unterzeichnete Deutschland am 19. Februar 1918 mit der ukrainischen Delegation, die eine Republik repräsentierte, einen Separatfrieden. Nach diesem sogenannten »Brotfrieden« verpflichtete sich die Ukraine, Deutschland jährlich eine Million Tonnen Brotgetreide zu liefern. Die Russen waren mit dieser Regelung jedoch überhaupt nicht einverstanden, und auch auf polnischer Seite erhob sich Protest, weil das Chelmer Land der Ukraine zugeschlagen worden war, ein Landgebiet, das Polen für den zukünftigen polnischen Staat haben wollte. In Lublin kam es zu Revolten und Demonstrationen, bei denen ein Porträt des Kaisers verbrannt wurde. Selbst der kooperative Regentschaftsrat, der von den Mittelmächten 1917 eingerichtet worden war, protestierte gegen diese neue Teilung Polens. Die Reaktion der Russen war noch schärfer. Am 10. Februar 1918 verließ Trotzki mit seiner Delegation Brest-Litowsk, nachdem er seine berühmte Erklärung »Kein Krieg, kein Friede!« abgegeben hatte. Lenins Bedenken im Hinblick auf diese Taktik bestätigten sich, als die Deutschen daraufhin die Kampfhandlungen einfach wiederaufnahmen. Am 16. Februar 1918 brach Hoffmann den Waffenstillstand, am 18. Februar wurden deutsche Truppen angewiesen, vorwärts zu marschieren. Eine Million Soldaten bewegte sich Richtung Osten, wie Hoffmann mit Vergnügen sah. Er erklärte, daß die Bolschewiki, hätte man ihnen ihren Willen gelassen, die Völker Osteuropas ausgelöscht und den Kontinent bedroht hätten. Jetzt sei der richtige Zeitpunkt zuzuschlagen, denn: »Das ganze Rußland ist weiter nichts, als ein großer Haufen Maden – alles faul, alles wimmelt ordnungslos durcheinander.«[122] Mit der Eisenbahn vorwärts eilend, machten die Deutschen große Eroberungen, wobei sie kaum auf Widerstand stießen. Hoffmann lachte: »Es ist der komischste Krieg, den ich je gesehen habe – er wird beinahe nur auf der Eisenbahn und mit Kraftwagen geführt.« Die Truppen eilten von einem Bahnhof zum nächsten. Dieser Krieg habe, so Hoffmann, »jedenfalls den Reiz der Neuheit«.[123] Das restliche Lettland, Livland, Estland, Weißrußland und die Ukraine wurden erobert. Die Divisionen bewegten sich im Februar nordwärts von Riga nach Dorpat und Reval. Narva eroberten sie Anfang März. Während die Russen Reval evakuierten und es zwischen estnischen Truppen und den Russen vor der Ankunft der Deutschen zu Straßenkämpfen kam, erschien der Ältestenrat der estnischen Provinzversammlung (Maapäev) und erklärte die Unabhängigkeit Estlands. Die deutsche Armee weigerte sich jedoch, den Ältestenrat und seine Erklärung anzuerkennen, und machte sich daran, ihr eigenes Regime zu errichten.

Während dieser dramatischen Ereignisse sah die Taryba, daß sich ihre Position verschlechterte, zumal Deutschland sich weigerte, litauische Delegierte an den Verhandlungen in Brest-Litowsk zu beteiligen und es der Taryba sogar verbot, die Erklärung vom Dezember zu veröffentlichen. Die Taryba entschloß sich daher zu einer Verzweiflungstat. Nachdem die Mitglieder, die sich unter Protest zurückgezogen hatten, wieder eingetreten waren, erklärte die Taryba am 16. Februar 1918 einstimmig die völlige Unabhängigkeit Litauens ohne Bindungen an eine ausländische Macht. Innerhalb der ethnischen Grenzen sollte ein demokratischer unabhängiger litauischer Staat mit Wilna als Hauptstadt entstehen. Zur Festlegung der Beziehung Litauens zu seinen Nachbarn sei es nötig, eine gewählte verfassunggebende Versammlung einzuberufen.

Die Reaktion der Deutschen auf diesen Schritt erfolgte umgehend. Ausgaben der Zeitung *Echo Litauens* mit der Erklärung wurden noch von der Feldpolizei beschlagnahmt, die Zeitung wurde geschlossen und Zensoren versuchten eilig, die weitere Verbreitung der Nachricht zu unterbinden. Die Erklärung konnte jedoch in einigen Blättern in Deutschland erscheinen. Später wurde behauptet, sie sei von deutschen Soldaten, die mit dem Litauern sympathisierten, an die Zeitungen weitergegeben worden.[124] Wegen der dadurch entstandenen peinlichen Situation teilte der deutsche Reichskanzler

---

122 Hoffmann, Aufzeichnungen, Bd. I, S. 190.
123 Ebenda, S. 187.
124 Klimas, Atsiminimų, S. 119.

mit, daß eine Anerkennung zum jetzigen Zeitpunkt unmöglich sei. Da sich die Taryba weigerte, die Erklärung zurückzuziehen, blieb das Verhältnis gespannt. Hoffmann warf dem Reichstag und besonders Erzberger vor, in Litauen chaotische Zustände zu verursachen; außerdem werde die Taryba von deutschen Zivilisten »verrückt gemacht«.[125]

Ende Februar 1918 war Rußland gezwungen, wieder an den Verhandlungstisch nach Brest-Litowsk zurückzukehren. Zur Rettung der Revolution hatte es sich dazu durchgerungen, auf vieles zu verzichten, um nicht alles zu verlieren. Das Ergebnis der letzten Sitzungen war der berüchtigte Diktatfrieden, der Vertrag von Brest-Litowsk, der am 3. März 1918 unterzeichnet wurde.[126] Er legte eine neue politische Struktur für Osteuropa fest und trennte riesige Teile vom Zarenreich ab, um von Deutschland kontrollierte Satellitenstaaten zu schaffen. Rußland mußte Estland, Lettland, Litauen, Polen und den größten Teil von Weißrußland räumen, ferner Gebiete im Süden an die Türkei abtreten und die Unabhängigkeit Finnlands sowie der Ukraine anerkennen. Das Russische Reich büßte 2 600 000 Quadratmeter und 50 Millionen Einwohner ein. Es verlor außerdem 90 Prozent seiner Kohlezechen, 54 Prozent der Industrie, 33 Prozent seines Eisenbahnnetzes, 32 Prozent seiner Landwirtschaft, 34 Prozent seiner Bevölkerung und fast die gesamte Öl- und Baumwollproduktion.[127] Rußland schrumpfte auf die Grenzen zur Zeit vor Peter dem Großen. Viele Deutsche hatten den Eindruck, daß der Krieg im Osten gewonnen war. Trotz einiger Befürchtungen und Streiks ratifizierte der Reichstag den Vertrag. Lediglich die Unabhängigen Sozialdemokraten stimmten dagegen. Der mit dem besiegten Rumänien am 7. Mai 1918 geschlossene Vertrag von Bukarest sicherte die wirtschaftlich beherrschende Stellung Deutschlands sowie dringend benötigte Öllieferungen und die Versorgung mit Lebensmitteln. Die Hoffnung auf ein Mitteleuropa mit Wirtschaftssatelliten, die um ein mächtiges Deutschland herum angeordnet waren, schienen Wirklichkeit geworden zu sein. Das fast erschöpfte Deutschland konnte sich jetzt westwärts wenden, um auch dort eine Entscheidung herbeizuführen.

Nach Brest-Litowsk konnte sich die Militärführung von Ober Ost in ihrer Besatzung einrichten. In Zusatzverträgen akzeptierte Rußland am 24.

---

125 Hoffmann, Aufzeichnungen, Bd. I, S. 190.

126 John Wheeler-Bennett, Brest-Litovsk: The Forgotten Peace, March 1918, New York 1939; Winfried Baumgart, Deutsche Ostpolitik 1918. Von Brest-Litowsk bis zum Ende des Ersten Weltkrieges, Wien 1966.

127 Kitchen, Dictatorship, S. 183.

August 1918 einen Verzicht auf Finnland und Estland. Deutschland führte in den neubesetzten Gebieten strenge »Polizeiaktionen« durch. Das Herrschaftsmodell von Ober Ost wurde auf Lettland und Estland ausgedehnt, wo die Armee sämtliche politischen Aktivitäten und fast alle Zeitungen unterdrückte und eine umfassende Zensur einführte. Um eine schnelle Germanisierung der einheimischen Bevölkerung zu erreichen, wurden Schulen eingerichtet und »Arbeitsstuben« in Riga geschaffen, obwohl einige Beamte besorgt über dadurch entstehende ethnische Spannungen waren.[128] Die Militärverwaltung besetzte die leitenden Verwaltungsämter wie gehabt mit Baltendeutschen. Einheimische Politiker wurden verhaftet und in Internierungslager gebracht. Jüri Vilms, ein Mitglied des Rettungskomitees des estnischen Maapäevs, wurde von deutschen Soldaten gefangengenommen, als er die Grenze zu Finnland überschreiten wollte. Er beabsichtigte, sich für eine diplomatische Anerkennung im Ausland einzusetzen, und wurde deshalb hingerichtet. Arbeiter und Landbevölkerung waren vom Besatzungsregime am härtesten getroffen. Ihre ohnehin schwierige wirtschaftliche Lage verschlimmerte sich stark. In offiziellen Berichten wurde festgestellt, daß sich die wirtschaftliche Lage durch die Requisitionen monatlich verschlechterte und Erstaunen darüber geäußert, daß die Menschen dennoch nicht an Hunger starben.[129] Wie zuvor schon in Litauen und Kurland führte dies dazu, daß für die Menschen die deutsche Besatzung noch schlimmer als die russische Herrschaft war. Den Einheimischen blieb keine andere Wahl, als den Ausweg in der Unabhängigkeit zu suchen. Die militärischen Strategien, die darauf abzielten, den Weg für einen Anschluß dieser Länder an das Deutsche Reich zu ebnen, bewirkten somit das Gegenteil.[130] In Berichten aus Litauen wurde zum ersten Mal die zunehmende Politisierung der Massen in Litauen zugegeben.[131] An anderer Stelle hieß es, »Übelwollen und passiver Widerstand eines großen Teils der Bevölkerung« erschwere die Lage.[132] Im Mai

---

128 Hoover Library, Verwaltungsbericht der Zivilverwaltung der baltischen Lande. 15. August bis 15. Dezember 1918, S. 5; BAMA, PHD 8/23, »Rigaer Arbeitsstuben«, in: KB 109 (8. Mai 1918).

129 Hoover Library, Verwaltungsbericht der Zivilverwaltung der baltischen Lande. 15. August bis 15. Dezember 1918, S. 6.

130 Raun, Estonia, S. 106.

131 GSTA PK, I. HA. Rep. 84a, Nr. 6212, Verwaltungsbericht der Militärverwaltung Litauen, Bezirk Süd in Bialystok für die Zeit vom 1. Oktober 1917 bis 31. März 1918, S. 42.

132 Hoover Library, Verwaltungsbericht der Zivilverwaltung der baltischen Lande. 15. August bis 15. Dezember 1918, S. 10.

1918 wurden in Dünaburg 60 Personen unter dem Vorwurf verhaftet, eine Verschwörung gegen die deutschen Besatzer zu planen, zur Ermordung von Offizieren aufzurufen und die Landbevölkerung zum Aufstand anzustiften.[133]

Nach dem Triumph von Brest-Litowsk begann die Verwaltung ihr Regime im Osten endgültig zu festigen. Sie unterdrückte und ignorierte lettische und estnische Forderungen und setzte Regierungen ein, die sich auf die traditionelle Autorität der deutschbaltischen Ritterschaften und Barone stützte. Am 8. März 1918 trug der kurländische Landesrat dem deutschen Kaiser die Krone des Herzogtums Kurland an, die er gnädig akzeptierte. Außerdem brachte der Rat den Wunsch zum Ausdruck, alle baltischen Provinzen zu einer staatlichen Einheit zusammenzufassen. Und die Vorbereitungen für eine Ansiedlung von Deutschen in Kurland waren indessen auch so weit gediehen, daß man eine Siedlungsgesellschaft Kurland gegründet hatte. Um ihre ethnische Basis zu verstärken, hatte die kurländische Ritterschaft den Beschluß gefaßt, ein Drittel ihres Landes für deutsche Bauernsiedlungen zur Verfügung zu stellen.[134] Die Anfragen aus Deutschland für eine Ansiedlung wurden von den Behörden nun zügiger bearbeitet, und im Sommer 1918 begann man in den Ämtern von Ober Ost mit der Erstellung von Wartelisten.[135]

In den nördlichen baltischen Provinzen traten die auch hier von den Baltendeutschen beherrschten Landesversammlungen im April 1918 zusammen. Die Landesversammlungen von Livland, Estland, Riga und Ösel tagten anschließend in Riga als Vereinigter Landesrat. Da sie sich bewußt waren, daß aus Gründen der Glaubwürdigkeit auch die einheimische Bevölkerung in die deutschen Initiativen eingebunden werden mußte, versuchten die baltendeutschen Barone und das Militär auf estnische und lettische Älteste Einfluß auszuüben, damit sie sich an der Bitte um einen Anschluß der baltischen Gebiete an das Deutsche Reich beteiligten. Sie widersetzten sich jedoch hartnäckig diesem Ansinnen, und der als Anführer des estnischen Widerstandes ausgemachte Konstantin Päts wurde in ein Internierungslager gebracht. Als der Vereinigte Landesrat schließlich einsah, daß er ohne die Zustimmung der einheimischen Bevölkerung weitermachen müsse, faßte er am 12. April 1918

133 Hoffmann, Aufzeichnungen, Bd. I, S. 197.

134 Rauch, Geschichte, S. 52; Stupperich, *Siedlungspläne*; Raun, Estonia, S. 106; Hoover Library, Verwaltungsbericht der Zivilverwaltung der baltischen Lande. 15. August bis 15. Dezember 1918, S. 7.

135 LCVIA, Fondas 641 (Lietuvos karinės valdybos viršininkas), arašymas 1, byla 54.

Karte 4: Die Ostfront zur Zeit des weitesten deutschen Vormarsches 1918

den Entschluß, den deutschen Kaiser um eine Personalunion zu bitten. Am 21. April 1918 entsprach Wilhelm II. dieser Bitte. Aber sogar noch nach dieser Erklärung war die Verwaltung der Ansicht, daß ihr die Legitimität fehle. Die »Unterstützung« der einheimischen Bevölkerung mußte dokumentiert werden, und zwar in Form von abgezwungenen Petitionen. Unter Anwendung von wirtschaftlichem, militärischem und psychologischem Druck sammelten die deutschen Behörden und einheimische Kollaborateure Unterschriften. Bewaffnete Beamte gingen bei der Bevölkerung auf Stimmenfang. Bauern konnten ihr Getreide erst mahlen lassen, nachdem sie eine Petition unterschrieben hatten.[136] Parallel dazu unterdrückte die Militärregierung kategorisch jede politische Betätigung von Einheimischen. Estnische Ratsmitglieder erhielten eine Freiheitsstrafe von 15 Jahren Gefängnis, weil sie nichtgenehmigte Treffen abgehalten hatten (gleichwohl kam der Demokratische Block Lettlands heimlich in Riga zusammen).[137] Am 14. Mai 1918 wurde auf einer kommissarischen Besprechung bereits über Verfassungsentwürfe im Falle einer Annexion dieser Gebiete gesprochen,[138] und im Sommer 1918 wurden Estland und Livland mit Kurland zu einem militärischen Verwaltungsbezirk, dem »Baltikum«, zusammengelegt.[139]

In Litauen vereitelte die Taryba die deutschen Pläne, da sie sich weigerte, die Unabhängigkeitserklärung vom Februar zurückzunehmen, sondern aller Logik zum Trotz darauf beharrte, daß sie die erste Unabhängigkeitserklärung vom Dezember nicht verletze. Am 23. März 1918 erkannte Kaiser Wilhelm förmlich die Unabhängigkeit Litauens auf der Grundlage der Dezembererklärung an. Selbst dadurch konnten jedoch die Probleme nicht gelöst werden, da die Verwaltung dieselbe blieb und Litauen gezwungen wurde, Wirtschafts- und andere Verträge zu unterzeichnen, die dem Schutz deutscher Interessen in Litauen dienten. Darüber hinaus sollte sich Litauen nach Friedensschluß an den Kriegskosten beteiligen. Hoffmann stand selbst dieser beschränkten Souveränität mißtrauisch gegenüber und betonte erneut: »Aus Litauen kann nur etwas werden, wenn es eng an Preußen angegliedert wird, nicht aber mit einer Selbständigkeit.« Hinsichtlich anderer Spekulationen über Litauens Zukunft klagte Hoffmann in seinem Tagebuch, daß »in dem litauischen Brei jetzt so viele berufene und unberufene Menschen herumpatschen, daß niemand weiß, was eigentlich daraus werden soll«.[140] Dem litauischen Landesrat war klar, daß er Gefahr lief, in den Augen des Volkes, das er repräsentieren sollte, kompromittiert zu werden, da seine Zusammenarbeit mit den Deutschen nicht zu Zugeständnissen deutscherseits führte. Die Requisitionen erreichten einen neuen Höhepunkt an Härte, und in Wilna wurden im Juni die Schulen geschlossen, weil in ih-

---

136 Page, Formation, S. 106.

137 Ebenda, S. 106 f.

138 Fischer, Griff, S. 529.

139 Ludendorff, Kriegserinnerungen, S. 523.

140 Hoffmann, Aufzeichnungen, Bd. I, S. 190, 192.

nen nicht von der ersten Klasse an Deutsch unterrichtet wurde.[141] Auch nach der förmlichen Anerkennung der Unabhängigkeit durch den Kaiser schmiedeten die Militärbehörden weiterhin Pläne für Litauen, ohne Rücksicht auf die ihm versprochene Eigenstaatlichkeit. In der deutschen Presse wurde die Möglichkeit einer Personalunion mit Preußen, Sachsen oder einem anderen deutschen Staat erörtert. Wie in Estland und Livland versuchten Offiziere im Norden Litauens, die Landbevölkerung – allerdings mit wenig Erfolg – dazu zu bewegen, Petitionen im Sinne der deutschen Pläne zu unterzeichnen.[142] Die Taryba mußte jetzt erneut selbständig handeln, denn Erzberger hatte seit April 1918 eine Lösung in der litauischen Frage vorbereitet. Um Pläne einer Personalunion mit Sachsen oder Preußen abzuwenden, provozierte sie mit Unterstützung Erzbergers eine zweite Krise. In einer stürmischen Nachtsitzung wählte sie am 13. Juli 1918 trotz der Einwände von Sozialisten und Republikanern Herzog Wilhelm von Urach aus der katholischen Linie des Hauses Württemberg zum litauischen König und verlieh ihm den Namen Mindaugas II.[143] Der Herzog wurde auf Anraten Erzbergers gewählt. Da er nicht in der württembergischen Thronfolge war, konnte man davon ausgehen, daß er sich ausschließlich den Interessen Litauens widmen würde. Die Krone war an folgende Bedingungen geknüpft: Litauen sollte eine konstitutionelle Monarchie mit einer litauischen Regierung werden, der König und seine Familie mußten die litauischen Staatsangehörigkeit annehmen, und am Hof sollte Litauisch gesprochen werden.[144] Im wesentlichen verlangten die Litauer, daß sich das zukünftige Herrscherhaus bewußt für die Zugehörigkeit zum litauischen Volk entschied, zumal auch die Kinder in Litauen erzogen und Litauer werden sollten. Der demokratisch gesinnte Herzog von Urach akzeptierte das und verbrachte den Sommer damit, die litauische Sprache zu erlernen. Gleichzeitig konstituierte sich die Taryba als Staatsrat von Litauen. Diese Entwicklung rief in der deutschen Presse einen Sturm der Entrüstung hervor, obwohl von Gayl versuchte, die Nachricht zu unterdrücken und Erzberger deren Verbreitung beschuldigte.[145] Ein monatelanges zähes Ringen folgte, da sich die Militärverwaltung weigerte, mit der Taryba zu verhandeln und die Anerkennung der Unabhängigkeit Litauens durch den Kaiser ignorierte. Als

141 Klimas, Atsiminimų, S. 137; Colliander, *Okkupation*, S. 178.

142 BA, N 1031/2, Gayl, S. 261; Demm, *Ropp*, S. 36.

143 Klimas, *Lietuvos*, S. 18; Senn, Emergence, S. 36.

144 Klimas, Atsiminimų, S. 141.

145 BA, N 1031/2, Gayl, S. 269 f.; Fischer, Griff, S. 531.

das *Echo Litauens* die Veröffentlichung eines Artikels ablehnte, der Kritik an dem Schachzug der Taryba übte, wurde das widerspenstige Blatt für einen Monat verboten.[146] Die politische Situation war festgefahren. Der Chef der Militärverwaltung Litauen schrieb, daß die Stimmung der Litauer nicht besser werde und gleichzeitig bolschewistische Elemente, die vom Osten her nach Litauen strömten, in enger Zusammenarbeit mit Polen und Juden antideutsche Gefühle schürten.[147]

Im Frühling und Sommer 1918 stellte die Rückkehr von Flüchtlingen aus Rußland die Verwaltung vor weitere Probleme. Obendrein kam es in Wilna zu Hungerrevolten. Drei bis vier Millionen Zivilisten strömten über die Grenze nach Polen und Ober Ost.[148] Nach Meinung der Beamten verursachten sie »Unordnung aller Art« und brachten außerdem Krankheiten, darunter auch Fleckfieber, mit. In Berichten hieß es, daß die Folgen dieser Flüchtlingsströme ein zunehmendes Banditenunwesen, eine Verbreitung bolschewistischer und sozialrevolutionärer Ideen und allgemein eine Radikalisierung der Bevölkerung seien, was sich an dem wachsenden Widerstand gegenüber den Anordnungen der Behörden zeige. Die Beamten behaupteten auch, daß das spürbar größere politische Engagement und Selbstbewußtsein der jüdischen Bevölkerung zum Teil auf den Einfluß bolschewistischen Gedankenguts auf junge Juden zurückzuführen sei.[149]

Die fehlgeschlagenen Versuche, die Landeseinwohner zu manipulieren, nahmen sich jedoch vor dem Hintergrund der enormen territorialen Zugewinne im Osten völlig unbedeutend aus. Finnland wurde von deutschen Soldaten gesichert, und Ludendorff erwog sogar, mit der »Operation Schlußstein« einen Angriff auf Petersburg zu führen und das schwache bolschewistische Regime zu beseitigen. Die Ukraine war von deutschen Armeen besetzt, die Krim befand sich in der Hand Deutschlands, und der Kaukasus lag offen. Der Traum Ludendorffs und Hindenburgs von einem großen Wall im Osten schien Wirklichkeit geworden zu sein. Auf diesem Höhepunkt des Erfolges spielte sich jedoch derselbe Prozeß ab, der auch für die Militärutopie von Ober Ost bezeichnend war: Die Konzentration auf die Landkarte trübte den Blick für die Wirklichkeit. Neue Eroberungen erwie-

---

146 Klimas, Atsiminimų, S. 142; ders., *Lietuvos*, S. 19.

147 BAMA, N 196/1, Heppe, Bd. V, S. 141.

148 Hoffmann, Aufzeichnungen, Bd. I, S. 194.

149 BAMA, N 196/1, Heppe, Bd. V, S. 146; GSTA PK, I. HA. Rep. 84a, Nr. 6213, Verwaltungsbericht der Militärverwaltung Litauen-Süd in Bialystok für die Zeit vom 1. April bis 30. September 1918, S. 45 f.

sen sich als gefährliche Täuschungen, besonders in der Ukraine.[150] General Skoropadsky, der Führer der konservativen Grundbesitzerpartei, stürzte mit Hilfe deutscher Offiziere das ukrainische Parlament, die republikanische Rada. Ende April 1918 wurde Skoropadsky zum Hetman der Ukraine ausgerufen. Er versprach, weiterhin Landwirtschaftserzeugnisse nach Deutschland zu exportieren, und stimmte einer völligen militärischen Kontrolle durch Deutschland zu. Der gewaltsame Widerstand der Landbevölkerung gegen die deutschen Requisitionsversuche gipfelte am 30. Juli 1918 in der Ermordung von General Eichhorn in Kiew. Hinzu kam, daß die Besatzung die versprochene Lebensmittelversorgung nicht sicherstellen konnte und die vielen Soldaten, die benötigt wurden, um die weiten Gebiete unter Kontrolle zu halten, in steigendem Maße revolutioniert wurden. Bald scheute sich die Militärverwaltung, diese Soldaten, die vom Virus der Revolution infiziert waren, an die Westfront zu verlegen.[151]

All das beeinträchtigte jedoch nicht die Phantasien der Obersten Heeresleitung von einer großen neuen Ordnung im Osten, von deutschen Protektoraten, von Siedlungsland, Landwirtschaft und einem riesigen Aufmarschgelände, das Hindenburg – wie er ungeniert sagte – brauchte, um bei Ausbruch des nächsten Krieges gegen den Osten seinen linken Flügel zu manövrieren.[152] Am 1. August 1918 wurde die Struktur von Ober Ost auf Anweisung der Obersten Heeresleitung grundlegend reorganisiert. Die Zentralverwaltung wurde abgeschafft, weil sie im Reichstag zunehmend in die Kritik geraten war. Ihre Machtbefugnisse gingen auf zwei Einheiten über, die Militärverwaltung Litauen unter der Leitung von General Harbou und die Militärverwaltung Baltikum unter dem ehemaligen Verwaltungschef von Kurland, Major von Goßler. General Hoffmann war über die vereinfachte Struktur erfreut, doch bereiteten ihm die an der Spitze stehenden Personen Sorge, und er seufzte: »Wir haben nun mal in Personalien keine glückliche Hand.«[153] Von Goßler befürchtete, daß die neuen Verwaltungschefs bald »Dummheiten« begehen würden. Augenscheinlich war die Reorganisation aber ein Fortschritt, da sie die sich formierende Ordnung im Osten klarer definierte. Ein Höhepunkt und symbolträchtig für die Politik im Osten war die als »Kulturtat« bezeichnete Wiedereröffnung der Universität von Dorpat unter der Leitung des bal-

---

150 Oleg S. Fedyshyn, Germanys Drive to the East and the Ukrainian Revolution, 1917–1918, New Brunswick 1971.

151 Kitchen, Dictatorship, S. 237.

152 Wheeler-Bennett, Wooden Titan, S. 126.

153 Hoffmann, Aufzeichnungen, Bd. I, S. 202.

tendeutschen Professors Theodor Schiemann im September 1918. Ungeachtet der Erwartungen und großen Hoffnungen sämtlicher einheimischen Bevölkerungsgruppen war vorgesehen, die Veranstaltungen in diesem östlichsten Vorposten deutscher Kultur ausschließlich auf deutsch abzuhalten.[154]

Trotz des augenfälligen Erfolges und des Triumphs von Brest-Litowsk mußte nach der Auffassung Hindenburgs und Ludendorffs die Entscheidung in diesem Krieg immer noch an der Westfront gesucht werden. Anfang 1917 setzten sie darauf, daß der uneingeschränkte U-Boot-Krieg England noch vor dem Kriegseintritt Amerikas in die Knie zwingen würde. Der Kriegseintritt Amerikas war eine unvermeidliche Folge dieser Politik und gab im Westen letztlich den Ausschlag. Bis zur Kriegserklärung der Vereinigten Staaten an das Deutsche Reich am 6. April 1917 gelang es nicht, das »perfide Albion« durch den U-Boot-Krieg zu bezwingen. Bevor starke amerikanische Truppenverbände die Kräfte in Frankreich mit frischen Reserven verstärken konnten, ging Ludendorff ein erneutes Risiko ein und setzte alles auf eine letzte Karte, nämlich auf die Offensiven im Frühjahr und Sommer 1918. Unter der Bezeichnung »Operation Michael« wollte er alle verfügbaren Divisionen für einen Durchbruch im Westen zusammenziehen, da der Krieg im Osten entschieden war. Die Offensive begann am 21. März 1918 und verzeichnete zunächst erhebliche Erfolge, geriet dann aber ins Stocken, ein Rückschlag, der die deutsche Niederlage in dieser zweiten Marneschlacht besiegelte. Es fehlte an Reserven, um die Gewinne im Westen auszubauen, und Ludendorff wurde dafür kritisiert, daß er viele Infanteriesoldaten und drei Kavalleriedivisionen in den Ostgebieten und der Ukraine belassen hatte. Selbst zweitrangige vom Osten an die Westfront verschobene Truppen hätten andere Verbände für den Kampf freigesetzt und eine Niederlage Deutschlands möglicherweise verhindert.

Seit dem Waffenstillstand an der Ostfront zog Ludendorff zur Verstärkung der Westfront Soldaten von anderen Fronten ab, doch an der Eignung der im Osten eingesetzten Soldaten bestanden Zweifel, da einige bereits von den Revolutionsereignissen in Rußland beeinflußt waren. Nach der Februarrevolution hatten russische und deutsche Soldaten an den ruhigeren Abschnitten der Ostfront fraternisiert.[155] Ein Kanonier schrieb am 5. September 1917 miß-

---

154 Hoover Library, Verwaltungsbericht der Zivilverwaltung der baltischen Lande. 15. August bis 15. Dezember 1918, S. 5 f.; BAMA, PHD 8/23, *Wünsche für Dorpat*, in: Baltisch-Litauische Mitteilungen 128 (11. September 1918); Fischer, Griff, S. 532.

155 Kitchen, Dictatorship, S. 104 f.

billigend, daß seine Einheit es russischen Revolutionären gleichtue und einen Soldatenrat organisiere: »Daß der Sozialismus bereits überall die Oberhand gewonnen hat, zeigt sich in unserer Batterie dadurch, daß ein sogenannter Soldatenrat überall seine Hand im Spiel hat. Sämtliche Handlungen eines Offiziers, die nicht über jede Kritik erhaben sind, werden von den nicht ernannten Offizieren und Soldaten auf das Schärfste kritisiert. Dabei hat jeder geschickt seine eigenen Interessen im Auge.«[156] Dennoch waren seit September 1917 33 Divisionen von anderen Fronten westwärts verlegt worden, und viele Einheiten erhielten besondere Unterweisungen in Sturmtrupptaktiken, die sich bei dem Angriff auf Riga bewährt hatten, um einen zermürbenden Grabenkrieg zu vermeiden.

Bei Beginn der »Operation Michael« befanden sich im Osten noch über eine Million Soldaten. In den nach Westen verlegten Divisionen wurden ältere Männer gegen jüngere ausgetauscht, und die im Osten bleibenden Divisionen stellten Männer unter 35 für die Westfront ab, die dort Verwundete und Getötete ersetzen sollten. Die Bataillone im Osten waren schließlich stark ausgedünnt und bestanden hauptsächlich aus älteren Männern. In den folgenden Monaten, als Ludendorffs letzte Offensive im Westen begann und dann verebbte, wurden weitere Divisionen aus den Ostgebieten abgezogen, bis im Oktober 1918 nur noch 26 Divisionen mit insgesamt gerade über eine halbe Million Soldaten an der Ostfront stationiert waren.[157]

Die Stimmung unter den Soldaten an der Ostfront sank deutlich. Das Liederbuch der 10. Armee von 1918 enthielt zahlreiche von Soldaten im Osten geschriebene Balladen über Soldatengräber in Rußland und über die ständige Gefahr, hier in der Fremde den Tod zu finden. Sie trugen Titel wie »Soldatentod«, »Heute oder morgen sind wir tot« und »Abschied«. Es waren deutliche Töne der Verzweiflung und Erschöpfung zu vernehmen. Als diese Soldaten sich zum Transport an die Westfront sammeln sollten, kam es zu meutereiähnlichen Vorfällen. Viele verstanden die Verlegung als Bestrafung ihrer Einheiten. Während ihre Züge westwärts fuhren, schrieben die Soldaten verbitterte Botschaften auf die Wagen, wie beispielsweise »Schlachtvieh für Flandern« oder »Verbrecher aus dem Osten«.[158] Schlauere Soldaten nutzten die Fahrt durch Deutschland als Chance zur Desertion

---

156 Zitiert in: Ralph Haswell Lutz (Hg.), The Causes of the German Collapse in 1918, übersetzt von W. L. Campbell, Stanford 1934, S. 126 f.

157 Mai, Ende, S. 143; Lutz (Hg.), Collapse, S. 53 ff.; Die Rückführung, S. 3.

158 Friedrich Altrichter, Die seelischen Kräfte des Deutschen Heeres im Frieden und Weltkriege, Berlin 1933, S. 122.

und flüchteten nach Hause. Bereits Mitte 1917 vermerkten die Behörden, daß bei den Transporten zehn Prozent der Männer abhanden kamen. Es wurde befohlen, kleinere Transporte zu überwachen, mutmaßliche Rädelsführer festzunehmen, die Soldaten zu entwaffnen, so daß sie während der Fahrt nicht aus den Zugfenstern schießen konnten, und Züge, in denen mit stärkerem Widerstand zu rechnen war, intensiv zu bewachen.[159] Die Zwangsmaßnahmen hatten zur Folge, daß die Moral weiter sank. 1918 weigerten sich in Dwinsk 5000 Soldaten, den Transportanweisungen Folge zu leisten, und mußten gemaßregelt werden, und im Oktober kam es in Charkow zu einer Meuterei von 2000 Soldaten.[160] Auf der Suche nach Reserven verlegte die Oberste Heeresleitung auch ehemalige deutsche Kriegsgefangene, die aus der russischen Gefangenschaft entlassen worden waren, nach Westen, doch stellte man schnell fest, daß sie häufig unzuverlässig und zudem ganz besonders aufgeschlossen für bolschewistische Vorstellungen waren, die sie in Rußland kennengelernt hatten.[161] Bei den Soldaten, die sich jetzt noch im Osten befanden, handelte es sich um ältere Reservisten, Angehörige der Landwehr sowie um Elsässer und preußische Polen.[162] Nach Ansicht von Offizieren war der Umgang, den diese Männer mit der einheimischen Bevölkerung hatten, schädlich, was sich in der zunehmenden Annahme von Bestechungen und der Infizierung mit bolschewistischem Gedankengut zeige. Hierfür wurden später Juden verantwortlich gemacht, die angeblich durch ihre Verkaufstätigkeit »reiche Gelegenheit zur Beeinflussung der Soldaten« hatten.[163] Militärbeamte versuchten, die Soldaten in einer Art Gegenpropaganda vor dem Bolschewismus sowie vor aus Deutschland kommenden sozialistischen und demokratischen Einflüssen zu schützen. So veröffentlichte – ganz im Geiste des vaterländischen Unterrichts – die Druckerei der 10. Armee Flugblätter, in denen die Demokratiebestrebungen in Deutschland kritisiert wurden. Trotz der engmaschigen polizeilichen Überwachung verdächtiger politischer Aktivitäten stellte sich im August 1918 heraus, daß es in Kowno offenbar geheime Gruppen gab, deren Aufgabe darin bestand, deutsche Soldaten anzuwerben, die dann so schnell wie möglich mehrere tausend Flugblätter an ihre Kameraden ver-

---

159 Ebenda; Klemperer, Curriculum, S. 639.

160 Ulrich Kluge, Soldatenräte und Revolution. Studien zur Militärpolitik in Deutschland 1918/19, Göttingen 1975, S. 95; Die Rückführung, S. 4.

161 Altrichter, Kräfte, S. 160 ff.

162 Ebenda, S. 180; Die Rückführung, S. 5.

163 Altrichter, Kräfte, S. 181.

teilen sollten. Es gab auch beunruhigende Zwischenfälle mit heftigen Auseinandersetzungen zwischen Soldaten und Offizieren.[164]

Während im Osten die Utopie endlich erfüllt schien oder zumindest die prekäre Wirklichkeit überdeckte, gab es im Westen untrügliche Anzeichen für einen Zusammenbruch Deutschlands. Als am 8. August 1918, dem schwarzen Tag des deutschen Heeres, deutsche Frontlinien bei Amiens von britischen Streitkräften mit mehreren hundert Panzern überrollt wurden, zeigte sich, daß eine Fortsetzung des Kampfes sinnlos war. Die Moral der deutschen Truppen brach zusammen, und 16 000 Soldaten ergaben sich dem Feind. Abziehende Soldaten beschimpften Ersatztruppen, welche die Frontlinie halten sollten, und bezeichneten sie als Streikbrecher, die den Krieg verlängern wollten. Ludendorff machte Soldaten der Ostfront für die Krise verantwortlich, die von revolutionärem Gedankengut angesteckt seien. Da nun klar war, daß der Krieg nicht mehr gewonnen werden konnte, drängte die Oberste Heeresleitung auf einen Waffenstillstand. Im Rahmen der damit einhergehenden »Revolution von oben« war vorgesehen, eine parlamentarisch gewählte Regierung in Deutschland einzusetzen, die besser mit Präsident Wilson verhandeln konnte. Außerdem hatte die Oberste Heeresleitung so einen Sündenbock für ihr Versagen in der Politik, da die neue Regierung die Regierungsgeschäfte in dieser äußerst schwierigen Zeit führte. Der neue Reichskanzler Prinz Max von Baden widersetzte sich zunächst Ludendorffs Ansinnen, sofort um einen Frieden zu bitten, doch am 4. Oktober 1918 ersuchte Deutschland endlich um Waffenruhe.

Unter der Regierung Max von Badens, in dessen Kabinett sich mit den Staatssekretären Erzberger und Scheidemann Fürsprecher Litauens befanden, änderte sich die Lage für den Osten. Als deutlich wurde, daß der Zusammenbruch unmittelbar bevorstand, genehmigte die Reichsregierung die Bildung von Regierungen in den besetzten Ländern. Am 20. Oktober 1918 setzte der Reichskanzler in knappen Worten Litauen davon in Kenntnis, daß es die volle Staatsgewalt erhalte und seine eigenen Angelegenheiten regeln könne. Er erklärte, Deutschland werde sich nicht in Grenzfragen einmischen, eine implizite Drohung, daß man Wilna Polen überlassen werde. Ludendorff hatte sich von seiner geistigen Erschöpfung nun wieder hinreichend erholt, um gegen den neuen Reichskanzler intrigieren zu können. Er wies Wilsons Note zurück und gab ohne Genehmigung den Befehl an das Heer, bis zum Ende zu kämpfen. Dieser Befehl kam zu einem Zeitpunkt, als es für die Reichsführung unter allen Umständen darauf ankam, die zivile Kontrolle über die Streitkräfte zu demon-

164 Lutz (Hg.), Collapse, S. 149; Kluge, Soldatenräte, S. 95.

strieren. Ludendorff hatte damit den Bogen endgültig überspannt. Der Befehl wurde zwar zurückgenommen, war aber von einem Funker in Kowno heimlich der Spitze der Unabhängigen Sozialdemokraten zugespielt worden.[165] Am 26. Oktober 1918 kam es zu einer letzten Kraftprobe mit dem Kaiser. Ludendorff, der so oft die Drohung seines und des Rücktritts von Hindenburg als größte Waffe ihrer heimlichen Militärdiktatur eingesetzt hatte, wurde daraufhin entlassen. Der Architekt von Ober Ost war von der Bühne abgetreten. Mit einer vom Kaiser unterzeichneten Kabinettsorder endete am 3. November 1918 offiziell die militärische Verwaltung der besetzten Gebiete, sie wich einer zivilen Regierung, die zivilen Stellen gegenüber verantwortlich war.[166] Der einzigartige Charakter der Besatzung, das militärische Monopol, war damit offiziell beendet.

Frei von der Kontrolle Ober Osts, ergriffen nun die einheimischen Völker die Initiative. Am 2. November 1918 widerrief die litauische Taryba die Königswahl des Herzogs von Urach. Sie entwarf eine demokratische Übergangsverfassung und begann mit der Regierungsbildung. Am 5. November 1918 wurde Dr. Zimmerle vom Reichsjustizministerium zum Generalbevollmächtigten des Deutschen Reichs für Litauen ernannt, der die Geschäfte bis zur Evakuierung führen sollte. Der Vereinigte Landesrat des Baltikums, der offenbar die Ereignisse immer noch nicht verstand, wählte am 7. November 1918 einen Regentschaftsrat als provisorische Regierung, dessen konstituierende Sitzung am 9. November stattfand. Die Beschlüsse der baltendeutschen Barone wurden jedoch schnell von den Ereignissen überholt, denn der 9. November war auch der Tag, an dem in Deutschland die Revolution ausbrach.

Die Nachricht von den Ereignissen in Deutschland, von den Revolten in Kasernen, Seehäfen, den Aufständen in München und der Ausrufung einer sozialistischen Republik durch die Unabhängigen Sozialisten sowie einer Republik durch die Mehrheitssozialisten verbreitete sich schnell. Im Osten wurde Reval als erstes von Unruhen ergriffen. Streikende Fabrikarbeiter strömten auf den Marktplatz, die deutschen Streitkräfte zeigten Auflösungserscheinungen. Am Abend des 9. November wählten aufständische Soldaten einen Matrosen- und Soldatenrat nach russischem Modell und verkündeten am nächsten Tag, daß sie nicht auf die örtliche Bevölkerung schießen würden. In den folgenden Tagen nahm der Rat Verhandlungen mit estnischen Führern auf. Der verschreckte deutsche Kommandeur erlaubte am 11. November 1918 die

---

165 Wheeler-Bennett, Wooden Titan, S. 174.

166 Hoover Library, Verwaltungsbericht der Zivilverwaltung der baltischen Lande. 15. August bis 15. Dezember 1918, S. 7.

Bildung einer provisorischen Regierung in Estland. Am Abend des 12. November forderte der Soldatenrat die sofortige Übergabe der Regierungsgeschäfte an Estland. Zwei Offiziere, die als Beobachter an der Versammlung teilnahmen, kehrten völlig entsetzt zurück und waren davon überzeugt, daß es jetzt Offizieren und Beamten ans Leben gehe.[167] Angesichts dieser chaotischen Umstände gab der Chef der deutschen Militärverwaltung in Estland die Regierungsgewalt schnell ab, obwohl sein Vorgesetzter im lettischen Riga ihn daran zu hindern suchte. Die provisorische Regierung Estlands übernahm die Kontrolle und begann mit der Aufstellung nationaler Streitkräfte, um die Bolschewiki abzuwehren, die das Land im Osten bedrohten. In Lettland verliefen die Ereignisse gemäßigter, da sich der Amtssitz des Verwaltungschefs in Riga befand. Aber auch hier verlangten die Soldatenräte die Übergabe der Regierungsgeschäfte an die einheimische Bevölkerung. Am 28. November 1918 wurde die Republik Lettland ausgerufen, gefolgt von Verhandlungen für eine geordnete Machtübergabe. In Litauen hingegen hatte man nicht auf den Generalbevollmächtigten Zimmerle gewartet. Als er am 9. November eintraf, um den Regierungswechsel zu überwachen, stellte er fest, daß die Litauer schon selbst aktiv geworden waren. Die Proklamationen der einheimischen Bevölkerung waren jedoch weniger Ausdruck von Selbstvertrauen als Akte verzweifelter Hoffnung.

Am 11. November 1918 endete der Krieg offiziell mit der Unterzeichnung des Waffenstillstands in Compiègne, aber im Osten kam es weiterhin zu starken Nachbeben. Überall wimmelte es von verwirrten, verängstigten und meuternden deutschen Soldaten. Abgesehen von einer sich nicht auf Vernunft gründenden inneren Entschlossenheit, hatten die baltischen Regierungen weder Heere noch andere Ressourcen. Und nun kam von Osten her eine weitere große Bedrohung, denn am 13. November 1918 annullierte die Sowjetunion den Frieden von Brest-Litowsk und setzte ihre Armeen in Bewegung. Durch seine geographische Lage war Ober Ost die Brücke, über die sich die Bolschewiki mit den Aufständischen in Deutschland vereinigen wollten. Eine Vereinigung der radikalsozialistischen Kräfte von Rußland und Deutschland sollte der Zündfunke für eine Weltrevolution sein. Deutscher Fleiß und Disziplin, gepaart mit der in Rußland entfesselten Kraft des Volkes verhießen den Anbruch eines neuen Zeitalters des siegreichen Sozialismus. Auf Ludendorffs Kriegssozialismus in Deutschland rekurrierend, drängte Lenin: »Ja, lernt von den Deutschen!« Durch eine historische Anomalie hätten deutsche Imperialisten »das Prinzip der Disziplin, der Organisation, der

---

167 Ebenda, S. 13.

soliden Zusammenarbeit auf der Grundlage modernster Maschinen, strikter Buchführung und Kontrolle verkörpert«, und genau das gehe den Bolschewiki ab. Ihre politischen und sozialistischen Ziele könnten erst dann ganz realisiert werden, wenn sie sich mit dem »unbeabsichtigten« deutschen Wirtschaftssozialismus verbänden.[168]

Die Herrschaftsstrukturen von Ober Ost, die als dauerhafte und mächtige Verkörperungen selbstherrlicher Autorität erschienen waren, brachen jetzt zusammen. Deutsche Soldaten zogen umher, von Nachrichten und Gerüchten zutiefst verstört und aufgewühlt. Victor Jungfer erinnert sich daran mit den Worten: »Eine ungeheure innere Unsicherheit lag wie eine Massensuggestion über den Truppen. Jeder einzelne fühlte nur den Zusammenbruch, der von der Heimat her kam, kaum einer erfaßte die Kraft, die hier am Werke war, und die Wenigsten dachten an einen Aufbau in dem bestehenden Chaos.«[169] Die Disziplin, welche die große Lokomotive des Kriegsstaates am Laufen gehalten hatte, löste sich auf und führte zu Konflikten zwischen den Offizieren und Soldaten:

»Die Offiziere hatten ihre Macht verloren. In diesem Augenblick sah man deutlich, daß ihr Einfluß in der Etappe schon längst geschwunden war, daß keine lebendige Kraft sie mehr mit ihren Soldaten verband, daß sie schon lange nichts mehr gewesen waren, als der Kolben der Maschine, die bis dahin mechanisch gearbeitet hatte und auf einmal ins Stocken geriet, als eine übermächtige Gewalt in das Räderwerk eingriff. Man hatte kein Vertrauen mehr zu ihnen.«[170]

Einige Offiziere flüchteten nach Deutschland und ließen ihre Truppen im Zustand der Auflösung und Meuterei zurück. Die bedrohliche Fremdheit des Ostens, die Ober Ost hatte in Grenzen halten sollen, stürzte nach der militärischen Niederlage auf die Soldaten ein:

»Denn man befand sich in Feindesland. Auf einmal war dieser Gedanke bei den Truppen aufgetaucht. Man hatte sich bisher in Selbstsicherheit gewiegt und kaum einmal darüber nachgedacht. Plötzlich empfanden alle den Gedanken als etwas Unheimliches. Die Leute saßen über ihre Karten gebeugt und rechneten die Entfernung aus, die sie von Deutschland trennte. Und die Hunderte von Kilometern, die sie mit ihren Maßstäben abmaßen, erschienen ihnen auf einmal als ein grauenhaft wirkliches Gespenst, das sie belauerte und sie festzuhalten drohte hier oben im weiten Rußland – dem man entrinnen mußte, wollte man nicht zugrundegehen. […] Das Gefühl, daß

---

168 Zitiert nach Paul Johnson, Modern Times: The World from the Twenties to the Nineties, überarbeitete Aufl., New York 1991, S. 90.

169 Jungfer, Gesicht, S. 299.

170 Ebenda, S. 300.

sie Soldaten seien, Zehntausende an der Zahl, mit Waffen in der Hand, war verschwunden. Vielleicht hatten sie es nie gehabt. Und der Gedanke, der sie jetzt bewegte, war nur der: daß sie hier draußen lagen, wehrlos, eine Menge Männer, Etappentruppen, die nie gekämpft hatten, die zu alt waren, um Widerstand zu leisten, die wegen Krankheit und körperlicher Gebrechen im inneren Dienst und höchstens auf Wachen verwendet werden durften und die verloren waren, wenn sich ein energischer Wille ihnen entgegen stemmte.«[171]

Viele Soldaten sollen einen völligen Nervenzusammenbruch erlitten haben.[172] Ein Beamter notierte, daß die Wachen jede Nacht aus Angst Schüsse über die Dächer feuerten.[173] Es gab wilde Gerüchte über das Chaos in Deutschland und die vorrückende Rote Armee. Auch befürchtete man einen Angriff Polens oder einen Putsch rechter Offiziere. Die Disziplin war ausgehöhlt, die Soldaten verkauften alles, was ihnen in die Hände kam. Auf den Straßen wurden Waffen, Uniformen, Militärpferde und Armeebestände offen an die Einheimischen verkauft. Soldaten des Wasserflugzeugstützpunkts in Reval verkauften oder zerstörten fast alle Flugzeuge, die gesamte Ausrüstung und das Benzin, das sie bewachen sollten.[174] Die Lager mit der Beute der Militärverwaltung von Ober Ost wurden geleert. Für die früheren Diener des Militärstaates war »der Begriff des Staatseigentums [...] verschwunden« (einige Beamte suchten die Schuld dafür bei den Juden, die die Deutschen in den vergangenen Jahren bestochen und korrumpiert hätten). Von Gayl beklagte sich über Soldaten, die in der Öffentlichkeit tranken und Diebstähle begingen sowie über die sexuelle Freizügigkeit der deutschen Sekretärinnen von Ober Ost.[175] In dem Maße, in dem der Zusammenhalt zerfiel, zerfielen auch die Einheiten. Einzelne Soldaten warteten nicht auf die Demobilisierung, sondern verdrückten sich heimlich Richtung Heimat.

In den chaotischen ersten Tagen der deutschen Republik wurden nach dem Modell der russischen Räte Soldatenräte gebildet. Die Avantgarde der

---

171 Ebenda, S. 299 ff.

172 Ebenda. Die Proklamation eines Soldatenrates enthielt die Warnung, »daß wir von allen Seiten von Gefahren umgeben sind, und daß nur restlose Einigkeit« Sicherheit biete. Vgl. BAMA, PHD 23/70, Die neue Zeit. Organ des Soldatenrates Kowno (19. November 1918).

173 BA, N 1031/2, Gayl, S. 326.

174 Klemperer, Curriculum, S. 696, 699; Die Rückführung, S. 19.

175 Jungfer, Gesicht, S. 309; Altrichter, Kräfte, S. 181; BA, N 1031/2, Gayl, S. 279, 314, 316, 325, 320; Klemperer, Curriculum, S. 703. Der Soldatenrat verbot, Waffen und Material an die Bolschewisten weiterzuleiten. Vgl. BAMA, PHD 23/70, Die neue Zeit. Organ des Soldatenrates Kowno (27. Dezember 1918).

deutschen Soldatenräte befand sich in Kowno, dem Hauptquartier von Ober Ost, denn dort waren die Fernmeldesoldaten, die die Ereignisse in Deutschland ständig verfolgt hatten. Als jedoch in Grodno, Minsk, Riga, Kowno und Kiew ebenfalls Räte gewählt wurden, entbrannte zwischen ihnen ein Streit darüber, wer das Sagen habe, bis sich am 30. November 1918 in Kowno ein Zentraler Soldatenrat für die Ostfront bildete und turbulente Versammlungen abhielt, auf denen jedes Mitglied der anderen Räte sprechen konnte.[176] Zwar ähnelten sie äußerlich den Räten in der Sowjetunion und verkündeten auch, daß Marx der wahre Sieger des Krieges sei, doch waren diese Räte, die sich anscheinend ständig versammelten, ein merkwürdiger, verzweifelter Kompromiß zwischen Ordnung und Revolution und bezeichneten sich selbst als antibolschewistisch. Das obligatorische Grüßen der Offiziere wurde verboten, allerdings wurde zur Kenntnis genommen, daß alle »anständigen Soldaten« aus Höflichkeit immer noch grüßten.[177]

Der Zentralrat versuchte, Ordnung in den eigenen Reihen zu halten, und arbeitete mit der Kommandantur zusammen, um eine geordnete Evakuierung sicherzustellen. Am 10. November 1918 hatte General Hoffmann ein langes Gespräch mit dem Vorsitzenden des Rates und gewann dabei von ihm den Eindruck »eines ehrlich nach Ruhe und Ordnung strebenden Mannes«.[178] Hoffmann gelangte zu der Auffassung, daß es merkwürdigerweise eine der größten Befürchtungen gewöhnlicher Soldaten sei, ihre Offiziere könnten ohne sie abmarschieren. Gerüchte kursierten, daß am Tag der Revolution Offiziere, die sich in Zügen davonmachen wollten, von den Soldaten daran gehindert worden seien.[179] Von den Soldaten besonders gehaßte Offiziere wurden angeblich von ihren Vorgesetzten heimgeschickt. Ein hoher Polizeibeamter, der befürchtete, daß Soldaten ihre Offiziere ermorden würden, wagte sich, so erzählt man, nur noch bis an die Zähne bewaffnet auf die Straße.[180] Angesichts dieser Situation versuchten einige Soldaten, ihre Beziehun-

---

176 BAMA, PHD 23/70, Die neue Zeit. Organ des Soldatenrates Kowno (13. November 1918); ebenda (2. Dezember 1918); BAMA, PHD 8/29, *Kowno zum Gruß*, in: Mitteilungsblatt des Großen Soldatenrates der Heeresgruppe Kiew 1 (23. November 1918).

177 Klemperer, Curriculum, S. 701, 703; BAMA, PHD 8/29, *Dem Sieger*, in: Mitteilungsblatt des Großen Soldatenrates der Heeresgruppe Kiew 1 (23. November 1918); BAMA, PHD 23/70, *An Alle!*, in: Die neue Zeit. Organ des Soldatenrates Kowno (12. November 1918).

178 Hoffmann, Aufzeichnungen, Bd. I, S. 218.

179 Ebenda, S. 218, 220 f.; Kluge, Soldatenräte, S. 100; Die Rückführung, S. 115.

180 BA, N 1031/2, Gayl, S. 295.

gen zu den Landeseinwohnern zu verbessern.[181] Arnold Zweig wurde in den Soldatenrat von Wilna gewählt, wo sich Hunderte von Soldaten in den ehemaligen Arbeitsstuben versammelten. Zweig plädierte dafür, die von Militärgerichten gegen Einheimische verhängten Urteile zu überprüfen und zu korrigieren, fand jedoch wenig Zustimmung.[182]

Das merkwürdige Spannungsverhältnis zwischen Chaos und Ordnung, das ein Merkmal des Staates von Ober Ost gewesen war, markierte auch sein Ende. Mitte November 1918 begann die deutsche Armee, sich aus den Gebieten, die Ober Ost gewesen waren, im Zustand der Auflösung und rote Fahnen tragend Richtung Heimat zurückzuziehen. Obwohl die Alliierten bei den Waffenstillstandsverhandlungen darauf bestanden hatten, daß deutsche Soldaten im Osten bleiben sollten, um den Vormarsch der Bolschewisten aufzuhalten, kannten die deutschen Soldaten nur einen einzigen Gedanken: »Die Bolschewiki kommen – wir wollen nach Hause – nach Hause!«[183]

Hoffmann stand vor der schwierigen Aufgabe, einen geordneten Rückzug zu organisieren. In seinem Tagebuch schrieb er: »[...] ich kann aber unsere Leute nicht zurückhalten – sie wollen nach Hause.« Die Auflösung der Autorität, so erklärte er, verwirre viele Soldaten, da sie der Ansicht seien, nicht mehr an ihren militärischen Eid gebunden zu sein und aus eigenem Entschluß heimwärts ziehen zu können. Der Soldatenrat tat, was in seinen Kräften stand, um die Ordnung aufrechtzuerhalten und bei den zurückgebliebenen Soldaten die Spreu vom Weizen zu trennen. Nach Hoffmanns Urteil waren Disziplin und Ordnung »im allgemeinen zum Teufel« gegangen. Die Oberste Heeresleitung gab widersprüchliche Befehle aus und verlangte, daß die Evakuierung so langsam wie möglich erfolgen solle, obwohl die Lage kaum unter Kontrolle zu halten war. Bald hatte Hoffmann zusätzliche Sorgen: »Bei uns erschwert sich die Lage bei den Truppen etwas. Alles drängt nach Hause und trotz allen Zuredens der durchaus ruhigen und verständigen Soldatenräte sind die Leute nicht zu halten. Das Schlimme dabei ist, daß, wenn die Leute hier hinten weggehen, unsere Truppen vorn, besonders in der Ukraine, in der Luft hängen.« Jeder sei, wie er notierte, nur von einem Gedanken beseelt, der alle anderen Gedanken verdränge, nämlich

---

181 BAMA, PHD 23/70, Die neue Zeit. Organ des Soldatenrates Kowno (15. November 1918); ebenda (16. November 1918); BAMA, PHD 8/29, *Die zweite Versammlung*, in: Mitteilungsblatt des Großen Soldatenrates der Heeresgruppe Kiew 1 (23. November 1918).

182 Klemperer, Curriculum, S. 693, 704 ff.; Wenzel (Hg.), Zweig, S. 82.

183 Jungfer, Gesicht, S. 305.

nach Hause zu gehen. Das Ergebnis war, daß die Leute »zu dumm und nicht zu belehren« seien. Aus dem Ostheer sei ein »Osthaufen« geworden.[184]

Als die Ordnung unter den regulären Truppen zerfiel, erließen das deutsche Kriegsministerium und die Oberste Heeresleitung Aufrufe, um Freiwillige zur Verteidigung der Ostgrenzen und zur Überwachung des Rückzugs zu finden.[185] Gleichwohl wurde die Situation an der Front zu den Bolschewisten immer bedrohlicher, da die kampfesmüden deutschen Soldaten keinen Widerstand mehr leisteten. Hoffmann glaubte, daß Riga bald fallen werde. Die letzten bitteren Worte in seinem Tagebuch lauteten: »Die Truppen wollen nicht mehr kämpfen.«[186]

Trotz dieses Chaos arbeiteten Hoffmann und seine Offiziere weiter, um ein Minimum an Ordnung aufrechtzuerhalten. Am 2. Januar 1919 wurde das Hauptquartier nach Königsberg in Ostpreußen verlegt und dort aufgelöst.[187] Die Soldaten bestiegen Züge, die nach Deutschland zurückfuhren. Im Zug rollten sie ihre roten Revolutionsfahnen ein, da der Soldatenrat darauf hingewiesen hatte, daß aufgerollte Fahnen, die aus den offenen Fenstern herausflatterten, die Lokführer verwirrten, weil für diese eine rote Fahne das Signal für eine Notbremsung sei.[188] Bis zum letzten zeigten die Soldaten von Ober Ost eine bezeichnende Mischung von Ordnung und Chaos.

Die Militärutopie von Ober Ost war gescheitert. Innerlich war sie wegen ihrer nicht miteinander zu vereinbarenden Ziele und Mittel lebensunfähig gewesen. Ihr Regime und ihre Ambitionen führten dazu, daß die Landesbevölkerung nichts zu verlieren hatte und sich dazu gezwungen sah, eine nationale Identität zu definieren und bewußt um ihr Überleben zu kämpfen. Als Folge davon scheiterten die deutsche Identitätsfindung und der deutsche Auftrag im Osten, deren Realisierung Ober Ost versprochen hatte. Entscheidend aber war, wie Ober Ost scheiterte, denn es brach genau in dem Augenblick zusammen, als der Triumph sicher schien. Diese Enttäuschung bewirkte, daß viele die Widersprüchlichkeit des Militärstaats nicht wahrnahmen. Statt des-

---

184 Hoffmann, Aufzeichnungen, Bd. I, S. 218–223.

185 BAMA, PHD 23/70, Die neue Zeit. Organ des Soldatenrates Kowno (27. Dezember 1918); Wheeler-Bennett, Wooden Titan, S. 214.

186 Hoffmann, Aufzeichnungen, Bd. I, S. 224.

187 Cron, Geschichte, S. 60.

188 BAMA, PHD 8/29, Mitteilungsblatt des Großen Soldatenrates der Heeresgruppe Kiew. Herausgegeben vom Propaganda-Ausschuß 2 (1. Dezember 1918).

sen zogen die Besatzer hieraus falsche Schlüsse über den Osten. Wenn die Ursache des Scheiterns nicht in einem grundlegenden Fehler in Ober Ost zu suchen war, dann mußte ergo der Fehler in dem Material liegen, mit dem man arbeitete, das heißt beim Land und seinen Bewohnern. In Deutschland entstand so rasch eine politische Legende als Erklärung der Niederlage. Von Ludendorff lanciert, wurde mit der Dolchstoßlegende behauptet, daß tapfere deutsche Soldaten von der Heimatfront – besonders von Sozialisten, Demokraten und Juden – verraten worden seien. In bezug auf den Osten entstand eine parallele Legende, wonach der Osten die trügerische Partei war, die Deutschland vergiftet hatte. Publizisten stellten Mutmaßungen über eine geheime Invasion von Spionen und Agitatoren aus dem Osten an, wobei sie völlig vergaßen, daß ihre eigenen Führer bei der Auslösung der Revolution in Rußlands schwankendem Reich selbst die Hände im Spiel gehabt hatten.[189] Die anfänglichen Architekten von Ober Ost lehnten jetzt den Osten wütend ab und sahen in ihm einen gefährlichen, eintönigen, schmutzigen Raum mit schmutzigen Völkern. Die Besatzer hatten vier Jahre gebraucht, bis sich ihr relatives Unwissen vom Osten zu einem Bewußtsein von seiner Komplexität und Unterschiedlichkeit entwickelt hatte, dann fielen sie wieder in gewolltes Unwissen zurück, zu dem sich jetzt Demütigung und Haß gesellten. War es zuvor das Objekt von Plänen für die Zukunft, sah man jetzt im Osten das genaue Gegenteil zum deutschen Geist. Jungfers Ober Ost-Roman schließt mit dem Urteil einer Romanfigur: »Im Geiste des Ostens lebt das Chaos, in der Seele auch des einfachsten unserer Volksgenossen der Glaube an Entwicklung.«[190] Der Osten wurde nun als ein Gebiet von Rassen und Räumen wahrgenommen, die nicht manipuliert, sondern nur gesäubert werden konnten. Nicht nur Erfolge, auch Fehlschläge haben historische Folgen. Ober Ost war als Fehlschlag von überragender Bedeutung dafür, wie die Deutschen den Osten künftig sehen sollten.

---

189 W. Nicolai, Geheime Mächte. Internationale Spionage und ihre Bekämpfung im Weltkrieg und heute, 2. Aufl., Leipzig 1924.

190 Jungfer, Gesicht, S. 314.

Der Freikorps-Wahnsinn

Die Suche nach einer deutschen Identität im Osten war mit dem Zusammenbruch des Militärstaates im November 1918 keineswegs beendet, sondern wurde in den Freikorps, wilden Banden deutscher Freibeuter, wiederbelebt. Mit der Niederlage fühlte so mancher Soldat, daß »alles in seinem Inneren [...] gebrochen« war.[1] Durch den plötzlichen Wegfall von Traditionen und Autoritäten wurde die »psychische Demobilisierung« noch schwieriger, denn viele Soldaten fanden nur schwer den Weg zurück in die Normalität des Friedens, vor allem die jüngeren, die sie in ihrem Erwachsenenleben noch gar nicht kennengelernt hatten. Als sich die Fronten um Deutschland schlossen und Unruhen die Städte der instabilen neuen Republik erfaßten, sahen viele Soldaten in Taten, und zwar in Taten gleich welcher Art, eine Möglichkeit zur Bewältigung dieser inneren Krise. Sie organisierten sich in Hunderten sogenannter Freikorps, die ausschließlich ihrem jeweiligen Führer Treue gelobten. Der neue Reichswehrminister Gustav Noske war von einer solchen freiwilligen Formation, die er in einem Lager unweit Berlins inspizierte, so beeindruckt, daß er am 4. Januar 1919 die Freikorps offiziell erlaubte. Damit billigte er eine Entwicklung, die bereits sehr weit fortgeschritten war. Zusammen mit der konservativen Offizierskaste sollten die Freikorps die Verteidigung der umkämpften Republik übernehmen und Noske dabei unterstützen, die radikale Linke auszuschalten. Diesem brudermörderischen Akt verdankte Noske seinen Spitznamen »Bluthund«.

Begonnen hatte diese merkwürdige Kooperation nach den Ereignissen vom 9. November mit einem Anruf von Ludendorffs Nachfolger Groener beim neuen Präsidenten der Republik. Im Gegenzug für sein Versprechen, das Militär werde die Regierung bei der Aufrechterhaltung der Ordnung unterstützen, erhielt er die indirekte Zusage, daß im Zuge der revolutionären Reformen weder der Status der Offizierskaste noch die Struktur der Armee durch revolutionäre Reformen verändert oder gar abgeschafft würden. Beruhigt bemühte sich die Armee nun um einen geordneten Rückzug von den Fronten. Im Osten wurden Freiwillige für den sogenannten »Grenzschutz Ost« rekrutiert, um die Rückführung der Truppen abzusichern. In

---

1 *Offizier 1918*, in: Curt Hotzel (Hg.), Deutscher Aufstand: Die Revolution des Nachkriegs, Stuttgart 1934, S. 20.

den folgenden Monaten eilten viele Freikorps zu den Konflikten, die an Deutschlands Grenzen ausbrachen, während andere in den Städten die Arbeiterrevolution niederschlugen. Die rastlosesten und verzweifeltsten Männer verweigerten sich dem Dienst an der Demokratie zu Hause, ließen Deutschland hinter sich und marschierten hinaus ins »Ostland«. Studenten und andere junge Burschen, die den Krieg nicht als Soldaten erlebt hatten, schlossen sich ihnen an.

Diese Hasardeure ließen auf ihrem Marsch ins Baltikum auch die Realität hinter sich. Die Männer, die sich selbst »Baltikumer« nannten, stürzten sich auf ihrer Suche nach einer Identität auf dem ehemaligen Gebiet von Ober Ost in ein grausames Abenteuer. Überschlägigen Schätzungen von Zeitgenossen zufolge waren 20 000 bis 40 000 Mann daran beteiligt.[2] Regierung und Armee wollten die Freikorps im Osten für ihre eigenen politischen Ziele einsetzen, doch waren diese Versuche einer Leitung von oben nicht mehr als ein Deckmantel für die schreckliche, sinnlose Raserei der unteren Ränge. Das abenteuerliche Unterfangen der Freikorps im Baltikum war eine Neuauflage der Zielsetzungen von Ober Ost, jedoch in viel spontanerer und extremerer Form. Wer hier nach einer neuen Identität suchte, fand sich bald in einem beängstigenden Durcheinander wieder, denn die Mission im Osten entwickelte sich zu einem Raubzug, der in den Männern tiefe Spuren hinterließ. Bei ihrer Rückkehr nach Deutschland waren die Baltikumer verroht, zutiefst verletzt von einem Trauma, das sie weder akzeptieren noch erklären konnten, und voller Haß auf den Osten, der für diese Veränderungen in ihnen verantwortlich war.

Das chaotische Machtvakuum, das Ober Ost an dieser Schnittstelle Europas hinterlassen hatte, bot neue Möglichkeiten für zahlreiche miteinander konkurrierende politische Projekte. Von der deutschen Herrschaft befreit, gründeten die einheimischen Völker eiligst eigene Republiken, und die polnischen Aktivisten wollten das Gebiet sogar für ein größeres Polen in den Grenzen des Polnisch-Litauischen Staatenbundes gewinnen. Doch diese Projekte wurden sogleich von einer neuen Gefahr aus dem Osten bedroht, als die Rote Armee vorrückte, um sich den revolutionären Unruheherden in

---

2 Hagen Schulze, *Freikorps und Republik 1918–1920*, in: Militärgeschichtliche Studien, Bd. VIII, Boppard 1969, S. 185 f.; Robert G. L. Waite, Vanguard of Nazism: The Free Corps Movement in Postwar Germany, 1918–1923, Cambridge, Mass. 1952, S. 125 f.; Edgar von Schmidt-Pauli, Geschichte der Freikorps 1918–1924, Stuttgart 1936. Vorliegende Darstellung stützt sich auf: Rauch, Geschichte; Senn, Emergence; und Page, Formation.

Mitteleuropa zu nähern. Kommandiert wurden die vormarschierenden Einheiten vom lettischen Oberbefehlshaber der Roten Armee, Jukums Vācietis (dessen Name wie zum Zeugnis der ethnischen Verwirrung in lettischer Sprache »der Deutsche« bedeutet), der zuvor Kommandeur des 5. Lettischen Schützenregiments gewesen war. Die bolschewistischen Truppen waren den auf dem Rückzug befindlichen Deutschen dicht auf den Fersen und trafen, ungeachtet ihrer mangelhaften Organisation und Ausrüstung, zunächst kaum auf Widerstand von seiten der erschöpften einheimischen Bevölkerung. Am 22. November 1918 begann im Norden der Angriff auf Narva. Am 29. November 1918 riefen örtliche Kommunisten in den eroberten Gebieten die Estnische Arbeiterkommune (die spätere Sowjetrepublik Estland) aus. Die Rote Armee drängte weiter nach Westen, eroberte Dorpat und nahm am 3. Januar 1919 Riga ein. Präsident Ulmanis, der innerhalb weniger Wochen den größten Teil von Lettland verloren hatte, floh mit seiner Regierung in die Küstenstadt Libau. Von den im Baltikum etablierten Räteregierungen erhielt die lettische die meiste Unterstützung aus der Bevölkerung, die große Sympathien für das Lettische Schützenregiment, die Elitetruppe der Roten Armee, hegte. Infolge des bolschewistischen Terrors und der immer schlechteren wirtschaftlichen Bedingungen schmolzen diese Sympathien jedoch in den folgenden Monaten rasch dahin.[3]

Weiter südlich wurde in den frühen Morgenstunden des 4. Januar 1919 – unter gelegentlichen Zusammenstößen mit polnischen Legionären – die Stadt Wilna von den Deutschen geräumt. Am folgenden Tag marschierte die Rote Armee ein, und es wurde eine Räteregierung unter der Führung der litauischen Kommunisten Kapsukas-Mickevicius und Angarietis gebildet, denen der sowjetische Berater Joffe zur Seite stand. Im überwiegend bäuerlichen Litauen, wo es keine nennenswerte Industrie und somit auch kaum ein Proletariat gab, war die Unterstützung der Bevölkerung für die Bolschewiki nicht so groß wie in Lettland oder Estland.[4] Hinzu kommt, daß das deutsche Regime in Ober Ost das Land relativ lange von der radikalen Entwicklung im Spätherbst 1917 und der Organisation der Bolschewiki im Russischen Reich abgeschnitten hatte. Aufgrund der mangelnden Unterstützung wollten die Kommunisten Litauen mit Weißrußland zu einer Räterepublik namens »Lit-Bel« vereinigen, deren Bevölkerung sie eine neue sozialistische Gesellschaftsordnung versprachen.[5]

---

3 Rauch, Geschichte, S. 65.

4 Ebenda, S. 58; Page, Formation, S. 131.

5 (Hoover Institution Archives) Lithuanian Subject Collection, box no. 1, »Revolutionary Proclamations«; Rauch, Geschichte, S. 58 f.; Page, Formation, S. 132.

Die litauische Regierung floh nach Kowno, das noch von den Deutschen gehalten wurde, und versuchte trotz der schwierigen Lage im ganzen Land Unterstützung zu mobilisieren. In den ländlichen Gebieten organisierten die Bauern örtliche Räte, die die litauische Regierung unterstützten.[6] Mit ihrem Versprechen einer Landreform hatte die Taryba die Bevölkerung für sich eingenommen. Man begann mit der Bildung einer Armee aus litauischen Freiwilligen, und kurze Zeit später wurden zu ihrer Unterstützung Söldnereinheiten aus Sachsen angeheuert.

Das gesamte Baltikum hatte im Winter 1918/19 sehr zu leiden. Zunächst schien die Rote Armee in diesem Kampf zwischen zwei schwachen Gegnern überlegen, und Ende Februar hatte sie ganz Lettland und einen großen Teil von Litauen erobert. Doch dann kam es in Estland, wo Offiziere aus Teilen der von den Deutschen im Frühjahr 1918 aufgelösten estnischen Regimenter eine improvisierte Armee zusammenstellten, zur entscheidenden Wende. Die zum Teil aus Schuljungen bestehenden Truppen verteidigten erfolgreich die Hauptstadt Tallinn (Reval). Die Alliierten lieferten Waffen und Nahrungsmittel, und über die Ostsee kamen den Esten 1000 finnische Freiwillige zu Hilfe. Es folgten äußerst blutige Kämpfe, bis die Esten schließlich am 24. Februar 1919, dem ersten Jahrestag der Unabhängigkeit der Republik, ihr Land von den Feinden befreit hatten.

Die Lage im Osten, wo die Rote Armee Preußen bedrohlich nahe kam, alarmierte die deutsche Regierung und die Heeresleitung, und sie begannen mit der Vorbereitung von Gegenmaßnahmen. Dabei ging es natürlich auch darum, sich durch deutsche Truppen Einfluß in diesem Raum zu sichern,[7] denn die Politik der Alliierten im Baltikum war zögerlich. Zwar waren sie angesichts der russischen Expansionsbemühungen äußerst besorgt, konnten aber den umkämpften baltischen Republiken weder Truppen noch nennenswerte Mengen Material zur Verfügung stellen. Zudem unterstützten sie bereits die antibolschewistischen Weißgardisten, die eine Wiederherstellung des alten Russischen Reiches anstrebten. Lediglich Großbritannien schritt ein und entsandte Admiral Sinclair mit einem Geschwader nach Estland. Die ambivalente Haltung der Alliierten spiegelte sich auch in den Waffenstillstandsbedingungen wider, wo es in Artikel 12 hieß, die deutschen Truppen sollten im Osten bleiben und die bolschewistischen Angriffe aufhalten, bis die Alli-

---

6 Gintneris, Lietuva, S. 358; Gustainis, *Nepriklausoma*, S. 171–173.

7 Charles Sullivan, *The 1919 German Campaign in the Baltic: The Final Phase*, in: The Baltic States in Peace and War, 1917–1945, hrsg. von V. Stanley Vardys und Romuald J. Misiunas, University Park, Penn. 1978, S. 31.

ierten ihnen den Rückzug gestatteten, während Artikel 14 weitere Requisitionen und die Beschlagnahme von Vorräten untersagte. Keiner dieser beiden Artikel wurde vollständig umgesetzt, und die Deutschen nutzten die Billigung ihrer weiteren militärischen Präsenz durch die Alliierten als Tarnung für einen neuen Angriff im Baltikum. Die Oberste Heeresleitung installierte zur Koordinierung der Aktivitäten im Osten ein »Oberkommando zur Verteidigung der Nordgrenze«.[8] Gleichzeitig sollten durch diplomatischen Druck die Baltenrepubliken unter deutschen Einfluß gebracht werden. August Winnig, der Sonderbevollmächtigte für das Baltikum, nahm Verhandlungen mit der lettischen Regierung auf, um die Erlaubnis zur Bildung einer balten-deutschen Truppe, der »Baltischen Landeswehr«, zu erhalten. Wie er später in seinen Memoiren ausführte, betrachtete er sich als Wegbereiter einer neuen »Ostpolitik«, die Deutschland neue Territorien und Siedlungsgebiete sichern und neue Handlungsmöglichkeiten eröffnen sollte, nachdem dies im Westen nicht mehr möglich war.[9] Die lettische Regierung, die mit dem Rükken zur Wand stand, unterzeichnete am 29. Dezember 1918 einen von Winnig ausgehandelten Vertrag, demzufolge jeder deutsche Freiwillige nach vier Wochen Dienst in der lettischen Armee Anspruch auf die lettische Staatsangehörigkeit hatte. Zusagen für die Übereignung von Grundbesitz, auf die Winnig gedrängt hatte, erhielt er jedoch nicht. Gleichwohl warben Rekrutierungsoffiziere in Deutschland bei den zukünftigen Freiwilligen mit solchen Versprechungen.

In Deutschland organisierten einzelne Offiziere bewaffnete Gruppen, die auch zum Sammelbecken für viele Enttäuschte wurden. Noske, der ja die Freikorps genehmigt hatte, erklärte, er habe keine Kontrolle über diese »kleinen Wallensteins«.[10] Ein besonders starkes Engagement bei der Rekrutierung zeigten die Deutschbalten, darunter auch der Kriegspropagandist Silvio Broederich, dessen sich auf die die Kriegsziele im Osten beziehende Schrift »Das neue Ostland« großen Einfluß hatte.[11] Offiziellerseits sprach man von einem Feldzug gegen den Bolschewismus, doch in Wirklichkeit ging es um die Möglichkeit eines Neuanfangs, um eine Chance für die deutsche Politik, die noch laufenden Verhandlungen in Versailles durch neue Siege bedeutungslos zu machen.

---

8 Ebenda, S. 31.

9 August Winnig, Am Ausgang der deutschen Ostpolitik. Persönliche Erlebnisse und Erinnerungen, Berlin 1921; Waite, Vanguard, S. 101.

10 Waite, Vanguard, S. 135.

11 Sullivan, *Campaign*, S. 33.

Zur militärischen Koordinierung entsandte die Armee General Rüdiger von der Goltz, der im Frühjahr 1918 die deutschen Interventionstruppen im finnischen Bürgerkrieg befehligt hatte. Er traf im Februar 1919 in Libau ein und übernahm das Kommando über die dortigen deutschen Kräfte, einschließlich der »Landeswehr« und der Eisernen Division des Freikorps. Um das Land in größere Abhängigkeit von den deutschen Truppen zu bringen, machte er sich unverzüglich daran, die lettische Armee zu schwächen. Mit dem Argument, die Einheimischen seien unzuverlässig und stellten eine Bedrohung hinter den Linien dar, zog er aus gemischten Einheiten die lettischen Soldaten ab und behinderte lettische Rekrutierungsoffiziere bei ihrer Arbeit. Gleichzeitig versuchte er, mit abenteuerlichen Versprechungen über zukünftige Siedlungsmöglichkeiten mehr Deutsche zu rekrutieren und gründete die Soldatenzeitung *Die Trommel*, deren wichtigstes Thema die Kolonisierung war. Deutschbaltische Grundbesitzer boten den Soldaten Vorträge und Schulungen zu landwirtschaftlichen Themen an,[12] was von den Letten mit wachsender Skepsis und Sorge verfolgt wurde. Unter dem Kommando von Goltz begann Mitte Februar die Frühjahrsoffensive gegen die Rote Armee. Zusammen mit der lettischen Balodis-Brigade nahmen die deutschen Einheiten bald Goldingen, Windau und Mitau ein. Anfang März waren die bolschewistischen Truppen von der baltischen Küste vertrieben, und die deutschen und lettischen Einheiten bereiteten sich zum Sturm auf Riga vor.

Just zu diesem Zeitpunkt fühlten sich die Deutschbalten stark genug, die Macht in Lettland zu ergreifen, und putschten am 16. April 1919 in Libau. Als die lettische Regierung einen deutschen Soldaten wegen Vorbereitung eines Staatsstreichs in Haft nehmen ließ, nahm der Freikorpsführer von Pfeffer den gesamten Stab von 500 lettischen Offizieren gefangen. Baron von Manteuffel, der junge Kommandeur des Stoßtrupps, der Eliteeinheit der »Landeswehr«, setzte zudem die lettische Regierung fest, und nur Ministerpräsident Ulmanis konnte auf ein britisches Schlachtschiff entkommen. Goltz, der sich während dieser Ereignisse diskret auf einen langen Spaziergang zurückgezogen hatte, rief unmittelbar danach das Kriegsrecht aus. Die Deutschen wollten Oberst Balodis zum Beitritt in ein Militärdirektorium bewegen, doch der verweigerte sich. Statt dessen erfolgte die Installierung einer Marionettenregierung unter Leitung von Pastor Niedra, einem prodeutschen Letten und politischen Gegner von Ulmanis. Niedras Regierung, die ganz offensichtlich ein Werkzeug der Deutschen war, fand bei der radikalisierten Bevölkerung keinerlei Unterstützung. Als Großbritannien ungehalten den Rückzug der

12 Ebenda.

deutschen Truppen forderte, verwies die Reichsregierung darauf, daß dann die Bolschewisten in diesem Gebiet freie Hand hätten. Die Briten gaben nach, nachdem sie die Zusicherung erhalten hatten, daß keine weiteren Angriffe mehr stattfinden würden (was natürlich trotzdem prompt geschah). Für den Augenblick ließen die verschiedenen Gruppierungen ihre Differenzen ruhen und setzten den Angriff gemeinsam fort. Unter Führung der »Landeswehr« rückte eine aus Balodis' Brigade, Einheiten der russischen Weißgardisten unter Graf Anatol Lieven und deutschen Freikorps zusammengesetzte multinationale Truppe auf Riga vor. Nach der Erstürmung der Dünabrücke wurde die Stadt am 23. Mai 1919 eingenommen.

Paradoxerweise sollte dieser Sieg das Schicksal des baltischen Abenteuers besiegeln. Der Führer der Eisernen Division, Major Bischoff, sagte später dazu: »Wir haben uns zu Tode gesiegt!«[13] Das Ausmaß dieses Sieges alarmierte nämlich die Alliierten, die nun lautstark protestierten. Zugleich rief der brutale Umgang der Freikorps mit den Einwohnern der eroberten Städte immer heftigeren Widerstand hervor. Berichten zufolge wurden in Mitau 500 Letten wegen bolschewistischer Umtriebe standrechtlich erschossen, in Tukkum 200 und in Dünamünde weitere 125 Personen. Nach der Einnahme von Riga sollen 3000 Menschen im Terror umgekommen sein.[14] Nachdem sich Ende Mai die Rote Arme aus dem gesamten Baltikum zurückgezogen hatte, wandten sich die Einheimischen gegen die Freikorps und die deutschen Einheiten. Es begann eine neue Art Krieg, der auf beiden Seiten mit unerbittlicher Härte geführt wurde. Die vereinigten estnischen und lettischen Truppen griffen die »Landeswehr« von Norden aus an und schlugen sie am 22. Juni bei Wenden. Auch die Eiserne Division, die losgeschickt wurde, um ihren Kameraden zu helfen und den Einheimischen eine Lektion zu erteilen, wurde besiegt, denn die estnischen Soldaten kämpften, angespornt durch jahrhundertealte nationale Gegensätze und den Klassenhaß, mit äußerster Entschlossenheit.

Schließlich schalteten sich die Alliierten ein und entsandten am 23. Mai eine Militärmission, um die Einheimischen bei der Aufstellung regulärer Armeen und der Evakuierung der deutschen Truppen zu unterstützen. Die von General Sir Hubert Gough angeführte Einheit kam Mitte Juni an, setzte die Regierung Niedra ab und die von Ulmanis wieder ein und unterstellte die »Landeswehr« britischer Kontrolle. Die deutschen Verbände mußten sich aus Riga zurückziehen und Goltz eine Vereinbarung über ihren Abzug un-

---

13 Waite, Vanguard, S. 118.

14 Ebenda, S. 118 f.

terzeichnen. Als die Deutschen jedoch versuchten, den Abzug ihrer Truppen noch um Monate hinauszuzögern, weil sie die antibolschewistischen Weißgardisten unterstützen wollten, verloren die Alliierten schließlich die Geduld und stellten ein Ultimatum: sofortiger Abzug der deutschen Truppen oder erneute Blockade des ohnehin schon ausgelaugten Deutschen Reichs. Angesichts dieser Drohung rief Präsident Ebert am 5. August die Truppen zurück. Doch als sich die Eiserne Division am 24. August in Mitau anschickte, die Züge nach Deutschland zu besteigen, rief ihr Führer Bischoff zur Meuterei auf. Seine durch die im Juni 1919 erfolgte Unterzeichnung des Vertrags von Versailles der Republik entfremdeten Truppen jubelten und zelebrierten ihr Renegatentum mit Fackelzügen. Am nächsten Tag trafen sich die Offiziere und stellten aus zwölf Freikorpseinheiten eine »deutsche Legion« mit insgesamt 14 000 Mann zusammen, die über 64 Flugzeuge, 6 Kavallerieeinheiten, 56 Geschütze, gepanzerte Fahrzeuge, ein Feldlazarett und 156 Maschinengewehre verfügte. Die Offiziere, die sich zu einer Erklärung verpflichtet fühlten, rechtfertigten ihre Meuterei mit dem Vorhaben eines Kreuzzugs gegen den bolschewistischen Osten: »[...] wir fürchten für die Kultur der ganzen Welt«.[15] Diese Hetzer unter Waffen, die von jahrelangem totalen Krieg, Niederlage und Revolution geprägt und von nihilistischer Ziellosigkeit getrieben waren, stilisierten sich nun also zu Helden der *Kultur* hoch.

Die Freikorpseinheiten zogen nun zur russischen Westarmee des früheren Zarengenerals Fürst Awalow-Bermondt, eines bizarren Charakters, der »sich selbst gerne als faszinierenden Hasardeur, hinreißenden (wenn auch syphilitischen) Liebhaber und brillanten Militärführer sah«.[16] Während Bermondt in seinem kaukasischen Kriegsgewand heroische Posen einnahm, befehligte Goltz de facto die Einheiten. Der »offizielle Transfer« der Truppen begann am 17. September 1919. Eigenen Angaben zufolge kommandierte Bermondt 55 000 Mann, davon 40 000 deutsche Freiwillige. In einer für dieses Land typischen befremdlichen Transformation der nationalen Identität wurden nun also Freikorpskämpfer zu Russen: Sie tauschten die deutschen Insignien auf ihren Mützen gegen die Kokarde der Weißgardisten aus, versuchten sich ans Wodkatrinken zu gewöhnen und stimmten Berichten zufolge beim Mar-

---

15 Darstellungen aus den Nachkriegskämpfen deutscher Truppen und Freikorps. Dritter Band: Die Kämpfe im Baltikum nach der zweiten Einnahme von Riga, Juni bis Dezember 1919, hrsg. von der Kriegsgeschichtlichen Forschungsanstalt des Heeres, Berlin 1938, S. 194.

16 Ebenda, S. 123.

schieren sowohl die deutsche als auch die russische Hymne an.[17] Bermondt verkündete recht undiplomatisch, er regiere die baltischen Länder im Namen des Zaren des heiligen Rußland und bereite sich auf die Erstürmung von Riga vor.

Die realen politischen Entwicklungen beschäftigten die Freikorps wesentlich weniger als ihre eigenen inneren Erschütterungen, die sie zu diesem immer brutaler werdenden Raubzug trieben. Das drängende, zentrale Problem war das einer neuen Ausrichtung der durch die Niederlage zerbrochenen deutschen Identität. Mit dem Ende des Ersten Weltkriegs, der an der Westfront verloren (aber im Osten scheinbar gewonnen) war, glaubten viele von denen, die sich den Freikorps zuwandten, die Bande Deutschlands mit dem Westen seien nunmehr gerissen, und die Deutschen müßten sich auf der Suche nach ihrer Bestimmung nun anderswohin orientieren.[18] Das war der Zeitpunkt, in dem für die Männer in den Freikorps »eine unbestimmte Hoffnung auf den Osten« erwachte.[19] Im Inneren wurde das Deutsche Reich von revolutionärem Chaos zerfressen, und »rund um das kochende Land glühten die Grenzen«.[20] Bei einem Krieg an den Grenzen des Landes, so erschien es manch einem, war die Sachlage klarer als beim Bürgerkrieg in den eigenen Städten, wo Landsleute aufeinander schossen. Dort draußen war die Unterscheidung zwischen »uns« und »den anderen« einfacher. Und die Marschrichtung war klar: immer hinaus, immer voran. Ferne Grenzen winkten: »Und während in der Heimat die Schüsse durch die Städte peitschten, während verirrte Volksgenossen die rote Fahne einer utopischen Internationale durch die Straßen trugen, ging ein heimliches Raunen durch die graue Front der echten Krieger: Hinauf ins Baltikum!«[21]

Die Freikorpskämpfer mußten dieses geheimnisvollen, unwirtlich und bedrohlich erscheinenden Landes Herr werden, eine schwierige und zugleich lebenswichtige Aufgabe, denn »jede Ortsveränderung war für die Landeswehr eine Frage auf Leben und Tod und verursachte eine Spannung, der auf die Dauer auch die mit den besten Nerven begabten nicht widerstehen konn-

---

17 Sullivan, *Campaign*, S. 34; Šilietis, Okupacija, S. 165 f., 178 f.

18 Franz Nord, *Der Krieg im Baltikum*, in: Der Kampf um das Reich, hrsg. von Ernst Jünger, Essen 1929, S. 63.

19 Ernst von Salomon, Die Geächteten, Berlin 1930, S. 107.

20 Ernst von Salomon, *Hexenkessel Deutschland*, in: Kampf, hrsg. von Ernst Jünger, S. 35.

21 Friedrich Wilhelm Heinz, *Der deutsche Vorstoß in das Baltikum*, in: Aufstand, hrsg. von Hotzel, S. 47.

ten«.[22] Und doch freuten sich viele darauf, sich später hier niederzulassen, denn mit der Zeit wurde das Land doch vertrauter. Manch einer verlor sein Herz an diese exotische Natur und entwickelte sogar so etwas wie eine erotische Beziehung zu ihr. Ein Soldat erinnerte sich:

»Mit jedem Atemzuge füllte ein sonderbar herber Geruch die Lungen. Fast schmerzhaft würzig drang er durch den ganzen Körper. Dieser Dunst der kurländischen Erde ließ mich dumpf spüren, was uns dies Land zu bieten hatte. Ich krallte die Finger in die satte Erde, die mich anzusaugen schien. Diesen Boden hatten wir erobert. Nun forderte er von uns; auf einmal war er uns verpflichtendes Symbol.«[23]

Das Baltikum war wunderschön und gefährlich zugleich, eine »Landschaft von sanfter und heimtückischer Lieblichkeit«, die den Hintergrund bildete für gewaltsame Spiele und Scherze, für das »sorglose Treiben« eines blutigen Abenteuers im Baltikum.[24]

Bei den Neuankömmlingen hinterließ das fremde Land tiefe Spuren, weckte Assoziationen an eine ferne Vergangenheit. Auch der Freikorpskämpfer Ernst von Salomon (später ein extremer Nationalist und bekannter Schriftsteller) war zutiefst ergriffen vom Geruch der Scholle:

»Ich wußte noch ganz genau, wie mir damals dieser Geruch alles in sich zu vereinigen schien, was mich in Kurland an Hoffnung und Gefahr bewegte. Mich reizte die gefährliche Fremdheit dieses Landes, zu dem ich in einem eigentümlichen Verhältnis stand. Gerade das Gefühl, inmitten dieser lieblichen Landschaft eigentlich immer auf schwankendem Sumpfboden zu stehen, der unablässig seine Blasen warf, hatte doch dem Krieg hier oben den bewegten, ständig wechselnden Charakter gegeben, der vielleicht schon den deutschen Ordensrittern jene schweifende Unruhe vermittelte, die sie stets von neuem aus ihren festen Burgen zu kühnen Fahrten trieb.«[25]

Wie schon zu Zeiten von Ober Ost förderte das Land auch jetzt historische »Erinnerungen« aus der deutschen Geschichte zutage. In ihrer Jugend hatten

---

22 Georg Heinrich Hartmann, *Aus den Erinnerungen eines Freiwilligen der baltischen Landeswehr*, in: Deutsche Revue, Stuttgart 1921, S. 67.

23 Salomon, Die Geächteten, S. 65 f.

24 Ebenda, S. 115; *Ein wilder Ritt. Patrouillenunternehmen – 150 Kilometer hinter die feindliche Front. Nach dem Tagebuch des Rittmeisters W. von Engelhardt, ehem. Führer der Kavallerie-Abteilung von Engelhardt*, in: Das Buch vom deutschen Freikorpskämpfer. Herausgegeben im Auftrage der Freikorpsgesellschaft ›Der Reiter gen Osten‹ von Ernst von Salomon, Berlin 1938, S. 183. Dieser Band ist ebenso wie der von Jünger herausgegebene eine Sammlung von Berichten und Erinnerungen ehemaliger Freikorpskämpfer.

25 Salomon, Die Geächteten, S. 115.

die späteren Freikorpskämpfer beliebte Motive aus der deutschen Geschichte (wenn auch oft nur als Karikatur) verinnerlicht. Nun schienen Szenen aus der Vergangenheit real zu werden, Bilder und Stimmen bahnten sich einen Weg in die zerbrochene Gegenwart, und die Soldaten griffen begierig danach. Die Entdeckung, daß sie hier historische Rollen aus der Vergangenheit ihrer Nation nachspielten, verlieh ihrem riskanten Unterfangen einen tieferen Sinn. Ernst Jünger, der wichtigste Autor der deutschen »Frontgeneration«, beschrieb, wie in diesen turbulenten Zeiten die Vergangenheit über die Gegenwart hereinbrach: »Erfuhren wir doch selbst, wie in solchen Augenblicken alles lebendig wird, was an schlummernden Gebilden in der Zeit und im Raume vorhanden ist. Die ganze Geschichte wacht gleichsam auf, jeder der vergangenen Zustände klopft noch einmal an die Tore der Gegenwart.«[26] Bereits im Begriff »Freikorps« spiegelte sich die Rolle wider, die der Vergangenheit beim Aufbau einer neuen Identität zukam. Sie erhielten diesen Namen ganz von selbst. »Er flog ihnen zu, von der Geschichte her.«[27] Die ersten Freikorps waren die berühmten Freiwilligenverbände im Kampf gegen Napoleon gewesen. Bereits mit dem Namen gaben die Freikorpskämpfer ihren oftmals abstoßenden Erfahrungen einen romantisierenden Sinn.

Das Land, in dem sie sich wiederfanden, war ein Land voller historischer Bezüge. Deutsche Ortsnamen und romantische Burgruinen erinnerten an die Zeit des Kreuzritterordens. Schon allein der Weg durch Ortschaften mit vertraut klingenden Namen wie Marienhausen, Kreuzburg und Dünaburg in einem Gebiet mit ansonsten fremden Bezeichnungen bewegte viele dazu, diesen Feldzug mit denen vergangener Zeiten zu vergleichen. Ein Freikorpsmitglied:

> »Auf uns schauten die Reste des Festungsdreiecks aus der Ordenszeit Cremon, Treiden und Segewoldt herab. Wunderten sie sich über das Fähnchen mit dem schwarzen Kreuz, das unter ihnen auf und nieder wippte? Erkannten sie das Zeichen an unseren Mützen, das sie früher auf den weißen Mänteln ihrer Bewohner gesehen? Unser Ziel war Wenden. Vor mehr als vierhundert Jahren hatten sich dort Ritter, Lehensleute mit ihren Frauen und deutsche Knechte in die Luft gesprengt. Es war die letzte Heldentat des untergehenden Ordens.«[28]

Auch die äußeren Bedingungen dieses Krieges erinnerten an frühere Zeiten. Feindselige Einheimische benutzten geheime Pfade durch Sumpfland wie

---

26 Ernst Jünger, *Vorwort*, in: Kampf, hrsg. von Ernst Jünger, S. 5. Ähnliche Gedanken finden sich auch in Remarques Roman »Im Westen nichts Neues«.

27 Schmidt-Pauli, Freikorps, S. 26.

28 Hartmann, *Erinnerungen*, S. 72, 260.

seinerzeit die Heiden gegen die Kreuzritter.[29] Die Kameraden deutschbaltischer Abstammung waren für die Soldaten lebendes Zeugnis ferner deutscher Geschichte. Die Freikorpsmitglieder konnten den Rollen, die ihnen da angeboten wurden, kaum widerstehen und ließen sich vom Zusammenfließen der Epochen überwältigen: »Hinter dem Kommandeur ritt auf riesigem Rappen ein sechs Fuß hoher Meldereiter im Stahlhelm, Träger eines alten, in der baltischen Geschichte bewährten Namens. Der Wind spielte mit seinem weißen Lanzenfähnchen, auf dem sich das schwarze Kreuz deutlich abhob. Ich mußte an die Vergangenheit denken. Ein Ordensritter, der wieder erstanden war. Es kam mir vor, als wenn die dazwischen liegende Zeit ausgelöscht wäre.«[30] Begierig wurde die Einladung angenommen, Rollen aus der Vergangenheit nachzuspielen. Ganz im Geiste der Kreuzritter kleideten sich die Freikorpskämpfer in historische Gewänder, feierten in stilvollen alten Herrenhäusern wüste Trinkgelage und hielten die eigenen Erfolge für »würdig den Schlachten des Deutschritterordens gegen Polen und Tartaren«.[31] Es boten sich noch andere historische Kulissen an: die ferne Geschichte des frühen Mittelalters mit der großen Völkerwanderung und den Goten und nicht zuletzt auch die Helden des jungen preußischen Staates wie der Rebell Graf Yorck.[32]

Die verschiedenen Rollen der deutschen Geschichte wurden im Baltikum ausprobiert und gegen andere ausgetauscht, und zuweilen wirkte der Schauplatz wie ein riesiges, gewalttätiges Kostümfest. Da gab es wilde Anachronismen, wenn zum Beispiel wiederauferstandene Deutschordensritter auf selbsternannte Germanenfürsten trafen. Und trotz der Verworrenheit all dieser Identitäten fand, wie von Salomon berichtet, gleich zu gleich: »Aus der Masse aber, welche die zusammengekrachte Westfront nach dem Osten schwemmte, sonderten sich die Gleichen ab. Wir fanden uns wie auf ein geheimes Zeichen hin.« Er beschreibt Einheiten, die die Bundschuhfahne aus den Bauernkriegen trugen, und Truppen aus Hamburg, die der alten Flagge der Hanse folgten, Piratenlieder anstimmten und sich die Bärte wachsen ließen. Ein Freund setzte sich vor den Schlachten immer einen

---

29 Schmidt-Pauli, Freikorps, S. 102.

30 Hartmann, *Erinnerungen*, S. 259.

31 Nord, *Krieg*, S. 70, 79, 49, sowie Heinz, *Vorstoß*, S. 60.

32 Von Zeschau, *Streiflichter aus den Kämpfen um Litauen. Von Major von Zeschau, ehem. Führer des Sächsischen Freiwilligen-Infanterie-Regiments 18*, in: Freikorpskämpfer, hrsg. von Salomon, S. 142; Hartmann, *Erinnerungen*, S. 150; Schmidt-Pauli, Freikorps, S. 124.

Hut aus den Zeiten der Wandervögel oder der mittelalterlichen Minnesänger auf.[33]

Zu diesem wilden Treiben in einer rastlosen Zeit paßte von all den Rollen aus der Vergangenheit eine ganz besonders gut: der Dreißigjährige Krieg, den auch schon die Soldaten in Ober Ost aufgegriffen hatten. Doch jetzt wurde dieses Modell aus der volkstümlichen Geschichtsvorstellung in die reale Welt gesetzt, erwachte im grenzenlosen Freikorpsabenteuer wieder zum Leben und sprang auf die Bühne der Gegenwart. Eine typische Gestalt jener Zeit überragte alle anderen Sinnbilder: der Landsknecht. Daß gerade diese Figur in der Vorstellungswelt der Deutschen einen so tiefen Eindruck hinterlassen hatte, hing mit ihrer kulturgeschichtlichen Stellung zusammen. In seiner bunten, mit Schlitzen übersäten Tracht, mit den weiten Ärmeln und mit seinem breitkrempigen, reich mit Straußenfedern geschmückten Barett wirkte der Landsknecht derart extravagant, daß Graphiker und Maler einem solchen Sujet nicht widerstehen konnten. Als erste Figur aus dem gemeinen Volk (zusammen mit einfachen Bauern) war er in die deutsche Kulturgeschichte eingegangen und zum beliebten Objekt künstlerischer Darstellung geworden. Als sorgloser Freibeuter hatte er im kollektiven Geschichtsbewußtsein der Deutschen einen bleibenden Eindruck hinterlassen und war ein beliebter Charakter in den historischen Romanen der Romantiker. Genau wie ihre anderen Rollen spielten die Freikorps auch diese »historische Reminiszenz« mit großer Hingabe. Mit den Worten Ernst von Salomons: »So gaben die Versprengten dem verbrauchten, abschätzigen Wort einen neuen Inhalt, nannten sich mit Stolz Landsknechte und gaben ihren Kriegen landsknechtsmäßige Form.«[34] Die Freikorpssoldaten arbeiteten an ihren Erfahrungen und formten sie so lange um, bis sie zur angenommenen Rolle paßten, bis die besetzten Städte an Wallensteins Lager erinnerten und der lange Troß an die marodierenden Söldnerheere.[35] Die Kämpfe an den Grenzen wurden Wiederholungen des Wallenstein-Dramas genannt.[36] Gelegentlich wurde dieses assoziative Bedürfnis, historische Verbindungen herzustellen, bis ins Extreme verzerrt, wenn zum Beispiel ein Freikorpsmitglied beim Anblick eines explodierten Granatwerfers an die Pluderhose eines Landsknechts dachte.[37]

---

33 Salomon, Die Geächteten S. 72, 116, 69, 71.

34 Ernst von Salomon, *Die Versprengten*, in: Kampf, hrsg. von Jünger, S. 113.

35 Hartmann, *Erinnerungen*, S. 74; Zeschau, *Streiflichter*, S. 142.

36 Schmidt-Pauli, Freikorps, S. 300.

37 Nord, *Krieg*, S. 71; Erich Balla, Landsknechte wurden wir. Abenteuer aus dem Baltikum, Berlin 1932.

Nachdem die Gesellschaft des Kaiserreichs zerbrochen war, versuchten die Freikorpsoldaten mit historischen Rollenspielen eine neue Identität zu erlangen. Sie münzten ihre Begeisterung für die Geschichte in Stärke um und verachteten die Einheimischen für das »Fehlen allen historischen Denkens«.[38] Später sollten sie mit Stolz auf eine Vielzahl sich anbietender archaischer deutscher Rollen zurückblicken: »Wenn wir die Elemente erforschen, die dem deutschen Freikorpskämpfer die geistige und seelische Haltung gaben, dann können wir die Spuren aller in der deutschen Geschichte einstmals wirkenden Elemente finden, außer dem einen, dem bürgerlichen.«[39] Soeben dem Krieg entronnen, der die Moderne eingeläutet hatte, marschierten sie nun geradewärts hinein in erinnerte Vergangenheiten: »Soweit sah die Sache nach Krieg des 20. Jahrhunderts aus. Was dann folgte, waren Bilder aus der deutschen Vergangenheit: Völkerwanderung oder Dreißigjähriger Krieg.«[40] Aus dem verzweifelten Drang, Verbindungen herzustellen, der sie alle erdenklichen populären historischen Erinnerungen durchstöbern ließ, wird deutlich, wie sehr manche Deutschen unter der unerträglichen Gegenwart litten und die gebrochene nationale Identität wiederherzustellen versuchten.

Doch auch das, was diese entwurzelten Soldaten jenseits der äußersten Grenze Deutschlands vorfanden, trug nur zu ihrer weiteren Verunsicherung bei. Anstatt ihnen Selbstbewußtsein und ein Gefühl für den Sinn ihres Daseins zu geben, machte ihr Raubzug sie letztlich zu Repräsentanten von Gewalt und Macht, denen hier im Osten keinerlei Grenzen gesetzt waren. Soldaten, die von der Westfront kamen, entdeckten im Baltikum die Herrlichkeit des Krieges wieder und spielten historische Rollen; gleichzeitig spürten sie, daß sie dafür einen hohen Preis zahlten. Wegen der internationalen Verstimmungen, die sie hervorriefen, von der offiziellen deutschen Politik geächtet, fühlten sich die Abenteurer gleichwohl als Deutsche, auch wenn sie anders waren als die Landsleute zu Hause. Einer von ihnen berichtete: »Damals sangen die Soldaten im Baltikum ein Marschlied, dessen erster Vers begann: ›Wir sind die letzten Deutschen, die am Feind geblieben.‹ Nun fühlten wir uns als die letzten Deutschen überhaupt.«[41] Gleichzeitig waren sie sich ihres Deutschtums keineswegs sicher, was nicht zuletzt daran lag, daß sie als Söldner unter verschiedenen Fahnen kämpften: erst als Letten gegen den Bolschewismus, dann als Russen für die Sache des Zarentums, wobei sie sowohl die deutschen wie auch

38 Hartmann, *Erinnerungen*, S. 155.
39 Salomon, Das Buch, S. 14.
40 Zeschau, *Streiflichter*, S. 142.
41 Salomon, Die Geächteten, S. 111.

die russischen Insignien trugen.[42] Diese Maskerade nahm bisweilen groteske Formen an. So sah Berichten zufolge die einheimische Bevölkerung verwirrt zu, als die Deutschen die Hymne des Zarenreichs singen wollten, aber die Worte nicht kannten und deshalb ihre neuen Adoptivlandsleute um Hilfe bitten mußten. Einige Freikorpsmitglieder, die vorgaben, Russen zu sein, aber die Sprache nicht beherrschten, vermieden es, vor den Einheimischen Deutsch zu sprechen und kommunizierten untereinander nur mit Zeichensprache.[43] Ein Freikorpskämpfer in Riga erklärte dazu ironisch: »Wir sind deutsche Soldaten, die nominell keine deutschen Soldaten sind, und schützen eine deutsche Stadt, die nominell keine deutsche Stadt ist.«[44] Und wenn man deutschen Landsleuten auf der Seite der Bolschewiken oder im Dienste der einheimischen Republiken begegnete, wurde die nationale Zuordnung noch verworrener.[45]

Auf ihrer Suche nach einer Aufgabe, die ihnen zu einer kohärenten Identität verhelfen könnte, verstrickten sich die Freikorps in wilde Pläne. Als die Unterzeichnung des Versailler Vertrags bekannt wurde, waren viele von ihnen schon geraume Zeit im Baltikum. In völliger Verkennung der umfassenderen politischen und militärischen Realität hatten sie gehofft, Deutschland würde die Verhandlungen abbrechen und den Krieg wiederaufnehmen. Sie reagierten mit Scham, Trauer und Wut auf die Unterzeichnung des Vertrags und weigerten sich schließlich rundweg, die Nachricht anzuerkennen: »[...] was geht denn das schließlich uns an?«[46] Schon vorher hatten sie nicht ganz auf dem Boden der Realität der Weltpolitik gestanden, doch jetzt brachen sie die Verbindungen mit der Außenwelt völlig ab. Deutschland wurde für viele »ein Land ohne Wirklichkeit«.[47] Sich selbst sahen die Freikorpskämpfer als »ein Volk von Heimatlosen [...] auf dem Kriegszuge«.[48] Irgend etwas mußte an die Stelle Deutschlands treten. Wirre Ideen wurden in die Welt gesetzt, um die Vorstellungen von einem neuen, kriegerischen Deutschland real werden zu lassen. Diese Ideen waren für die Freikorpsmitglieder überaus wichtig, und von den einfachen Freiwilligen bis hinauf zu den Generälen wurde ihnen viel Aufmerksamkeit gewidmet.[49] Schon war von der »Wiedererstarkung ei-

---

42 Nord, *Krieg*, S. 81.
43 Šilietis, Okupacija, S. 178 f.
44 Salomon, Die Geächteten, S. 92.
45 Waite, Vanguard, S. 120.
46 Salomon, Die Geächteten, S. 110.
47 Ebenda.
48 Hartmann, *Erinnerungen*, S. 143.
49 Rüdiger von der Goltz, Meine Sendung in Finnland und im Baltikum, Leipzig 1920.

nes soldatischen Deutschland von Osten her«[50] die Rede. Östlich der ehemaligen Grenzen würde man einen neuen deutschen Staat errichten und den Kampf gegen die Alliierten wiederaufnehmen. Im Kampf um die Eroberung des Baltikums sahen sich die Freikorpssoldaten schon als »Statthalter dieser Provinz für die noch ungeborene Nation«.[51] Als die Alliierten immer stärker auf den Abzug der Deutschen aus der Region drängten, lösten sich diese Luftschlösser nicht etwa auf, sondern wurden gleich auf der nächsten Wolke neu errichtet, denn mit dem Anschluß an die Armee der Weißgardisten entstanden umgehend neue Träume: die Wiedererrichtung des Russischen Reichs, diesmal unter der Verwaltung der Deutschen als herrschender Klasse. Als auch diese Träume zerstoben waren, fragten sich die Männer auf dem Rückweg nach Deutschland, wo sie den entscheidenden Fehler gemacht hatten, und kamen zu dem unrealistischen Schluß: »Es wäre im Sommer 1919 darauf angekommen, die 40 000 Mann, die soeben Riga genommen hatten, herumzureißen und sie gegen Polen anzusetzen.«[52]

All diese verschiedenen Träume hatten eine zentrale Vision gemeinsam, die noch aus den Zeiten von Ober Ost stammte. Die Freikorpskämpfer strebten nach »Kampf und Siedlung! Das waren die beiden Leitsterne des nun beginnenden Feldzuges.«[53] In den Deutschbalten hatten sie den »Samen eines *Herrenvolks*« gefunden, mit einer 700 Jahre währenden Tradition der Herrschaft über diese Gebiete.[54] Sie konnten sich ohne weiteres vorstellen, diese Besiedlungstradition fortzusetzen, und sogleich nach ihrer Ankunft im Osten sahen sich »Zehntausende deutscher Soldaten [...] bereits als freie Bauern auf ihren rund 80 Morgen großen Höfen sitzen, eine neue Rasse wehrhaften Bauerntums, eine kampfbereite Kette von Kolonisatoren, die eine Deutsch-Ritteraufgabe erfüllen zu müssen glaubten«.[55] Diese Vorstellung von der Besiedlung des Landes war eine starke Vision, die eine dauerhafte, stabile Identität versprach. Und Berichten zufolge wurde hier und dort auch tatsächlich mit der Besiedlung begonnen.[56] In der Vorstellung ihrer Mitglieder verkörperten die Freikorps »ewiges Soldatentum und vorwärtsdrängende[n] Kolonisationsgeist«.[57]

---

50 Schmidt-Pauli, Freikorps, S. 39.
51 Salomon, Die Geächteten, S. 112.
52 Heinz, *Vorstoß*, S. 68.
53 Hotzel, S. 51.
54 Jünger, Kampf, S. 69.
55 Hotzel, S. 51.
56 Goltz, Sendung, S. 219 f.
57 Hotzel, S. 48.

Bei solch nebulösen Plänen spielten konkrete Details eine eher untergeordnete Rolle. Was den Freikorpskämpfern wirklich am Herzen lag, wurde in groben Umrissen und allgemeinen Formulierungen skizziert – der Gedanke an »deutsche Möglichkeiten«, für sich selbst und für die Nation, die sie verloren hatten. Das Baltikum erschien ihnen jetzt als »magisches Zentrum [...], als ein neues deutsches Kraftfeld«.[58] Es »war nun [...] eine deutsche Möglichkeit. Wir wollten sie nutzen«. Bei all seinen exotischen Landschaften, historischen Assoziationen und buntgemischten Bevölkerungsgruppen war das Baltikum doch in erster Linie deshalb von so großer Anziehungskraft, weil es eben eine Möglichkeit darstellte, einen Fluchtweg zu neuen heldenhaften Perspektiven.[59]

Diese Suche nach neuen Perspektiven manifestierte sich in den Begriffen »Aufbruch« und »Vormarsch«, die nun von den Baltikumern mit einem neuen, transzendenten und mystischen Bedeutungsaspekt unterlegt wurden. Der Grundimpuls war der durch Ober Ost geprägten Vorstellung vom Osten nicht unähnlich, doch ging es nun nicht mehr um »aufräumen« und »Ordnung schaffen«, sondern nur noch um Gewalt. Das Wort »Vormarsch« hatte selbst in der Niederlage »eine tiefe, eine beglückende Bedeutung«.[60] Auch Ernst von Salomon teilte dieses Gefühl und bekannte: »Das Wort ›Vormarsch‹ hatte für uns [...] einen geheimnisvollen, beglückend gefährlichen Sinn. Im Angriff erhofften wir die letzte, befreiende Steigerung der Kräfte, ersehnten wir, das Bewußtsein zu bestätigen, jedem Schicksal gewachsen zu sein, hofften wir, die wahren Werte der Welt in uns zu erfahren.«[61]

»Vormarsch« war also weniger eine zielgerichtete, sinnvolle militärische Aktion denn ein nihilistisches Ziel an sich.[62] Im »Riga-Marschlied« standen diese Bedeutungsinhalte von »Aufbruch« und »Vormarsch« für den Sinn des gesamten Unterfangens im Baltikum.[63] Sie umfaßten auch das Sprengen von Grenzen, das schon zuvor für Ober Ost von zentraler Bedeutung gewesen war. Es ging dabei auch um innere Grenzen, und so wurde das Abenteuer Baltikum zu einer destruktiven spirituellen Erkundungsreise, wie sich ein Abenteurer erinnerte: »[...] so marschierten diese Freikorps in eine lockende

---

58 Jünger, Kampf, S. 63.

59 In den Worten Ernst von Salomons: »[...] das war möglich im Baltikum, da war alles möglich«, vgl. ders., Die Geächteten, S. 69 f.

60 Nord, *Krieg*, S. 63.

61 Salomon, Die Geächteten, S. 69, in einem Kapitel mit dem Titel *»Vormarsch«*.

62 Nord, *Krieg*, S. 64.

63 Heimdall, *Riga-Marschlied*, in: Freikorpskämpfer, hrsg. von Salomon, S. 414.

Weite, deren Grenzen jenseits einer jeglichen Berechnung und klügelnden Vernunft lag.«[64] Paradoxerweise ging es den Baltikumern bei ihren Bemühungen um den Aufbau einer neuen Identität nicht nur darum, innere Grenzen zu ziehen, sondern auch darum, sie zu überwinden. Das schlug sich, wie Klaus Theweleit in seiner Studie »Männerphantasien« belegt, unter anderem in einer Explosion sexueller Regungen und Gewalttaten nieder.[65]

Die Landschaft des Baltikums war eine in Klischees gezwängte koloniale Welt, in der sich der Freikorpskämpfer bewegte und in verschiedenen historischen Rollenspielen nach Erlösung durch militärische Metaphern suchte. Die Identität verschmolz mit einer Idee des Grenzlandes, dort wurde sie artikuliert und entdeckt. Verbunden mit dieser – zwangsläufig dynamischen – »Grenz-Identität« war eine Haßliebe zu Grenzen an sich, die erst einmal gezogen werden mußten, damit sie überwunden und durch neue Grenzen ersetzt werden konnten. Die Baltikumer schotteten sich politisch und psychisch von der Außenwelt ab, und so konnte von Salomon im Angesicht des Todes ausrufen: »Es gibt nichts auf der Welt außer mir. [...] Ich bin wirklich ganz allein. Es ist ja niemals etwas gewesen außer mir [...].«[66] Diese radikale Selbstversunkenheit fand Ausdruck in der Suche nach einer Identität, einem strukturierten Selbst, das die äußere Welt nach seinem eigenen Bild formt. Es ging aber nicht nur um die Grenze im metaphysischen, sondern auch um eine solche im politisch-realen Sinn: »Keine Grenze der Deutschen ist denkbar, die nicht einzig gebildet werden muß durch das Bewußtsein der Deutschen: bis hierher und nicht weiter.«[67] Die Baltikumer wollten »aufstoßen ein Tor durch die umklammernde Mauer der Welt« und hinausmarschieren in das offene, von Vernichtung gekennzeichnete apokalyptische Ostland.[68] Die Grenzen zwischen Klassen und Traditionen fielen, waren »plötzlich, im Augenblicke des Einsatzes restlos verwischt«.[69] Die einzige reale Grenze waren die kämpfenden Deutschen selbst. Von Salomon schrieb über diese obsessive Beziehung zu Grenzen:

»Wir lagen nun hier in knisternder Finsternis; wir suchten den Eingang zur Welt, und Deutschland lag hinten irgendwo im Nebel, wirrer Bilder voll; wir suchten den Bo-

---

64 Hotzel, S. 52.

65 Vgl. Theweleit, Männerphantasien. Zu den soziologischen Aspekten und zur Fixierung auf die Grenzen siehe: Shannee Marks, Die Grenze der Schuld. Soziologische Strukturen der faschistischen Ideologie, Opladen 1987.

66 Salomon, Die Geächteten, S. 84.

67 Salomon, Das Buch, S. 12.

68 Salomon, Die Geächteten, S. 73.

69 Jünger, Kampf, S. 114.

den, der uns die Kraft geben sollte, und dieser Boden gab sich nicht willig her; wir suchten die neue, die letzte Möglichkeit, für Deutschland und für uns, und drüben im heimlichen Dunkel barg sich jene gestaltlose Macht, die, halb bewundert von uns und halb gehaßt, unserem Drängen wehrte.«[70]

Diese unerreichbare Macht lag im Osten und im Niederreißen der Ostgrenzen, und mit jeden Schritt, mit dem sich die Freikorpsmänner vom Westen entfernten, verloren sie »ein Stück überkommenen Ballastes« und wurden leichter.[71] Für sie verband sich der – angeblich unausweichlich mit der deutschen Geschichte verbundene – »Drang nach Osten« mit den Konzepten Angriff und Mobilisierung. Im Gegensatz zu den Zielen von Ober Ost ließen sich die Freikorps im Baltikum nicht dazu einsetzen, Ordnung zu schaffen: »Truppenteile, die für die Ordnung kämpfen wollten, gab es keine.«[72] Ganz im Gegenteil, sie identifizierten sich mit dem Vorschieben der Grenzen: »Wir zogen aus, die Grenze zu schützen, aber da war keine Grenze. Nun waren wir die Grenze, wir hielten die Wege offen [...].«[73] So wie die Baltikumer bei der Neugestaltung der geistigen Vorstellung vom Osten vorgingen, erwies sich ihre Identität als gewalttätig, expansionistisch, besessen vom historischen Rollenspiel, fixiert auf Grenzen, auf Erfüllung durch Mobilisierung, und ganz den deutschen Möglichkeiten im Osten verschrieben.

Die Identität der Baltikumer gründete sich auf Gewaltbereitschaft gegenüber dem Osten, dieser bedrohlichen, überwältigenden Fremde, und man begegnete ihm mit grimmiger Gnadenlosigkeit. Der Krieg im Baltikum wurde als »Kleinkrieg« bezeichnet, doch mit einem »wilden und großzügigen Charakter«.[74] In den Augen der Freikorpskämpfer war er mit keinem anderen europäischen Krieg jüngeren Datums zu vergleichen. Um ihn in Worte zu kleiden, verglichen sie ihn mit anderen Grenzmythen: »Ein Kleinkrieg von indianerhafter Wildheit bescherte eine wildwestartige Romantik.« Ein anderer Zeitgenosse fand, er sei »viel eher einer Expedition im Innern Afrikas vergleichbar«, mit einer Kampfesweise, in die sich die deutschen Führer erst einmal hineinfinden müßten.[75] Die Deutschen gaben nicht nur ihre gewohnten militärischen Praktiken auf, sondern auch ihre Grundauffassung von Kriegführung, so wie es für einen klassischen Kolonialkonflikt typisch

70 Salomon, Die Geächteten, S. 66.
71 Jünger, Kampf, S. 64.
72 Salomon, Die Geächteten, S. 72.
73 Ebenda, S. 66.
74 Jünger, Kampf, S. 66.
75 Schmidt-Pauli, Freikorps, S. 68; Hotzel, S. 57; Hartmann, *Erinnerungen*, S. 48.

ist, der einen mit fremden, tückischen Taktiken konfrontiert: »[A]uf einmal stehen schwarze Schatten überall. Hinterhalt, Überfall.«[76] Sie paßten sich an und verloren dabei ihre vielgepriesene deutsche Disziplin. Da sie sich aber gleichzeitig auch als »Landsknechte« fühlten, ergriffen sie nur allzugern die Gelegenheit zur Imitation der überlieferten Gewalttätigkeiten des Dreißigjährigen Krieges.

Auch als konkretes Gegenüber war der Feind ein unklares Konzept, denn im Zentrum stand allein die Person des Freikorpskämpfers, der seine Identität nach außen behauptete. Die Figur des Feindes setzte sich aus vielen unterschiedlichen Bildern zusammen, aus denen sich schließlich eine verschwommene, stereotype Gestalt herauskristallisierte. Von den Bolschewiki hieß es, sie hätten eine eigentümliche Frisur, eine »Bolschewikenlocke« über »vertierten, satanischen Gesichtern«. So viele verschiedene Gestalten mußten zur Darstellung des Feindes herhalten, daß bald alles ineinander verschwamm und »alles, was in diesem Lande geschah, [...] ein bolschewistisches Gesicht [bekam]«.[77] Unter dem vagen Begriff »die anderen« wurden viele verschiedene Gegner subsumiert: deutsche Kriegsgefangene, die auf der Seite der Russen kämpften, bolschewistische Frauenbataillone, »chinesische« Rotgardisten und Letten von »orientalischer Verschmitztheit«.[78] All diese fremden Völker schienen ein einheitlicher Feind zu sein – der Osten.

Der Krieg im Baltikum wurde mit unglaublicher Härte und erschreckender Intensität geführt; und was die Freikorpskämpfer an schrecklichen Dingen taten und sahen, ließ sie immer weiter verrohen. Dieser Kolonialkrieg war ein einschneidendes Erlebnis für viele Abenteurer, die sich dann den Nationalsozialisten anschlossen, wie zum Beispiel Rudolf Höß, der spätere Kommandant von Auschwitz. Jahrzehnte danach beschrieb er während seines Prozesses nach dem Zweiten Weltkrieg, wie er von der schockierenden Transformation, die er im Osten erlebt hatte, im Innersten getroffen worden war:

»Die Kämpfe im Baltikum waren von einer Wildheit und Verbissenheit, wie ich sie weder vorher noch nachher in all den Freikorpskämpfen erlebt hatte. Eine eigentliche Front gab es kaum, der Feind war überall. Und wo es zum Zusammenstoß kam, wurde es eine Metzelei bis zur restlosen Vernichtung. Die Letten taten sich dabei besonders hervor. Dort sah ich auch zum ersten Mal die Greuel an der Zivilbevölkerung. Die Letten übten grausame Rache an ihren eigenen Landsleuten, die deutsche oder russische Soldaten der weißen Armee bei sich aufgenommen oder versorgt hat-

76 Jünger, Kampf, S. 77.
77 Hartmann, *Erinnerungen*, S. 142, 148, 264.
78 Ebenda, S. 46, 161 f.; Heinz, *Vorstoß*, S. 53.

ten. Sie steckten deren Häuser in Brand und ließen die darin Wohnenden lebendig im Haus verbrennen. Unzählige Male sah ich die grauenhaften Bilder mit den ausgebrannten Hütten und den verkohlten oder angeschmorten Leichen von Frauen und Kindern. Als ich dies zum ersten Mal sah, war ich wie versteinert. Ich glaubte damals, daß es eine Steigerung menschlichen Vernichtungswahns nicht mehr geben kann. Obwohl ich später viel grausigere Bilder fortgesetzt sehen mußte, steht mir die halbverbrannte Hütte mit der darin umgekommenen ganzen Familie dort am Waldrand an der Düna heute noch deutlich vor den Augen. Damals konnte ich noch beten und tat es!«[79]

In diesem Land ohne Grenzen fanden die Freikorpskämpfer auch ihre inneren Grenzen nicht mehr. Sie wüteten ziellos und verzweifelt in Landschaften, die von Vernichtung gekennzeichnet waren. Ihren Höhepunkt erreichte die fortschreitende Brutalisierung der Baltikumer mit der Niederlage, als Bermondts Phantasien endgültig scheiterten. Einige seiner Pläne wirkten wie eine merkwürdige Nachahmung der Ziele von Ober Ost. Zur Finanzierung seiner Unternehmungen und Entlohnung der Soldaten führte er eine eigene, völlig wertlose Währung ein, die angeblich durch die Wälder des Zarenreichs gedeckt war.[80] Als sich dies als unpraktikabel erwies, schlug er vor, Einheimische als Sklavenarbeiter in den Sägewerken heranzuziehen, zur Holzproduktion für den Versand nach Deutschland.[81] Bermondts Truppen gingen in Lettland und Nordlitauen mit außergewöhnlicher Brutalität vor. Der Anblick litauischer Soldaten und Offiziere, Symbole eines konkurrierenden Anspruchs auf das Land, erbitterte sie aufs äußerste. In Schaulen und Kowno griffen einige Hasardeure die Stadtgarnisonen an und töteten mehrere Soldaten. Einheimische Polizisten wurden überfallen. Vielerorts nahmen die Freikorpskämpfer Schulen in Besitz, vertrieben Schüler und Lehrer und nutzten die Gebäude für ihre eigenen Zwecke, als Kasinos oder Lazarette. Das Freikorps Diebitsch verletzte Berichten zufolge bei der Inbesitznahme des Gymnasiums von Schaulen am 30. September 1919 vierzig Lehrer und Schüler. Im März lief auf dem Marktplatz von Schaulen ein Soldat Amok, schoß wahllos auf Passanten und tötete drei Menschen, darunter ein junges Mädchen – ein Beweis für die psychische Instabilität der Freikorpskämpfer. Freikorpsmitglieder brannten zum Spaß ganze Parks und Obstplantagen nieder, indem sie Benzin gegen Bäume schütteten und diese

79 Rudolf Höß, Kommandant in Auschwitz. Autobiographische Aufzeichnungen von Rudolf Höß, Stuttgart 1958, S. 34 f.

80 Sullivan, *Campaign*, S. 38.

81 Waite, Vanguard, S. 130.

dann anzündeten.[82] Ihrer pathologischen Wut und ihrem Zerstörungsdrang ließen sie freien Lauf. Einer erklärte: »Was wir wollten, wußten wir nicht, und was wir wußten, wollten wir nicht. Krieg und Abenteuer, Aufruhr und Zerstörung und ein unbekannter, quälender, aus allen Winkeln unserer Herzen peitschender Drang!«[83]

Diese Ereignisse stärkten die Entschlossenheit der Einheimischen, und die Freiwilligenarmeen bereiteten sich auf den entscheidenden Gegenschlag vor. Zuvor ergriff Bermondt am 8. Oktober 1919 die Initiative und belagerte Riga, doch die Letten hielten die Stellung und wurden bald darauf von zwei estnischen Panzerzügen unterstützt. Das Eingreifen der britischen Flotte vor Riga zwang Bermondt dann zum Rückzug. Bermondts Phantasien hatten – in einem größeren Zusammenhang gesehen – sehr reale politische Folgen, denn seine Niederlage vor Riga vereitelte den Plan eines konzertierten Angriffs der Weißgardisten auf breiter Front. Und so begann Judenitsch mit seiner Nordwestarmee ohne Unterstützung mit dem Angriff auf Petrograd. Seine zunächst beachtlichen Erfolge führten letztlich aber nicht zum Sieg. Nun stand Bermondt seinerseits ein langwieriger Rückzug bevor. Bei Thorensberg wurde die Eiserne Division eingekesselt und wäre vollständig vernichtet worden, wenn nicht das Freikorps von Rossbach in einem Gewaltmarsch von Berlin aus zu ihrer Rettung herbeigeeilt wäre. Ende November setzten nach Litauen abziehende Truppen die Stadt Mitau in Brand. Eberhardt, der Nachfolger von Goltz, wollte über einen Rückzug verhandeln, doch auch hier ließen die Einheimischen ihrer Wut freien Lauf und schlugen die Deutschen am 21. und 22. November in Radviliškis mit einer erbarmungslosen Attacke, die den ganzen Tag währte und in einem Bajonett-Nahkampf gipfelte. Auf dem Rückzug von Riga zur Grenze Ostpreußens ließen die Soldaten eine breite Spur der Zerstörung zurück: »Die [...] Einheiten der Eisernen Division und der Deutschen Legion entluden ihre ganze Verzweiflung und Wut in einem wilden Gewaltstoß gegen die Nitau umklammernden Letten. [...] Dörfer flammten auf, und Gefangene wurden niedergemetzelt, auf den zurückhastenden Wagen türmte sich das geplünderte Gut, der Truppenstolz wich einer chaotischen Rachsucht und Vernichtungsfreude. Die Führung war machtlos oder sah mit ingrimmiger Genugtuung zu.«[84] Das blutige Ende des Raubzugs im Baltikum bewirkte die völlige Ver-

---

82 Šilietis, Okupacija, S. 156, 171, 155, 183; Puzinas, Rinktiniai, S. 273–280.

83 Salomon, Die Geächteten, S. 72 f.

84 Friedrich Wilhelm Heinz, Die Nation greift an. Geschichte und Kritik des soldatischen Nationalismus, Berlin 1933, S. 73.

rohung der Abenteurer, formte eine nihilistische Identität, die nur noch auf Eroberung und Zerstörung aus war.

Am 13. Dezember 1919 wurden die letzten Freikorpseinheiten aus Litauen zurück auf preußisches Gebiet gedrängt. Von den Offizieren wieder in ordentliche Formationen gebracht, marschierten sie nach Deutschland zurück und machten dort großen Eindruck. Der Baltikum-Kämpfer »trug mit seinen Fahnen die Symbole einer einmaligen Welt, die Zeichen einer entsetzlichen und großartigen Landschaft in die Ebene der bürgerlichen Vorstellungsformen«.[85] Mit seiner Identität und seinen Erinnerungen nahm mancher Soldat einiges aus dieser Welt und Landschaft mit nach Hause. Real gesehen war das Baltikum-Unternehmen gescheitert, doch die Baltikumer hofften, ihr neuer Geist möge sich zu Hause zu einer bedeutsamen Kraft entwickeln.[86] Genau dies befürchtete auch die deutsche Regierung, und daher wurden Mitte März diese Einheiten demobilisiert.[87] Um ihre Leute zusammenzuhalten, organisierten die Führer der Freikorps Lager für landwirtschaftliche und Kolonisationsarbeiten.[88] Auf der Suche nach einer neuen politischen Ausrichtung stießen die Freikorps schließlich auf die Nationalsozialisten, in deren Programm sich die Zielsetzungen von Expansion und Krieg im Osten wiederfanden, und wurden zu einem kleinen, aber wichtigen Teil ihrer Unterstützer. Im letzten Vers des Marschlieds »Die Baltenfahne« heißt es, die Fahne verlange von den Deutschen, »Nach Ostland sie zu tragen / Sie will, sie muß dorthin.«[89] Man hatte die vage Vorahnung, daß die eigene Identität wieder gen Osten gelenkt werden würde.

Im Wüten der Freikorps spiegelte sich eine ganze Reihe der schon in Ober Ost angelegten Entwicklungstendenzen wider – allerdings in übersteigerten, extremen und verrohten Formen. Dieses Abenteuer war die Fortsetzung der militärischen Utopie mit anderen Mitteln. Für die Freikorps war der Osten eine Welt ohne Grenzen, in der Gewalt das einzige Ordnungsprinzip darstellte. Das Unternehmen, von dem sie gehofft hatten, es würde ihnen eine stabile Identität, Ehre und Siedlungsmöglichkeiten für deutsche Soldaten bringen, trieb sie in Realitätsverlust und Wahn. Die so brutalisierten Baltikumer hegten nun noch größeren Haß auf diesen monolithischen, bedrohlichen Osten, der sie zuerst verändert und dann besiegt hatte.

---

85 Jünger, Kampf, S. 92 f.

86 Hartmann, *Erinnerungen*, S. 163.

87 Sullivan, *Campaign*, S. 41.

88 Waite, Vanguard, S. 137–139.

89 Salomon, Das Buch, S. 214.

Der Triumph des Raums

Die Ostfronterfahrung im Ersten Weltkrieg und die Ambitionen der Militärverwaltung Ober Ost hinterließen ein schicksalträchtiges Vermächtnis, das in der Nachkriegszeit das Bild der Deutschen vom Osten prägen sollte. Die in der Weimarer Republik daraus gezogenen Schlußfolgerungen wurden durch politische Agitation und Propaganda in eine dauerhafte Form gegossen, und nach 1933 machten sich die Nationalsozialisten daran, diesen radikalisierten Mythos vom Osten im Rahmen ihrer ideologischen und außenpolitischen Zielsetzungen in gewalttätiges Handeln umzusetzen.

Für die Bewertung der Niederlage der Deutschen im Ersten Weltkrieg sind das Ostfronterlebnis und die daraus gezogenen »Lehren« von zentraler Bedeutung. Zunächst einmal war von den Ereignissen eine große Zahl von Menschen betroffen. Außer den 2 bis 3 Millionen Männern, die an der Ostfront kämpften oder in den besetzten Gebieten tätig waren, nahmen indirekt, durch die Propaganda der Führung von Ober Ost und der Annexionisten, noch viel mehr Menschen in der Heimat an diesen Ereignissen teil. Nach dem Krieg tauschten die Veteranen in Gaststätten oder auf Familienfeiern ihre Erinnerungen aus. In den folgenden Jahrzehnten gab es in Berlin mehrere Treffen hoher Verwaltungsbeamter von Ober Ost, bei denen diese sich an ihre »Kriegsarbeit« erinnerten und an denen oft Hindenburg und anfangs auch Ludendorff teilnahmen.[1] Auch in gedruckter Form wurden die Erfahrungen verarbeitet. Die Veteranen, die den Geschehnissen einen tieferen Sinn zu entlocken versuchten, produzierten ein eigenes Genre, die »Soldatenliteratur«.[2] Zahllose Schriftsteller stellten den Krieg als transformierendes Ereignis dar, das in den Schützengräben der Westfront unter dem Getöse einer immensen Materialschlacht einen »neuen Menschen« ins Leben gehämmert habe.[3] Ernst Jüngers vielgelesene Werke »In Stahlgewittern« (1920) und »Der Kampf als inneres Erlebnis« (1922) lieferten eine heroische Interpretation dieses Blutbades. Auch Remarque beschreibt in seinem Roman »Im Westen nichts Neues« eine neue, transformierte, zugleich aber auch beschädigte Generation und ein

1 BAMA, N 196/1, Heppe, Bd. V, S. 112; BAMA N 98/1, Goßler, S. 128 f.

2 Karl Prümm, Die Literatur des Soldatischen Nationalismus der 20er Jahre (1918–1933), Kronberg 1974; Eksteins, Tanz über den Gräben, S. 410 ff.

3 Hüppauf, *Langemarck*, S. 70–103; Winter, Sites, S. 199.

neues Zeitalter, bezieht allerdings weniger klar Stellung. Die Mythologisierung der Schützengräben wurde von Schriftstellern der unterschiedlichsten politischen Provenienz betrieben, die alle einen gemeinsam Mythos teilten und diese Kriegserfahrung zur Entwicklung der Politik einer neuen Generation nutzten, sei sie nun politisch rechts oder links anzusiedeln.

Sowenig das Erlebnis an der Ostfront mit dem an der Westfront gemeinsam hatte, so verschieden waren auch die Methoden der Verarbeitung und Mythologisierung. Zum Beispiel gab es zum Thema Ostfront kaum Literatur. Das bekannteste literarische Werk war der bereits mehrfach genannte Roman »Der Streit um den Sergeanten Grischa« von Arnold Zweig, der darin seine Erfahrungen in der Verwaltung von Ober Ost verarbeitete und die Strukturen der Staatsgewalt verurteilte, die unter dem Deckmantel des Krieges Herrschaft über den einzelnen ausübt. Dieser Roman war in Deutschland wie im Ausland sehr erfolgreich, und es wurde sogar ein Kinofilm danach gedreht. So wie Zweigs Werk als östliches Pendant zum Roman von Remarque gelten kann, findet sich Jüngers Drang, den Krieg zu mythologisieren und zu feiern, in Walter Flex' Roman »Der Wanderer zwischen beiden Welten« wieder, wenn auch mit deutlichen Unterschieden.[4] Während Jünger die neuen Sturmtruppen in kraftstrotzenden und stählernen Beschreibungen feiert, sind die Erfahrungen von Flex zwiespältiger. Das vielgelesene Buch (das 1917 erschien und von dem in knapp zwei Jahren in 39 Auflagen 250 000 Exemplare verkauft wurden) war seinem Kameraden Ernst Wurche gewidmet, einem idealistischen Wandervogel, der im Osten ums Leben kam.[5] Zentrales Thema im Roman ist das Hin und Her zwischen natürlichen und übernatürlichen Welten, in dem sich der Osten als gespenstisches, von Verlust geprägtes Land zeigt. Bei Jünger obsiegt am Schluß die brutale Vitalität, der Roman von Flex hingegen erhält dadurch, daß der Autor 1917 beim Sturm auf die Ostseeinsel Ösel fiel, eine andere moralische Aussage. Flex wurde in »deutschem Boden« in der Nähe einer Burg des Kreuzritterordens begraben, weit im Osten, wie sein Freund Wurche. Während also das Erlebnis an der Westfront durch die Erschaffung eines neuen Menschen aus Stahl einen Sinn erhielt, verlor sich jeder Ansatz, dem Ostfronterlebnis einen heilbringenden Wert zuzuschreiben, im Gewirr ferner Länder, historischer Erinnerungen und unerfüllter Visionen von Besiedlung und »Kultur«.

Für die fesselnde Darstellung der Bedeutung des Unternehmens im Osten

---

4 Walter Flex, Der Wanderer zwischen beiden Welten. Ein Kriegserlebnis, München 1917.

5 Wohl, Generation, S. 50.

waren literarische Werke jedoch bei weitem nicht so wichtig wie die Erinnerungen von Hindenburg und Ludendorff, obwohl hier – wenn auch uneingestanden – die Fiktion gleichfalls ein wesentliches Element bildete. Besonders Ludendorffs unmittelbar nach dem Krieg (1919) veröffentlichte Memoiren waren von zentraler Bedeutung. Um eine umfassende Verbreitung zu gewährleisten, wurden sie zu sogenannten »Volksausgaben« mit hohen Auflagen kondensiert. Nach einer Beschreibung der Bemühungen der deutschen Armeen um die chaotischen Länder und ihre undankbaren Einwohner erklärt Ludendorff in seinem, wie es scheint, endgültigen Urteil über die »deutsche Arbeit« im Osten: »Die Arbeit ist nicht verloren gewesen, sie hat der Heimat, der Armee und dem Lande selbst jedenfalls während des Krieges genutzt, ob noch Samenkörner im Boden geblieben sind und später Früchte tragen werden, das ist eine Frage an unser hartes Schicksal, die nur die Zukunft beantworten kann.«[6] Wenn die Mythologisierung der Ostfront ambivalenter war als im Westen, dann lag das zum Teil daran, daß in Erwartung der weiteren politischen Entwicklungen und möglicher Revisionen noch keine endgültigen Schlußfolgerungen gezogen wurden.

Anders als beim Krieg im Westen fehlte im Osten das Gefühl, daß er »abgeschlossen« war. Dennoch zog die deutsche Öffentlichkeit aus dem Erlebnis im Osten eine Reihe von Schlußfolgerungen beziehungsweise »Lehren«. Die offensichtlichste war die verbreitete Ansicht, Deutschland habe den Krieg im Osten im Grunde gewonnen und sei hier erst später aufgrund nicht nachvollziehbarer Ereignisse seiner Eroberungen wieder beraubt worden. Vor dem Hintergrund der annexionistischen Phantasien der Kriegsjahre wurde diese Schlußfolgerung um so bitterer. Golo Mann beschreibt das mit den folgenden Worten: »Der Friede von Brest-Litovsk wird der vergessene Friede genannt, aber die Deutschen haben ihn nicht vergessen. Sie wissen, daß sie Rußland geschlagen haben, manchmal betrachten sie es mit Stolz als die eigentliche, obgleich unbedankte, europäische Leistung des Krieges.«[7] Wenn der Krieg im Osten gewonnen war, wie ließ sich dann die letztendliche Niederlage erklären? Die gleiche Frage stellte man sich an der Westfront, wo die deutschen Truppen bei der Rückkehr nach Hause als »im Felde ungeschlagen« begrüßt wurden. In der Folge entstand die Dolchstoß-Legende, wonach die Niederlage durch die Schwäche und den Verrat der Heimatfront herbeigeführt worden war. Die heimkehrenden Soldaten, so

---

6 Ludendorff, Kriegserinnerungen, S. 161.

7 Golo Mann, Deutsche Geschichte des 19. und 20. Jahrhunderts, Frankfurt am Main 1958, S. 665.

hieß es, wären statt mit Dankbarkeit mit Beschimpfungen empfangen worden (was in der Realität keineswegs der Fall war).[8] Zum Thema Ostfront bildete sich in der deutschen Bevölkerung – mit einem gewissen zeitlichen Abstand – eine ähnliche Legende heraus. Nach dem Krieg standen die Völker des Ostens, die man (nach eigener Einschätzung) so großzügig kultiviert hatte, zu den besiegten Deutschen in einem völlig anderen Verhältnis.[9] Sie waren jetzt unabhängig, hatten eigene Staaten gegründet, und das rief bei ihren früheren »Vormündern« Scham und Entrüstung hervor. Ein Vertreter der Militärverwaltung fand, der wahre Fehler der Deutschen sei ihre »unglückselige [...] Schulmeistersucht in der Behandlung fremder Völker«[10] gewesen. Von Gayl erklärte: »Auf kulturellem Gebiet wurde des Guten sogar zu viel getan.«[11] Viele hegten Zweifel an der Überlebensfähigkeit der neuen unabhängigen Staaten. Der ehemalige Chef der Zivilverwaltung der baltischen Länder hielt die Einheimischen für Angehörige »kulturell wenig fortgeschrittener Völker«, die es zu Deutschland hinziehen mußte, denn: »Was Letten und Esten an Kultur besitzen, ist deutschen Ursprungs.«[12] All diesen Gedanken lag die Auffassung zugrunde, daß irgendwie die osteuropäischen Völker für das Geschehene verantwortlich waren – und dieses Ressentiment wurde noch verstärkt durch die Tatsache, daß die Ordnung, die die Armee nach Osten hatte tragen wollen, daheim nach der Novemberrevolution verlorenging, denn mit dem Zerfall der Armee schien sich der schädliche Einfluß des Ostens auch in Deutschland auszubreiten. Einer nach dem Krieg erschienenen Analyse zufolge war »der schmähliche Zusammenbruch des Ostheeres [...] das dunkelste Kapitel des ganzen Krieges«. Zurückzuführen sei dies, so der Autor, auf die demoralisierende Wirkung, die die nichtmilitärischen Arbeiten in den besetzten Gebieten auf die Soldaten hatten, auf den Einfluß der Einheimischen (insbesondere der Juden) und nicht zuletzt auf das bolschewistische Gedankengut, das die Soldaten von diesen Men-

---

8 Richard Bessel, *The Great War in German Memory: The Soldiers of the First World War, Demobilization, and Weimar Political Culture*, in: German History (April 1988), S. 20–34.

9 Noch in den sechziger Jahren wurde in überblicksartigen Darstellungen von bekannten deutschen Historikern die Kulturpolitik im Osten betont: Walther Hubatsch, Germany and the Central Powers in the World War, 1914–1918, Lawrence 1963, S. 66.

10 BAMA, N 196/1, Heppe, Bd. V, S. 145.

11 BA, N 1031/2, Gayl, S. 283, 149.

12 (Hoover Library) Verwaltungsbericht der Zivilverwaltung der baltischen Lande. 15. August bis 15. Dezember 1918, S. 17.

schen übernahmen.[13] Deutschland schien also auch von dem besetzten, gefährlichen Osten erdolcht worden zu sein.

Die zweite Lehre, die aus der ersten unmittelbar folgte, war die der Bedrohung durch den Osten. Jetzt blickte man mit noch größerer Angst nach Osteuropa, mit Angst vor dem Bolschewismus. Die Revolution in Deutschland, die Straßenkämpfe, die nach bolschewistischem Vorbild inszenierten Unruhen erschienen als heranflutendes östliches Chaos. Der Bolschewismus war ein konkurrierendes Modell zur Ordnung von »Land und Leuten« im Osten, eine andere Blaupause für die Zukunft. So wurde dem Puzzle deutscher Vorstellungen von Rußland, den traditionellen Bildern von Repression, Schmutz und Chaos, ein neues Element hinzugefügt. Diese Furcht breitete sich nach dem Krieg in ganz Westeuropa aus, was sich in diplomatischen Bemühungen zur Errichtung eines *cordon sanitaire* um die Sowjetunion niederschlug, der eine weitere Ausbreitung des revolutionären Internationalismus verhindern sollte.

Die dritte Lehre betraf die Bedeutung der Grenzen. Die während des Krieges entstandene Obsession in bezug auf Grenzen kehrte in neuer Form zurück. In der Weimarer Republik erlangte dieses Thema in der politischen Agitation eine zentrale Bedeutung. In ganz Europa mit seinen neugezogenen Grenzen und verstreuten Minderheiten stand eine Politik der »Irredenta«, der Heimholung der unter fremder Herrschaft stehenden Gebiete, auf der Tagesordnung. In Deutschland wurde das Thema der »blutenden Grenzen« auch in die Schulen hineingetragen und politisiert: Auf keinen Fall sollte in Vergessenheit geraten, daß Deutschland im Zuge eines Vertrages, dem es vorgeblich um die Bewahrung der nationalen Selbstbestimmung ging, um zehn Prozent seiner Bevölkerung und um 13 Prozent seines Territoriums beraubt worden war. Über alle sozialen und politischen Gräben hinweg waren sich die Deutschen in ihrer Ablehnung der neuen Grenzen einig. Dieser revisionistische Ansatz zog sich wie ein roter Faden durch die gesamte Außenpolitik der Weimarer Republik.[14] Wieder machte sich ein Gefühl der »Einkreisung« breit, manch ein Historiker sprach sogar von »Massenklaustrophobie«. In Zeitungsartikeln und in der Unterhaltungsliteratur wurde Deutschland nach den territorialen Verlusten als in »erstickender Enge« gefangen dargestellt. Eine Studie zur politischen Kartographie zeigt, wie Geographen und politische Aktivisten bei der Herstellung von Landkarten immer geschickter die unannehmbaren Folgen des Versailler Vertrags sicht-

---

13 Altrichter, Kräfte, S. 180.

14 Detlev J. K. Peukert, The Weimar Republic: The Crisis of Classical Modernity, New York 1993, S. 201.

Karte 5: Osteuropa in den zwanziger Jahren

bar werden ließen, was »die Debatte über die deutsche Selbstbestimmung zunehmend ins Kartographische« verlagerte. Die diesen Landkarten zugrundeliegenden Propagandamethoden werden häufig fälschlich dem NS-Regime zugeschrieben; sie stammen jedoch aus jener früheren Periode der nationalistischen Mobilisierung, was zeigt, in »welchem Umfang der Expansionsdrang des NS-Staates der Öffentlichkeit schon in den zwanziger Jahren überzeugend nahegebracht und schmackhaft gemacht wurde«.[15]

15 Guntram Henrik Herb, Under the Map of Germany: Nationalism and Propaganda, 1918–1945, London 1997, S. 2, 4.

Beim Thema Grenzen ging es jedoch keineswegs nur um die nun von Deutschland abgespaltenen Provinzen, sondern auch um die zuvor von den Deutschen besetzten Gebiete, wo deutsche Soldaten gekämpft hatten und gefallen und begraben waren. In allen Ländern, die am Krieg teilgenommen hatten, entstand ein »Kult um den toten Soldaten«, der sich in der Pflege der Soldatengräber und der Errichtung eines Grabes für den unbekannten Soldaten manifestierte.[16] Doch die deutsche Variante war anders, nicht nur aufgrund der doppelt intensiven Trauer nach der Niederlage, sondern auch deshalb, weil dieser Krieg auf fremdem Boden stattgefunden hatte, wo sich nun zahllose Gräber junger Deutscher befanden. Es kam der Gedanke auf, Deutschland reiche so weit wie seine Gräber, in alle Länder, deren Boden mit dem Blut deutscher Soldaten getränkt war. Dieses Konzept war erstmals während des Krieges in annexionistischen Parolen verbreitet worden, in denen behauptet wurde, wenn die Gebiete, in denen Deutsche geblutet hatten, nicht deutsch würden, hätte ihr Opfer keinen Sinn gehabt. Bald sollte dieses Gedankengut eine Eigendynamik entwickeln. Einige Architekten planten in ihren Projekten für den Osten einen Ring aus »Totenburgen«, monumentalen Denkmälern, die auf den ehemaligen Schlachtfeldern errichtet werden sollten (ein Plan, der später von den Nationalsozialisten aufgegriffen wurde).[17] Vorbild dieser phantastischen Projekte war das Tannenberg-Denkmal, das einer gigantischen, gespenstischen Deutschordensburg ähnelte. In diesem Monument, das 1927 in einer symbolbeladenen nationalistischen Zeremonie eingeweiht wurde, sollte Hindenburg, der Held dieser Schlacht und jetzige Reichspräsident, zur letzten Ruhe gebettet werden, umgeben von den Gräbern seiner Soldaten im Osten (1935 wurde er tatsächlich dort beigesetzt).[18] In der Weimarer Republik verband sich dieser Totenkult mit der Besessenheit, die das Thema Grenzen auslöste. Die bereits zuvor erhobenen Ansprüche auf »Landbesitz« wurden nun auch mit den dort gefallenen Soldaten begründet. Walter Flex' Geschichte der in »deutschem Boden« bestatteten Helden stellte ein uneingelöstes Versprechen dar. Schon für sich allein

---

16 Mosse, Gefallen für das Vaterland; Winter, Sites.

17 Siegfried Scharfe (Hg.), Deutschland über Alles. Ehrenmale des Weltkrieges, Königstein 1938; Mosse, Gefallen für das Vaterland, S. 107 ff.; Meinhold Lurz, Kriegerdenkmäler in Deutschland, Bd. V: Drittes Reich, Heidelberg 1986, S. 123–133, 356–358; Sabine Behrenbeck, Der Kult um die toten Helden. Nationalsozialistische Mythen, Riten und Symbole 1923–1945, Vierow 1996.

18 Jay W. Baird, To Die for Germany: Heroes in the Nazi Pantheon, Bloomington 1990, S. 5 f.; Mosse, Gefallen für das Vaterland, S. 120 ff., Wheeler-Bennett, Wooden Titan, S. 315 f.

waren die Grenzthematik und der Kriegstotenkult von großer Bedeutung, zusammengenommen wog vor allem ihr emotionales Gewicht noch schwerer.

Die wichtigste Lehre aus den gescheiterten Plänen zur Strukturierung, Gestaltung und Neuordnung des Ostens war folgende: Anstatt sich um die kulturelle Weiterentwicklung dieser Gebiete zu bemühen (wie man es – wenn auch in zynischer Berechnung – in Ober Ost getan hatte), sollte man den Osten – objektiver und gefühlloser – als »Raum« sehen. 1915 hatten die Deutschen in den eroberten Gebieten zunächst die Verschiedenartigkeit dieser Länder und Völker wahrgenommen, doch dann hatte die Niederlage zu einer heftigen inneren Gegenreaktion geführt. Mit dem Scheitern aller Pläne, der Verschiedenartigkeit »Herr zu werden«, verschwand die Vielfalt auch aus dem Bild der Deutschen vom Osten. Die Niederlage und die damit verbundene Erniedrigung führten dazu, daß auch die frühere Wahrnehmung dieser Länder abgelehnt wurde, bis schließlich der Osten nicht länger ein kompliziertes, buntes Puzzle aus Sprachen, Völkern und Geschichten war, sondern ein undifferenziertes, chaotisches und schmutziges Gebiet voller bedrohlicher, unbeherrschbarer, rückständiger und schmutziger Völker. All das fügte sich zu einer riesigen, drohenden Gestalt, wurde *der* Osten. Diese wichtige Transformation war vollendet, als die Begriffe »Land« und »Leute«, die vorher zur Beschreibung des Ostens verwendet worden waren, durch eine neue Formulierung ersetzt wurden, und zwar durch »Volk und Raum«. Mit dem Begriff »Volk« sollte der rassische Aspekt betont und die »fremden Völker« zu Trägern unveränderlicher ethnischer Grundzüge reduziert werden. Die von ihnen besiedelten Territorien waren nicht länger »Länder«, also Gebiete mit historischen Zusammenhängen und einem inneren Zusammenhalt, mit Organisationsformen und einem klaren eigenständigen Sinn, sondern wurden unter das »neutrale« Konzept »Raum« eingeordnet. Der Begriff »Raum« war triumphierend ahistorisch, »wissenschaftlich«.

Mit der Formulierung »Volk und Raum« wurde eine entscheidende konzeptionelle Schranke durchbrochen. Nun hatten die Länder und Menschen im Osten keinen Anspruch mehr auf eine unabhängige Existenz, sondern waren nur noch Zahlen und Objekte, Ressourcen, die man ungehemmt ausbeuten konnte. Dieser schicksalsschwere konzeptionelle Durchbruch beinhaltete die zentrale Lehre des Kriegserlebnisses im Osten. Der Imperativ für die Zukunft lautete: Weg mit den Völkern und her mit dem Raum. Das Projekt »deutsche Arbeit« im Osten war nicht an der Planung oder an den Strukturen der Besatzung gescheitert, sondern vielmehr an der Natur der fremden Menschen, die die Besatzer so großzügig unter ihre Fittiche genommen hatten. »Raum« war das entscheidende Konzept für eine zukünftige Begegnung mit dem Osten, ein Programm in einem einzigen Wort. »Raum« war nicht nur eine Beschreibung, sondern enthielt auch die Konnotationen »aufräumen« und »wegräumen«. Das eröffnete völlig neue Möglichkeiten, machte schreckliche Optionen »denkbar«.[19]

In der Weimarer Republik wurde »Raum« zu einem wichtigen Konzept, das rasch die Literatur und das Denken der Deutschen durchdrang. Der Geograph Ewald Banse faßte in seinem popularisierenden, 1932 erschienenen Werk »Raum und Volk im Weltkriege« die Lehren des Krieges in diese Kategorien (und rief damit internationale Proteste hervor).[20] Arthur Moeller van den Bruck sagte in seinen politisch-mystischen Schriften, insbesondere in seinem Werk »Das Dritte Reich«, den Zusammenbruch des Westens vorher und sah für die Deutschen ein neues Schicksal voraus, in enger Verknüpfung mit dem »Raum und Volk« im Osten.[21] Einen enormen Einfluß hatte Hans Grimms Bestseller »Volk ohne Raum«, von dem fünf Jahre nach der Erstveröffentlichung 1926 bereits über eine Viertelmillion Exemplare verkauft waren.[22] Der Held des Romans entflieht der Enge Deutschlands und macht sich auf die Suche nach mehr Raum in den Kolonien. Dort muß er jedoch erkennen, daß die Briten schneller waren, und kehrt verzweifelt nach Deutschland zurück (um dann, als er die Kunde vom Raum zu Hause verbreiten will, von einem Sozialdemokraten ermordet zu werden). Die politische Rechte verwendete diesen Romantitel als Motto und brachte damit ein ganzes Bündel aktueller Ängste auf einen Nenner: die Furcht vor den Auswirkungen der Industrialisierung, vor der Verstädterung, der Klassenaufsplitterung und nicht zuletzt vor der weltpolitischen Schwäche Deutschlands. Im Grunde hatte der Buchtitel eine viel größere Wirkung als die Erzählung selbst und ging als Schlagwort in den allgemeinen Sprachgebrauch ein.

In der Weimarer Republik fanden diese Überlegungen in zwei neuen »Wissenschaften« institutionalisierten Ausdruck: in der Geopolitik und in der »Ostforschung«. Die Geopolitik behandelte Menschen und Staaten als Organismen, die völlig den Gesetzen Darwins unterworfen waren. Sie war aus der

---

19 Zum Nachweis des verstärkten Gebrauchs siehe BA, N 1031/2, Gayl, S. 117 f., 284.

20 Ewald Banse, Raum und Volk im Weltkriege. Gedanken über eine nationale Wehrlehre, Oldenburg 1932.

21 Stern, Politics of Cultural Despair, S. 239.

22 Francis L. Carsten, *»Volk ohne Raum«: A Note on Hans Grimm*, in: Journal of Contemporary History (April 1967), S. 221–227.

Geographie heraus entstanden und hatte ihren Ursprung wohl in Friedrich Ratzels 1886 veröffentlichtem Artikel »Die Gesetze des räumlichen Wachstums von Staaten«. Für Ratzel war der Staat ein Organismus, der den Naturgesetzen gehorchte. Er ermittelte sieben dynamische Gesetze der natürlichen Expansion von Staaten. Als bloße Ausdrucksformen dieser Gesetze waren Grenzen keine dauerhaften beziehungsweise formalen politischen Demarkationen, sondern Kraftlinien und Kraftfelder, um die herum ein Staat je nach »Gesundheitszustand« wuchs oder schrumpfte. Ein »gesunder« Staat bedurfte eines expansiven geographischen oder »räumlichen« Bewußtseins. Zwar wollte Ratzel den Vergleich zwischen Staat und Organismus nur als Metapher und keineswegs wörtlich verstanden wissen, doch wurde seiner persönlichen Zurückhaltung kaum Beachtung geschenkt. Sein Gedanke wurde in einer gröberen Form verbreitet, ebenso wie der von ihm geprägte Begriff »Lebensraum«, der das Territorium bezeichnet, das eine Rasse oder ein Staat zum Überleben beziehungsweise zum Wachstum brauchen.

Um die Jahrhundertwende kursierten allenthalben geopolitische Konzepte, die auch in Deutschland auf Interesse stießen. Der Amerikaner Alfred Mahan maß der Dynamik der modernen Seemacht entscheidende Bedeutung bei. Der Brite Halford Mackinder faßte seine deterministische *new geography* in dem berühmt gewordenen Aphorismus zusammen, die Herrschaft über Osteuropa sei der Schlüssel zum Herzland (Zentraleurasien), das wiederum die Weltinsel Eurasien dominiere. Für die publizistischen Fürsprecher einer wilhelminisch geprägten, energischen »Weltpolitik« waren die Gedanken von Mahan und Mackinder Bestätigung und Rechtfertigung des Anspruchs Deutschlands auf internationalen Einfluß gemäß seiner wirtschaftlichen Stärke. Zu Beginn des 20. Jahrhunderts faßte der schwedische Staatswissenschaftler Rudolf Kjellen die Konzepte der Geopolitik zusammen und prägte damit den Begriff. Deutschland, das damals kurz vor der Beherrschung ganz Mitteleuropas zu stehen schien, griff dieses Gedankengut bereitwillig auf und zeigte, was ihn ihm steckte.

Die zentrale Figur in der neuen Geopolitik war Karl Haushofer. Generalmajor Haushofer hatte im Krieg an der Universität München Geographie unterrichtet und warb energisch für seine Überzeugungen. Ein Institut für Geopolitik wurde ins Leben gerufen, und 1924 erschien erstmals die »Zeitschrift für Geopolitik«. Auf Anregung von Haushofers Schüler Rudolf Hess und des nationalsozialistischen Landwirtschaftsexperten Walter Darré wurde 1931 eine Arbeitsgruppe für Geopolitik gegründet. Von 1922 bis 1939 war Haushofer fast jeden Monat auf öffentlichen Veranstaltungen und im Radio zu hören und publizierte ständig neue Schriften. Aufbauend auf Ratzel, Mackinder und Kjellen, behauptete er kategorisch, ein Viertel aller Realität sei geographischer Natur. Seiner Ansicht nach sollte die Geopolitik das geographische Bewußtsein des Staates sein.

Mit dieser überaus wirksamen Eigenwerbung und mit umfassenden Ansprüchen an die Zukunft ihres Fachs wollten sich die Geopolitiker eine Einflußsphäre im Dienste des kommenden totalen Staates sichern. Der Schwerpunkt dieser Disziplin, die (an die »Kriegsgeographie« angelehnte) sogenannte »Wehr-Geopolitik«, bot wohlfeile Rechtfertigungen für eine aggressive Außenpolitik. Sie versprach nicht nur rhetorische Argumente, sondern auch wichtige Informationen zu liefern, denn die Geopolitiker konzentrierten sich auf zwei Ziele: die umfassende Sammlung von Informationen für Planungszwecke und die Entwicklung von Propagandamethoden zur Förderung des interpretatorischen Instrumentariums. Ihre Bemühungen zielten auf die aktuelle Lage Deutschlands und deren mögliche Veränderung ab. Ein Sinnbild für die nach dem Ende des Kriegs herrschende Besessenheit von diesem Thema war Haushofers 1927 erschienenes Werk »Grenzen in ihrer geographischen und politischen Bedeutung«, in dem er die Veränderbarkeit von Grenzen betonte, da sie durch die politischen Kraftverhältnisse und das geographische Bewußtsein geformt würden.[23] Die Geopolitik griff äußerst erfolgreich die Themen auf, die in der Weimarer Republik Unzufriedenheit hervorriefen, und münzte sie zu territorialen Fragen um.

Der intellektuelle Einfluß der Geopolitik auf die deutsche Öffentlichkeit stand in keinem Verhältnis zu ihrer institutionellen oder akademischen Bedeutung. Sie schien eine technische, wissenschaftliche Grundlage für das Streben nach territorialer Revision und der Verwirklichung der expansionistischen Pläne zu liefern. Die Konzepte »Raum« und »Raumbewußtsein« entfalteten eine starke mobilisierende Wirkung. Der wohl augenfälligste Propagandaerfolg lag in der innovativen Gestaltung von Landkarten, die Haushofer entscheidend prägte. Er legte den Grundstein für neue Normen bei der Erstellung politischer Landkarten, die kühn auf ein einziges Ziel ausgerichtet waren. Während die Geographen traditionell die objektive Wiedergabe der Gestalt der Landschaft anstrebten, waren die Karten der Geopolitiker mit ihren dynamischen Pfeilen, stark kontrastierenden Farbblöcken und vereinfachten Symbolen richtiggehende politische Programme. Auf diese Weise veränderte die Geopolitik die Grundlagen, nach denen die Deutschen ihre politische Lage beurteilten. Geopolitiker, Journalisten und Aktivisten unter den im Ausland lebenden Deutschen kultivierten in der Weimarer Republik

---

23 Karl Haushofer, Grenzen in ihrer geographischen und politischen Bedeutung, Berlin 1927.

eine regelrechte geographische Hysterie, eine Massenklaustrophobie, die die Ablehnung des schmachvollen Versailler Vertrags und der damit in Verbindung gebrachten demokratischen Regierung mit territorialen Fragen verknüpfte und sie nach außen lenkte.[24]

Als zweite »Wissenschaft« befaßte sich die sogenannte »Ostforschung« mit diesem Themenkomplex.[25] Dabei wurden angeblich neutrale, multidisziplinäre akademische Forschungsarbeiten in den Disziplinen Ethnographie, Archäologie und Geschichte in den Dienst der Grenzrevision im Osten und der Realisierung territorialer Besitzansprüche gestellt. Der Ostforschung gewidmete Universitätsinstitute und Verbände versuchten mit »ethnozentrischen geopolitischen und kultur-geographischen Konzepten« eine breite Grundlage für die Fortsetzung der deutschen Mission im Osten zu entwikkeln. Mit einem umfassenden interdisziplinären Ansatz verschiedener Wissenschaftsbereiche sollten »die zur Untermauerung der auf diesen Konzepten gründenden politischen Ansprüche erforderlichen Nachweise erbracht werden«.[26]

Der zentrale Gedanke, der Geopolitik und »Ostforschung« und ihre von der konservativen Rechten popularisierten Versionen miteinander verband, manifestierte sich im Begriff »Boden«. Um diesen Terminus herum entwikkelte sich bald ein umfassendes »wissenschaftliches« Wortfeld, das Albrecht Penck, Professor für Geographie in Berlin, erstmals formulierte. Bezugnehmend auf Ratzels Definition der »nach deutschem Charakter« geformten »deutschen Kulturlandschaft«, differenzierte Penck zwischen »Staatsboden«, »Volksboden« und »Kulturboden«.[27] Jeder dieser Begriffe erhob Anspruch auf das von »deutscher Arbeit« geformte Land in den Gebieten, die Deutschland nach dem Ersten Weltkrieg hatte abtreten müssen. Der Begriff »Boden« wurde zum zentralen Konzept beziehungsweise Motto dieser »Wissenschaften«.[28] Die Geopolitik lieferte der Öffentlichkeit des besiegten Deutschlands

---

24 Klaus Kost, Die Einflüsse der Geopolitik auf Forschung und Theorie der Politischen Geographie von ihren Anfängen bis 1945, Bonn 1988.

25 Burleigh, Germany; Christoph Klessmann, *Osteuropaforschung und Lebensraumpolitik im Dritten Reich*, in: Wissenschaft im Dritten Reich, hrsg. von Peter Lundgreen, Frankfurt am Main 1985, S. 350–383; Mechthild Rössler, Wissenschaft und Lebensraum. Geographische Ostforschung im Nationalsozialismus. Ein Beitrag zur Disziplingeschichte der Geographie, Berlin 1990.

26 Burleigh, Germany, S. 25.

27 Albrecht Penck, *Deutscher Volks- und Kulturboden*, in: Volk unter Völkern, hrsg. von Karl Christian von Loesch, Breslau 1925, S. 62–73.

28 Burleigh, Germany, S. 25–29; Herb, Map, S. 55–64.

mit dem Begriff »Raum« das Schlüsselkonzept zum Verständnis der aktuellen Situation, während die Ostforschung Möglichkeiten aufzeigte, die aktuelle Lage im Osten zu verändern.

Das aus dem Ersten Weltkrieg mit nach Hause gebrachte gedankliche Bild vom Osten und seine Weiterverarbeitung in der Weimarer Republik waren ein wichtiges Vermächtnis für das NS-Regime und dessen ideologisches Ziel der Transformation des deutschen Volkes. Die Geschichtswissenschaft hat in der Geistesgeschichte und der historischen Entwicklung des »völkischen« Gedankens nach den Wurzeln des Nationalsozialismus gesucht. Die Themen jedoch, denen sich das NS-Regime zu widmen versprach, waren nicht nur sehr zahlreich, sondern schienen darüber hinaus häufig gar nicht miteinander vereinbar. Dahinter steckte eine bewußte Strategie, denn die Unmenge von Aussagen und Stellungnahmen der »Bewegung« zog die Unzufriedenen an, von denen jeder glaubte, sein spezielles Anliegen werde Berücksichtigung finden. Auch Hitlers »Mein Kampf« ist keine strukturierte und kohärente Abhandlung, sondern vielmehr ein buntes Gemisch von Erklärungen aller Art, das sich am besten von hinten, vom Index aus lesen läßt (einige Massenausgaben stellten denn auch zur Leseerleichterung den Index an den Anfang).[29] Und doch beharrten die Nationalsozialisten auf ihrem Anspruch, eine »Bewegung« mit einer in sich geschlossenen Weltanschauung zu sein. Dieser Anspruch ist (trotz der skeptischen Anmerkungen von Golo Mann und anderen) wörtlich zu nehmen, und zwar ohne jeden Vorbehalt.[30] Auch wenn die Bewegung keinerlei systematischen, kohärenten Inhalt hatte, propagierte sie durchaus bestimmte Kategorien der Wahrnehmung und des Handelns: Sie bot Möglichkeiten an, wie man die Welt sehen konnte. Und einige wichtige unter diesen Wahrnehmungs- und Handlungskategorien rührten vom Ostfronterlebnis her. Das System Ober Ost wurde wiederaufgegriffen und radikalisiert: Der Blick nach Osten, das gewaltsame »Aufräumen«, die Planung, Aufgliederung und »Intensivierung der Kontrolle«, die Zwangsarbeit. Und besonders wichtig waren die Lehren zum »Raum«.

Natürlich hatte das Programm der Nationalsozialisten noch weitere zentrale Elemente, von denen einige ebenfalls dem Ersten Weltkrieg entstammten, andere hingegen weitaus älter waren: der Antisemitismus, der mystische deutsche »völkische« Nationalismus, die sozialdarwinistische Vorstellung von der Welt als Schauplatz eines nie endenden Kampfes, der biologische Rassismus, der Führerkult und der Haß auf den Kommunismus, die Militarisie-

---

29 Adolf Hitler, Mein Kampf, München 1939.

30 Mann, Deutsche Geschichte, S. 862 ff.

rung der Politik, der Irrationalismus und die faschistischen Vorstellungen von wiederbelebten nationalen Gemeinschaften. All diese Elemente gehörten zur nationalsozialistischen Botschaft. In der Teleologie der nationalsozialistischen Weltsicht war der Osten der Ort, an dem viele dieser Vorstellungen realisiert werden und die Zukunft bestimmen würden.

Der Krieg um Lebensraum im Osten war von Anfang an die eine Hälfte von Hitlers Programm, und er hing eng zusammen mit der anderen Hälfte, seinem Antisemitismus und Rassismus.[31] Nach dem gescheiterten Putschversuch im Hofbräuhaus im Jahr 1923 ordnete er im Gefängnis bei der Arbeit an »Mein Kampf« seine Gedanken. Haushofer brachte ihm bei einem Besuch ein Exemplar von Ratzels »Politischer Geographie« mit. Er und sein Schüler Hess versorgten Hitler mit geopolitischen Konzepten – darunter auch das zentrale Thema »Lebensraum« – zur Erklärung der deutschen Niederlage im Ersten Weltkrieg sowie der bedrohlichen aktuellen Lage und der zukünftigen Möglichkeiten Deutschlands. Hitler begann sein Buch mit der Darlegung seiner langfristigen Ziele. Er war überzeugt, daß ihm das Schicksal eine kleine österreichische Grenzstadt als Geburtsort zugewiesen hatte, weil dort die Frage der nationalen Identität unmittelbar spürbar gewesen sei. Er habe den Auftrag erhalten, die Deutschen in einem Staat zu vereinigen, und dann jenseits seiner Grenzen nach neuem Lebensraum zu suchen: »Erst wenn des Reiches Grenze auch den letzten Deutschen umschließt, ohne mehr die Sicherheit seiner Ernährung bieten zu können, ersteht aus der Not des eigenen Volkes das moralische Recht zur Erwerbung fremden Grund und Bodens. Der Pflug ist dann das Schwert, und aus den Tränen des Krieges erwächst für die Nachwelt das tägliche Brot.«[32] Grenzen seien keineswegs naturgegeben und unveränderlich, sondern nur die »Augenblicksgrenzen [...] der Lebensräume der anderen Völker«.[33] Aufgrund »militärgeographischer Gesichtspunkte« müßten die Grenzen und der Raum erweitert und »Grund und Boden als Ziel unserer Außenpolitik« formuliert werden.[34] Auf die innere Konsolidierung Deutschlands sollte die imperialistische Expansion folgen.[35] Dabei dachte Hitler nicht an Kolonien in Übersee, sondern wandte den Blick nach Osten: »Wollte man in Europa Grund und Boden, dann konnte dies im großen und ganzen nur auf Kosten Rußlands

---

31 Eberhard Jäckel, Hitlers Weltanschauung. Entwurf einer Herrschaft, Tübingen 1969, S. 140.

32 Hitler, Mein Kampf, S. 1.

33 Ebenda, S. 740.

34 Ebenda, S. 728, 735.

35 Ebenda, S. 1.

geschehen, dann mußte sich das neue Reich wieder auf der Straße der einstigen Ordensritter in Marsch setzen, um mit dem deutschen Schwert dem deutschen Pflug die Scholle, der Nation aber das tägliche Brot zu geben.«[36] Das zukünftige NS-Regime würde »den Blick nach dem Land im Osten [weisen]. Wir schließen endlich ab die Kolonial- und Handelspolitik der Vorkriegszeit und gehen über zur Bodenpolitik der Zukunft.«[37] Initiiert werden sollte eine »Ostpolitik im Sinne der Erwerbung der notwendigen Scholle für unser deutsches Volk«.[38] Rußland, so Hitler, sei von einem »rassischen Kern«, bestehend aus »germanischen Organisatoren und Herren«, erschaffen worden, die »niederen Völker« des Ostens allein hätten dies nicht zuwege bringen können (dieses Argument fand sich bereits im Programm von Ober Ost). Für Hitler war der bolschewistische Staat gleichbedeutend mit der endgültigen Auflösung von Rußlands germanischem Kern, an dessen Stelle nun eine herrschende Schicht jüdischer Revolutionäre getreten sei. Da diese nicht das deutsche Organisationstalent besäßen, sondern vielmehr ein »Ferment der Dekomposition« darstellten, sei das »Riesenreich im Osten [...] reif zum Zusammenbruch«.[39]

Psychologisch orientierte Historiker gelangen zu dem sinnfälligen Schluß, daß Hitlers Orientierung nach Osten dem weitverbreiteten Wunsch nach einer Wiederauflage des Ersten Weltkriegs Ausdruck verlieh, diesmal allerdings mit einem anderen Ausgang als der Niederlage und Schmach von 1918.[40] Doch während Hitler öffentlich diesen Wunsch artikulierte, gingen seine eigenen Ziele bereits weit über die »Korrektur« des letzten Kriegsendes hinaus: Er wollte eine rassische Utopie verwirklichen. In seiner brutalen biologischen Wahrnehmung vom Leben als Kampf war der permanente Krieg im Osten zugleich unvermeidlich und erstrebenswert. Dieser Krieg würde den Weg bereiten für die umfassenderen Pläne seiner Ostpolitik, die er 1932 so formulierte:

»Hier im Osten ist unser großes Experimentierfeld. Hier wird die neue europäische Sozialordnung entstehen. Und dies ist die große Bedeutung unserer Ostpolitik. [...] Gewiß werden wir in den neu entstehenden Herrenstand auch Vertreter anderer Na-

---

36 Ebenda, S. 154.

37 Ebenda, S. 742.

38 Ebenda, S. 757.

39 Ebenda, S. 742 f.

40 Zur psychohistorischen Interpretation von Hitlers Orientierung nach Osten siehe Rudolf Bonion, Hitler Among the Germans, New York 1976; ders., *Hitler Looks East*, in: History of Childhood Quarterly (Sommer 1975), S. 75–102; ders., *Hitler's Concept of Lebensraum: The Psychological Basis*, in: History of Childhood Quarterly (Herbst 1973), S. 187–258.

tionen aufnehmen, die sich um unseren Kampf verdient gemacht haben. [...] Wir werden überhaupt sehr bald über die Grenzen des heutigen engen Nationalismus hinausgelangen. [...] Weltimperien entstehen zwar auf einer nationalen Basis, aber sie lassen diese sehr bald weit unter sich.«[41]

Der Krieg im Osten sollte die nationale Identität der Deutschen grundlegend ändern, weg von den früheren Konzepten und hin zu einer klaren rassischen Definition. An die Stelle der Herderschen nationalen Kriterien Sprache und Volkstradition setzte Hitler die biologische Bestimmung.

Von Beginn der Bewegung an wurde Hitlers Hinwendung zum Osten – er selbst hatte nur an der Westfront gekämpft – von anderen Nationalsozialisten geteilt und beeinflußt. Sein Programm entwickelte sich nach und nach aus dem zwiespältigen Verhältnis der radikalen Konservativen zum Osten, einer Mischung aus Angst und traditioneller Russophilie, die im vorübergehenden Liebäugeln mit dem Nationalbolschewismus zum Ausdruck kam. Hitler verurteilte diese laue »Ostorientierung« und setzte ihr seine eigene »Ostpolitik« entgegen. Ein Paradebeispiel für die Radikalisierung dieses Prozesses ist Moeller van den Bruck: Während des Krieges hatte er an der Ostfront gekämpft, danach befürwortete er in seinem Werk »Das Dritte Reich« eine Hinwendung zum Osten und zu den unbegrenzten Möglichkeiten, die in diesen Ländern und Völkern steckten. Die frühen Nationalsozialisten griffen seine Konzepte (und den Titel seines Buchs) auf, zimmerten jedoch ein gänzlich anderes Programm daraus. Unterstützt wurde dies zunächst von Ludendorff, aber auch die Deutschbalten trugen zu dieser Entwicklung bei. Sie spielten in den Anfängen der NS-Ära eine wichtige Rolle. Hitler bewunderte sie vor allem wegen ihrer Verbundenheit miteinander und wegen ihres Überlegenheitsgebarens gegenüber anderen, »als bestehe die Menschheit nur aus Leuten, die wie Letten geführt werden müssten«.[42] Die bekannteste Person in dieser Gruppe war Alfred Rosenberg, der führende Denker der jungen Bewegung, der sich aufgrund seiner persönlichen Erfahrungen (er war in Estland geboren und hatte in Riga und Moskau studiert) energisch für eine Mission im Osten einsetzte. Seiner Auffassung nach war alles, was im Osten an Kultur vorhanden war, von den Angehörigen der germanischen Rasse geschaffen worden. Der jüdisch dominierte Bolschewismus habe zum Zerfall dieser Errungenschaften geführt und bedrohe nun Deutschland. Auch Max Erwin von Scheubner-

---

41 Hermann Rauschning, Gespräche mit Hitler, Wien 1973, S. 46.

42 Adolf Hitler – Monologe im Führerhauptquartier 1941–1944, Hamburg 1980, S. 357.

Richter, ein weiterer Deutschbalte (den ein Historiker das »große Rätsel der frühen Nazizeit« nannte), spielte in den Anfängen der nationalsozialistischen Ostpolitik eine wichtige Rolle.[43] Er hatte im Ersten Weltkrieg die Pressestelle von Ober Ost in Riga geleitet und ließ nun seine umfassenden gesellschaftlichen und politischen Kontakte und seine Verbindungen zu Ludendorff spielen, um der nationalsozialistischen Bewegung zu erstem Respekt zu verhelfen. Durch Scheubner-Richter, der auch als Vizekonsul in der Türkei tätig gewesen war, soll Hitler von den Massakern in Armenien erfahren haben. Jahre später, während des Zweiten Weltkriegs, soll Hitler mit der Frage: Wer denn heute noch von Armenien spreche? Parallelen gezogen haben zwischen dem Massaker an den Armeniern und dem Vorgehen der Deutschen gegen die Juden.[44] Scheubner-Richter starb vor der Feldherrnhalle bei dem Putschversuch von 1923, den er mit organisiert haben soll. Auch Arno Schickedanz, deutschbaltischer Freund von Scheubner-Richter und Rosenberg, der in Ober Ost unter Scheubner-Richter gedient hatte, schloß sich der Bewegung an, propagierte ihre Ideologie und war später in der Verwaltung im besetzten Osten tätig.[45]

Die Haltung der Deutschbalten zum Osten wurden auch von anderen wichtigen Persönlichkeiten der Partei geteilt. Walter Darré, Landwirtschaftsminister der Nationalsozialisten und später Leiter des Rasse- und Siedlungshauptamtes der SS, kultivierte in seinen Schriften Ende der zwanziger Jahre und später auch in der Praxis den Mythos von »Blut und Boden«, einem weiteren Terminus aus dem Begriffsfeld »Volk und Raum«. Als wichtigstes Beispiel ist allerdings der spätere SS-Chef Heinrich Himmler zu nennen. Er hörte 1921 eine Rede von General von der Goltz, dem Anführer des Abenteuers im Baltikum, und erging sich daraufhin in verzückten Visionen vom Krieg im Osten.[46] Zuletzt war er aufgrund des gemeinsamen Vornamens der Überzeugung, eine Reinkarnation Heinrichs von Sachsen zu sein, der mittelalterlichen Führungsfigur des »Drangs nach Osten«.[47] Im

---

43 Laqueur, Russia and Germany, S. 70.

44 Imanuel Geiss, *The Civilian Dimension of the War*, in: Facing Armageddon: The First World War Experience, hrsg. von Hugh Cecil und Peter H. Liddle, London 1996, S. 19.

45 Laqueur, Russia and Germany, S. 72.

46 Richard Breitman, The Architecture of Genocide: Himmler and the Final Solution, Hanover, NH 1991, S. 15 f.

47 Zu Heinrich von Sachsen s. ebenda, S. 39. Zu Himmlers Reinkarnationsgedanken s. Wistrich, Who's Who in Nazi Germany, London 1982, s. v. *Himmler, Heinrich.*

Zweiten Weltkrieg schritt Himmler von der Theorie zur Praxis und baute sein SS-Reich im Osten auf, wo er die Utopien des Regimes verwirklichen konnte.

Nach der Machtergreifung 1933 warb die offizielle NS-Propaganda für die Idee einer Mission im osteuropäischen »Raum«. Wissenschaftlichen Untersuchungen zur Wirkung von Propaganda zufolge ist Indoktrination dann am wirkungsvollsten, wenn sie auf bereits vorhandenen Einstellungen und Vorurteilen aufbauen kann.[48] Die Propaganda der Nationalsozialisten gründete sich auf die vom Großteil der deutschen Bevölkerung geteilte Ablehnung der in Versailles festgelegten Ostgrenzen, auf die verbreitete Überzeugung von der prekären geographischen Lage Deutschlands sowie auf ein gedankliches Konzept vom Osten, das aus den Erfahrungen des Ersten Weltkriegs herrührte.

Die NS-Propaganda machte für eine Expansion im Osten mobil. Dank ihres besonderen Talents, die Sprache für ihre Zwecke einzusetzen, gelang es den Nationalsozialisten, nach ihren Vorstellungen definierte gedankliche Kategorien vorzugeben (wie der Philologe Victor Klemperer in seiner Studie »Lingua Tertii Imperii« aufzeigt). Die Mission im Osten wurde damit auch zu einem sprachlichen Phänomen.[49] Um den Begriff »Ost« entstand ein ganz neuer Wortschatz: »Ostraum«, »Ostarbeit«, »Osteinsatz«, »Osthilfe«, »Ostarbeiter«. Zum zentralen Begriff schlechthin wurde der »Lebensraum«. Gelegentlich wurde in der Propaganda explizit auf die Eroberungen in Osteuropa im vergangenen Krieg Bezug genommen. Besonders aufschlußreich ist in diesem Zusammenhang ein Büchlein des »Bundes Deutscher Osten«, auf dessen Umschlag die ursprünglich östlichen Grenzen Deutschlands – und mit gepunkteten Linien der revidierte Verlauf – zu sehen waren sowie ein Schild mit einem Hakenkreuz, das das schwarz-weiße Deutschordenskreuz überlagert. In einer Broschüre mit dem Titel »Deutsche Arbeit in Polen und Litauen während des Weltkrieges« wurde verkündet, die jetzt im Osten Deutschlands existierenden neuen Staaten seien faktisch durch die deutsche Kriegspolitik entstanden, in einer Zeit, als alles »aus dem reinen Nichts heraus« geschaffen werden mußte, bis auf das, was dort in den vergangenen Jahrhunderten durch deutsche Kolonisatoren

48 David Welch (Hg.), Nazi Propaganda, London 1983.

49 Heinz Paechter (Hg.), Nazi-Deutsch: A Glossary of contemporary German Usage With Appendices on Government, Military, and Economic Institutions, New York 1944; Victor Klemperer, Die unbewältigte Sprache. Aus dem Notizbuch eines Philologen. »LTI«, 3. Aufl., Darmstadt 1966.

und deutsche Kultur vollbracht worden sei.[50] Die Verwaltung von Ober Ost habe mit ihrer Wirtschaftspolitik, den Bauprojekten und der wohlwollenden »Kulturarbeit« das Gebiet zum Erblühen gebracht. In der Broschüre werden besonders die deutschen Gesundheitsmaßnahmen hervorgehoben, in einem Gebiet, das »schon im Frieden mit allerlei Krankheiten, vor allem mit Pocken, Fleckfieber und Typhus verseucht« war. Diese gesundheitspolitischen Maßnahmen stellten eine »Großtat« deutscher Organisationsarbeit dar. »Die Säuberungsaktionen richteten sich einmal auf die Straßen und Häuser, zum anderen auf die Menschen.« Es wurde betont, daß diese »zwangsweise Reinigung, d.h. Entlausung der Bevölkerung« manchen Einheimischen (besonders den Ostjuden) keineswegs behagte. Das Pamphlet schließt mit der Bemerkung, die Chancen für »eine deutsche Ordnung des Ostraumes« seien durch die unentschlossene nationale Politik vereitelt worden, die die Früchte der »deutschen Arbeit« in die Hände anderer Staaten habe fallen lassen. Nun, da die Deutschen ein »im Nationalsozialismus geeintes Volk« seien, bestehe die »deutsche Aufgabe« der Zukunft darin, diese Ordnung wiederherzustellen.[51]

Bei ihren Bemühungen, die Vorstellung von einer Mission im Osten zu verbreiten, konzentrierten sich die Nationalsozialisten vor allem auf die Jugend. Eine neue Generation war wesentlich leichter dafür zu gewinnen als diejenigen, denen das Leid des letzten Krieges noch in lebhafter Erinnerung war. Die klassischen Schulfächer, vor allem Geschichte und Geographie, wurden für die Zielsetzungen der Nationalsozialisten umgestaltet und instrumentalisiert. Das überaus komplexe und vielschichtige Phänomen der als »Drang nach Osten« bekannten mittelalterlichen Siedlungs- und Auswanderungsphase wurde aus dem Zusammenhang gerissen, um es in den Dienst der aggressiveren Vision der Nationalsozialisten zu stellen und als biologisches Phänomen zu präsentieren.[52] Im Fach Erdkunde konzentrierte man sich jetzt auf Begriffe wie »Raum« und »Blut und Boden«. Bei den Aufgaben, die die Schüler in den verschiedenen Fächern lösen mußten, ging es wieder um militärische Fragen.[53] Der NS-Lehrerverband richtete Studiengruppen ein, um

50 Hans Nithack, Deutsche Arbeit in Polen und Litauen während des Weltkrieges, Berlin o.J., S. 3 f.

51 Ebenda, S. 13 f., 19, 28 f.

52 Wippermann, Drang, S. 104 ff.

53 Geert Platner u. a. (Hg.), Schule im Dritten Reich – Erziehung zum Tod? Eine Dokumentation, München 1983, S. 229–236; Gregor Ziemer, Education for Death: The Making of the Nazi, Oxford und London 1941, S. 158 f.

die Lehrer auf den geopolitischen Unterricht vorzubereiten. Die Lehrpläne wurden um Geopolitik, Geländespiele und »vaterländischen Unterricht« ergänzt.[54] Durch Unterrichtsfilme wurden diese Themen noch weiter vertieft. In seinen Berichten über die Moral im Land verzeichnete der Sicherheitsdienst (SD) große Erfolge in diesem Bereich.[55]

In den nationalsozialistischen Jugendorganisationen wurde die Indoktrination in Sachen »Raum« und »Osten« weiter verstärkt. Wie in der Schule integrierte man dort die neuen Trends in den Unterricht über den Ersten Weltkrieg und die Kriegsgeographie. Besonders wichtig für die Hitler-Jugend waren die neuen Geländespiele.[56] Die Jungen »lernten sich zu tarnen und Meldungen zu verfassen (wann, wo, mit wem, wie)«. Höhepunkte waren hier die mehrmals jährlich stattfindenden »großen Geländespiele«, an denen Hunderte von Jungen teilnahmen.[57] Als besonderes Verdienst solcher Übungen galt in den Schulen, daß die »Lesestoffe des Großen Krieges [...] in die Tat umgesetzt« würden.[58] Gleichzeitig wurde die Haltung des NS-Regimes zum Ersten Weltkrieg in Filmen und Büchern propagiert. Die Jugend nahm die »Dolchstoß-Legende« an, las eifrig Jüngers »In Stahlgewittern« und den Freikorps-Roman »Die letzten Reiter« von Edwin Erich Dwinger, während Zweigs »Sergeant Grischa« und Remarques »Im Westen nichts Neues« im Feuer landeten. Wie schon im Ersten Weltkrieg wurde häufig »Kartenlesen« gespielt. Ein Ehemaliger erinnerte sich später, wie »wir das beliebte Kartenlesen auf die ganze Welt ausdehnten«. In den ersten Jahren des Zweiten Weltkriegs wurde dieses Spiel mit immer größerer und ernsthafterer Begeisterung gespielt. Angesichts der riesigen Gebietsgewinne im Osten, so ein früheres HJ-Mitglied, sei die Zukunft dieser Länder »häufiger Diskussionsgegen-

---

54 Franz Schnass, Nationalsozialistische Heimat- und Erdkunde mit Einschluß der Geopolitik und des vaterländischen Gesamtunterrichts, Osterwieck 1934; Gert Gröning, *The Feeling for Landscape – a German Example*, in: Landscape Research (1992), S. 108–115.

55 David Welch, *Educational Film Propaganda and the Nazi Youth*, in: Nazi Propaganda, hrsg. von Welch, S. 71.

56 Kriegsausbildung der Hitler-Jugend im Schieß- und Geländedienst, Ausgabe 1941, Berlin 1941; Gerhard Rempel, Hitler's Children: The Hitler Youth and the SS, Chapel Hill 1989, S. 182; Platner u. a. (Hg.) Schule, S. 59, 198 f.; Ziemer, Education for death, S. 72, 164 f. (manche Geländespiele dauerten insgesamt zehn Tage).

57 Willy Schumann, Being Present: Growing up in Hitler's Germany, Kent 1991, S. 24.

58 Platner u. a. (Hg.), Schule, S. 199.

stand« gewesen. Die in nationalsozialistischen Zeitschriften propagierte utopische Vision der Ansiedlung von »Wehrbauern im Uralgebirge, dreitausend Kilometer östlich der Heimat« und von neuem deutschen Lebensraum hinterließ einen bleibenden Eindruck.[59]

Ein Großteil der Jugendaktivitäten konzentrierte sich auf die Institution der »Lager«. Für die Männer an der Ostfront, die Wallensteins »Reich von Soldaten« nachstellten, war das Lager als heimischer Stützpunkt in der fremden Umgebung von zentraler Bedeutung. Nach ihrer Rückkehr nach Deutschland bemühten sich die Anführer der Freikorps, ihre Kämpfer in Arbeitsgruppen und Bauernlagern (den Vorläufern des nationalsozialistischen Arbeitsdienstes) zusammenzuhalten. Das Lager diente als Modell für die vom nationalsozialistischen Regime angestrebte soziale Organisation der Volksgemeinschaft. Kinder und Jugendliche wurden häufig von ihren Familien getrennt und verbrachten ihre Zeit miteinander im Lager. Ein ehemaliges HJ-Mitglied:

> »Jahre später sagte ich in Gesprächen mit Freunden und Bekannten oft scherzend, unsere Generation habe ihre prägenden Jahre im Alter von acht bis achtzehn mehr in Lagern, Zelten und Baracken verbracht als in der bürgerlichen Umgebung unseres Elternhauses. Wenn ich jetzt genauer und ernsthafter über diesen Satz nachdenke, wird mir klar, daß das keineswegs ein Scherz war, sondern der Wahrheit ziemlich nahe kam. Wenn ich all die Monate und Jahre zusammenzähle [...]. Ich komme auf die erstaunliche Zahl von etwa sechsunddreißig Monaten ›Lager‹ in nicht einmal acht Jahren.«[60]

Die Jugend ging auf im »Lagererlebnis«, das eine völlig andere Welt war. Im Erwachsenenalter ersetzte dann der Arbeitsdienst diese Institution, mit dem gleichen kollektiven psychologischen Effekt.[61]

In den Lagern schmetterten Hitlerjungen und deutsche Mädel Hymnen auf den Drang nach Osten, sangen alte und neue Lieder. Auch wenn sie von den Historikern oft vernachlässigt werden, weil dieser Themenbereich so wenig greifbar ist,[62] bezeugen ehemalige Mitglieder, daß diese Lieder zu den wichtigsten Teilen des Indoktrinationsprozesses gehörten. Das Repertoire an Liedern über den Osten war äußerst umfangreich. Indem sie die Geschichte für ihre eigenen Zwecke einsetzten, schufen die Nationalsozialisten histori-

---

59 Schumann, Present, S. 45–47, 103.

60 Ebenda, S. 35, 63, 104.

61 Hellmut Petersen, Die Erziehung der deutschen Jungmannschaft im Reichsarbeitsdienst, Berlin 1938.

62 Schumann, Present, S. 25.

sche Vorbilder für ihr Expansionsprogramm. Durch das Singen alter Lieder und das Wiederholen bekannter Schlagworte wurde die historische Kontinuität gewahrt. Die alten Traditionen flämischer Kolonisatoren wurden in einen neuen Kontext gestellt:

Ostland-Lied

Nach Ostland wollen wir reiten, nach Ostland wollen wir mit,
wohl über die grüne Heiden, frisch über die Heiden,
da ist uns ein bessre Stätt'.

Wenn wir ins Ostland kommen, ins hohe Haus gar fein,
da werden wir eingelassen, frisch über die Heiden,
man heißt uns willkommen sein.[63]

Allerdings mußte das archaische Lied der flämischen Siedler umgeschrieben werden. Die Doktrin von »Pflug und Schwert« wurde in die neue Version eingefügt:

Die Ostlandfahrer

Nun wird zu eng das weite Land, der Boden zu hart.
Dort steht der Morgen wie ein Brand zu guter Fahrt.
Nach Ostland fährt der Wind!
Drum Weib und Kind und Knecht und Gesind,
auf die Wagen und auf die Pferde.
Wir hungern nach frischer Erde und spüren den guten Wind.

Die Heimat brennt uns hell und stark in unserm Blut.
Wir bauen ihr eine neue Mark zu guter Hut.
Die fremde Wildnis schreckt uns nicht mit Falsch und Trug,
wir geben ihr ein deutsch Gesicht mit Schwert und Pflug.
Nach Ostland fährt der Wind![64]

Auch in anderen »neuen« Liedern wurde das vom Ostfronterlebnis im Ersten Weltkrieg geprägte Bild vom Osten aufgegriffen:

---

63 Zit. n.: Wir Mädel singen. Liederbuch des Bundes Deutscher Mädel. Herausgegeben von der Reichsjugendführung, 2. Aufl., Wolfenbüttel 1941, S. 173 f.

64 Ebenda, S. 176.

In den Ostwind hebt die Fahnen

In den Ostwind hebt die Fahnen, denn im Ostwind stehn sie gut!
Dann befehlen sie zum Aufbruch, und den Ruf hört unser Blut.

Denn ein Land gibt uns die Antwort, und das trägt ein deutsch Gesicht.
Dafür haben viel geblutet, und drum schweigt der Boden nicht!

In den Ostwind hebt die Fahnen, laßt sie neue Straßen gehn,
laßt sie neue Straßen ziehen, daß sie alte Heimat sehn!
Denn ein Land gibt uns die Antwort, und das trägt ein deutsch Gesicht.
Dafür haben viel geblutet, und drum schweigt der Boden nicht!

In den Ostwind hebt die Fahnen, daß sie wehn zu neuer Fahrt!
Macht euch stark! Wer baut im Osten, dem wird keine Not erspart!
Doch ein Land gibt uns die Antwort, und das trägt ein deutsch Gesicht.
Dafür haben viel geblutet, und drum schweigt der Boden nicht!

In den Ostwind hebt die Fahnen, denn der Ostwind macht sie weit –
drüben geht es an ein Bauen, das ist größer als die Zeit.
Und ein Land gibt uns die Antwort, und das trägt ein deutsch Gesicht.
Dafür haben viel geblutet, und drum schweigt der Boden nicht![65]

In diesen Liedern wurden alle Themen – wie Verkehrspolitik, Aufbau des Ostens und Veränderung der Landschaft durch »deutsche Arbeit« wiederaufgegriffen. Das von dem nationalsozialistischen Dichter Hans Baumann geschriebene, zuletzt zitierte Lied war Teil eines größeren Zyklus mit dem Titel »Der Ruf aus dem Osten«, der wie die typisch nationalsozialistischen Thingspiele aus Wechselgesängen bestand. Dieses Werk handelt von einem neuen Marsch nach Osten, den eine gestärkte deutsche Rasse unternimmt, die den »Blick gegen Osten« wendet, um eine »Straße in neues Land« zu bauen (das dem Dichter zufolge vor langer Zeit deutsch war), um die Grenzen des Reichs so weit vorzuschieben, wie ihre Sehnsucht sie trieb, und die gute Erde zu gestalten, »die niemals Saaten trug«. Die Zukunft Deutschlands sollte wie die Sonne im Osten aufgehen, im Bann des Drangs nach Osten, wie eine große, in ihrem »Strombett in die Unsterblichkeit« dahintreibende Flut dorthin gelenkt.

In wieder anderen Liedern wurde der Osten als elementares, spirituelles Ziel präsentiert:

---

65 Ebenda, S. 175.

Nach Ostland geht unser Ritt

Nach Ostland geht unser Ritt; hoch wehet das Banner im Winde,
die Rosse, sie traben geschwinde,
auf, Brüder, die Kräfte gespannt; wir reiten in neues Land.

Hinweg mit Sorge und Gram! Hinaus aus der Enge und Schwüle!
Die Winde umwehen uns kühle,
in den Adern hämmert das Blut, wir traben mit frohem Mut.

Laut brauset droben der Sturm, wir reiten trotz Jammer und Klage,
wir reiten bei Nacht und bei Tage,
ein Haufe zusammengeschart,
nach Ostland geht unsere Fahrt![66]

Der Marsch in den Osten wurde als Möglichkeit dargestellt, der Enge der Heimat zu entkommen und gleichzeitig der Bewegung, die die deutsche Jugend dorthin führen wollte, den Treueid zu leisten.

Die Erziehung zum »Raumbewußtsein« und die Mission im Osten spiegelten den umfassenden Triumph des Konzepts »Raum« wider. In letzter Konsequenz lieferten diese Übungen und Praktiken weitaus mehr als ein Programm oder ein festes Ziel. Sie bewirkten, daß in den Köpfen der Menschen neue Kategorien entstanden, neue Wege des Denkens und Sehens, neue Kategorien der Wahrnehmung, Einordnung und Gestaltung der Welt. Erklärtes Ziel dieser Umerziehung war ein besitzergreifendes »Raumdenken«. So bestand der intellektuelle Zusammenhalt der NS-Bewegung nicht nur in Doktrinen, sondern auch in praktischen und sinnlichen Kategorien. Das beste Beispiel hierfür dürfte die paradoxe Situation der »wissenschaftlichen Disziplin« Geopolitik und ihr Schicksal im nationalsozialistischen Deutschland sein. Geopolitisches Denken gewann große Bedeutung, und seine Konzepte konnten im Denken der Bevölkerung Fuß fassen. Doch gleichzeitig verharrten die »Wissenschaftler«, die diese theoretischen Konzepte mit Eifer vertraten, in institutioneller Machtlosigkeit, und ihre konkreten Ratschläge wurden ignoriert (so zum Beispiel ihre Warnung vor einem Krieg gegen Rußland). Nachdem die Geopolitik also die zentralen Gedankenkonzepte geliefert hatte, spielte sie kaum noch eine Rolle für deren konkrete politische Umsetzung. Haushofer, dessen Einfluß anfangs ganz erheblich schien, wurde später zu einer Schachfigur im todbringenden NS-System degradiert: zunächst als Schützling von Hess an Himmler weitergereicht, starb er schließlich gegen Kriegsende im

66 Ebenda, S. 174; Der »Ruf des Ostens« stammt aus Hans Baumann, Wir zünden das Feuer an, Jena 1940, S. 5–14.

Konzentrationslager Dachau. Die wahre Bedeutung des geopolitischen Gedankenguts entfaltete sich nicht in institutionellen Formen, sondern vielmehr als kohärentes Thema in der nationalsozialistischen Weltsicht. Seine »wissenschaftliche« Autorität konnte eine aggressive Außenpolitik als unvermeidlich erscheinen lassen und sogar Menschen überzeugen, die dem Nationalsozialismus skeptisch gegenüberstanden. Das »Raumdenken« spiegelte sich auch in dem Bild wider, das das Regime von sich selbst zeichnete, insbesondere in den monolithischen, überdimensionalen architektonischen Werken, die den einzelnen auf Zwergenmaß reduzierten.[67] Der gescheiterte Architekt Hitler bemerkte, »es sei wichtig, daß unsere Architekten sich dieses großzügige Denken in Fragen der Raumgestaltung angewöhnten«.[68]

Das »Raumdenken« kulminierte in einer eigenen »Wissenschaft« und besonderen Praxis des NS-Regimes, der »Raumordnung«.[69] Dieses Konzept, das auf Ambitionen der »Verkehrspolitik« zurückgriff, zielte ab auf eine umfassende Informationserhebung zu den Themen Bevölkerung, Besiedlung, Bewegungen und Land (Raumforschung) und sollte den Weg für eine systematische »Durchplanung« ganz Deutschlands bereiten. Die 1935 per Führererlaß gegründete »Reichsstelle für Raumordnung« war Hitler direkt unterstellt. Zu den führenden Persönlichkeiten der Raumordnung gehörte Konrad Meyer.[70] Der ehemalige Professor für Landwirtschaft war federführend an der Umsetzung dieser »Wissenschaft« in die Praxis beteiligt und Autor des berüchtigten »Generalplans Ost«, in dem die Neuordnung der eroberten Gebiete festgelegt wurde.[71] Ein wichtiger Aspekt der nationalso-

---

67 Robert R. Taylor, The Word in Stone: The Role of Architecture in the National Socialist Ideology, Berkeley 1974.

68 Henry Picker, Hitlers Tischgespräche im Führerhauptquartier 1941–1942, S. 253.

69 Mechthild Rössler, *Applied Geography and Area Research in Nazi Society: The Central Place Theory and its Implications, 1933 to 1945*, in: Environment and Planning D, Society and Space (7. Dezember 1989), S. 419–431; dies., *Die Institutionalisierung einer neuen »Wissenschaft« im Nationalsozialismus: Raumforschung und Raumplanung, 1935–1945*, in: Geographische Zeitschrift (1987), S. 177–194; dies., Wissenschaft und Lebensraum; Akademie für Raumforschung und Landesplanung, Handwörterbuch der Raumforschung und Raumordnung, 2. Aufl., Hannover 1970.

70 Konrad Meyer, Bedrohung als volkspolitische Aufgabe und Zielsetzung nationalsozialistischen Ordnungswillens, Berlin 1940.

71 Meyer bekleidete auch nach dem Krieg in der Bundesrepublik Deutschland wichtige Positionen und setzte seine Studien zu Raumordnung und Raumforschung fort.

zialistischen »Raumordnung« war die Verkehrspolitik mit ihrem faschistischen Schlagwort, man müsse »dafür sorgen, daß die Züge pünktlich fahren«. Dazu gehörten auch Hitlers Autobahnprojekt und die nie realisierte Vision eines umfassenden Straßennetzes im Osten, bis zur Krim und in die neuen Gebiete Großdeutschlands. Zu Hause in Deutschland begann man mit der Umsetzung der Pläne zur vollständigen Erfassung und Klassifizierung der Bevölkerung.[72] Die Ordnung des Raumes erforderte die totale Planung.

Doch der wahre Triumphzug des Konzepts »Raum« begann am Anfang des Zweiten Weltkriegs mit dem Ineinanderfließen der ideologischen Denkmodelle Krieg, Raum, Rasse und Osten. Die auf einem imperialistisch geprägten Gedankenbild basierende Einstellung der Nationalsozialisten gegenüber dem Osten hatte großen Einfluß auf die Wahrnehmung und Einordnung des neuen Krieges in dieser Region und bestimmte seinen Charakter. Für das NS-Regime war er kein traditioneller, begrenzter Krieg, der auf einer realistischen Einschätzung der Erfolgsaussichten gründete. Ihre Vision war vielmehr bis ins Extreme apokalyptisch: Der Krieg im Osten war ein Prozeß permanenter Radikalisierung. Beim Räumen und Säubern der Gebiete für eine neue Ordnung und Besiedlung sollten übermenschliche Energien freigesetzt werden. Hatte das Schlagwort von Ober Ost noch »deutsche Arbeit« gelautet, so war das Motto der Nationalsozialisten simpler und umfassender: »Aufbau im Osten«.

Auf einer (im »Hoßbach-Protokoll« dokumentierten) Sitzung im Reichskanzleramt skizzierte Hitler seine Lösung für das deutsche Raumproblem. Langfristig sollte im Osten neuer »Lebensraum« erobert werden. Der erste Schritt dazu war die Aufteilung der Region zwischen Deutschland und Rußland unter Festlegung der Interessensphären der beiden Mächte und der Eliminierung der in den dazwischenliegenden Gebieten entstandenen Staaten. Am 23. August 1939 unterzeichneten Molotow und Ribbentrop den Deutsch-Sowjetischen Nichtangriffspakt, und gleichzeitig wurde in den geheimen Zusatzprotokollen die Aufteilung Osteuropas beschlossen. Am 1. September 1939 begann Deutschland seinen Blitzkrieg gegen Polen. Teile Westpolens wurden aus dem Generalgouvernement herausgeschnitten und Deutschland als »eingegliederte Ostgebiete« zugeschlagen. Am 7. Oktober 1939 ernannte Hitler den Reichsführer SS Himmler zum Reichskommissar für die Festigung des deutschen Volks-

---

72 Götz Aly und Karl Heinz Roth, Die restlose Erfassung: Volkszählen, Identifizieren, Aussondern im Nationalsozialismus, Berlin 1984.

tums.[73] In dieser Eigenschaft war Himmler für Deportationen, Umsiedlungsaktionen und andere Maßnahmen zur Konsolidierung der ethnischen Ordnung im Osten verantwortlich. Auf seinen Befehl hin evakuierte man die nun in der sowjetischen Interessensphäre lebenden Deutschbalten und siedelte sie in den neuen Ostgebieten an. Die Juden sonderte man im Vorgriff auf zukünftige Vernichtungspläne aus und pferchte sie in Ghettos zusammen. Ganze ethnische Volksgruppen wurden umgesiedelt, vertrieben, hin und her transportiert. Doch das Ziel war nicht nur die Veränderung der ethnischen Zusammensetzung der neueroberten Gebiete, auch die Landschaft sollte »germanisiert« werden. Dazu erließ Himmler »Grundsätze und Richtlinien für den ländlichen Aufbau in den neuen Ostgebieten«, denen zufolge es nicht damit getan war, die Einheimischen durch Deutsche zu ersetzen, sondern: »Diese Räume müssen vielmehr ein unserer Wesensart entsprechendes Gepräge erhalten, damit der germanisch-deutsche Mensch sich heimisch fühlt, dort seßhaft wird und bereit ist, diese neue Heimat zu lieben und zu verteidigen.«[74] Die Einheimischen hatten das Gebiet zur Steppe verkommen lassen, aber die neuen Herren würden es in eine »gestaltete Kulturlandschaft« verwandeln, ihm deutsche Formen verleihen und Pflanzen einführen, die als »deutsch« galten. Die Ausdehnung von Himmlers Aufgabenbereich im Osten war der Beginn eines langen Prozesses, mit dem der SS-»Staat im Staate« versuchte, diese Gebiete zum Territorium der Realisierung einer rassischen Utopie zu machen. Während das NS-Regime seine Herrschaft in Polen konsolidierte, besetzte und annektierte Stalin die baltischen Staaten Estland, Lettland und Litauen. Die Menschen dort beglückwünschten sich mit bitterem Unterton dazu, zumindest nicht in die Hände der Deutschen gefallen zu sein. In Erinnerung an das Regime von Ober Ost zogen sie die brutale, aber unsystematische Herrschaft der Russen der umfassenden, effizienten Härte der deutschen Besatzer vor. Als jedoch im Jahr darauf der Terror Stalins immer intensiver wurde, schwand auch dieser letzte Trost dahin. In ganz Europa regten sich neue ideologische Energien und warfen alle Erwartungen aufgrund früherer Erfahrungen über den Haufen.

Um das Ziel der endgültigen Eroberung des Ostens zu erreichen, starteten die Nationalsozialisten mit dem Unternehmen Barbarossa den größten Feld-

73 Robert L. Koehl, RKFDV: German Resettlement and Population Policy, Cambridge, Mass. 1957.

74 Zit. n. Gert Gröning und Joachim Wolschke-Bulmahn, Die Liebe zur Landschaft. Teil III: Der Drang nach Osten, München 1987, S. 127.

zug der Weltgeschichte. Am 22. Juni 1941 begannen fast vier Millionen Mann mit dem Vorstoß gegen ein, wie Hitler fand, »verrottendes Reich«, das in drei Monaten vernichtend zu schlagen sei. Dieser »Krieg der Ideologien« nahm einen deutlich anderen Verlauf als die Kämpfe im Westen. In seinem »Kommissarbefehl« legte Hitler fest, wer zu liquidieren sei: »alle bolschewistischen Agitatoren, Partisanen, Saboteure und Juden, die hinter der russischen Frontlinie angetroffen werden«. Es war ein gnadenloser Kampf, der durch die nationalsozialistische Propaganda in den deutschen Truppen angeheizt wurde und diese wiederum verstärkte.[75] Ein Teil der Zivilbevölkerung in der Ukraine und in den baltischen Staaten, wo die ersten Deportationen durch die Sowjets erst wenige Wochen zuvor begonnen hatten, begrüßte die Deutschen zunächst noch als Befreier. Im Baltikum gingen dem Vormarsch der Deutschen Aufstände der Einheimischen gegen die zurückweichenden Russen voraus. In der Hoffnung auf eine Wiederholung der politischen Maßnahmen, die ihnen während des Ersten Weltkriegs genug Raum für ihre Unabhängigkeitsbestrebungen gelassen hatten, begannen die Balten mit der Bildung provisorischer Regierungen. Bald mußten sie allerdings feststellen, daß ihnen der ideologische Wandel bei den Besatzern entgangen war. Versuche, die Einheimischen für sich zu gewinnen, als sich später das Blatt gegen die Nationalsozialisten wendete, trafen auf erheblichen Widerstand. So führte zum Beispiel die Weigerung der Litauer, unter der SS oder der Armee eine eigene Legion zu bilden, zu Verhaftungen und Erschießungen.[76]

Den deutschen Soldaten, die in die Länder der Sowjetunion einfielen, bot sich ein Bild, das in vielerlei Hinsicht dem glich, mit dem die Generation ihrer Väter in Ober Ost konfrontiert worden war. Wieder zeugten zerstörte Landschaften von einem gespenstisch desolaten, schmutzigen und kriegsversehrten Leben. Wieder war die Natur ein ebenso mächtiger Feind wie die gegnerischen Truppen. Wie in einer neueren Studie belegt wird, schien Rußland vielen Landsern »weniger ein Ort denn eine Folge von Naturkatastrophen«.[77] Die ungezügelte Brutalität der Kämpfe führte zu einer »Entmodernisierung der Front« und ebnete den Weg für die nationalsozialistische Indoktrination und zunehmende Brutalisierung der Soldaten als Ausgleich für die materielle Unterlegenheit.[78] Durch den Filter der natio-

75 Bartov, Eastern Front.

76 Vardys und Sedaitis, Lithuania, S. 58.

77 Stephen G. Fritz, Frontsoldaten. The German Soldier in World War II, Lexington 1995, S. 119.

78 Bartov, Hitlers Wehrmacht, S. 27–50.

nalsozialistischen Ideologie gesehen verstärkten der verzweifelte Widerstand und die Brutalität der eigenen Besatzung bei den Männern auf paradoxe Weise die (ihnen schon vor Kriegsbeginn eingetrichterten) Annahmen über die Beschaffenheit dieser Völker und Länder. Die jüdische Bevölkerung und andere Gruppen Einheimischer schienen völlig machtlos, den Soldaten auf Gedeih und Verderb ausgeliefert, genauso wie es in der Propaganda über die »Untermenschen« in diesen Ländern prophezeit worden war. Die Briefe in die Heimat ähnelten denen aus Ober Ost: sie enthielten Beschreibungen einer flachen, konturlosen Einöde, von Begegnungen mit unterwürfigen Einheimischen und vor allem immer wieder Kommentare über die Schmutzigkeit des Ostens. Und doch gibt es, wie eine neuere Studie aufzeigt, einen signifikanten inhaltlichen Unterschied zu den Briefen aus dem Ersten Weltkrieg. Jetzt wurde der Schmutz in einer Flut von Schimpfwörtern eindeutig der einheimischen Bevölkerung zugeordnet. Während der nationalsozialistischen Invasion »wurden nicht mehr vornehmlich Verhältnisse markiert, sondern Menschen denunziert«, und ihr mißliches Dasein als grundsätzlicher Charakterzug eingeschätzt.[79] Dieser Kampf im Osten, dieser »Höhepunkt des nationalsozialistischen Systems« war, wie Bartov anmerkt, »die selbsterfüllende Prophezeiung« einer sich selbst verstärkenden Ideologie und immer schlimmer werdenden Barbarei.[80] SS-Einsatzgruppen begannen hinter der Front mit dem Genozid an den osteuropäischen Juden und erschossen innerhalb von zwei Jahren mehr als eine Million Menschen.

Der Großteil der während dieser Großoffensive eroberten Gebiete wurde in das neue Reichskommissariat Ukraine und in ein Territorium namens »Ostland« unterteilt, das Estland, Lettland, Litauen und den westlichen Teil von Weißrußland umfaßte. Der am 17. Juli 1941 zum Reichsminister für die besetzen Ostgebiete ernannte Alfred Rosenberg agierte außergewöhnlich ineffektiv, und bald versank das Gebiet im Chaos miteinander konkurrierender Ämter und Abteilungen, wie es für das NS-System typisch war. Im November 1941 wurde Heinrich Lohse zum Reichskommissar für das Ostland bestellt. In seinem Hauptquartier in Riga wurden zur Erstellung von Atlanten und Statistiken die Informationsmaterialien von Ober Ost herangezo-

---

79 Klaus Latzel, *Tourismus und Gewalt. Kriegswahrnehmungen in Feldpostbriefen*, in: Vernichtungskrieg: Verbrechen der Wehrmacht 1941 bis 1944, hrsg. von Hannes Heer und Klaus Naumann, Hamburg 1995, S. 447–459; Bartov, Hitlers Wehrmacht, S. 192 f.

80 Bartov, Hitlers Wehrmacht, S. 231 ff.

gen.[81] Einige von Lohses Mitarbeitern, die schon während des Ersten Weltkriegs beziehungsweise nach seinem Ende hier gearbeitet hatten, sorgten für personelle Kontinuität.[82] Wie zu Zeiten von Ober Ost wurden bald auch in Ostland »Orgien ökonomischer Überorganisation«[83] zelebriert. Im Gegensatz zu Ober Ost widmete das neue Regime allerdings (abgesehen von Plänen zur Errichtung einer Universität Ostland als Ersatz für die einheimischen Bildungsinstitute) der »Kulturpolitik« keine besondere Aufmerksamkeit.[84] Da die Gebiete geräumt und später von Deutschen besiedelt werden sollten, gab es keinen Bedarf für eine solche Politik – wichtig war allein die Zensur. In der Ukraine ging Reichskommissar Erich Koch noch härter vor: Er schloß die Schulen und betrieb eine brutale Politik gegenüber der einheimischen Bevölkerung, die für ihn aus Untermenschen bestand. So hart die anfänglichen Maßnahmen im Osten auch sein mochten, sie waren doch nur der erste Schritt zu einer umfassenden »Neuordnung«.

Die Konturen der für den Osten anvisierten Zukunft wurden im »Generalplan Ost« des »Raum«-Experten Dr. Konrad Meyer (SS-Planungsamt des Reichskommissariats für die Festigung deutschen Volkstums) deutlich, der am 12. Juni 1942 von Himmler nochmals überarbeitet wurde. Dieser in Zusammenarbeit mit Rosenbergs Ostministerium und dem Amt für Rassenpolitik erarbeitete Plan beschrieb in nüchternem Verwaltungsdeutsch mit einer Fülle statistischer Einzelheiten eine apokalyptische Zukunftsvision: Innerhalb von 25 Jahren nach dem Krieg sollten 31 Millionen Menschen nach Sibirien deportiert werden. Weitere 14 Millionen Einheimische »besserer rassischer Qualität« sollten bleiben und den Kolonialisten als Sklaven zur Verfügung stehen. Zur Kontrolle des Territoriums war die Errichtung eines Netzwerks von ins-

---

81 Reichskommissar für das Ostland, Abt. II Raum, Strukturbericht über das Ostland II, Riga 1942. Die zur Information im Vorwort enthaltenen Listen sind Ober Ost-Materialien. Weitere Darstellungen bauen auf den Erfahrungen aus dem Ersten Weltkrieg auf: Butz, Die kriegswirtschaftliche Nutzung, S. 224–229.

82 Hans-Heinrich Wilhelm, *Personelle Kontinuitäten in baltischen Angelegenheiten auf deutscher Seite von 1917/19 bis zum Zweiten Weltkrieg?*, in: John Hiden und Aleksander Loit (Hg.), The Baltic in International Relations Between the World Wars, Acta Universitatis Stockholmiensis, Studia baltica Stockholmiensia 3 (1988), S. 157–170.

83 Alexander Dallin, German Rule in Russia, 1941–1945, 2. überarb. Aufl., Boulder 1981, S. 187.

84 Hans-Dietrich Handrack, Das Reichskommissariat Ostland. Die Kulturpolitik der deutschen Verwaltung zwischen Autonomie und Gleichschaltung 1941–1944, Hann. Münden 1981; Raun, Estonia, S. 166–168.

gesamt 36 Siedlungen mit jeweils 20 000 Einwohnern als deutsche Stützpunkte geplant, die von einem Schutzring aus Dörfern umgeben und durch Militärwege miteinander verbunden sein sollten. So würde die rassische Grenze Deutschlands 500 Kilometer weiter nach Osten verlagert werden.[85]

Nach diesem unter Leitung der SS erstellten Plan sollte auch deren Machtapparat im Osten ausgebaut und erweitert werden. Im allgemeinen Verwaltungschaos konnte die SS immer weiter vordringen, und sie wuchs um so stärker, je prekärer die militärische Lage wurde. Am eindeutigsten konnte sie ihre Dominanz damit untermauern, daß sie sich zum Vollstrecker der »Endlösung der Judenfrage« machte. Dieses Programm wurde am 20. Januar 1942 auf der Wannsee-Konferenz ausgearbeitet, bei der Vertreter von Reichsbehörden, Partei und SS über die Umsetzung des Plans berieten. Die in Europa lebenden Juden sollten in den Osten deportiert werden, dort beim Bau von Straßen bis zum Tod geschunden und die Überlebenden vernichtet werden.[86] Und bald sogar war das Programm zur Vernichtung der minderwertigen Rassen wichtiger als wirtschaftliche oder bauliche Belange, denn man konzentrierte sich immer mehr auf die Fabriken des Todes, die »Vernichtungslager«.

Himmler skizzierte seine weiteren Pläne für den Osten. Die einheimische Bevölkerung sollte nicht unterworfen werden und am Leben bleiben. Es ging um die Eroberung von Land, nicht von Völkern. 1942 erklärte Himmler: »Unsere Pflicht im Osten ist nicht die Germanisierung im früheren Sinne des Begriffs, also die deutsche Sprache und das deutsche Recht nach Osten zu bringen, sondern dafür zu sorgen, daß nur Menschen reinen deutschen Blutes den Osten bevölkern.«[87] Es gab keinen Bedarf für Erlasse zur Erziehung und Bildung, wie Hindenburg sie seinerzeit erarbeitet hatte. Ganz im Gegenteil, »deutsche Arbeit« an die Einheimischen zu verschwenden galt als gefährlich: »Es ist ein Verbrechen gegen unser Blut, sich darüber Gedanken zu machen und ihnen Ideale mitzugeben«, denn dies würde nur ihre spätere Beherrschung erschweren.[88] Für die unmittelbar bevorstehende Zukunft sollten die Einheimischen nur Gehorsam gegenüber dem »Herrenvolk« lernen. Himmler erklärte: »Wir bringen diesen Völkern nicht die Zivilisation«, sondern es

---

85 Wolfgang Benz, *Der Generalplan Ost. Zur Germanisierungspolitik des NS-Regimes in den besetzten Ostgebieten 1939–1945*, in: Die Vertreibung der Deutschen aus dem Osten. Ursachen, Ereignisse, Folgen, hrsg. von Wolfgang Benz, Frankfurt am Main 1985, S. 39–48.

86 Klaus P. Fischer, Nazi Germany: A New History, New York 1995, S. 505 f.

87 Zit. n. Dallin, German Rule, S. 279.

88 Zit. n. Bullock, Hitler, S. 627.

sei genug, wenn »Kinder die Verkehrsschilder lesen können, damit sie nicht überfahren werden«, wenn sie ihren Namen schreiben und bis fünfundzwanzig zählen könnten.[89]

Die Einheimischen sollten lediglich als Arbeitskräfte zum Aufbau einer rassischen Utopie dienen, denn wie Himmler kaltblütig bemerkte: »Ob Nationen in Wohlstand leben oder an Hunger sterben interessiert mich nur insofern als wir sie als Sklaven für unsere Kultur brauchen, ansonsten habe ich keinerlei Interesse daran.«[90] In seinem extrem radikalisierten Bild vom Osten war dieses Gebiet eine »immerwährende bewegliche militärische Grenze, die uns für alle Zeit jung erhalten wird«.[91] Nach den Vorstellungen der NS-Elite sollte der besetzte Osten als Labor für ein weitaus umfassenderes Identitätsexperiment dienen, das weit über die Konzepte von Ober Ost hinausging. Die deutsche Identität, nun keine Frage der Nationalität mehr, würde durch eine gezielte Rassenplanung mit Züchtungs-, Beherrschungs- und Vernichtungsprogrammen ersetzt werden.

Nach Beginn des Kriegs im Osten skizzierte Hitler in einer Reihe emotionaler Ausbrüche bei privaten Gesprächen mit seinen Gefolgsleuten in Ostpreußen und im ukrainischen Winniza die Zukunft dieser Gebiete, wie er sie sich vorstellte. Diese »Geheimgespräche« wurden mitstenographiert und aufbewahrt. Hitlers alptraumhafte Visionen weisen Gemeinsamkeiten mit dem Projekt Ober Ost während des Ersten Weltkriegs auf, aber auch erhebliche Unterschiede dazu. Hitler erschien der Osten als ein Gebiet für die deutsche Jugend, »wo sie sich vorarbeiten kann«, ein »Aufgabengebiet sondergleichen«, das den Deutschen für die bevorstehende Ära der Herrschaft ihrer Rasse viel zu tun gab. Was dort sichtbar wurde, war die reinste Form des Krieges, des Krieges um Raum. Die Deutschen machten Ansprüche auf diese fernen Länder geltend, denn Hitler zufolge waren dies ursprünglich deutsche Gebiete, die schon im Ersten Weltkrieg wieder ein wenig vertrauter geworden waren: »Die Orte, an die wir jetzt gekommen sind, waren fast alle schon einmal Zeugen des Vordringens der germanisch-deutschen Rasse. Wir standen am Eisernen Tor, wir waren in Belgrad und waren im russischen Raum.« Die Erinnerung an die Ostfront im Ersten Weltkrieg hatte eine ganz besondere Bedeutung, weil sie die nach seiner Ansicht großen Siege in Tannenberg und an den Masurischen Seen umfaßte. Der Osten würde den Deutschen Ar-

89 Zit. n. Burleigh, Germany, S. 8.
90 Zit. nach Bullock, Hitler, S. 627.
91 Internationaler Militärgerichtshof in Nürnberg, Der Prozeß gegen die Hauptkriegsverbrecher, Nürnberg 1949, Bd. XXXVIII, S. 523.

beit für Hunderte von Jahren geben, und mit einigen spezifischen Aufgaben würde man auch die germanischen Verbündeten in Europa betrauen können – gemeinsame Arbeit im Osten als Bindemittel für Hitlers vereinigtes Europa. Sich selbst sah Hitler als denjenigen, der den Deutschen das zentrale Geschenk des Raums machte. Nach seiner Ansicht war ein grenzenloses Raumbewußtsein unerläßlich für die Größe einer Rasse. »Wenn ich dem deutschen Volk nur eingeben könnte, was dieser Raum für die Zukunft bedeutet!« sinnierte er. Alle Deutschen sollten »das Gefühl für weite Räume bekommen«.[92]

Da »der Beginn einer jeden Kultur sich im Straßenbau äußere«, war dies auch die erste Aufgabe der Deutschen im Osten. Die neuen Gebiete sollten durch Autobahnen ans Reich angeschlossen werden: »Wie die Autobahn die innerdeutschen Grenzen hat verschwinden lassen, werden die Grenzen der europäischen Länder überwunden.« Gewöhnliche Straßen würden allerdings nicht ausreichen, und so plante Hitler elf Meter breite, dreispurige Autobahnen, denn »das Land wird uns durch die Straße erschlossen«. Bewehrte Dörfer würden ihren Lauf säumen und die Monotonie der Weite aufbrechen. Man werde den Raum überwinden und »Entfernungen, die heute noch Schwierigkeiten machen«, würden keine Rolle mehr spielen. Der Raum im Osten konnte zudem weiter wachsen und expandieren. Dort war weder ein Friedensschluß noch eine definitive Grenzziehung erforderlich, denn »wenn nötig, werde man zu dem Zweck von dort aus dahin vorstoßen, wo immer ein neuer Herd sich bilde«. Auf »eine Kriegsbeendigung juristischer Art« legte Hitler im Osten gar keinen Wert, denn durch ein Fortdauern der Kämpfe würde die Armee im Training bleiben. Die wahre Grenze sei die zwischen Germanen und Slawen, und die müsse immer dann verschoben werden, wenn es für die Deutschen erforderlich war. Der weiteste Punkt des Vordringens würde durch einen Ostwall markiert.[93]

Die neuen Gebiete würden durch Wehrbauern kolonisiert werden, deren Siedlungen und großzügig bemessene Bauernhöfe einen lebenden Wall im Osten bildeten. Unteroffiziere wären als Lehrer für die Kinder tätig. Neben der landwirtschaftlichen Nutzung diente das Gebiet auch als Areal für umfangreiche Militärmanöver zur Vorbereitung künftiger Kriege. Das ganze Land erhielte durch die Bearbeitung einen deutschen Charakter: »Verglichen mit der Häufung von Schönheit im mitteldeutschen Raum, kommt uns der neue Ostraum heute wüst und leer vor. [...] Das Gebiet muß den Charakter der asiatischen Steppe verlieren, europäisiert werden!« Durch

92 Picker, Tischgespräche, S. 55, 62 ff., 68 f., 71, 76 f., 330.
93 Ebenda, S. 39, 64, 110, 113, 391, 440.

diese Veränderung des Raumes hätten die Deutschen dann einen Rechtsanspruch auf die Gebiete erworben, denen sie ihren Stempel aufgedrückt hatten.[94]

Was die einheimische Bevölkerung anging, so brach Hitler allerdings mit den Konzepten, die dem Projekt Ober Ost anfangs zugrunde gelegen hatten, »[d]enn es sei nicht unsere Aufgabe, der einheimischen Bevölkerung ein besseres Niveau zu bescheren«. Sie solle weder umgeformt noch kultiviert oder irgendeiner Form von Ordnung unterworfen werden: »In den Fehler des ewigen Reglementierens dürften wir in den besetzten Ostgebieten unter gar keinen Umständen verfallen.« Es solle nur ein Minimum an Verwaltungsstrukturen geben. Die Einheimischen sollten ausgebeutet werden, nicht verändert, denn: »Unser Fanatismus in der Zivilisierung ärgert diese Leute wahnsinnig.« Für die Juden sah Hitler in Osteuropa keinen Platz – sie sollten vernichtet werden, auch wenn er die Art und Weise, wie das geschehen sollte, hinter vagen Formulierungen verbarg. Die deutschen Siedler würden vollständig getrennt von den Einheimischen leben, damit keine Vermischung erfolgen konnte. Die Einheimischen sollten isoliert werden »in ihren eigenen Schweineställen, und wer davon spricht, mit Hingabe für sie zu sorgen oder sie zu zivilisieren, geht sofort ins Konzentrationslager!«. Immer wieder betonte Hitler: »Nicht dadurch, daß wir in die alten russischen Kaffs hineingehen, erschließen wir uns den Lebensraum, der Deutsche muß rein siedlungsmäßig auf einer höheren Stufe stehen.«[95]

Im Gegensatz zum Besatzungsregime Ober Ost mit seinem Kulturprogramm bestand Hitler darauf, daß man »vor allem die deutschen Schulmeister auf die Ostgebiete nicht loslassen« dürfe, denn: »Nichts wäre verkehrter, als die Masse etwa erziehen zu wollen. Ein Interesse haben wir lediglich daran, daß die Leute, sagen wir die Verkehrszeichen unterscheiden lernen; sie sind jetzt Analphabeten und sie sollen es bleiben.« Im Anklang an die Lehren, die man aus den Erfahrungen im Osten während des Ersten Weltkriegs gezogen hatte, erklärte Hitler: »Der Deutsche hat sich überall in der Welt dadurch verhaßt gemacht, daß, wo er auftrat, er den Lehrer zu spielen anfing.« Die Deutschen seien nicht verpflichtet, »die Rolle des Kindermädchens« zu spielen, denn die Slawen seien geborene Sklaven, so erklärte er, und wer die Einheimischen etwas lehren wolle, werde nur Widerstand ernten.[96]

---

94 Ebenda, S. 48, 55, 90, 113.

95 Ebenda, S. 329, 331, 435, 455.

96 Ebenda, S. 48, 54, 63, 90, 311. Später fand er nicht einmal das Verständnis der Verkehrsschilder wichtig, da einheimische Opfer nicht von Belang seien: S. 454.

»[W]as die Hygiene der unterworfenen Bevölkerung angehe«, meinte Hitler, »so könnten wir kein Interesse daran haben, ihnen unsere Erkenntnisse zu vermitteln und dadurch ihnen eine von ihnen absolut nicht gewünschte Basis für einen ungeheuren Bevölkerungszuwachs zu geben. Er verbiete deshalb, für diese Gebiete Sauberkeitsaktionen unserer Art durchzuführen. Auch der Impfzwang dürfe in ihnen nur für Deutsche gelten.« Die Einheimischen sollten nicht geimpft, sondern im Gegenteil davon überzeugt werden, daß die Impfstoffe gefährlich seien. Sie sollten nicht zur »deutschen Sauberkeit« erzogen werden, sondern weiter in ihren elenden Hütten hausen, umgeben von ihrem eigenen Schmutz. Zur Fähigkeit der Slawen, eigene Staaten zu bilden, meinte Hitler: »Die slawischen Völker [...] sind zu einem eigenen Leben nicht bestimmt. Das wissen sie, und wir dürfen ihnen nicht einreden, sie könnten das auch.« Und weiter: »Wir haben 1918 die baltischen Staaten und die Ukraine geschaffen. Wir haben aber heute kein Interesse an dem Fortbestand der ostbaltischen Staaten und an einer freien Ukraine.« Vor allem müsse man diese Völker daran hindern, politische Organisationsformen zu entwickeln, die letztlich die deutsche Herrschaft in Frage stellen könnten. Anders als in Ober Ost würden die Nationalsozialisten nicht »das Wohnhaus reformieren, die Läuse fangen, deutsche Lehrer, Zeitungen? Nein!« Keine höhere Bildung sollte erlaubt sein, und »der ganze Aufklärungs-Rummel, der mit dem Erscheinen reichsdeutscher Pfaffen anfange, sei [...] Unsinn«. Die Einheimischen sollten keine Arbeiten verrichten, die Denkvermögen erforderten, sie hatten nur eine einzige Aufgabe: »uns wirtschaftlich zu dienen«. Das waren Hitlers Vorstellungen von der Zukunft des Ostens, die er während des Krieges in Privatgesprächen äußerte.[97]

Der Expansionsdrang des NS-Regimes in den »Ostraum« liefert die Antwort auf die von den Historikern diskutierte Frage nach dem Wesen dieses Regimes – war es nun »reaktionär« oder »progressiv«, »konservativ« oder »fortschrittlich«, »antimodern« oder »modernistisch«?[98] Es wollte mit modernen Mitteln eine furchtbare Zukunftsutopie aufbauen, die den Vorstellungen der klassischen Moderne zuwiderlief, da sie nicht nach Entwicklung strebte, sondern nach Raum. Während sich die Sowjets zurückzogen, »Raum gegen Zeit eintauschten«,[99] gaben die Nationalsozialisten Zeit auf, um Raum zu gewinnen und versuchten, in ihrer Vision vom Ostland die zerstörerische Ex-

97 Ebenda, S. 63, 90, 96, 214 ff., 434, 454.

98 Vgl. Michael Burleigh und Wolfgang Wippermann, The Racial State: Germany, 1933–1945, Cambridge 1991, S. 7–22.

99 Richard Grunberger, Germany, 1918–1945, London 1964, S. 165.

pansion zur immerwährenden, zeitlosen Gegenwart zu machen. Als sich das Blatt im Osten wendete, weigerte sich Hitler beharrlich, die eroberten Gebiete aufzugeben, untersagte jedwede Rückzugsbewegung und führte damit die militärische Katastrophe herbei. Der ideologische »Primat des Raums« im Osten hatte schreckliche Folgen. Zu guter Letzt sollte es sich gegen die Deutschen wenden: Als die Rote Armee 1945 in Deutschland einmarschierte, verwandelte sich die Utopie vom »Raum« in den Alptraum des vorrückenden Ostens.

Die militärische Utopie von Ober Ost und das Ostfronterlebnis im Ersten Weltkrieg waren für die gewöhnlichen Deutschen zwischen den beiden Kriegen ein wichtiges Erbe, das ihr Verständnis vom Osten und von dem, was man dort tun konnte, nachhaltig prägte. Die Niederlage führte dazu, daß bestimmte Lehren aus der gescheiterten Mission im Osten gezogen wurden. Die wichtigste Entwicklung war die Herausbildung neuer Kategorien zur Einordnung dieser »Länder und Leute«, denen Ober Ost seinen Stempel hatte aufdrücken wollen. Nun war dieses Gebiet ein »Raum ohne Volk«, der gereinigt und gestaltet werden wollte. Aufbauend auf diesen Konzepten, lenkte die NS-Ideologie den »Blick nach Osten«, um ihre Utopie vom »Raum ohne Volk« für ein »Volk ohne Raum« mit Völkermord, Versklavung und Deportationen zu verwirklichen. Gleichzeitig war der Osten im Programm der Nationalsozialisten aber auch ein Mittel zur Transformation des deutschen Volkes. Noch einmal wurde der Raum im Osten zum Schauplatz eines Projekts »deutscher Identität«, bei dem diesmal die nationale in eine rassische Identität umgestaltet werden sollte. Mit ihrer rassischen Utopie im Osten strebten die Nationalsozialisten ein weit umfassenderes Ziel an als das Regime von Ober Ost, doch ihre Ziele basierten zum Teil auf den von Ober Ost eingesetzten Mitteln, seinen Wahrnehmungskategorien und Praktiken zur Umgestaltung der Länder und Menschen. Hier war die Praxis der Theorie vorangegangen: Die früheren konkreten Erfahrungen hatten die Vorstellungen vom Osten geprägt und dienten nun als Grundlage für ein radikalisiertes Programm.

Schlußbemerkung

Durch die Auswirkungen des modernen Kriegs von 1914 bis 1918 erfuhren die Vorstellungen der Deutschen vom Osten einen radikalen Wandel mit weitreichenden kulturellen und politischen Konsequenzen. Millionen deutscher Soldaten hatten die Ostfront selbst als einen Kriegsschauplatz erlebt, der völlig verschieden von dem im Westen war. Im Osten zeigte der »totale Krieg« ein völlig anderes Gesicht. Während sich die Soldaten an der Westfront im unerbittlichen Sperrfeuer der modernen, industriellen Kriegsmaschinen in die Schützengräben kauerten, waren die deutschen Soldaten im Osten mit einer feindlichen Natur konfrontiert, mit der anhaltenden Präsenz der Vergangenheit, mit einem Kriegsschauplatz, der von Tag zu Tag weniger modern schien, und mit den kulturellen Besonderheiten der sie umgebenden einheimischen Völker. Diese besondere Form der Kriegführung und die alltäglichen Aufgaben als Besatzer und als Vollstrecker der militärischen Utopie, die die Soldaten unter dem permanenten propagandistischen Sperrfeuer zur kulturellen Mission der Deutschen in Ober Ost zu realisieren hatten, hinterließen bei ihnen tiefe Spuren. Ein Leutnant faßte seine Erlebnisse an der Ostfront in einer Haßtirade zusammen, bei der die in seiner Erinnerung gespeicherten verstörenden Bilder aus ihm herausquellen. Es war, so schrieb er, »innerstes Rußland, ohne Abglanz mitteleuropäischer Kultur, Asien, Steppe, Sumpf, raumlose Unterwelt und eine gottverlassene Schlammwüste«.[1] Paradoxerweise konnte eine so pauschale Ablehnung durchaus mit Kolonisierungsambitionen einhergehen, mit dem Bestreben, die »Unkultur« der eroberten Länder und Menschen zu überwinden. In einem anderen Bericht heißt es zum Beipiel, die deutschen Soldaten seien wahre »Pioniere der Kultur«: »So wird der deutsche Soldat, bewußt oder unbewußt, ein Lehrmeister in Feindesland« mit dem Auftrag, Ordnung und Entwicklung zu bringen.[2] Beide Sichtweisen entstanden – im Kontext des Krieges – aus dem Ostfronterlebnis. Selbst während man ihn ausbeutete und Pläne zu seiner Umgestaltung vorbereitete, fürchtete man den Osten. Diese disparaten Perspektiven verschmolzen zu einem Bild vom Osten, das aus dem Fronterlebnis und den Realitäten, der Praxis und den Illusionen der deutschen Okkupationspolitik in Ober Ost hervorging.

---

1 Marwitz, Stirb, S. 147.

2 Draussen, S. 8.

Das Ostfronterlebnis im Ersten Weltkrieg trug entscheidend zur Ausformung des Bildes der Deutschen von Osteuropa in den nächsten Jahrzehnten des gewaltgeprägten 20. Jahrhunderts bei. Was sich in den vier Kriegsjahren dort abspielte, führte zu einer grundlegend anderen Sichtweise der Region. War diese zuvor auf verallgemeinernde Darstellung aus zweiter Hand und auf literarische Metaphern gegründet, so führten die Begegnungen mit dem Osten, wie er wirklich war, und die Versuche, mit seiner deutlich gewordenen Komplexität zurechtzukommen, zu neuen Bedingungen und Kategorien des Verstehens – diesmal auf der Grundlage realer Erfahrungen und Handlungen. Natürlich war Osteuropa vielen Soldaten keineswegs völlig unbekannt, da man in den Grenzprovinzen Deutschlands durchaus Erfahrungen mit den polnischen Minderheiten hatte, doch selbst diese Soldaten wurden mit neuen, unmittelbareren und nachhaltigen Eindrücken konfrontiert. Schon allein die Tatsache, daß die erste Begegnung mit diesen Gebieten im Krieg stattfand, hatte katastrophale Auswirkungen. Die mit der »Politik der verbrannten Erde« angerichteten Verwüstungen und die Hilflosigkeit der einheimischen Bevölkerung gegenüber den deutschen Armeen schienen dauerhafte Fakten und Kennzeichen des Ostens zu sein. Phänomene wie die Selbstbestimmung der Volkszugehörigkeit und das Verschwimmen der nationalen Identitäten wurden als weiterer Beweis für das Chaos des Ostens gesehen. Dieses vermeintliche Chaos diente wiederum als Sprungbrett für die Ambitionen der Führung von Ober Ost, die mit ihrer »Verkehrspolitik« die besetzten Gebiete nutzbar machen und mit ihrem »Kulturprogramm« die in ihnen ansässigen Volksgruppen kontrollieren wollte. Die neue deutsche Sichtweise des Ostens hatte schicksalhafte Konsequenzen, da sie für Jahrzehnte die Grundlage für das schwierige Verhältnis Deutschlands zu den östlich der eigenen Grenzen gelegenen Ländern und Völkern bildete. Dieser Prozeß spiegelt sich in der terminologischen Verschiebung von »Land und Leute« hin zu »Raum und Rasse« wider. Die »Lehren« der Ostfront wurden schließlich von der nationalsozialistischen Bewegung aufgegriffen und mit ihren antisemitischen Dogmen zu einem schrecklichen neuen Plan für den Osten verknüpft, dessen Realisierung im bevorstehenden Zweiten Weltkrieg erfolgen sollte.

Endgültig erledigt waren die im Ostfronterlebnis der Soldaten des Ersten Weltkriegs gründenden geographischen Phantasien, deren praktische Umsetzung in Ober Ost begann, als der von der Nazi-Diktatur entfesselte Krieg nach Deutschland zurückkehrte. In den Jahrzehnten nach dem Ende des Zweiten Weltkriegs nahm »der Osten« noch einmal eine andere Bedeutung an. In der Bundesrepublik bezeichnete er jetzt nicht mehr die Länder jenseits der östlichen Grenzen Deutschlands beziehungsweise das Innere Rußlands, sondern das »andere Deutschland«, die Sowjetzone, die DDR. In der Zeit des

Kalten Kriegs teilte die Mauer Berlin und Deutschland in zwei Hälften, trennte nicht mehr eine äußere, sondern eine innerdeutsche Grenze den Westen vom Osten. Im Lauf der Jahre, als sich viele mit der Teilung abfanden, ja sich mit diesem Zustand aussöhnten, und die Bundesrepublik immer fester in Westeuropa eingebunden wurde, ließ die Teilung auch eine »Mauer in den Köpfen« entstehen. Der unerwartete Fall der Mauer im Jahre 1989 führte jedoch zur Entdeckung neuer Horizonte und eines größeren Vaterlands. In den politischen Kommentaren war bereits von einer Verschiebung der Mitte nach Osten die Rede. In Verhandlungen mußte nun eine neue Beziehung zu einem neuen Europa gefunden werden, dessen Umrisse von einem Moment zum anderen unklar geworden waren. Die nächsten Jahrzehnte werden zeigen, welcher Wert den neuen Horizonten der Beziehung Deutschlands zum Osten beigemessen wird. Die Geschichte dieses Verhältnisses umfaßt Erfreuliches und Mahnendes, doch es ist ohne jeden Zweifel ein notwendiges, ein unumgängliches Nachbarschaftsverhältnis, aus dem es für Deutschland als europäisches »Reich der Mitte« kein Entrinnen gibt.

Die hier aufgezeigte Anatomie eines modernen Besatzungssystems verdeutlicht die Tendenz des Krieges, für alle Beteiligten das Schlimmste Wirklichkeit werden zu lassen und auch ihre Kultur nicht zu verschonen. Als Slogans zur Beschreibung »deutscher Arbeit« verwendete Werte wie »Kultur« und »Bildung« wurden im Osten mißbraucht. Es bildete sich eine neue Grundlage für das Verständnis der Länder und Völker heraus, die katastrophale Folgen haben sollte. Dieser durchgreifende Einstellungswandel aufgrund realer Erfahrungen eröffnete furchtbare politische Möglichkeiten, die bis dahin undenkbar gewesen waren. Auf realen Erfahrungen wurde eine Ideologie aufgebaut. Wenn man sieht, wie die Folgen des Ersten Weltkriegs über die Jahrzehnte hinweg spürbar waren, wird klar, daß sich Kriege noch lange nach ihrem Ende auf das Leben der Völker auswirken. Der Vorliebe der Geschichtsschreibung für die Aufzeichnung von Siegen zum Trotz muß hier darauf hingewiesen werden, daß auch Niederlagen Folgen haben. Nachdem das Scheitern von Ober Ost dem Ostfronterlebnis einen bitteren Beigeschmack verliehen hatte, ließ schließlich das Scheitern des Nationalsozialismus viele dieser Ideen verschwinden. Dieses mahnende Beispiel zeigt, daß die Besetzung eines fremden Landes sowohl für die Besetzten als auch für die Besatzer schlimme Folgen hat. Die zerstörerische Wirkung gewalttätiger Machtausübung über andere wurde deutlich, als sie mit der Neudefinition von »Kultur« als Herrschaft über andere begann, die kulturellen Werte zu beeinflussen, bis hin zu der geradezu obszönen Feststellung Himmlers, Deutschland brauche Sklaven für seine Kultur. Daß Deutschlands Verhältnis zu den Ländern und Völkern im Osten damit nicht ein für allemal festgelegt ist, beweist auch der Protest der gewissenhaften Deutschen in der Verwaltung von Ober Ost, die auf diese Pervertierung ihrer kulturellen Werte hinwiesen. Ihre Haltung zeigt die Möglichkeit auf, zu einer positiveren Gestaltung der nachbarschaftlichen Beziehungen und gegenseitigem Verständnis zu gelangen.

In den letzten Jahrzehnten führten die um eine Erklärung für die verhängnisvolle Hinwendung Deutschlands zum Alptraum der nationalsozialistischen Diktatur bemühten Historiker eine heftige Debatte um einen vermeintlichen deutschen »Sonderweg«. Bildete Deutschland immer eine große Ausnahme? Streitpunkte waren die angebliche »verspätete Entwicklung« beziehungsweise »gescheiterte Modernisierung« Deutschlands im Vergleich zum Idealtypus des liberalen Westens. Doch allein auf den Westen bezogene Vergleiche und Untersuchungen sind zu einseitig für ein »Land der Mitte«, das naturgemäß auch in Wechselbeziehungen mit seinen östlichen Nachbarn steht. Zu dieser Erkenntnis gelangte auch der große Europäer Goethe, der feststellte, wer sich selbst und andere kenne, werde auch erkennen, daß die althergebrachte Trennung von Ost und West unhaltbar sei, und er fuhr fort: »Sinnig zwischen beiden Welten / Sich zu wiegen, laß ich gelten, / Also zwischen Ost und Westen / Sich bewegen, sei's zum besten.«[3] Der Mitte Europas steht eine glückliche Zukunft bevor, wenn sie sich vom Geist der Kultur Goethes und Herders leiten läßt und nicht vom Ehrgeiz der Väter von Ober Ost.

---

3 Goethes Werke, Band II, Gedichte und Epen II, West-östlicher Divan, 14bändige Sonderausgabe 1998, S. 121.

Danksagung

Vielen Menschen und Institutionen gebührt Dank für ihre Hilfe und Unterstützung in Zusammenhang mit diesem Projekt. Mein Dank gilt insbesondere Thomas Childers von der University of Pennsylvania, der ein idealer Betreuer war, Frank Trommler, ebenfalls von der University of Pennsylvania, und Alfred Rieber von der Central University, Budapest. Ich bedanke mich bei Michael Geyer und Thomas Burmann sowie bei Jay Winter, Herausgeber der Serie, in der dieses Buch erscheint, für Vorschläge und Kommentare. Meine Dankbarkeit gilt auch Elizabeth Howard, Lektorin bei Cambridge University Press.

Bedanken möchte ich mich ferner für folgende, während meines Studiums und meiner Forschungstätigkeit gewährten Zuwendungen: Mellon Fellowships in the Humanities, William Penn Fellowship der University of Pennsylvania, DAAD-Stipendium, Title VIII Postdoctoral Research Fellowship an den Archiven der Hoover Institution der Stanford University. Dankbar bin ich für den freundlichen Empfang, den mir folgende Institutionen während meiner Forschungsarbeiten bereiteten: Bundesarchiv-Militärarchiv, Freiburg; Bundesarchiv, Koblenz; Geheimes Staatsarchiv Preußischer Kulturbesitz, Berlin; Archiv des Außenministeriums, Bonn; Litauisches Historisches Staatsarchiv und die Manuskriptabteilung der Bibliothek der Litauischen Akademie der Wissenschaften, beide Vilnius; die Archive der Hoover Institution, Stanford. Dank auch an hilfsbereite Bibliothekare und Bibliothekarinnen an den Universitäten von Freiburg, Pennsylvania und Tennessee.

Im Zusammenhang mit der Erstellung von Kartenmaterial für dieses Buch danke ich dem SARIF EPPE Fonds der University of Tennessee für finanzielle Unterstützung und Wendi Lee Arms für ihre gelungene kartographische Arbeit.

Mein Dank gilt schließlich meinen Eltern – denen dieses Buch gewidmet ist – für ihre nicht nachlassende Ermunterung und Unterstützung sowie meinen Großvater, dem ich meine Faszination für die Vergangenheit zu verdanken habe.

Abkürzungen

Archive

BA	Bundesarchiv Koblenz
BAMA	Bundesarchiv-Militärarchiv Freiburg
GSTA PK	Geheimes Staatsarchiv Preußischer Kulturbesitz, Berlin
LCVIA	Lietuvos Centinis Valstybinis Istorijos Archyvas, Vilnius
LMARS	Lietuvos Mokslų Akademijos Rankraščių Skyrius, Vilnius

Veröffentlichungen

BUV	*Befehls- und Verordnungsblatt des Oberbefehlshabers Ost,* BAMA, PHD 8/20
ZXA	*Zeitung der 10. Armee.* University of Pennsylvania Library; Special Collections
KB	*Korrespondenz B.* BAMA, PHD 8/23

Verzeichnis der Karten

Bibliographie

Archivalische Quellen

Bundesarchiv (BA), Koblenz
Nachlässe (N)

N 1031	Nachlaß von Gayl
N 1238	Nachlaß Morsbach

Bundesarchiv-Militärarchiv (BAMA), Freiburg im Breisgau
Preußen-Heer (PH)

PH 30/III	Militärverwaltungen

Amtsdrucksachen Preußen-Heer (PHD)

PHD 23	Militärverwaltungen
PHD 8	Oberkommandos

Nachlässe (N)

N 98	Nachlaß von Goßler
N 196/1	Nachlaß von Heppe, Bd. V (»Im Weltkriege«)
FC 1179 N, FC 1180 N	Nachlaß Franz Joseph Fürst Isenburg-Birstein

Geheimes Staatsarchiv Preußischer Kulturbesitz (GSTA PK), Berlin

I. HA. Rep. 84a	Verwaltung, deutsche, für die im Weltkrieg 1914/18 besetzten feindliche Gebiete

Hoover Institution, Archives, Stanford University, Stanford, California
Dettmann, Ludwig
Deutschland. Oberste Heeresleitung
Lithuanian Subject Collection
World War I Subject Collection

Lietuvos Centrinis Valstybinis Istorijos Archyvas (LCVIA), Vilnius, Lithuania

Fondas 641	Lietuvos karinės valdybos viršininkas

Lietuvos Mokslų Akademijos Rankraščių Skyrius (LMARS), Vilnius, Lithuania

Fondas 9, BF-3117	Ob. Ost ir jo štabo įvairūs įsakymai
Fondas 23	Vokiečių okupacija Lietuvoje 1914–1918 m.m.

University of Pennsylvania, Philadelphia, Special Collections, Van Pelt Library

Zeitung der 10. Armee, Nr. 1 (9. Dezember 1915) – Nr. 753 (6. Dezember 1918), mit den Beilagen *Der Beobachter. Beilage zur Zeitung der 10. Armee* und *Scheinwerfer. Bildbeilage zur Zeitung der 10. Armee*. Wilna: Druck & Verlag Zeitung der 10. Armee, 1915–1918.

Primärquellen

Balla, Erich, *Landsknechte wurden wir. Abenteuer aus dem Baltikum*, Berlin: W. Kolk, 1932.

Banse, Ewald, *Raum und Volk im Weltkriege. Gedanken über eine nationale Wehrlehre*, Oldenburg: G. Stalling, 1932.

Baumann, Hans, *Wir zünden das Feuer*, Jena: Eugen Diederichs Verlag, 1940.

Berg, Alfred, *Geographisches Wanderbuch. Ein Führer für Wandervögel und Pfadfinder*, 2. Aufl., Leipzig: B. G. Teubner, 1918.

Bialowies in deutscher Verwaltung. Herausgegeben von der Militärforstverwaltung Bialowies, Berlin: Verlagsbuchhandlung Paul Parey, 1919.

Brockhusen-Justin, Hans-Joachim von, *Der Weltkrieg und ein schlichtes Menschenleben*, Greifswald: Verlag Ratsbuchhandlung L. Bamberg, 1928.

Broederich-Kurmahlen, Silvio, *Das neue Ostland*, Charlottenburg: Ostlandverlag, 1915.

Buloff, Josef, *From the Old Marketplace*, Cambridge, MA: Harvard University Press, 1991.

Butz, Werner, »Die kriegswirtschaftliche Nutzung des besetzten Ostraums im Weltkrieg 1914–1918«, *Wissen und Wehr 23* (1942): S. 224–229.

Clemen, Paul (Hg.) , *Kunstschutz im Kriege. Berichte über den Zustand der Kunstdenkmäler auf den verschiedenen Kriegsschauplätzen und über die deutschen und österreichischen Maßnahmen zu ihrer Erhaltung, Rettung und Erforschung*, Leipzig: E. A. Seemann, 1919.

Clemenz, Bruno, *Kriegsgeographie. Erdkunde und Weltkrieg in ihren Beziehungen erläutert und dargestellt nebst Schilderung der Kriegsschauplätze*, Würzburg: Curt Kabitzsch, 1916.

Conzelmann, Otto (Hg.), *Otto Dix. Handzeichnungen*. Hannover: Fackelträger-Verlag, 1968.

Oberbefehlshaber Ost (Hg.), *Das Land Ober Ost. Deutsche Arbeit in den Verwaltungsbezirken Kurland, Litauen und Bialystok-Grodnot. Bearbeitet von der Presseabteilung Ober Ost*, Stuttgart: Verlag der Presseabteilung Ober Ost, 1917.

Das Litauen-Buch. Eine Auslese aus der Zeitung der 10. Armee, Wilna: Druck & Verlag Zeitung der 10. Armee, 1918.

Daugirdas, Tadas, *Kaunas vokiečų okupacijoje*, Kaunas: Spindulio B-vės spaustuv, 1937.
Dehmel, Richard, *Zwischen Volk und Menschheit. Kriegstagebuch*, Berlin: S. Fischer Verlag, 1919.
Dettmann, Ludwig, *Von der deutschen Ostfront*, Berlin: Verlag Ullstein, o. J.
Draussen-daheim. Bilder aus deutschen Soldatenheimen. Kriegstagebuch des Ostdeutschen Jünglingsbundes, Berlin: Verlag der Buchhandlung des Ostdeutschen Jünglingsbundes, 1916.
Dreyer, J., *Die Moore Kurlands nach ihrer geographischen Bedingtheit, ihrer Beschaffenheit, ihrem Umfange und ihrer Ausnutzungsmöglichkeit. Herausgegeben mit Unterstützung der Verwaltung des Oberbefehlshabers Ost*. Veröffentlichungen des geographischen Institutes der Albertus-Universität zu Königsberg, 1, Hamburg: L. Friedrichsen & Co., 1919.
Dwinger, Edwin Erich, *Die letzten Reiter*, Jena: Eugen Diederichs Verlag, 1935.
Elias, Norbert, *Reflections on a Life*, Cambridge, MA: Polity Press, 1994.
Feiler, Arthur, *Neuland. Eine Fahrt durch Ob. Ost*, Frankfurt am Main: Frank. Societätsdruckerei, 1917.
Fischer, H., *Kriegsgeographie*, Bielefeld: Velhagen & Klasing, 1916.
Flex, Walter, *Der Wanderer zwischen beiden Welten. Ein Kriegserlebnis*, München: C. H. Beck'sche Verlagsbuchhandlung, 1917.
Frentz, Hans, *Über den Zeiten. Künstler im Kriege*, Freiburg im Breisgau: Urban Verlag, 1931.
Friedrichsen, Max, *Landschaften und Städte Polens und Litauens. Beiträge zu einer regionalen Geographie. Auf Grund von Reisebeobachtungen im Dienste der »Landeskundlichen Kommission beim Generalgouvernement Warschau«*, Berlin: Gea Verlag GmbH, 1918.
Führer durch die Ausstellung Wilnaer Arbeitsstuben 1916, Wilna: Zeitung der 10. Armee, 1916.
Gäbert, Karl und Hans Scupin, *Bodenschätze im Ostbaltikum. Die Kriegsschauplätze 1914–1918 geologisch dargestellt, 10*, Berlin: Gebr. Borntraeger, 1928.
Gintneris, Antanas, *Lietuva caro ir kaizerio naguose. Atsiminimai iš I Pasauliniokaro laikų 1914–1918 m*, Chicago: ViVi Printing, 1970.
Goltz, Rüdiger von der, *Meine Sendung in Finnland und im Baltikum*, Leipzig: K. F. Koehler, 1920.
Grautoff, Otto (Hg.), *Bernhard von der Marwitz. Eine Jugend in Dichtung und Briefen*, Dresden: Sibyllen-Verlag, 1923.
Gustainis, Valentinas, »Nepriklausoma Lietuva: kaimiečių ir jaunimo valstybė«, *Proskyna. Kultūros almanachas Jaunuomenei 3*, 6 (1990): S. 169–192.
Häpke, Rudolf, *Die deutsche Verwaltung in Litauen 1915 bis 1918. Der Verwaltungschef Litauen. Abwickelungsbehörde Berlin*, Berlin: Reichsdruckerei, 1921.

Hartmann, Fritz, *Ob-Ost. Friedliche Kriegsfahrt eines Zeitungsmannes*, Hannover: Gebrüder Jänecke, 1917.

Hartmann, Georg Heinrich, »Aus den Erinnerungen eines Freiwilligen der baltischen Landeswehr«, *Deutsche Revue (*Stuttgart: Deutsche Verlagsanstalt, 1921).

Haushofer, Karl, *Grenzen in ihrer geographischen und politischen Bedeutung*, Berlin: Kurt Vowinckel Verlag, 1927.

Hedin, Sven, *Nach Osten!*, Leipzig: F. A. Brockhaus, 1916.

Heinz, Friedrich Wilhelm, »Der deutsche Vorstoß in das Baltikum«, in: Hotzel, (Hg.), *Deutscher Aufstand.*

Heywang, Ernst, *Deutsche Tat, Deutsche Saat in russischem Brachland. Eine Frontreise nach Ob.-Ost*, Straßburg: Straßburger Druckerei & Verlagsanstalt, 1917.

Hindenburg, Paul von, *Aus meinem Leben*, Leipzig: S. Hirzel, 1920.

Hitler, Adolf, *Mein Kampf*, München: Zentralverlag der NSDAP. Frz. Eher Nachf., 1933.

Hoffman, Max, *Die Aufzeichnungen des Generalmajors Max Hoffman*, *Karl Friedrich Nowak. (Hg.), 2 Bde.*, Berlin: Verlag für Kulturpolitik, 1929.

Höß, Rudolf, *Kommandant in Auschwitz. Autobiographische Aufzeichnungen von Rudolf Höß.* Eingeleitet und kommentiert von Martin Broszat. Quellen und Darstellungen zur Zeitgeschichte, 5, Stuttgart: Deutsche Verlags-Anstalt, 1958.

Hotzel, Curt (Hg.), *Deutscher Aufstand: Die Revolution des Nachkrieges*, Stuttgart: Verlag W. Kohlhammer, 1934.

Ich weiß Bescheid. Kleiner Soldatenführer durch Wilna, Wilna: Verlag Armeezeitung AOK 10, 1916.

Ippel, Albert, *Wilna–Minsk. Altertümer und Kunstgewerbe. Führer durch die Ausstellung der 10. Armee*, Wilna: Zeitung der 10. Armee, 1918.

Johann, Ernst (Hg.), *Innenansicht eines Krieges. Bilder, Briefe, Dokumente, 1914–1918*, Frankfurt am Main: Verlag Heinrich Scheffler, 1968.

Jünger, Ernst, *Der Kampf als inneres Erlebnis*, Berlin: E. S. Mittler & Sohn, 1922.

Ders., *In Stahlgewittern. Aus dem Tagebuch eines Stoßtruppführers*, Leipzig: R. Meier, 1920.

Ders. (Hg.), *Der Kampf um das Reich*, Essen: Deutsche Vertriebsstelle »Rhein u. Ruhr« Wilh. Kamp [1929].

Jungfer, Victor, *Alt-Litauen. Eine Darstellung von Land und Leuten, Sitten und Gebräuche*, Berlin: G. Neuner, 1926.

Ders., *Das Gesicht der Etappe*, Berlin: F. Würtz, 1919.

Ders., *Mit der schlesischen Landwehr in Rußland. Sieben Monate am Feinde*, Heilbronn: E. Salzer, 1915.

Kjellen, Rudolf, *Die politischen Probleme des Weltkrieges*, Leipzig: B. G. Teubner, 1916.

Klemperer, Victor, *Curriculum Vitae. Erinnerungen, 1881–1918, Band II*, Berlin: Aufbau, 1989, 1996.

Klimas, Petras (Hg.), *Der Werdegang des Litauischen Staates von 1915 bis zur Bildung der provisorischen Regierung im November 1918. Dargestellt auf Grund amtlicher Dokumente*, Berlin: Paß und Garleb GmbH, 1919.

Ders., *Iš mano atsiminimų*, Vilnius: Lietuvos enciklopedijū redakcija, 1990.

Körner, Hans-Michael und Ingrid Körner (Hg.), *Leopold Prinz von Bayern, 1846–1930. Aus den Lebenserinnerungen*, Regensburg: F. Pustet, 1983.

Kriegsausbildung der Hitler-Jugend im Schieß- und Geländedienst. Ausgabe 1941, Berlin: Verlag Bernard & Graefe, 1941.

Leitner, Wilhelm, *In den Rokitno-Sümpfen. Kriegserfahrungen eines Geographen*, N.p.: Stellv. Generalkommando I. Armeekorps, Abt. K. [1917].

Leo, Heinrich, *Jungdeutschland. Wehrerziehung der deutschen Jugend*, Berlin und Wilmersdorf: Hermann Paetel Verlag, 1912.

Listowsky, Paul, *Neu-Ost. Unser Zukunftsgrenzgebiet um Ostpreußens Ostrand. Fahrten durch Polen und Litauen unter deutscher Kriegsverwaltung*, Königsberg in Preußen: Hartungsche Zeitung, 1917.

Ludendorff, Erich, *Meine Kriegserinnerungen, 1914–1918*, Berlin: E. S. Mittler & Sohn, 1919.

Maisch, Herbert, *»Helm ab, Vorhang auf!« Siebzig Jahre eines ungewöhnlichen Lebens*, Emsdetten: Lechte, 1968.

Marwitz, Bernhard von der, *Stirb und Werde. Aus Briefen und Kriegstagebuchblättern des Leutnants Bernhard von der Marwitz*, Breslau: Wilh. Gottl. Korn Verlag, 1931.

Meyer, Konrad, *Bodenordnung als volkspolitische Aufgabe und Zielsetzung nationalsozialistischen Ordnungswillens*, Berlin: Verlag Walter de Gruyter & Co., 1940.

Mitau. Bilder aus deutschen Soldatenheimen. Ausschuß, für Soldaten- und Eisenbahnerheime an der Ost- und Südfront, Berlin: Furche Verlag, 1917.

Monty, Paul, *Wanderstunden in Wilna*, Wilna: Verlag der Wilnaer Zeitung, 1916.

Mueller, Ernst Ferdinand, *Statistisches Handbuch für Kurland und Litauen nebst Übersichten über Livland und Estland. Mit einem bibliographischen Anhang zur Wirtschaftskunde Rußlands*. Schriften des Instituts für ostdeutsche Wirtschaft an der Universität Königsberg, 4, Königsberg: G. Fischer, 1918.

Nagel, Fritz, *The World War I Memoir of a German Lieutenant*, überarb. Aufl., Huntington, VA: Blue Acorn Press, 1995.

Nicolai, W., *Geheime Mächte. Internationale Spionage und ihre Bekämpfung im Weltkrieg und heute*, 2. Aufl., Leipzig: K. F. Koehler, 1924.

Nithack, Hans, *Deutsche Arbeit in Polen und Litauen während des Weltkrieges*, Berlin: Bund Deutscher Osten, o. J.

Nord, Franz, »Der Krieg im Baltikum«, in: Jünger (Hg.), *Der Kampf um das Reich*.

Oehlmann, Ernst, *Kriegsgeographie.* Bearbeitet von Herausgebern der E. von Seydlitz'schen Geographie (Dr. E. Oehlmann und Dr. R. Reinhard), Breslau: F. Hirt, 1916.

Penck, Albrecht, »Deutscher Volks- und Kulturboden«, in: Karl Christian von Loesch (Hg.), *Volk unter Völkern*, Breslau: F. Hirt, 1925.

Petersen, Hellmut, *Die Erziehung der deutschen Jungmannschaft im Reichsarbeitsdienst*, Berlin: Junker & Dünnhaupt Verlag, 1938.

Petkevičaitė-Bitė, Gabriele, *Karo meto dienoraštis*, Vilnius: Vaga, 1966.

Picker, Henry, *Hitlers Tischgespräche im Führerhauptquartier*, 3. überarb. Aufl., Stuttgart 1976.

Ratzel, Friedrich, *Deutschland. Einführung in die Heimatkunde*, 2. Aufl., Leipzig: Fr. Wilh. Grunow, 1907.

Reichskommissar für das Ostland. Abt. II Raum, *Strukturbericht über das Ostland II*, Riga: Reichskommissar für das Ostland, 1942.

Remarque, Erich Maria, *Im Westen nichts Neues*, Berlin: Kiepenheuer & Witsch, 1928.

Richert, Dominik, *Beste Gelegenheit zum Sterben. Meine Erlebnisse im Kriege, 1914–1918*, hrsg. von Angelika Tramwitz und Bernd Ulrich, München: Knesebeck & Schuler, 1989.

Riehl, Wilhelm Heinrich, *Die deutsche Arbeit*, Stuttgart: J. G. Cotta'scher Verlag, 1861.

Ders., *Land und Leute*, Stuttgart: Cotta, 1854.

Rosenstengel, Hermann, *Leichte Geländespiele für die deutsche Jugend*, Leipzig: B. G. Teubner, 1918.

Rümker, Kurt von, *Bevölkerungs- und Siedelungsfragen im Land Ob. Ost*, Berlin: Verlagsbuchhandlung Paul Parey, Verlag für Landwirtschaft, Gartenbau und Forstwesen, 1918.

Rümker, Kurt von und R. Leidner, *42 Sortenanbauversuche im Verwaltungsgebiete des Oberbefehlshabers Ost*, Berlin: Verlagsbuchhandlung Paul Parey, Verlag für Landwirtschaft, Gartenbau und Forstwesen, 1918.

Ruseckas, Petras (Hg.), *Lietuva didžiajame kare*, Vilnius: Vilniaus žodis, 1939.

Salomon, Ernst von (Hg.), *Das Buch vom deutschen Freikorpskämpfer. Herausgegeben im Auftrage der Freikorpsgesellschaft »Der Reiter gen Osten«*, Berlin: W. Limpert, 1938.

Ders., *Die Geächteten*, Berlin: Rowohlt Verlag, 1930.

Sanitätsbericht über das Deutsche Heer (Deutsches Feld- und Besatzungsheer) im

Weltkriege 1914–1918 (Deutscher Kriegssanitätsbericht 1914–1918). Bearbeitet in der Heeres-Sanitätsinspektion des Reichskriegsministeriums, Bd. I, *Gliederung des Heeressanitätswesens*, Berlin: E. S. Mittler & Sohn, 1935.

Sanitätsbericht über das Deutsche Heer (Deutsches Feld- und Besatzungsheer) im Weltkriege 1914–1918 (Deutscher Kriegssanitätsbericht 1914–1918). Bearbeitet in der Heeres-Sanitätsinspektion des Reichskriegsministeriums, Bd. II, *Der Sanitätsdienst im Gefechts- und Schlachtenverlauf im Weltkriege 1914–1918* und Stichwortverzeichnis für Bd. I, II und III, Berlin: E. S. Mittler & Sohn, 1938.

Sanitätsbericht über das Deutsche Heer (Deutsches Feld- und Besatzungsheer) im Weltkriege 1914–1918 (Deutscher Kriegssanitätsbericht 1914–1918). Bearbeitet in der Heeres-Sanitätsinspektion des Reichswehrministeriums, Bd. III, *Die Krankenbewegung bei dem Deutschen Feld- und Besatzungsheer*, Berlin: E. S. Mittler & Sohn, 1934.

Schäfer, Paul Georg, *Geländespiele, den Söhnen unseres Vaterlandes zugedacht*, Leipzig: B. G. Teubner, 1909.

Scharfe, Siegfried (Hg.), *Deutschland über Alles. Ehrenmale des Weltkrieges*, Königstein im Taunus: Karl Robert Langewiesche, 1938.

Schell, Adolf von, *Battle Leadership*, Columbus, GA: Benning Herald, 1933; reprinted, Quantico, VA: Marine Corps Association, 1988.

Scheller, Thilo, *Geländespiele für die deutsche Jugend. Bücherei für Leibesübungen und körperliche Erziehung*, Leipzig: Verlag Quelle & Meyer, 1928.

Schiller, Friedrich, *Sämtliche Werke*, hrsg. von Gerhard Fricke und Herbert Göpfert, Bd. II, *Dramen II*, München: Carl Hanser Verlag, 1958/59.

Schlichting, R., *Bilder aus Litauen. Im Auftrage des Chefs und unter Mitarbeit zahlreicher Herren der Deutschen Verwaltung Litauen*, Kowno: Kownoer Zeitung, 1916.

Schnass, Franz, *Nationalsozialistische Heimat- und Erdkunde mit Einschluß der Geopolitik und des vaterländischen Gesamtunterrichts*, Osterwieck am Harz: A. W. Zickfeldt Verlag, 1934.

Schumann, Willy, *Being Present: Growing up in Hitler's Germany*, Kent, OH: Kent State University Press, 1991.

Sieben-Sprachenwörterbuch. Deutsch, Polnisch, Russisch, Weißruthenisch, Litauisch, Lettisch, Jiddisch. Herausgegeben im Auftrage des Oberbefehlshabers Ost. N.p.: Presseabteilung des Oberbefehlshabers Ost [1918].

Šilietis, J, *Vokiečų okupacija Lietuvoje, 1915–1919 m. paveikslėliuose ir trumpuose jų aprašymuose*, Kaunas: »Varpo« B-vės spaustuvė, 1922.

Skalweit, Bruno, *Die Landwirtschaft in den litauischen Gouvernements, ihre Grundlagen und Leistungen.* Schriften des Instituts für ostdeutsche Wirtschaft an der Universität Königsberg, 3, Königsberg: G. Fischer, 1918.

Strecker, Karl, *Auf den Spuren Hindenburgischer Verwaltung. Erlebnisse und Ergebnisse einer Studienfahrt in Ob. Ost*, Berlin: C. A. Schwetschke & Sohn, 1917.

Struck, Hermann, *Ostjüdische Typen*, Berlin: Welt-Verlag, 1922.

Struck, Hermann und Herbert Eulenberg, *Skizzen aus Litauen, Weißrußland und Kurland*, N.p.: Druckerei des Oberbefehlshabers Ost, 1916.

Tiessen, Ernst, *Die Geographie des östlichen Kriegsschauplatzes*, Berlin: Concordia, 1914.

Vivat, du wackere Armee. Singlieder für Soldaten der 10. Armee, N.p.: Zeitung der 10. Armee, 1918.

Völkerverteilung in West-Rußland, Kowno: Verlag der Kownoer Zeitung, 1916.

Völkerverteilung in West-Rußland, 2. Aufl., N.p.: Druckerei des Oberbefehlshabers Ost, 1917.

Weber, Paul, *Wilna, eine vergessene Kunststätte*, Wilna: Verlag der Zeitung der 10. Armee, 1917.

Ders., »Die Baudenkmäler in Litauen«, in: Clemen (Hg.), *Kunstschutz im Kriege.*

Wenzler, Josef, *Mit Draht und Kabel im Osten. Aus dem Tagebuch eines Telegraphisten*, Karlsruhe: Badenia, 1918.

Wertheimer, Fritz, *Hindenburgs Mauer im Osten*, 3. Aufl., Stuttgart: Deutsche Verlags-Anstalt, 1916.

Wicker, Konrad, »Der Weltkrieg in Zahlen«, in: Walter Jost und Friedrich Felger (Hg.), *Was wir vom Weltkrieg nicht wissen*, 2. Aufl., Leipzig, H. Fikentscher Verlag, 1938.

Winnig, August, *Am Ausgang der deutschen Ostpolitik. Persönliche Erlebnisse und Erinnerungen*, Berlin: Staatspolitischer Verlag, 1921.

Wir Mädel singen. Liederbuch des Bundes Deutscher Mädel, herausgegeben von der Reichsjugendführung, 2. Aufl., Wolfenbüttel: Reichsjugendführung, 1941.

Witkop, Philipp (Hg.), *Kriegsbriefe deutscher Studenten*, Gotha: Verlag Friedrich Andreas Perthes A.-G., 1916.

Ders. (Hg.), *Kriegsbriefe gefallener Studenten*, München: G. Müller, 1928.

Wöhrle, Oskar, *Querschläger. Das Bumserbuch. Aufzeichnungen eines Kanoniers*, Berlin: Verlagsbuchhandlung J. H. W., 1929.

Zechlin, Erich, »Litauen und seine Probleme«, *Internationale Monatsschrift für Wissenschaft, Kunst und Technik 10.3* (1. Dezember 1915): S. 257–286.

Zeschau, von, »Streiflichter aus den Kämpfen um Litauen. Von Major von Zeschau, ehem. Führer des Sächsischen Freiwilligen-Infanterie-Regiments 18«, in: Salomon (Hg.), *Freikorpskämpfer.*

Zweig, Arnold, *Das ostjüdische Antlitz*, Berlin: Welt-Verlag, 1920.

Ders., *Der Streit um den Sergeanten Grischa*, Potsdam: Gustav Kiepenheuer Verlag, 1927.

Sekundärquellen

Afflerbach, Holger, *Falkenhayn. Politisches Denken und Handeln im Kaiserreich*, München: R. Oldenbourg Verlag, 1994.

Akademie für Raumforschung und Landesplanung, *Handwörterbuch der Raumforschung und Raumordnung*, 2. Aufl., Hannover: Gebrüder Janecke Verlag, 1970.

Aleksandravičius, Egidijus, »Political Goals of Lithuanians, 1863–1918«, *Journal of Baltic Studies 23.3* (Herbst 1992): S. 227–238.

Altrichter, Friedrich, *Die seelischen Kräfte des Deutschen Heeres im Frieden und Weltkriege*, Berlin: E. S. Mittler & Sohn, 1933.

Aly, Götz und Karl Heinz Roth, *Die restlose Erfassung. Volkszählen, Identifizieren, Aussondern im Nationalsozialismus*, Berlin: Rotbuch Verlag, 1984.

Anderson, Benedict, *Imagined Communities: Reflections on the Origin and Spread of Nationalism*, überarb. Aufl., London: Verso, 1991.

Applegate, Celia, *A Nation of Provincials: The German Idea of Heimat*, Berkeley: University of California Press, 1990.

Aschheim, Steven E., *Brothers and Strangers: The East European Jew in German and German Jewish Consciousness, 1800–1923*, Madison: University of Wisconsin Press, 1982.

Ders., »Eastern Jews, German Jews and Germany's Ostpolitik in the First World War«, *Leo Baeck Institute Year Book 28* (1983): S. 351–365.

Asprey, Robert B., *The German High Command at War: Hindenburg and Ludendorff Conduct World War I*, New York: William Morrow, 1991.

Atamukas, Solomonas, *Žydai Lietuvoje. XIV–XX amzžiai*, Vilnius: Akcinė bendrovė Lituanus, 1990.

Baird, Jay W., *To Die For Germany: Heroes in the Nazi Pantheon*, Bloomington: Indiana University Press, 1990.

Bartov, Omer, *The Eastern Front, 1941–1945: German Troops and the Barbarisation of Warfare*, New York: St. Martin's Press, 1986.

Ders., *Hitlers Wehrmacht. Soldaten, Fanatismus und die Brutalisierung des Krieges*, Reinbek bei Hamburg: Rowohlt Verlag, 1999.

Basler, Werner, *Deutschlands Annexionspolitik in Polen und im Baltikum*, Berlin: Rütten & Loening, 1962.

Baumgart, Winfried, *Deutsche Ostpolitik 1918. Von Brest-Litowsk bis zum Ende des Ersten Weltkrieges*, Wien: R. Oldenbourg Verlag, 1966.

Behrenbeck, Sabine, *Der Kult um die toten Helden. Nationalsozialistische Mythen, Riten und Symbole 1923 bis 1945*, Vierow bei Greifswald: SH-Verlag, 1996.

Benz, Wolfgang, »Der Generalplan Ost. Zur Germanisierungspolitik des NS-Regimes in den besetzten Ostgebieten, 1939–1945«, in: Wolfgang Benz (Hg.), *Die*

Vertreibung der Deutschen aus dem Osten. Ursachen, Ereignisse, Folgen, Frankfurt am Main: Fischer Taschenbuch Verlag, 1985.

Berlin, Isaiah, *Vico and Herder: Two Studies in the History of Ideas*, London: Hogarth Press, 1976.

Bermann, Russell, *The Rise of the Modern German Novel: Crisis and Charisma*, Cambridge, MA: Harvard University Press, 1986.

Bertkau, Friedrich, *»Das amtliche Zeitungswesen im Verwaltungsgebiet Ober-Ost. Beitrag zur Geschichte der Presse im Weltkrieg«*, Ph.D. Diss., Universität Leipzig, 1928.

Bessel, Richard, »The Great War in German Memory: The Soldiers of the First World War, Demobilization, and Weimar Political Culture«, *German History 6.1* (April 1988): S. 20–34.

Bienhold, Marianne, *Die Entstehung des litauischen Staates in den Jahren 1918–1919 im Spiegel deutscher Akten*, Bochum: Studienverlag Dr. N. Brockmeyer, 1976.

Bilmanis, Alfred, *A History of Latvia*, Princeton: Princeton Univ. Press, 1951.

Binion, Rudolph, *Hitler Among the Germans*, New York: Elsevier, 1976.

Ders., »Hitler Looks East.« *History of Childhood Quarterly 3.1* (Sommer 1975): S. 75–102.

Ders., »Hitler's Concept of *Lebensraum*: The Psychological Basis«, *History of Childhood Quarterly 1.2* (Herbst 1973): S. 187–258.

Blau, Friedrich, *Die deutschen Landsknechte. Ein Kulturbild*, 3. Aufl., Kettwig: Phaidon Verlag, 1985.

Bramwell, Anna, *Blood and Soil: Richard Walther Darré and Hitler's »Green Party«*. Abbotsbrook, Bucks: Kensal Press, 1985.

Brechtefeld, Jörg, *Mitteleuropa and German Politics: 1848 to the Present*, New York: St. Martin's Press, 1996.

Breitman, Richard, *The Architect of Genocide: Himmler and the Final Solution*, Hanover, NH: Brandeis University Press, 1991.

Broszat, Martin, *Zweihundert Jahre deutsche Polenpolitik*, überarb. Aufl., Frankfurt am Main: Suhrkamp, 1972.

Bruford, Walter Horace, *The German Tradition of Self-Cultivation: »Bildung« from Humboldt to Thomas Mann*, Cambridge: Cambridge University Press, 1975.

Bullock, Alan, *Hitler: A Study in Tyranny*, überarb. Aufl., New York: Bantam Books, 1961.

Burleigh, Michael, *Germany Turns Eastwards: A Study of »Ostforschung« in the Third Reich*, Cambridge: Cambridge University Press, 1988.

Burleigh, Michael and Wolfgang Wippermann, *The Racial State: Germany, 1933–1945*.Cambridge: Cambridge University Press, 1991.

Campbell, Joan, *Joy in Work, German Work: The National Debate, 1800–1945*. Princeton: Princeton University Press, 1989.
Canetti, Elias, *Masse und Macht*, Frankfurt am Main 1994.
Carsten, Francis L., »›Volk ohne Raum‹: A Note on Hans Grimm«. *Journal of Contemporary History 2.2* (April 1967): S. 221–227.
Čepėnas, Pranas, *Naujųjų laikų Lietuvos istorija*, Bd. II, Chicago: M. Morkūno spaustuvė, 1976.
Chickering, Roger, *Das Deutsche Reich und der Erste Weltkrieg*, München: C. H. Beck, 2002.
Ders., *We Men Who Feel Most German: A Cultural Study of the Pan-German League, 1886–1914*, London: Allen & Unwin, 1984.
Churchill, Winston S., *The Unknown War: The Eastern Front*, New York: Scribner's Sons, 1931.
Cohen, Israel, *Vilna*, Philadelphia: Jewish Publication Society of America, 1943.
Colliander, Börje, *»Die Beziehungen zwischen Litauen und Deutschland während der Okkupation, 1915–1918«*, Ph.D. Diss., Universität Åbo, 1935.
Conze, Werner, *Polnische Nation und deutsche Politik im ersten Weltkrieg*, Köln: Böhlau Verlag, 1958.
Ders., »Nationalstaat oder Mitteleuropa? Die Deutschen des Reichs und die Nationalitätenfragen Ostmitteleuropas im ersten Weltkrieg«, in: Werner Conze (Hg.), *Deutschland und Europa. Historische Studien zur Völker- und Staatenordnung des Abendlandes. Festschrift für Hans Rothfels*, Düsseldorf: Droste Verlag, 1951.
Craig, Gordon A., *Germany, 1866–1945*, Oxford und New York: Oxford University Press, 1978.
Ders., *The Politics of the Prussian Army, 1640–1945*, Oxford: Oxford University Press, 1955.
Cron, Hermann, *Geschichte des Deutschen Heeres im Weltkriege, 1914–1918*, Berlin: Militärverlag Karl Sigismund, 1937.
Dallin, Alexander, *German Rule in Russia, 1941–1945: A Study of Occupation Policies*, 2. überarb. Aufl., Boulder, CO: Westview Press, 1981.
Davies, Norman, *God's Playground: A History of Poland*, New York: Columbia University Press, 1982.
Demandt, Alexander, (Hg.), *Deutschlands Grenzen in der Geschichte*, München: Verlag C. H. Beck, 1990.
Demm, Eberhard, »Friedrich von der Ropp und die litauische Frage (1916–1919)«, *Zeitschrift für Ostforschung 33* (1984): S. 16–56.
Ders., *Die Rückführung des Ostheeres*, Bd. I, *Darstellungen aus den Nachkriegskämpfen deutscher Truppen und Freikorps*, Berlin: Verlag E. S. Mittler & Sohn, 1936.

Dorpalen, Andreas, *The World of General Haushofer: Geopolitics in Action*, New York: Farrar & Rinehart, 1942.

Ekdahl, Sven, »Tannenberg. Grunwald – Ein politisches Symbol in Deutschland und Polen«, *Journal of Baltic Studies 12.4* (Winter 1991): S. 271–324.

Eksteins, Modris, *Tanz über den Gräbern. Die Geburt der Moderne und der Erste Weltkrieg*, Reinbek bei Hamburg: Rowohlt Verlag, 1990.

Ellis, John, *Eye-Deep in Hell: Trench Warfare in World War I*, New York: Pantheon Books, 1977.

Elsner, Lothar, »Ausländerbeschäftigung und Zwangsarbeitspolitik in Deutschland während des Ersten Weltkrieges«, in: Klaus J. Bade (Hg.), *Auswanderer – Wanderarbeiter – Gastarbeiter. Bevölkerung, Arbeitsmarkt und Wanderung in Deutschland seit der Mitte des 19. Jahrhunderts*, Ostfildern: Scripta Mercaturae Verlag, 1984.

Fedyshyn, Oleg S., *Germany's Drive to the East and the Ukrainian Revolution, 1917–1918*, New Brunswick: Rutgers University Press, 1971.

Feldman, Gerald D., *Army, Industry and Labor in Germany, 1914–1918*, Princeton: Princeton University Press, 1966.

Fischer, Fritz, *Griff nach der Weltmacht. Die Kriegszielpolitik des kaiserlichen Deutschland 1914–1918*, Düsseldorf: Droste, 1961; 3. überarb. Aufl. 1967.

Fischer, Klaus P., *Nazi Germany: A New History*, New York: Continuum, 1995.

Fritz, Stephen G., *Frontsoldaten: The German Soldier in World War II*, Lexington: University Press of Kentucky, 1995.

Fussell, Paul, *The Great War and Modern Memory*, Oxford: Oxford University Press, 1975.

Gay, Peter, *Weimar Culture: The Outsider as Insider*, New York: Harper & Row, 1968.

Geiss, Imanuel, *Der polnische Grenzstreifen. Ein Beitrag zur deutschen Kriegszielpolitik im Ersten Weltkrieg*, Lübeck: Mattheisen, 1960.

Ders., »The Civilian Dimension of the War«, in: Hugh Cecil and Peter H. Liddle (Hg.), *Facing Armageddon: The First World War Experience*, London: Leo Cooper, 1996.

Goodspeed, D. J., *Ludendorff: Genius of World War I*, Boston: Houghton Mifflin, 1966.

Greimas, Algirdas Julius und Saulius Žukas, *Lietuva Pabaltijy. Istorijos ir kultūros bruožai*, Vilnius: Baltos lankos, 1993.

Gröning, Gert, »The Feeling for Landscape – a German Example«, *Landscape Research 17.3* (1992): S. 108–115.

Gröning, Gert und Joachim Wolschke-Bulmahn, *Die Liebe zur Landschaft. Teil III: Der Drang nach Osten*, Arbeiten zur sozialwissenschaftlich orientierten Freiraumplanung, München: Minerva Publikation, 1987.

Grunberger, Richard, *Germany, 1918–1945*, London: B. T. Batsford, 1964.

Hafkesbrink, Hanna, *Unknown Germany: An Inner Chronicle of the First World War Based on Letters and Diaries*, New Haven: Yale University Press, 1948.

Handrack, Hans-Dieter, *Das Reichskommissariat Ostland. Die Kulturpolitik der deutschen Verwaltung zwischen Autonomie und Gleichschaltung, 1941–1944*, Hann. Münden: Gauke Verlag, 1981.

Häpke, Rudolf, »Die geschichtliche und landeskundliche Forschung in Litauen und Baltenland, 1915–1918«, *Hansische Geschichtsblätter 45* (1919): S. 17–34.

Hellmann, Manfred, *Grundzüge der Geschichte Litauens und des litauischen Volkes*, 4. Aufl., Darmstadt: Wissenschaftliche Buchgesellschaft, 1990.

Herb, Guntram Henrik, *Under the Map of Germany: Nationalism and Propaganda, 1918–1945*, London: Routledge, 1997.

Herbert, Ulrich, *Geschichte der Ausländerbeschäftigung in Deutschland 1880 bis 1980. Saisonarbeiter, Zwangsarbeiter, Gastarbeiter*, Berlin 1986.

Hermand, Jost, *Arnold Zweig*, Reinbek bei Hamburg: Rowohlt Taschenbuch Verlag, 1990.

Ders., *Grüne Utopien in Deutschland. Zur Geschichte des ökologischen Bewußtseins*, Frankfurt am Main: Fischer Taschenbuch Verlag, 1991.

Herwig, Holger, *The First World War: Germany and Austria-Hungary, 1914–1918*, London: Edward Arnold, 1997.

Hirschfeld, Magnus, *Sittengeschichte des Ersten Weltkrieges*, 2. überarb. Aufl., Hanau: Schustek, 1966.

Hobsbawm, Eric, *Nations and Nationalism Since 1780: Programme, Myth, Reality*, Cambridge: Cambridge University Press, 1990.

Hobsbawm, Eric and Terence Ranger, *The Invention of Tradition*, Cambridge: Cambridge University Press, 1983.

Howard, Michael, *Der Krieg in der europäischen Geschichte. Vom Ritterheer zur Atomstreitmacht*, München 1991.

Hubatsch, Walther, *Germany and the Central Powers in the World War, 1914–1918*, Lawrence, KS: University of Kansas Press, 1963.

Hüppauf, Bernd, »Langemarck, Verdun, and the Myth of the *New Man* in Germany After the First World War«, *War and Society 6.2* (September 1988): S. 70–103.

Jäckel, Eberhard, *Hitlers Weltanschauung. Entwurf einer Herrschaft*, Tübingen: R. Wunderlich, 1969.

Janßen, Karl-Heinz, »Alfred von Goßler und die deutsche Verwaltung im Baltikum, 1915–1918«, *Historische Zeitschrift 207* (1968): S. 42–54.

Ders., »Die baltische Okkupationspolitik des deutschen Reiches«, in: Jürgen von Hehn, Hans von Rimscha und Hellmuth Weiss (Hg.), *Von den baltischen Provinzen zu den baltischen Staaten. Beiträge zur Entstehungsgeschichte der*

Republiken Estland und Lettland, 1917–1918, Marburg an der Lahn: J. G. Herder-Institut, 1971.
Jeserich, Kurt G. A. u. a. (Hg.), *Deutsche Verwaltungsgeschichte*, Bd. III, *Das Deutsche Reich bis zum Ende der Monarchie*, Stuttgart: Deutsche Verlags-Anstalt, 1984.
Johnson, Paul, *Modern Times: The World from the Twenties to the Nineties*, überarb. Aufl., New York: HarperCollins, 1991.
Jonikas, Petras, *Lietuviu kalba ir tauta amžių būvyje. Visuomeniniai lietuvių kalbos istorijos bruožai*, Chicago: Lituanistikos instituto leidykla, 1987.
Karulis, Konstantīnas (Hg.), *Latviešu etimologijas vārdnīca*, 2 Bde., Riga: Avots, 1992.
Keegan, John, *Das Antlitz des Krieges. Die Schlachten von Azincourt 1415, Waterloo 1815 und an der Somme 1916*, Frankfurt am Main und New York 1991.
Ders., *The Second World War*, Hammondsworth: Penguin, 1990.
Kern, Stephen, *The Culture of Time and Space, 1880–1918*, Cambridge, MA: Harvard University Press, 1983.
Kitchen, Martin, *A Military History of Germany from the Eighteenth Century to the Present Day*, Bloomington: Indiana University Press, 1975.
Ders., *The Silent Dictatorship: The Politics of the German High Command Under Hindenburg and Ludendorff, 1916–1918*, London: Croom Helm, 1976.
Klee, Ernst und Willi Dressen (Hg.), *»Gott mit uns.« Der deutsche Vernichtungskrieg im Osten, 1939–1945*, Frankfurt am Main: S. Fischer Verlag, 1989.
Klemperer, Victor, *Die unbewältigte Sprache. Aus dem Notizbuch eines Philologen. »LTI«*, 3. Aufl., Darmstadt: Joseph Melzer Verlag, o. J.
Klessmann, Christoph, »Osteuropaforschung und Lebensraumpolitik im Dritten Reich«, in: Peter Lundgreen (Hg.), *Wissenschaft im Dritten Reich*, Frankfurt am Main: Suhrkamp, 1985.
Klimas, Petras, »Lietuvos valstybės kūrimas 1915–1918 metais Vilniuje«, in: *Pirmasis nepriklausomos Lietuvos dešimtmetis, 1918–1928*, Kaunas: »Spindulio« B-vės spaustuvė, 1928.
Kluge, Ulrich, *Soldatenräte und Revolution. Studien zur Militärpolitik in Deutschland 1918–19*, Göttingen: Vandenhoeck & Ruprecht, 1975.
Kocka, Jürgen, *Klassengesellschaft im Krieg. Deutsche Sozialgeschichte, 1914–1918*, Göttingen: Vandenhoeck & Ruprecht, 1973.
Koehl, Robert Lewis, *RKFDV: German Resettlement and Population Policy*, Cambridge, MA: Harvard University Press, 1957.
Koetzle, Hermann, *Das Sanitätswesen im Weltkrieg, 1914–18*, Stuttgart: Bergers Literarisches Büro & Verlagsanstalt, 1924.
Kossmann, E. H., *The Low Countries, 1780–1940*, Oxford: Oxford University Press, 1978.

Kost, Klaus, *Die Einflüsse der Geopolitik auf Forschung und Theorie der Politischen Geographie von ihren Anfängen bis 1945. Ein Beitrag zur Wissenschaftsgeschichte der Politischen Geographie unter besonderer Berücksichtigung von Militär- und Kolonialgeographie*, Bonner Geographische Abhandlungen, 76, Bonn: Ferd. Dümmlers Verlag, 1988.

Kramer, Alan, »›Greueltaten‹: Zum Problem der deutschen Kriegsverbrechen in Belgien und Frankreich 1914«, in: Gerhard Hirschfeld u. a. (Hg.), *»Keiner fühlt sich hier als Mensch.« Erlebnis und Wirkung des Ersten Weltkriegs*, Frankfurt am Main: Fischer Taschenbuch Verlag, 1996.

Kuebart, Friedrich, »Zur Entwicklung der Osteuropaforschung in Deutschland bis 1945, *Osteuropa 30* (1980): S. 657–672.

Langer, Herbert, *Kulturgeschichte des 30jährigen Krieges*, Stuttgart: W. Kohlhammer, 1978.

Laqueur, Walter, *Russia and Germany: A Century of Conflict*, London: Weidenfeld & Nicolson, 1965.

Latzel, Klaus, »Tourismus und Gewalt. Kriegswahrnehmungen in Feldpostbriefen«, in: Hannes Heer und Klaus Naumann (Hg.), *Vernichtungskrieg: Verbrechen der Wehrmacht 1941 bis 1944*, Hamburg: Hamburger Edition, 1995.

Leed, Eric J., *No Man's Land: Combat and Identity in World War I*, Cambridge: Cambridge University Press, 1979.

Lehmann, Ulf, »Herder und die Slawen. Probleme des Geschichtsbildes und Geschichtsverständnisses aus historischer Perspektive«, *Jahrbuch für Geschichte der sozialistischen Länder Europas 22.1* (1978): S. 39–50.

Lietuvių enciklopedija, Vaclovas Biržiška (Hg.), 36 Bde., South Boston, MA: Lietuvių Enciklopedijos Leidykla, 1953–1969.

Lincoln, W. Bruce, *Passage Through Armageddon: The Russians in War and Revolution, 1914–1918*, New York: Simon & Schuster, 1986.

Linde, Gerd, *Die deutsche Politik in Litauen im ersten Weltkrieg*, Wiesbaden: Otto Harrassowitz, 1965.

Lurz, Meinhold, *Kriegerdenkmäler in Deutschland*, Bd. V, *Drittes Reich*, Heidelberg: Esprint, 1986.

Lutz, Ralph Haswell (Hg.), *The Causes of the German Collapse in 1918*, Stanford: Stanford University Press, 1934.

Maclean, Pam, »Control and Cleanliness: German-Jewish Relations in Occupied Eastern Europe during the First World War«, *War & Society 6.2* (September 1988): S. 47–69.

Mai, Günther, *Das Ende des Kaiserreichs. Politik und Kriegführung im Ersten Weltkrieg*, München: Deutscher Taschenbuch Verlag, 1987.

Mann, Golo, *Deutsche Geschichte des 19. und 20. Jahrhunderts*, erweiterte Sonderausgabe, 19. Aufl., Frankfurt am Main 1987.

Marks, Shannee, *Die Grenze der Schuld. Soziologische Strukturen der faschistischen Ideologie*, Beiträge zur sozialwissenschaftlichen Forschung 77, Opladen: Westdeutscher Verlag, 1987.

McGreevy, Linda F., *The Life and Works of Otto Dix: German Critical Realist*, Ann Arbor: UMI Research Press, 1981.

Meyer, Henry Cord, *Mitteleuropa in German Thought and Action, 1815–1945*, Den Haag: Martinus Nijhoff, 1955.

Miłosz, Czesław, *Native Realm: A Search for Self-Definition*, Garden City, NY: Doubleday, 1968.

Misiunas, Romuald und Rein Taagepera, *The Baltic States: Years of Dependence, 1940–1990*, überarb. Aufl., Berkeley: University of California Press, 1993.

Mommsen, Wolfgang J., »The Debate on German War Aims«, *Journal of Contemporary History 1.3* (Juli 1966): S. 47–72.

Mosse, George L., *The Crisis of the German Ideology: Intellectual Origins of the Third Reich*, New York: Schocken Books, 1981.

Ders., *Gefallen für das Vaterland. Nationales Heldentum und namenloses Sterben*, Stuttgart 1993.

Murmann, Geerte, *Komödianten für den Krieg. Deutsches und alliiertes Fronttheater*, Düsseldorf: Droste, 1992.

Oestreich, Gerhard, *Neostoicism and the Early Modern State*, Cambridge: Cambridge University Press, 1982.

Paechter, Heinz (Hg.), *Nazi-Deutsch: A Glossary of Contemporary German Usage With Appendices on Government, Military, and Economic Institutions*, New York: Frederick Ungar Publishing, 1944.

Page, Stanley W., *The Formation of the Baltic States: A Study of the Effects of Great Power Politics Upon the Emergence of Lithuania, Latvia, and Estonia*, Cambridge, MA: Harvard University Press, 1959.

Parkinson, Roger, *Tormented Warrior: Ludendorff and the Supreme Command*, New York: Stein & Day, 1979.

Peukert, Detlev J. K., *Die Weimarer Republik* (Neue Historische Bibliothek 282), Frankfurt am Main: Suhrkamp Verlag, 1987.

Pfaff, William, *The Wrath of Nations: Civilization and the Furies of Nationalism*, New York: Simon & Schuster, 1993.

Plakans, Andrejs, *The Latvians: A Short History*, Stanford: Hoover Institution Press, 1995.

Platner, Geert u. a. (Hg.), *Schule im Dritten Reich – Erziehung zum Tod? Eine Dokumentation*, München: Deutscher Taschenbuch Verlag, 1983.

Pörzgen, Hermann, »Das deutsche Fronttheater, 1914–20«, Ph.D. Diss., Köln, 1935.

Pounds, Norman J. G., *Eastern Europe*, Chicago: Aldine Publishing, 1969.

Prümm, Karl, *Die Literatur des Soldatischen Nationalismus der 20er Jahre (1918–1933)*, Kronberg im Taunus: Scriptor Verlag, 1974.

Puzinas, Jonas, *Rinktiniai rastai*, Bd. II, Chicago: Lituanistikos Instituto Leidykla, 1983.

Raeff, Marc, *The Well-Ordered Police State: Social and Institutional Change Through Law in the Germanies and Russia, 1600–1800*, New Haven: Yale University Press, 1983.

Rauch, Georg von, *Geschichte der baltischen Staaten*, 3. Aufl., München: Deutscher Taschenbuch Verlag, 1990.

Raudeliūnienė, Genovita, »Lietuvos gyventojų pasipriešinimas vokiečių okupantams pirmojo pasaulinio karo metais (1915–1918)«, Diss., Lithuanian SSR, Academy of Sciences, Vilnius, 1969.

Raun, Toivo U., *Estonia and the Estonians*, 2. Aufl., Stanford: Hoover Institution Press, 1991.

Rempel, Gerhard, *Hitler's Children: The Hitler Youth and the SS*, Chapel Hill: University of North Carolina Press, 1989.

Robinson, Geroid Tanquary, *Rural Russia Under the Old Regime: A History of the Landlord-Peasant World and a Prologue to the Peasant Revolution of 1917*, London: Longmans, Green & Co., 1932.

Rössler, Mechthild, *Wissenschaft und Lebensraum. Geographische Ostforschung im Nationalsozialismus. Ein Beitrag zur Disziplingeschichte der Geographie*, Hamburger Beiträge zur Wissenschaftsgeschichte 8, Berlin: Dietrich Reimer Verlag, 1990.

Dies., »Applied Geography and Area Research in Nazi Society: The Central Place Theory and its Implications, 1933 to 1945«, *Environment and Planning D, Society and Space (*Dezember 7, 1989): S. 419–431.

Dies., »Die Institutionalisierung einer neuen ›Wissenschaft‹ im Nationalsozialismus: Raumforschung und Raumordnung, 1935–1945«, *Geographische Zeitschrift 75.3* (1987): S. 177–194.

Rothfels, Hans, »The Baltic Provinces: Some Historic Aspects and Perspectives«, *Journal of Central European Affairs 4.2* (Juli 1944): S. 117–146.

Saul, Klaus, »Jugend im Schatten des Krieges. Vormilitärische Ausbildung – Kriegswirtschaftlicher Einsatz – Schulalltag in Deutschland, 1914–1918«, *Militärgeschichtliche Mitteilungen 2* (1983): S. 91–184.

Schama, Simon, *Landscape and Memory*, New York: Alfred A. Knopf, 1995.

Schmidt-Pauli, Edgar von, *Geschichte der Freikorps, 1918–1924. Nach amtlichen Quellen, Zeitberichten, Tagebüchern und persönlichen Mitteilungen hervorragender Freikorpsführer dargestellt*, Stuttgart: R. Lutz, 1936.

Schmitt, Bernadotte E. und Harold Vedeler, *The World in the Crucible, 1914–1919*, New York: Harper & Row, 1984.

Schnabel, Franz, *Deutsche Geschichte im neunzehnten Jahrhundert. Die Grundlagen der neueren Geschichte*, Freiburg im Breisgau: Herder Verlag, 1964.

Schultz, Hans-Dietrich, »Deutschlands ›natürliche‹ Grenzen«, in: *Deutschlands Grenzen in der Geschichte*, hrsg. von Alexander Demandt.

Schulze, Hagen, *Freikorps und Republik, 1918–1920*, Militärgeschichtliche Studien 8, Boppard: Harald Boldt Verlag, 1969.

Schwarte, M. (Hg.), *Der große Krieg*, 10 Bde., Leipzig: Barth, 1923.

Senn, Alfred Erich, *The Emergence of Modern Lithuania*, New York: Columbia University Press, 1959.

Smith, Woodruff D., *The Ideological Origins of Nazi Imperialism*, Oxford: Oxford University Press, 1986.

Ders., *Politics and the Sciences of Culture in Germany, 1840–1920*, Oxford: Oxford University Press, 1991.

Stern, Fritz, *The Politics of Cultural Despair: A Study in the Rise of the Germanic Ideology*, Berkeley: University of California Press, 1961.

Stökl, Günther, *Osteuropa und die Deutschen. Geschichte und Gegenwart einer spannungsreichen Nachbarschaft*, 3. Aufl., Stuttgart: S. Hirzel Verlag, 1982.

Stone, Norman, *The Eastern Front, 1914–1917*, New York: Scribner's Sons, 1975.

Storost-Vydūnas, Wilhelm, *Siebenhundert Jahre deutsch-litauischer Beziehungen. Kulturhistorische Darlegungen*, Tilsit: Ruta-Verlag, 1932.

Storosta, Jurgėnas, »Apie Vydūno ir Zudermano santykius«, *Literatūra ir menas* (27. März 1993): S. 4.

Stražas, A., »Die deutsche Militär-Verwaltung ›Oberost‹ – Prototyp der geplanten Kolonialadministration ›Neuland‹ (1915–1918)«, *Wissenschaftliche Zeitschrift der Pädagogischen Hochschule »Dr. Theodor Neubauer«, Erfurt-Mühlhausen, Gesellschafts- und sprachwissenschaftliche Reihe 8* (1971): S. 39–44.

Strazhas, Aba, *Deutsche Ostpolitik im Ersten Weltkrieg. Der Fall Ober Ost, 1915–1917*, Wiesbaden: Harrassowitz Verlag, 1993.

Ders., »The Land Oberost and its Place in Germany's Ostpolitik, 1915–1918«, in: Vardys und Misiunas (Hg.), *Baltic States in Peace and War.*

Stromberg, Roland, *Redemption by War: The Intellectuals and 1914*, Lawrence: The Regents Press of Kansas, 1982.

Stupperich, Robert, »Siedlungspläne im Gebiet des Oberbefehlshabers Ost (Militärverwaltung Litauen und Kurland) während des Weltkrieges«, *Jomsburg 5* (1941): S. 348–367.

Sukiennicki, Wiktor, *East Central Europe During World War I*, 2 Bde., Boulder, CO: East European Monographs, 1984.

Sullivan, Charles, »The 1919 German Campaign in the Baltic: The Final Phase«, in: Vardys und Misiunas (Hg.), *Baltic States in Peace and War.*

Sužiedėlis, Simas, »Mokyklos vokiečių okupacijos laikais«, in: *Lietuva*, Lietuvių enciklopedija, 15. Aufl., Vincas Maciūnas, South Boston, MA: Lithuanian Encyclopedia Press, 1968.

Tatham, George, »Geography in the Nineteenth Century«, in: Taylor (Hg.), *Geography in the Twentieth Century.*

Taylor, Griffith (Hg.), *Geography in the Twentieth Century: A Study of Growth, Fields, Techniques, Aims and Trends*, New York: Philosophical Library, 1951.

Taylor, Robert R., *The Word in Stone: The Role of Architecture in the National Socialist Ideology*, Berkeley: University of California Press, 1974.

Theweleit, Klaus, *Männerphantasien*, 2 Bde., München: Piper Verlag, 2000.

Thielecke, Albert, *»Deutsche landeskundliche Arbeit im Weltkriege. An der europäischen Ost- und Südost-Front und in den anschließenden Etappengebieten«*, Ph.D. Diss., Friedrich-Schiller-Universität, Jena, 1936.

Urbšienė, M., *Vokiečių okupacijos ūkis Lietuvoje*, Kaunas: Spindulio B-vės spaustuvė, 1939.

Vakar, Nicholas P., *Belorussia: The Making of a Nation*, Cambridge, MA: Harvard University Press, 1956.

Valkenburg, Samuel van, »The German School of Geography«, in: Taylor (Hg.), *Geography in the Twentieth Century.*

Vardys, V. Stanley und Romualdas J. Misiunas (Hg.), *The Baltic States in Peace and War, 1917–1945*, University Park: Pennsylvania State University Press, 1978.

Vardys, V. Stanley und Judith B. Sedaitis, *Lithuania: The Rebel Nation*, Boulder, CO: Westview Press, 1997.

Vondung, Klaus (Hg.), *Kriegserlebnis. Der erste Weltkrieg in der literarischen Gestaltung und symbolischen Deutung der Nationen*, Göttingen: Vandenhoeck & Ruprecht, 1980.

Waite, Robert G. L., *Vanguard of Nazism: The Free Corps Movement in Postwar Germany 1918–1923*, Cambridge, MA: Harvard University Press, 1952.

Walker, Mack, *German Home Towns: Community, State, and General Estate, 1648–1871*, Ithaca, NY: Cornell University Press, 1971.

Weeks, Theodore R., *Nation and State in Late Imperial Russia: Nationalism and Russification on the Western Frontier, 1863–1914*, DeKalb: Northern Illinois University Press, 1996.

Wehler, Hans-Ulrich, *Das Deutsche Kaiserreich, 1871–1918*, Göttingen: Vandenhoeck & Ruprecht, 1973.

Weigert, Hans W., *Generals and Geographers: The Twilight of Geopolitics*, Oxford und New York: Oxford University Press, 1942.

Welch, David, »Educational Film Propaganda and the Nazi Youth«, in: Welch, David (Hg.), *Nazi Propaganda: The Power and Limitations*, London: Croom Helm, 1983.

Wenzel, Georg (Hg.), *Arnold Zweig, 1887–1968. Werk und Leben in Dokumenten und Bildern*, Berlin: Aufbau-Verlag, 1978.

Wheeler-Bennett, John W., *Brest-Litovsk: The Forgotten Peace, March 1918*, New York: William Morrow, 1939.

Ders., *Wooden Titan: Hindenburg in Twenty Years of German History, 1914–1934*, New York: William Morrow, 1936.

Whittlesey, Derwent, *German Strategy of World Conquest*, New York: Farrar & Rinehart, 1942.

Wilhelm, Hans-Heinrich, »Personelle Kontinuitäten in baltischen Angelegenheiten auf deutscher Seite von 1917–19 bis zum Zweiten Weltkrieg?«, in: John Hiden und Aleksander Loit (Hg.), *The Baltic in International Relations Between the World Wars*, Acta Universitatis Stockholmiensis, Studia Baltica Stockholmiensia 3 (1988): S. 157–170.

Williams, Robert C., »Russians in Germany, 1900–1914«, *Journal of Contemporary History 1.4* (Oktober 1966): S. 121–149.

Winter, J. M., *The Experience of World War I*, Oxford und New York: Oxford University Press, 1989.

Winter, Jay, *Sites of Memory, Sites of Mourning: The Great War in European Cultural History*, Cambridge: Cambridge University Press, 1995.

Wippermann, Wolfgang, *Der »Deutsche Drang nach Osten«, Ideologie und Wirklichkeit eines politischen Schlagwortes*, Darmstadt: Wissenschaftliche Buchgesellschaft, 1981.

Wistrich, Robert, *Who's Who in Nazi Germany*, London: Weidenfeld & Nicolson, 1982.

Wohl, Robert, *The Generation of 1914*, Cambridge, MA: Harvard University Press, 1979.

Zaprudnik, Jan, *Belarus: At a Crossroads in History*, Boulder, CO: Westview Press, 1993.

Zechlin, Egmont, *Die deutsche Politik und die Juden im Ersten Weltkrieg*, Göttingen: Vandenhoeck & Ruprecht, 1969.

Zemke, Hans, *Der Oberbefehlshaber Ost und das Schulwesen im Verwaltungsbereich Litauen während des Weltkrieges*, Schriften der Kriegsgeschichtlichen Abteilung im historischen Seminar der Friedrich-Wilhelms-Universität Berlin, 14, Berlin: Junker & Dünnhaupt Verlag, 1936.

Ziemer, Gregor, *Education for Death: The Making of the Nazi*, Oxford und London: Oxford University Press, 1941.

Zunkel, Friedrich, »Die ausländischen Arbeiter in der deutschen Kriegswirtschaftspolitik des 1. Weltkrieges«, in: Gerhard Ritter (Hg.), *Entstehung und Wandel der modernen Gesellschaft, Festschrift für H. Rosenberg zum 65. Geburtstag*, Berlin: n.p., 1970.

Register

Zum Autor

Vejas Gabriel Liulevicius, Historiker, ist Lindsay Young Professor an der University of Tennessee und Direktor der Abteilung für Geschichte am Center for the Study of War and Society (CSWS).

Vejas Gabriel Liulevicius studierte Geschichte und spezialisierte sich auf die neuere deutsche Geschichte und die Geschichte Osteuropas; 1994 wurde er an der University of Pennsylvania promoviert und lehrt seit 1995 an der University of Tennessee.

Neben seinen Büchern hat er – auch in deutschen Zeitschriften und Sammelbänden – eine Reihe von Aufsätzen und enzyklopädischen Artikeln zu aktuellen politischen Fragen in der baltischen Region veröffentlicht. Er forscht u.a. zu Krieg und Gesellschaft und zum Phänomen der ethnischen Zugehörigkeit in Nordosteuropa.

Er ist Vizepräsident der Association for the Study of Nationalities (A.S.N.) und war von 2010 bis 2012 Präsident der internationalen Association for the Advancement of Baltic Studies (A.A.B.S.).